行政法学

XINGZHENGFA XUE

王春业　聂加龙◎编著

河海大學出版社
HOHAI UNIVERSITY PRESS
·南京·

内 容 简 介

本书特点在于：一是将行政法学内容分为几大模块，分别是行政法基本原理、行政法主体、行政过程、行政救济、部门行政法。以这种方式编写，内容全面、思路清晰，避免内容支离破碎，更适合学生对行政法知识的学习和掌握。二是吸纳了行政法相关领域的新内容。例如，2017 年新修订的《中华人民共和国行政诉讼法》、2023 年新修订的《中华人民共和国立法法》、国务院新颁布的《法治政府建设实施纲要》等内容。三是增加了部门行政法作为专门一编，选取了当前热门领域的部门行政法，例如水利行政法、环境资源行政法、网络行政法、食品安全行政法、人工智能行政法等内容。

图书在版编目(CIP)数据

行政法学 / 王春业，聂加龙编著. -- 南京 ：河海大学出版社，2023.9

ISBN 978-7-5630-6271-3

Ⅰ. ①行… Ⅱ. ①王… ②聂… Ⅲ. ①行政法学一中国 Ⅳ. ①D922.101

中国版本图书馆 CIP 数据核字(2019)第 289091 号

书　　名	行政法学
书　　号	ISBN 978-7-5630-6271-3
责任编辑	毛积孝
特约编辑	董　涛
特约校对	董　瑞
封面设计	张育智　吴晨迪
出版发行	河海大学出版社
地　　址	南京市西康路 1 号(邮编：210098)
电　　话	(025)83786678(总编室)
	(025)83787745(营销部)
排　　版	南京布克文化发展有限公司
印　　刷	广东虎彩云印刷有限公司
开　　本	787 毫米×1092 毫米　1/16
印　　张	21.75
字　　数	544 千字
版　　次	2023 年 9 月第 1 版
印　　次	2023 年 9 月第 1 次印刷
定　　价	88.00 元

目　录

第一编　原理篇

第一章　行政与法关系的一般考察…… 003
　第一节　行政概念的历史探析…… 003
　第二节　行政权的涵义…… 005
　第三节　行政法的涵义…… 007
　第四节　行政法的渊源…… 009
第二章　行政法律关系…… 012
　第一节　行政法律关系概述…… 012
　第二节　行政法律关系的要素…… 014
　第三节　行政法律关系的变动形态…… 016
第三章　行政法的基本原则…… 019
　第一节　行政法基本原则的概述…… 019
　第二节　行政合法原则…… 022
　第三节　行政合理原则…… 026
第四章　行政法史…… 031
　第一节　行政法的产生史…… 031
　第二节　行政法的发展史…… 033
　第三节　行政法学简史…… 036

第二编　行政法主体篇

第一章　行政主体…… 041
　第一节　行政主体概述…… 041
　第二节　行政机关…… 049
　第三节　法律、法规授权组织…… 054
　第四节　受委托组织…… 057
第二章　行政公务员…… 059
　第一节　公务员概述…… 059
　第二节　行政公务员的权利和义务…… 062
　第三节　行政公务员的基本管理制度…… 066

第三章　行政相对人…… 075
第一节　行政相对人概述…… 075
第二节　行政相对人的法律地位…… 079

第三编　行政过程篇

第一章　行政行为概论…… 085
第一节　行政行为的概念、特征与分类 …… 085
第二节　行政行为的内容与效力…… 090
第三节　行政行为的成立要件和有效要件…… 093
第二章　抽象行政行为论…… 098
第一节　抽象行政行为概述…… 098
第二节　行政立法行为…… 099
第三节　制定其他行政规范性文件行为…… 115
第三章　具体行政行为论…… 121
第一节　赋权的具体行政行为…… 121
第二节　限权的具体行政行为…… 129
第三节　确认的具体行政行为…… 142
第四节　裁决的具体行政行为…… 145
第五节　行政合同…… 154
第四章　行政相关行为论…… 161
第一节　行政指导…… 161
第二节　行政调解…… 165
第五章　行政程序论…… 169
第一节　行政法程序概述…… 169
第二节　行政程序的基本原则与基本制度…… 171
第三节　行政程序法治化的趋势…… 175

第四编　行政救济篇

第一章　行政复议论…… 181
第一节　行政复议概述…… 181
第二节　行政复议的范围…… 185
第三节　行政复议参加人、行政复议机关与管辖 …… 188
第四节　行政复议的程序…… 194
第二章　行政诉讼论…… 201
第一节　行政诉讼概述…… 201

第二节　行政诉讼受案范围…………………………………………………… 207
第三节　行政诉讼的管辖…………………………………………………… 212
第四节　行政诉讼的参加人………………………………………………… 216
第五节　行政诉讼的证据规则……………………………………………… 229
第六节　行政诉讼程序……………………………………………………… 238
第七节　行政诉讼的法律适用……………………………………………… 255
第八节　行政诉讼的裁判与执行…………………………………………… 259
第三章　行政赔偿论……………………………………………………… 267
第一节　行政赔偿概述……………………………………………………… 267
第二节　行政赔偿请求人与赔偿义务机关………………………………… 271
第三节　行政赔偿程序……………………………………………………… 273
第四节　行政赔偿的方式、标准与费用 ………………………………… 276

第五编　部门行政法篇

第一章　水利行政法……………………………………………………… 283
第一节　水资源保护行政法………………………………………………… 283
第二节　水污染防治行政法………………………………………………… 287
第三节　水土保持行政法…………………………………………………… 292
第四节　防洪行政法………………………………………………………… 295
第二章　环境资源行政法………………………………………………… 301
第一节　环境资源行政法概述……………………………………………… 301
第二节　国家环境资源管理体制…………………………………………… 303
第三节　环境资源管理权的行使…………………………………………… 305
第四节　环境行政法律责任………………………………………………… 307
第三章　网络行政法……………………………………………………… 311
第一节　网络安全行政法主要制度………………………………………… 311
第二节　数字经济行政法主要制度………………………………………… 315
第四章　食品安全行政法………………………………………………… 321
第一节　食品安全行政法概述……………………………………………… 321
第二节　食品安全行政法的主要制度……………………………………… 323
第五章　人工智能行政法………………………………………………… 331
第一节　正义标准复杂性范式语境中的人工智能………………………… 331
第二节　人工智能时代的行政法任务……………………………………… 335
第三节　人工智能行政法的主要制度……………………………………… 338

第一编

原理篇

第一章
行政与法关系的一般考察

第一节　行政概念的历史探析

简单地说，行政法是关于行政的法律。因此，要想理解和把握行政法的内涵，首先要对行政的概念有个清晰的了解和较为精准的把握。换言之，"行政"这一概念是研究行政法的逻辑起点。"行政"这一术语的英文是"administration"，是由拉丁文"administratio"发展而来的，本义是"治理、管理或执行"。在中国古代的文献典籍中，"行政"大多是指执掌国家的政务，如《史记·周本纪》中的"召公、周公二相行政"。

在学术界，学者们对行政有着不同的理解。关于行政的定义和内涵，曾有学者总结过不少于十种①。"在社会科学问题上有一种最可靠的方法，它是真正养成正确分析这个问题的本领而不致淹没在一大堆细节或大量争执意见之中所必需的，对于用科学眼光分析这个问题来说是最重要的，那就是不要忘记基本的历史联系，考察每个问题都要看某种现象在历史上怎样产生、在发展中经过了哪些主要阶段，并根据它的这种发展去考察这一事物现在是怎样的。"②虽然在理论上行政可以分为"公共行政"与"私行政"，但在行政法学上，行政特指公共行政。众所周知，只有国家才会有公共行政。因此，考察"行政"这一社会现象的产生历史，是我们科学理解和把握"行政"这一概念内涵的径路。

恩格斯曾用这样的口吻赞美原始社会："这种十分单纯质朴的氏族制度是一种多么美妙的制度呵！没有士兵、宪兵和警察，没有贵族、国王、总督、地方官和法官，没有监狱，没有诉讼，而一切都是有条有理的。一切争端和纠纷，都由当事人的全体即氏族或部落来解决，或者由各个氏族相互解决……一切问题，都由当事人自己解决，在大多数情况下，历来的习俗就把一切调整好了。"③然而，随着社会生产力的提高，氏族的剩余产品增多，加之私有制日益显现出能够使个体获得在原始社会公有制条件下不可能有的能力，于是个体的财产私有成了历史发展的内在要求和必然结果。因为私有财产对个体发展有着非凡的意义，于是在氏族内部，族长通过自身的自然优势和社会优势演变为富人阶层，相对应地，其他氏族成员则沦为穷人阶层。由于社会的分裂，富人阶层与穷人阶层各自的利益诉求相互对立，在这种社会状态下，对利益的争夺成为各氏族的核心任务，相互战争是社会的常态。这与英国哲学

---

① 胡建淼:《行政法学》,法律出版社,2003,第1页。
② 《列宁选集》第4卷,人民出版社,1995,第26页。
③ 《马克思恩格斯选集》第4卷,人民出版社,1995,第95页。

家霍布斯所描述的人的原初状态极为相似。霍布斯在《利维坦》一书中认为，在原初状态下由于缺乏对个人行为进行制约的公共权力，人人都是按照自己的意愿，通过私力救济来保全自己，一旦其怀疑自己正面临着侵害，便会立即采取先发制人的方式对被怀疑者进行袭击。由此整个人类社会便陷入了互相厮杀的境地，人与人的关系如同豺狼与豺狼的关系，进入“人人相互为战的战争状态”①。这种状态被称为“霍布斯丛林”，是种典型的“囚徒困境”②。虽然富人阶层和穷人阶层的冲突在本质上是不可调和的，但如果放任其发展而不加以控制，势必会导致整个社会在无止境和无谓的斗争中消失。为了防止这种可怕的结果变为现实，社会秩序属性要求有一种凌驾于社会之上的力量来将对立结成的冲突和斗争控制在社会秩序可以容忍的范围之内，从而引致氏族组织转型。在这种社会语境下，政治国家在“部分地改造氏族制度的机关，部分地用设置新机关来排挤掉它们，并且最后全部以真正的国家权力机关来取代它们而发展起来”③。国家的出现是社会首先自我承认其运行陷入了困境而进行补救的结果。这是因为“国家是承认：这个社会陷入了不可解决的自身矛盾，分裂为不可调和的对立面而又无力摆脱这些对立面。而为了使这些对立面，这些经济利益互相冲突的阶级，不致在无谓的斗争中把自己和社会消灭，就需要一种凌驾于社会之上的力量，这种力量应当缓和冲突，把冲突保持在‘秩序’的范围以内”④。

国家作为一种表征为“凌驾于社会之上的力量”，其目的和功能是缓和经济利益相冲突的阶级的矛盾。对立阶级矛盾缓和的途径不外乎是：一方面提供各种旨在缓和阶级矛盾的公共服务；另一方面对表现为公共性的事务进行组织和管理，从而达致定纷止争。国家通过前面所述的两种途径对社会进行控制，必然要外化为具体的行动，即国家运用其掌握的公权力对公共事务进行组织、管理和提供各种公共服务。这一形式就是行政。因此，马克思认为：“行政是国家的组织活动。”⑤然而，随着社会的发展，尤其是市民社会的成熟和壮大，在现代，一些特殊的社会公共组织被法律授权在一定的范围内对社会公共事务进行管理、组织和提供公共服务。于是，行政的主体范围扩大了，不单单是国家。

综上所述，我们可以这样定义行政：所谓行政就是国家——表现为行政机关或由法律授权的特定社会公共组织为了实现社会公共利益，更多地表现为造就社会秩序和公共福利——对公共事务进行组织、管理和提供公共服务的活动及过程。我们可以进一步从以下几方面来理解此定义：

首先，行政的主体是国家的行政机关和由法律授权的特定社会公共组织。也就是说，个人和没有被法律授权的社会组织不能成为行政的主体。

其次，行政的客体是公共事务，相对应地，非公共事务不是行政的客体。

再次，行政的目的和功能是为了实现社会公共利益。社会公共利益主要表现为造就社会秩序和公共福利。行政的终极目的是要缓和不同阶级（或阶层）因经济利益对立引发的冲突和矛盾，并将其控制在社会秩序可以容忍的范围内。

---

① ［英］霍布斯：《利维坦》，黎思复等译，商务印书馆，1985，第96页。

② 囚徒困境是种博弈模型，它表明个体选择对自己最优的策略却导致集体利益最差的困境。

③ ［德］恩格斯：《家庭、私有制和国家的起源》，人民出版社1999年版，第112页。

④ 《马克思恩格斯选集》第4卷，人民出版社，1972，第166页。

⑤ 《马克思恩格斯全集》第1卷，人民出版社，1972，第479页。

最后，行政是对公共事务进行组织、管理和向社会成员提供公共服务的活动和过程。因此，若要真正实现其终极目的，在价值取向上，其势必要以满足社会成员的人道主义需求为价值追求。

第二节 行政权的涵义

“徒法不足以自行”。行政作为一个动态的人类政治活动及过程，如果没有支撑和促进其运行的动力，其目的和功能将无法得以实行。因此，行政权必与行政相伴而生，贯穿其始终。

行政权是一种权力。所谓权力就是支配和强制的力量，旨在使被支配者服从。在一般语境下，权力就是指国家所掌握的以物理性强制为后盾的政治权力。国家从原始社会脱胎出来并在社会中逐渐专门化和固定化，正如列宁所说：“国家一直是从社会中分化出来的一种机构，一直是由一批专门从事管理、几乎专门从事管理或主要从事管理的人组成的。人分为被管理者和专门的管理者，后者高居于社会之上，称为统治者，称为国家代表。”①其中专门化体现为国家分为不同的职能机构，即原始社会不曾有的士兵、宪兵、警察、官僚、法官和监狱开始出现。这些职位和机构的设立保证了国家拥有物理性强制力量。在物理性强制力量上，权力和暴力是相同的，所不同的是对权力的行使被当事人认为是正当、合理的。换言之，权力的行使要有法律依据。行政权的行使亦是如此。

早在两千年前，古希腊思想家亚里士多德在其著作《政治学》中指出，一切的政体都有议事、行政和审判（司法）三要素，如果三要素有良好的组织，那么政体也就是健全的②。然而，行政权真正从国家权力中独立出来，则是在资本主义社会。众所周知，资产阶级启蒙思想家们一致认为封建社会不存在分权，导致“封建君主专制的特征是‘既无法律，又无规章’，由单独一个人按自己的意志和反复无常的性情领导一切”③。于是，有的资产阶级启蒙思想家主张将权力分立，如孟德斯鸠认为“每一个国家有三种权力：（一）立法权力；（二）有关国际法事项的行政权力；（三）有关民政法规事项的行政权力”，并进一步指出“我们将称后者为司法权力，而第二种权力则简称为国家的行政权力”④。

一般而言，在资产阶级启蒙思想家们看来，行政权力的行使者是国家，它虽是社会所需的，但如果滥用又会带来灾难。因此不难理解为何英国思想家霍布斯将国家称为利维坦。对于行政权力的探讨并没有止步于资产阶级启蒙思想家所触及的深度和广度。事实上，人们对行政权力的认识是随着社会的变迁而逐步深入的。具体来说经历了以下两个时期。

一、自由主义发展时期

在自由主义时期，社会普遍认为市场是完美无缺的，在完全竞争市场下个人“通常既不打算促进公共的利益，也不知道他自己是在什么程度上促进那种利益。由于宁愿投资支持

① 《列宁选集》第 4 卷，人民出版社，1995，第 30 页。
② ［古希腊］亚里士多德：《政治学》，吴寿彭译，商务印书馆，1965，第 214 页。
③ 张弘：《行政法与行政诉讼法》，辽宁大学出版社，2004，第 13 页。
④ ［法］孟德斯鸠：《论法的精神》（上），张雁深译，商务印书馆，1961，第 155 页。

国内产业而不支持国外产业，他只是盘算他自己的安全；由于他管理产业的方式目的在于使其生产物的价值能达到最大程度，他所盘算的也只是他自己的利益。在这些场合，像在其他许多场合一样，他受着一只看不见的手的指导，去尽力达到一个并非他本意要达到的目的。也并不因为事非出于本意，就对社会有害。他追求自己的利益，往往使他能比在真正出于本意的情况下更有效地促进社会的利益"①。由于市场有巨大的魔力，于是"国家不应当介入冲突。这就是说，国家只需要制止暴力和欺骗，保障财产安全，并帮助人们履行契约。……根据这些条件，人们应该绝对自由地相互竞争，以便他们最好的能力得以发挥，每个人得以感到必须为指引自己的生活负责，并最大限度地发挥他的大丈夫气概"②。在这样的社会背景下，政府不需要对经济生活进行干预和引导，其所要做的事只有三件，即保卫国家安全，免受他国的侵犯；保卫公民安全，免受他人侵害和压迫；建设和维护私人不愿或无力办的公共事业和公共设施③。因此，政府充当"守夜人"的角色，"管得最少的政府就是最好的政府"。于是这时期被称为"夜警国家"时期。

在"夜警国家"时期，行政机关、立法机关和司法机关因为没有太多需要处理的事务，所以各机关有足够的时间来实现其职能。因此，在自由主义时期行政权是消极和被动地发生作用，体现在通过执行法律和管理国家行政事务来实现维护社会秩序和安全的目的。

历史上看，18 世纪到 20 世纪初，尽管行政权没有摆脱维护社会秩序和安全目的的窠臼，但为防止行政权力过大，行政法赋予了公民排除违法行政请求权。

二、现代福利国家时期

资本主义进入垄断时期，特别是两次世界大战之后，随着科技革命的到来和社会生产的高度集中，市场开始失灵，失业、贫富分化日益成为社会难以克服的顽疾。特别是频繁发生的经济危机，使市场万能的神话破灭，于是人们逐渐认识到"市场是万能的"其实就是市场经济不发达的体现，注意力也就转移到了如何克服市场的缺陷上。这样，用政府这只有形的手来对市场经济进行干预和调节成为西方发达国家的普遍做法，其理论基础是凯恩斯主义。凯恩斯在《就业、利息和货币通论》一书中得出了这样的结论：全面加强国家的作用，政府积极地干预社会秩序和经济生活是克服市场经济缺陷的药方。在前述的社会语境下，行政权的触角就积极地伸到了社会生活的各个方面。

随着"福利国家"由理论转变为现实，"立法国家"也就转变为了"行政国家"。这一转变意味着由于政府要以积极的姿态对社会公共事务作出专业化的、技术性的反应，行政权和自由时期相比，无论是在量的方面还是在质的方面都极大地提升了。政府的职能不再是执行法律和管理社会公共事务，更多的是从事社会保障、控制失业、社会救济等旨在提高社会福利的工作以及向社会提供各类公共服务。结合前文关于行政的定义，我们认为，行政权就是国家行政机关或由法律授权的社会公共组织对公共行政事务进行直接组织和管理及积极主动提供公共服务的所必需的权力。

随着社会主义市场经济在我国的确立和深入发展，当前我国的政府由计划经济时代的

① [英]亚当·斯密：《国民财富的性质和原因的研究》(下卷)，郭大力、王亚南译，商务印书馆，1974，第 27 页。
② [英]霍布豪斯：《自由主义》，朱泽文译，商务印书馆，1996，第 43 页。
③ 薛冰等：《行政学原理》，北方交通大学出版社，2005，第 29 页。

全能政府向满足社会主义市场经济内在要求的服务型政府转变,“人民对美好生活的向往”是政府的奋斗目标。毋庸置疑,现代福利国家时期对行政权的界定同样适合我国。

我们可以从主体、实质内容和特征三方面来进一步认识现代福利国家时期的行政权。主体方面,国家行政机关和由法律授权的社会公共组织是行政权的主体,这是由行政性质所决定的。实质内容方面,简言之,就是组织、管理行政事务和提供公共服务。特征方面,与在周期较长的立法中行使的立法权、采取不告不理的被动的司法权相比较,行政权具有迅捷性、直接性和主动性的显著特征,在现代福利国家时期体现得尤为明显。

第三节 行政法的涵义

国家的出现还意味着原始社会用来调整人们行为方式的原始行为习惯由于被抽掉了实施的土壤而被边缘化,该原始行为习惯不仅不能调和氏族成员间的利益冲突和对立,反而由于其调整使得氏族成员间的利益冲突和对立的程度更加剧烈。当依靠原始行为习惯调整社会关系日益无力时,社会秩序属性则要求有新的、强有力的调整措施来取代软弱无力的原始行为习惯。也就是说,新出现的调整措施必须是刚性的。新的刚性调整措施的获得,首先必须意义明确、易于被认识,对人们行为裁决的尺度是同一的,不能是任意的、带有偏见和倾向性的。其次要与国家公权力相结合,从而使得人们能够普遍地服从。有这两种表现的新出现的调整措施就是我们所说的法。

纵观人类发展史,我们会发现“人们并非把法律视为解决冲突的最好办法,实际上只是因为缺乏其他解决手段才导致了法律的增长”①。但是人类想要走出原始社会末期的“囚徒困境”式的生存状态,则必须而且必然要选择法的形式。在原始社会末期的社会环境下,一方面,社会规则日益无力调整氏族成员之间的利益冲突与对立,社会秩序内在属性要求有表面上“凌驾于社会的力量”来调整这些冲突与对立;另一方面,生存在“囚徒困境”式状态下的个体惧怕因抵御能力下降而被其他氏族吞灭的风险,或存在无法通过社会规则进行调整而转为私力救济的生存危险。故人们在主观上希望有一种新的调整机制能及时重设博弈格局,使不合作走向合作。在这两方面要求的共同作用下,毫无疑问会催生出一种具备超然于社会、能够克服恣意与强力保证实施质量的调整机制。随着强力的载体,即国家的出现,法便顺时顺势地产生了。

从法与权力的关系看,虽然法律是由权力规定的,但是权力的行使却是由法律来规定的。行政权与立法权、司法权等权力相比,它要面对的更多是需要及时作出反应的瞬息万变的社会情势所引发的突发的公共行政事务。“对于法律没有规定的许多特殊事件,要给执行机关留有一定的自由空间”②,因而为了高效率处理社会公共事务,行政权必然要有自由裁量的空间。

“裁量权就像斧子一样,当正确使用时是一件工具,但它也可能是作为伤害或谋杀的武

① [美]布莱克:《社会学视野中的司法》,郭星华等译,法律出版社,2002,第85页。
② [英]洛克:《政府论两篇》,赵伯英译,陕西人民出版社,2005,第222页。

器。”[①]对于行政权力而言，自由裁量空间的存在为其进行权力寻租提供了可能性空间。绝对的权力必然导致绝对的腐败，如果不对其加以控制，权力极易被滥用从而侵害公民的权利，造成严重的后果。孟德斯鸠在《论法的精神》一书中总结道：“一切有权力的人都容易滥用权力，这是万古不易的一条经验。”并提出了解决权力滥用的思路，即“从事物的性质来说，要防止权力滥用，就必须以权力约束权力”[②]。英国行政法学家韦德也表达了类似的观点，他说：“所有的自由裁量权都可能被滥用，这仍是个至理名言。在公法中没有不受约束的自由裁量权。……绝对的和无约束的自由裁量权的观点受到否定。为公共目的所授予的法定权力类似于信托，而不是无条件地授予。”[③]

权力意味着责任。对行政权加以控制和约束就是防止以自由裁量为借口而恣意地行使行政权。从行政权自身来看，其所指向的对象是社会公共事务，如果对其仅仅是控制，而不对其滥用的后果予以补救势必会导致有权力而无救济。在本质上，这与没有权力没有太大的区别。纵观人类文明史，“人类迄今为止还没有找到比法治更好的防治公共权力专横和腐败的办法来”。[④] 因此，用法律的形式来规范行政权，使其更好地为人类服务是人类的必然选择，由此必然会诞生行政法。

关于何为行政法，中外行政法学者有着不同的概括和总结。这一方面反映出了行政法的界限难以界定，另一方面也反映出了不同的行政法学理论必有与之相对应的行政法概念。在国外，美国行政法学家古德诺认为：“行政法是公法的一部分，它规定行政机关的组织和职权，并规定公民在受到行政行为侵害时的行政救济。”[⑤]英国行政法学家韦德认为：“行政法是管理公共当局行使权力、履行义务的一系列普遍原则。这些原则仅仅是公共当局所要遵守的大量法律中的一部分。”[⑥]在我国主要有这样几种典型的定义：王珉灿先生认为：“行政法学主要是以国家行政机关组织和活动的基本原则、工作方式、方法以及国家行政工作人员同公民等行政法关系当事人在依法行政关系中的权利和义务为研究对象，阐明行政法原理原则的一门独立学科，也是法学的一门分支学科。”[⑦]姜明安教授认为：“行政法学是一门法律学科，是研究行政法现象的本质、渊源、历史发展、行政法规的内容、形式、体系及行政法规范所调整的社会关系的法律科学。”[⑧]罗豪才教授认为：“行政法是国家重要的部门法之一，是调整行政关系以及在此基础上产生的监督行政关系的法律规范和原则的总称，或者说是调整因行政主体行使其职权而发生的各种社会关系的法律规范和原则的总称。”[⑨]胡建淼教授认为：“所谓行政法，是指有关国家行政管理的各种法律的总和，是以行政关系为调整对象、仅次于宪法的独立法律部门，其目的在于保障国家行政权运行的合法性和合理性。”[⑩]

以上各种行政法定义都值得探讨和商榷。结合前面的论述和借鉴各种行政法的定义，

---

① Kenneth Culp Davis, *Discretionary Justice: A Preliminary Inquiry* (Louisiana State University Press, 1969), p. 25.
② [法]孟德斯鸠：《论法的精神》(上)，张雁深译，商务印书馆，2005，第184页。
③ [英]威廉·韦德：《合理原则》，李湘如译，《法学译丛》1991年第6期。
④ 夏勇：《法治与公法》，《读书》2001年第5期。
⑤ Franklin J. Woodnow, *Comparative Administrative Law*, 1893, pp. 8-9.
⑥ [英]威廉·韦德：《行政法》，徐炳等译，中国大百科全书出版社，1997，第6页。
⑦ 王珉灿：《行政法概要》，法律出版社，1983，第22页。
⑧ 姜明安：《行政法学》，山西人民出版社，1985，第13页。
⑨ 罗豪才：《行政法学》，北京大学出版社，2001，第5页。
⑩ 胡建淼：《行政法学》，法律出版社，2003，第12页。

我们对行政法做如下的界定：

行政法是指关于国家行政机关及由法律授权的社会公共组织的行政权的授予、行使以及对行政权加以监控与对其违法后果进行补救的各种法律规范的总和。

行政法与其他部门法相比，在形式和内容上都有其自身特征。就形式而言，显著的特征是没有形成法典①。就内容而言，主要体现在内容广泛且易于变动和实体规范与程序规范相混合。

第四节　行政法的渊源

行政法渊源是指行政法的表现形式，是行政主体作出行政行为的法律规范依据。我国的行政法的基本渊源主要包括宪法、法律、行政法规、地方性法规、自治条例和单行条例以及规章等。

一、宪法

宪法是国家的根本大法。宪法本身并非严格意义上的行政法，但宪法中对行政有直接或者间接意义的规定相当多，宪法中的行政法规范主要有：(1)有关行政活动基本原则的规范。如《中华人民共和国宪法》(以下简称《宪法》)第三条规定："中华人民共和国的国家机构实行民主集中制的原则。"宪法还规定了法制统一原则、人民群众参与管理原则、法律面前人人平等原则等。(2)有关行政区划和行政机关的设置及职权的规范。如《宪法》第三十条对行政区划的规定，第八十九条对国务院职权的规定，第一百零七条对县级以上地方各级人民政府职权的规定等。(3)有关国家管理的行政事务的规范。国家的行政管理涉及国防、外事、经济、教育、科学、文化、卫生以及计划生育等各个方面。如《宪法》第十九条规定："国家发展社会主义的教育事业，提高全国人民的科学文化水平。国家举办各种学校，普及初等义务教育，发展中等教育、职业教育和高等教育，并且发展学前教育。"(4)有关公民基本权利和自由的规范。公民的基本权利和自由规定在《宪法》第二章中，如公民具有人身自由权、受教育权、言论自由权等。公民的基本权利与自由与行政法联系密切。一方面，宪法赋予公民的基本权利和自由大多要由行政法加以落实和具体化；另一方面，在行政权的设定和实施中，都不得损害公民的基本权利和自由。

二、法律

狭义上的法律是指全国人民代表大会及其常务委员会制定的规范性文件。其中，全国人大制定、通过的规范性文件被称为"基本法律"；全国人大常委会制定、通过的规范性文件被称为"普通法律"。我国的法律中绝大多数涉及行政权的设定及行政组织、行政权的运作以及对行政的监督和救济，涉及公民的行政权益。这些规范都是行政法的重要组成部分。法律作为行政法的渊源的表现形式有：(1)法律在整体上具有行政法性质。如《中华人民共

① 荷兰在1994年通过了《荷兰国基本行政法典》，这是世界上唯一的一部行政法典。

和国行政诉讼法》《中华人民共和国行政处罚法》《中华人民共和国行政许可法》等。(2)法律中的部分规范具有行政法性质。如《中华人民共和国公司法》《中华人民共和国证券法》等。

三、行政法规

行政法规是指由国务院根据宪法和法律,按照法定权限和法定程序制定、通过的规范性文件。考虑我国立法程序的沿革情况,现行有效的行政法规有三种类型:一是国务院制定并公布的行政法规。二是立法法施行以前,按照当时有效的行政法规制定程序,经国务院批准、由国务院部门公布的行政法规。三是在清理行政法规时由国务院确认的其他行政法规①。我国制定了大量的行政法规,其中绝大部分涉及行政管理,是行政法的重要渊源之一。行政法规的效力低于宪法、法律,高于地方性法规、规章和其他规范性文件。行政法规不得与宪法、法律相抵触,否则无效。

四、地方性法规

地方性法规是指由省、自治区、直辖市人大及其常委会,省、自治区的人民政府所在地的市、经济特区所在地的市和经国务院批准的较大的市的人大及其常委会,按照法定权限和法定程序制定、通过的并在本行政区域实施的规范性文件。地方性法规调整的社会关系十分宽泛,其中与公民的行政权益相关,或者与行政权的设定、运作和对行政的监督有关的规范,都为行政法的渊源。地方性法规的法律效力低于宪法、法律、行政法规,高于地方政府规章。

五、自治条例和单行条例

自治条例和单行条例是指民族自治地方依照当地民族的政治、经济和文化的特点制定并在本民族自治地方实施的规范性文件。自治区的自治条例和单行条例,报全国人大常委会批准后生效。自治州、自治县的自治条例和单行条例,报省或者自治区的人大常委会批准后生效,并报全国人大常委会备案。自治条例和单行条例中涉及行政管理方面的内容都属于行政法的范畴。自治条例和单行条例只在本行政区域内有效。

六、行政规章

行政规章分为部门规章和地方政府规章。部门规章是指国务院及国务院各部和委员会、中国人民银行、审计署和具有行政管理职能的直属机构等,按照法定权限和法定程序发布的规范性文件。地方政府规章是指省、自治区、直辖市人民政府,省、自治区的人民政府所在地的市、经济特区所在地的市和经国务院批准的较大的市的人民政府,根据法定权限和法定程序制定、通过的在本行政区域内施行的规范性文件。行政规章的效力低于宪法、法律、行政法规,地方规章的效力还低于本级的地方性法规。与法律、法规相比,行政规章的数量庞大,制定主体众多,因而行政规章作为行政法的渊源,必须首先强调其自身的合法性,违法的一律无效。

---

① 引自最高人民法院《关于审理行政案件适用法律规范问题的座谈会纪要》(2004年5月18日法〔2004〕96号)。

七、国际条约与协定

我国参加和批准的国际条约或与其他国家签订的协定中涉及公民的行政权益或国内行政管理的，是我国行政法的渊源，但声明保留的条款除外。至于国际条约与协定是直接作为法律渊源适用还是必须先转化为国内法才能适用，对此尚无明确规定。在该程序问题没有解决以前，承认国际条约与协定的直接效力。

八、法律解释

法律解释是指在法律适用过程中，有权机关对法律的有关概念、界限以及如何运用所作的解释。根据 1981 年 6 月 10 日第五届全国人民代表大会常务委员会第十九次会议通过的《关于加强法律解释工作的决议》的规定，法律解释包括立法解释、司法解释、行政解释和地方解释。凡是对行政法规范的法律解释都属于行政法的组成部分。法律解释的效力与所解释的法律文件相同。

第二章

行政法律关系

第一节　行政法律关系概述

一、行政法律关系释义

“法律应该是社会共同的、由一定物质生产方式所产生的利益和需要的表现。”①这一旨意表明，任何法律都关注利益，离开了利益，法律便失去了其存在的土壤。因法律构建或调整产生的社会关系即法律关系，法律关系与利益也有着天然的联系。“法律关系实质上就是利益关系，立法过程也就是利益的分配过程。”②换言之，“利益关系是法的基础，物质利益关系是法的终极基础，法是利益关系的上层建筑。”③

法律关系除了是一种利益关系外，法的特质还决定了其是一种由国家强制力保障的权利和义务关系。毫无疑问，行政法律关系属于法律关系的范畴。行政法律关系的特征和分类如下：

(一) 行政法律关系的特征

1. 行政法律关系是由行政法调整的利益关系。

行政法所要调整的是体现为行政主体通过集合和分配公共利益而与行政相对人、第三人发生的利益关系。可以说，行政法律关系背后隐藏的利益关系，实质上就是行政主体在分配有限公共利益过程中与行政相对人、第三人产生的利益实现关系。因此，与民事法律关系相比，如果没有行政主体的参与就不可能形成行政法律关系。也就是说，在行政法律关系中，行政一方是恒定的主体，即代表国家集合和分配公共利益的主体。

行政法律关系与行政关系既互相联系又互相区别：一方面，行政关系是行政法律关系的基础，没有行政关系的存在，行政法律关系就无从产生；另一方面，行政关系与行政法律关系的性质不同，行政关系是一种物质利益关系，而行政法律关系则是一种思想意志关系，行政关系只有经行政法调整后才转化为行政法律关系，行政关系是行政法的调整对象，而行政法律关系是行政法的调整结果。

2. 行政法律关系主体间权利和义务具有不对等性。

行政法律关系是因行政法调整而产生的权利和义务的关系，但与以平等、等价、有偿为

---

① 《马克思恩格斯全集》第6卷，人民出版社，1961，第292页。

② 付子堂：《法律功能论》，中国政法大学出版社，1999，第89页。

③ 叶必丰：《行政法的人文精神》，北京大学出版社，2005，第41页。

特征的民事法律关系不同的是，行政法律关系的双方当事人一般处于不平等的地位，其权利义务具有不对等性。具体而言，行政主体权利的享有和行使既不以与相对人意思表示一致为前提，也无须以履行相应的义务为对价，行政主体可以在不征得相对人同意、甚至违反相对人意志的情况下，单方面创设行政法律关系。反之，相对人义务的履行不能以相应权利的行使为对等条件。这主要是因为，在行政实体法律关系中，行政主体代表国家行使行政权力，是法律赋予它的一种单方面的权利，相对人必须无条件服从。

3. 行政法律关系中的国家权力具有不可处分性。

在行政法律关系中，主体中相当一部分都是国家机关，其拥有并行使的都是国家权力。这些权力是国家的主人——全体人民赋予的，它不同于个人的私权利，一般不能由掌握这种权力的某个国家机关自身随意处分(除自由裁量权中允许行政主体自由决定的内容外)，如不能放弃、转让等，在应当运用时必须运用，在不应当运用时则不得运用。这一特征决定了行政主体的职权和职责是一个密不可分的统一体，它可以依法行使职权，也必须依法行使职权，既不能转让，也不能放弃，放弃了就是对国家的失职，要承担相应的法律责任。而一般民事主体的权利义务是分离的，其权利可以依法转让或放弃。

依据上面的分析，我们可以对行政法律关系的涵义作如此界定：所谓的行政法律关系就是指由行政法调整的以权利和义务为内容的并由国家强制力保障的利益关系。

（二）行政法律关系的分类

按照不同的标准，可以对行政法律关系作不同的分类。在学理上主要是从以下角度对行政法律关系进行划分：

1. 行政实体法律关系和行政程序法律关系。按照行政法律关系的属性，行政法律关系分为行政实体法律关系和行政程序法律关系。行政实体法律关系是指由行政实体法律规范调整的旨在处分行政实体的权利和义务的行政法律关系，如税务机关与纳税人之间的征税权利和纳税义务关系就是具有本质属性的实体法律关系。行政程序法律关系是指由行政程序法律规范调整的旨在确定行政程序上的权利和义务的行政法律关系，是保障实体性权利义务关系形成和正常运行的权利义务关系，是手段性或过程性权利义务关系。

2. 内部行政法律关系和外部行政法律关系。按照行政主体的隶属关系可将行政法律关系分为内部行政法律关系和外部行政法律关系。内部行政法律关系是指当事人均是国家行政系统内的，表现为自我管理的行政法律关系，如行政主体之间或者行政主体与所属的公务人员之间因内部行政管理活动而形成的权利义务关系。外部行政法律关系是指有一方当事人不是国家行政系统内的，表现为国家对社会管理的行政法律关系，如行政主体与行政相对人之间因外部行政活动而形成的权利义务关系。

3. 上下级行政主体之间的命令关系、同级行政主体之间的配合关系、行政主体与其公务人员的管理与被管理关系、行政主体与行政相对人之间的管理与服从关系、监督主体与行政主体的监督与被监督关系。这种分类依据的是行政法律关系主体的类型。

4. 明示的行政法律关系和暗示的行政法律关系。按照行政法律关系的形成方式，行政法律关系可分为明示的行政法律关系和暗示的行政法律关系。明示的行政法律关系是指行政主体作出的行政行为有明确的行政相对人的行政法律关系。暗示的行政法律关系是指行政主体作出的行政行为虽然没有明确的行政相对人，但能够影响第三人的合法权益的行政法律关系。

5. 积极的行政法律关系和消极的行政法律关系。按照行政法律关系的功能，可将其分为积极的行政法律关系和消极的行政法律关系。积极的行政法律关系是行政主体为实现国家职能，在积极组织发展经济和文化事业的建设、干预社会生活时与有关相对一方形成的权利义务关系。消极的行政法律关系是行政主体仅为维护行政秩序、制裁违法者时与有关相对一方形成的权利义务关系。

第二节 行政法律关系的要素

行政法律关系是由行政法律关系的主体、客体和内容三要素构成的。

一、行政法律关系的主体

行政法律关系的主体又称为行政法主体或行政法律关系当事人，是指在行政法律关系中享有权利和履行义务的组织或个人。在一个具体的行政法律关系中，有具体的权利和义务相对立的双方当事人，主要是行政主体和行政相对人。其中，行政主体是指享有行政权，能够独立承担行政行为所产生的法律后果的主体。行政相对人是指不享有行政权，与行政主体相对应的主体，包括内部相对人和外部相对人。作为行政法律关系的主体必须具备两个能力：一是行政法上的权利能力，是指行政法律关系的当事人依法享有行政法上的权利和承担行政法上的义务的能力或资格。二是行政法上的行为能力，是指行政法律关系的当事人能够以自己的行为，依法行使行政法上的权利和承担行政法上的义务的能力。

行政法律关系主体有两个显著特征，即行政法律关系主体的恒定性和法定性。行政法律关系主体的恒定性是指行政法律关系的一方当事人必然是行政主体。这是因为，行政法律关系本是行政主体在实现行政职能时产生的一定社会关系的法律化，没有行政主体就不可能产生这类社会关系。而行政机关与公民或组织在民事合同中所担当的角色就不是行政主体。行政主体的法定是指行政法律关系主体是由行政法律规范预先设定好的。例如《中华人民共和国药品管理法》规定，行政主体必须是行政相对人所在地的省、自治区、直辖市的药品监督管理部门，行政相对人必须是申请开办药品生产企业或药品研制机构的法定代表人①。

二、行政法律关系的客体

行政法律关系的客体是指行政法律关系主体的权利和义务共同指向的对象，是行政法律关系发生权利和义务的联系中介。关于行政法律关系的客体，在学界有不同的主张，有的学者认为是物、行为与智力财富②；有的学者认为，除了物、行为与智力财富还包括人身③；

① 《药品管理法》第41条规定：从事药品生产活动，须经企业所在地省、自治区、直辖市人民政府药品监督管理部门批准，取得药品生产许可证。无《药品生产许可证》的，不得生产药品。

② 罗豪才：《行政法学》，中国政法大学出版社，1999，第19页。

③ 胡建淼：《行政法学》，法律出版社，2003，第27页。

有的学者认为是利益，包括物质利益和精神利益①；有的学者认为是权力、物、智力财富和行为②。

马克思曾指出："我只是由于表现自己，只是由于踏入现实的领域，我才进入受立法者支配的范围。对于法律来说，除了我的行为以外，我是根本不存在的，我根本不是法律的对象。我的行为就是我同法律打交道的唯一领域，因为行为就是我为之要求生存权利、要求实现权利的唯一东西，而且因此我才受到现行法的支配。"③因此，我们认为行政法律关系的客体主要是行为。行为是指行政法律关系的主体有意识、有目的的身体动静，包括作为和不作为。作为就是法律要求行为人有所为而行为人有所为；不作为就是法律要求行为人有所为而行为人有所不为。从主体的角度来看，行政法律关系的客体，既包括行政主体的行政行为，也包括行政相对人的行为。有一点需要指出，不论是行政主体的行政行为还是行政相对人的行为，都必须是合法的。因为行政法律关系本身就是一种合法的法律关系。

三、行政法律关系的内容

行政法律关系的内容是指行政法律关系主体所享有的权利和履行的义务。也就是说，行政法律关系的内容包括行政法律关系主体的权利和行政法律关系主体的义务两部分内容。行政法律关系主体的权利是指行政法律关系规范赋予行政法律关系当事人可以为或不为一定行为或者要求对方当事人为或不为一定行为的资格。行政法律关系主体的义务是指由行政法律规范规定的行政法律关系当事人必须为或不为一定行为的约束。

一般而言，行政法律关系主体主要是行政主体和行政相对人。行政法律关系的内容如下。

（一）行政主体的权利和行政相对人的权利

1. 行政主体的权利。行政主体的权利，通常被称作行政职权，是行政法律规范赋予行政主体在管理社会公共事务时所必需的各种强制力的总称。概括地讲，行政主体的权利主要有：

（1）行政决定权，即行政主体享有对特定的公民、社会组织或者特定的事项作出法律行为的权利。

（2）行政处罚权，即行政主体有对违反行政法律规范，但未构成犯罪的公民、社会组织，追究行政责任的权利。

（3）行政强制权，即行政主体为了制止违法行为或者在紧急、危险情况下按照行政法律规定和程序，对行政相对人的人身或财产暂时实施强行控制的权利。

（4）行政裁决权，即行政主体依据法律的授权，对平等主体之间发生的与行政管理密切相关的事项作出行政决断的权利。

（5）行政立法权，即特定的行政主体依据法律的授权制定行政法规、规章的权利。

2. 行政相对人的权利。行政相对人的权利是指行政相对人依据有关行政法律规范的规定所享有的主张和维护其合法权益的权利。概括地讲，行政相对人的权利主要有：

---

① 叶必丰：《行政法学》，武汉大学出版社，2003，第121页。
② 马怀德：《行政法学》，中国政法大学出版社，2007，第34页。
③ 《马克思恩格斯全集》第1卷，人民出版社，1956，第16-17页。

（1）参与国家管理的权利，主要包括选举和被选举为国家行政公务人员的权利、对行政工作的批评权利、通过竞争考试担任行政公务员的权利等。

（2）获得保障的权利，即行政相对人要求行政主体为或不为一定行为，旨在实现其法律权益的权利。

（3）诉权，主要包括行政相对人的合法权益受到行政主体侵害时，享有的检举、控告、申诉、申请行政复议权利以及获得国家赔偿等权利。

（二）行政主体的义务与行政相对人的义务

1. 行政主体的义务。行政主体的义务，通常被称作行政职责，是指法律规定的行政主体在履行行政职责时所要承担的责任。概括地讲，行政主体的义务主要有：

（1）依法行政的义务，即按照法律的授权、法律规定的方式、方法和程序行使行政权、执行行政职务的义务。

（2）接受监督的义务，主要是接受监督机关的监督，接受党、公民及社会组织的监督。

（3）补偿损失、赔偿损害的义务，即行政主体在实施或违法实施行政行为的过程中给行政相对人或第三人的合法权益造成损失或损害时，分别承担补偿和赔偿的义务。

2. 行政相对人的义务。行政相对人的义务是指行政相对人按照行政法律规范的规定，为了促使行政主体职权的实现为或不为一定行为的义务。概括地讲，行政相对人的义务主要有：

（1）遵守行政法律规范、按照行政法律规范的要求为一定行为的义务。

（2）行政主体在履行行政职务过程中要求行政相对人协助时，行政相对人有协助的义务。

（3）服从行政主体具有法律效力的决定的义务。对于行政主体行使行政权力作出的具有法律效力的各种决定，行政相对人有服从、履行的义务。

（4）国家委托的任务或者下达的计划指标，行政相对人有接受并尽力完成的义务。

第三节　行政法律关系的变动形态

行政法律关系的变动是指基于特定的法律事实而引起行政法律关系的产生、变更和消灭。这表明，第一，行政法律关系的变动是由特定法律事实引起的；第二，行政法律关系的变动形态分为产生、变更和消灭。

一、法律事实概述

从逻辑上讲，要想认识行政法律关系首先要认识法律事实。所谓法律事实是指由法律规定的能够引起行政法律关系产生、变更和消灭的客观现象。在行政法律规范结构中，法律事实实质上是假定部分。例如，2019 年修订的《中华人民共和国药品管理法》第四十一条规定：“从事药品生产活动，应当经所在地省、自治区、直辖市人民政府药品监督管理部门批准，取得药品生产许可证。无药品生产许可证的，不得生产药品。”“批准并发给药品生产许可证”就是该条款的假定部分，如果符合假定部分的事实出现，就产生了开办药品生产的企业与工商行政部门之间的行政法律关系。

法律事实包括法律事件和法律行为。法律事件分为社会事件和自然事件，是不以人们的意志为转移的客观现象。社会事件即社会变革，自然事件是自然的变化。其中自然变化是产生行政法律关系较常见的原因。如人的出生、衰老就是人的自然变化，而人的出生能导致户口登记法律关系的产生，人的衰老能导致社会保障行政法律关系的产生。再如自然灾害等自然界的客观变化，自然灾害的发生能导致行政救助法律关系的产生。法律行为是指能够引起行政法律关系产生、变更和消灭的有意识的身体动静，包括作为和不作为。例如，结婚登记的作为行为；不纳税的不作为行为。

二、行政法律关系的产生

行政法律关系的产生是指基于特定的法律事实出现的，行政主体与行政相对人或第三人依法形成的行政法律权利和义务关系。根据定义，具备了以下两个条件时行政法律关系才能产生：

1. 行政法规范设立了权利和义务，这是行政法律关系产生的前提条件和法律依据。

2. 能够适用行政法律规范的设立的权利和义务的条件已成就，即法律事实的出现。

我们知道，能够引起行政法律关系产生的是法律事实。法律事实分为法律事件和法律行为。法律事件，例如，人的出生引起户籍登记的行政法律关系，使得监护人等有向户籍管理部门申请登记的义务，户籍登记部门对于符合法律规定的有予以登记的义务。法律行为，例如，出现了违反《中华人民共和国治安管理处罚法》的行为，使得治安管理处罚的行政法律关系得以产生。

三、行政法律关系的变更

行政法律关系的变更是指某种行政法律关系产生后，在存续期间内由于一定因素，其局部发生了变化。从逻辑上讲，行政法律关系的变更可分为主体的变更、客体的变更和内容的变更。我国有的学者也主张这点①。然而细究起来不难发现，行政法律关系的变更不能包括内容的变更。因为行政法律关系的内容的变更，一方面意味着原有的行政法律关系的消灭，另一方面意味着形成新的行政法律关系。有的学者主张内容上的变更是指行政主体行政职权的变化和行政相对人义务的增减②。以行政相对人义务增减为例，其义务的增加或减少从程序上都要在否认原来的行政法律关系后才能实现，由此产生新的行政法律关系。因此，行政法律关系的变更只能是主体的变更和客体的变更。

（一）主体的变更

主体的变更是指主体发生了变化，但不影响原行政法律关系的权利和义务。主体的变化通常是形式上的变化。主体变化通常有两种形式：

1. 行政法律关系主体在数量上的增减，即原来由一个主体享有权利或履行义务，改变为由多个主体享有权利或履行义务；原来由多个主体享有权利或履行义务，改变为由一个主

① 罗豪才：《行政法学》，北京大学出版社，1996，第 23 页。

② 张弘：《行政法与行政诉讼法》，辽宁大学出版社，2004，第 88 页。

体享有权利或履行义务。导致这类变化的原因主要有行政机关的合并、分立或者企事业单位的合并或分立等。

2. 主体在接替上的变化，即行政法律关系中的原来的主体被更替，由更替后的主体承受原主体所享有的权利和履行义务的变化。例如，行政机关的职权的“下放”或者“收回”。

（二）客体的变更

客体的变更是指客体发生了变化，但不影响原行政法律关系的权利和义务。客体的变化通常是可替代性的变化。

学者们认为，能发生改变的客体主要有两类：与特定人身没有联系的财物和作为行为。客体的变更也就只指这两种形式①。根据我们在前面的分析，行为才是行政法律关系的客体，与特定人身没有联系的财物由同等价值物替代是标的的变更而非是客体的变更。因此，客体的变更是指与特定人身没有联系的作为行为的变更。

与特定人身没有联系的作为行为的变更，一般具有体力的性质，可以由他人的作为行为来替代。这种替代可能是主动、自愿的，如有植树指标的单位，可以雇佣他人代为植树；也可能是被动、被迫的，如当一公民应对自己的违章建筑拆除而又不拆除时，行政主体可请他人代为拆除，然后强制该公民缴纳与他人的劳力等价值的款项。

因为不作为行为不能由他人替代，不存在改变与否的问题。

四、行政法律关系的消灭

行政法律关系的消灭是指原行政法律关系主体之间的权利和义务的完全消灭。行政法律关系的主体、客体和内容，只要有一个要素消灭了，行政法律关系就有归于消灭的可能。

行政法律关系消灭的情况有：(1)原来的行政法律关系没有意义或没有存在的必要性而归于消灭；(2)原来的行政关系已完成而归于消灭；(3)因行政法律规范废除而使行政法律关系消灭；(4)因行政相对人放弃其权利而使行政法律关系消灭。

具体而言，以行政法律关系要素为标准，可将行政法律关系的消灭分为：

1. 行政法律关系主体的消灭。行政法律关系主体的消灭是指行政法律关系主体一方或双方丧失主体资格而导致行政法律关系的消灭。主体消灭的情况是原主体消灭，没有新的主体接替或不能有新的主体接替。行政主体方面，主要有行政主体被撤销且没有主体承接或不能有承接主体等。行政相对人方面，主要有死亡、丧失意识、剥夺政治权利，且其他任何人都不能承接该行政相对人受处罚的义务等。

2. 行政法律关系客体的消灭。行政法律关系客体的消灭主要是作为行为消灭后，不能用他人的作为行为替代。如果原客体消灭后，能以另一种客体代替原客体，则原权利义务仍可实现而并没有消灭，只是行政法律关系有了一定变更。

3. 行政法律关系内容的消灭。行政法律关系内容的消灭即权利和义务的消灭。因为行政法律关系是一种以权利和义务为内容的利益关系，权利和义务消灭，行政法律关系当然消灭。内容消灭的原因主要有：行政法律规范被废除、权利或义务已被分别行使和履行完毕、行政相对人放弃权利等。

---

① 方世荣：《行政法与行政诉讼法学》，中国政法大学出版社，2003，第38页。

第三章 行政法的基本原则

第一节 行政法基本原则的概述

一、行政法基本原则的含义

行政法的基本原则是指贯穿行政法始终、指导行政法的制定和实施的基本准则，是人们在制定、实施和遵守行政法过程中必须遵循的基本准则。

行政法基本原则具有以下特点：(1)行政法基本原则具有普遍性。在行政法中有许多不同层次的原则，有的原则只调整某一部门的行政法律规范，有的原则却调整一切行政法律规范。行政法的基本原则必须能够适用于行政法的各个领域，能统率和指导一切行政法律规范，是行政法中最主要的、最具普遍性的原则，是行政法的基石，离开了这些原则，行政法就无从谈起。(2)行政法基本原则具有基础性。行政法基本原则是行政法中其他原则的基础，行政法的其他原则来源于并服从于行政法的基本原则。(3)行政法的基本原则具有自身的特殊性。由于行政法所调整的社会关系的特殊性，行政法在体现我国法的基本原则的同时，必须符合行政法调整对象的特殊要求，反映出行政法律规范区别于其他法律规范的本质特征。也就是说，行政法基本原则是行政法这一独立法律部门所特有的原则，只对行政法规范起着统率和指导作用，而不是适用于一切法律规范。行政法基本原则与一切法律原则是个别与一般的关系。

二、行政法基本原则的功能

行政法基本原则是行政法精神实质的体现，是行政法律规范或规则存在的基础，对行政法的完善与发展具有以下几个功能。

1. 维护行政法体系的统一、协调与稳定的功能。行政管理领域和行政活动的广泛性、多样性和复杂性的特点，决定了行政法律规范的广泛性、多样性和复杂性。但是，由于调整性质相同的社会关系同属于一个法律部门，这些广泛、多样和复杂的法律规范必然要体现统一的基本精神，彼此之间要相互协调。同时，虽然行政活动的特点决定了具体行政法律规范易于变动，但从总体上讲，行政法又要维持相对的稳定性，不能朝令夕改。行政法的基本原则体现行政法的基本精神，能够统一、协调不同的行政法律规范。这种法理功能主要通过统率、指导行政法律规范的制定、修改及废止工作，保证不同层次的各种行政法律渊源的协调一致。

2. 保证行政法律规范统一、协调实施的功能。行政法律规范和行政法律关系主体的广泛性和复杂性决定了行政法实施的复杂性。如果没有行政法基本原则的统率和指导，其混乱无序状况无法设想。行政法的基本原则对行政法律规范的统一与协调作用主要体现在：一、规范行政法律关系主体的行为，保证他们能够按照统一的标准和要求适用和遵守行政法律规范，实现行政法的调整目标。二、为准确地理解、适用和遵守行政法律规范提供依据。行政法基本原则作为贯穿行政法律体系，对行政法律规范的制定和实施起统率指导作用的基本原理或准则，有助于人们认识行政法的实质、准确理解行政法律规范，从而保证适用和遵守行政法律规范的准确和统一。三、能够发现并及时纠正行政法体系中的不协调现象，防止发生有悖于行政法整体调整目标实现的事件。

3. 弥补行政法律规范的疏漏，保证行政法律关系得到有效调整。由于人们认识上的局限性和社会情况的不断发展等主客观原因，行政法律体系不可避免地存在疏漏与不足，使一些有必要由行政法律规范调整的社会关系得不到及时、必要的调整。行政法的基本原则则可以弥补这种疏漏或不足，供行政法律关系主体适用或遵守，既能保证发挥行政法律关系主体在这些领域的主观能动性，又能防止发生有悖于行政法整体调整目标实现的事件，从而实现我国行政法律制度的科学构建。

三、对行政法基本原则的内容理解的各种观点

行政法的基本原则作为行政法学最主要的原理之一，历来被各国学者研究。由于各国的行政法制的背景和理念的不同，各国学者提出的行政法基本原则各不相同。在法国，行政法的基本原则是行政法治原则，其有三层意义：第一，行政行为必须依据法律；第二，行政行为必须符合法律；第三，行政机关必须采取行动保证法律规范的实施①。在德国，行政法的基本原则有两项：依法行政原则和比例原则②。在英国，行政法的基本原则有四项：政府守法原则或者政府服从法律、越权无效原则、依法行政原则和议会主权原则。在美国，行政法基本原则主要是基本权利原则和正当程序原则。在日本，公认的行政基本原则是行政法治原则，其内容包括法律保留、法律优先和司法审查③。

20 世纪 70 年代末，我国才开始研究行政法的基本原则，经过多年的研究，对行政法基本原则的理解已经得到不断发展和深化。例如，我国第一本行政法教科书《行政法概要》提出行政法的基本原则有七项：在党的统一领导下实行党政分工和党企分工；广泛吸收人民群众参加国家的行政管理；贯彻民主集中制；实行精简的原则；坚持各民族一律平等；按照客观规律办事，实行有效的行政管理；维护社会主义法治的统一和尊严，坚持依法办事④。显然，这混淆了行政法基本原则与宪法基本原则、行政管理原则。20 世纪 80 年代末期，我国出版的第二本行政法教科书《行政法学》，将行政法基本原则概括为行政合法原则和行政合理原

---

① 王名扬：《法国行政法》，中国政法大学出版社，1988，第 204-206 页。

② 于安：《德国行政法》，清华大学出版社，1999，第 25 页。

③ [日]南博方：《日本行政法》，杨建顺、周作彩译，中国人民大学出版社，1988，第 10 页。

④ 王珉灿：《行政法概要》，法律出版社，1983，第 43-60 页。

则[①]，真正地体现出了行政法的特色。之后，我国行政法学理论界对行政法基本原则继续探索，学者们相继提出了不同的主张。例如，罗豪才教授主张行政法的基本原则是：行政合法原则、行政合理原则和行政应急原则[②]。姜明安教授主张我国行政法基本原则应该分为实体性基本原则和程序性基本原则，其中实体性基本原则主要包括依法行政原则、尊重和保障人权原则、越权无效原则、信赖保护原则和比例原则；行政法的程序性基本原则主要包括正当法律程序原则、行政公开原则、行政公正原则、行政公平原则[③]。方世荣教授认为，行政法基本原则有保障公民自由与权利原则、依法行政原则、比例原则和行政效益原则[④]。胡建淼教授认为行政法的基本原则只有两项：行政合法性原则和行政合理性原则[⑤]。张树义教授认为行政法基本原则是依法行政原则、行政合理性原则、信赖保护原则、正当程序原则[⑥]。杨海坤与章志远教授认为行政法基本原则是行政法定原则、正当程序原则、行政效益原则[⑦]。杨解君认为行政法基本原则是依法行政原则、行政和理性原则、程序正当原则、诚信原则、高效便民原则和监督与救济原则[⑧]。马怀德教授认为行政法基本原则总括为行政法治原则[⑨]。从目前出版的各类行政法学教科书和专著来看，我国法学界对于行政法基本原则的认识极不统一。

行政法基本原则究竟有哪些？我们认为，首先要明确确立行政法基本原则的标准是什么。关于确立行政法基本原则的标准，学者们有不同的主张。如张焕光教授和胡建淼教授认为是：1.应考虑行政法基本原则的特殊性；2.应考虑行政法基本原则的普遍性；3.应考虑行政法基本原则的层次性；4.应考虑行政法基本原则的法律意义；5.应考虑行政法基本原则表述上的规范性[⑩]。石佑启教授认为是：1.法律性；2.特定性；3.普遍性；4.适用性[⑪]。张树义教授认为是：1.控制行政权力的行使；2.确保公民行政权益的实现[⑫]。杨海坤与章志远教授认为是：1.效力是否具有贯穿始终性；2.内容是否具有根本性[⑬]。我们认为，石佑启教授确立的标准比较科学，因为行政法基本原则必须具备这些特征。

姜明安教授认为，行政法基本原则应该是中外行政法学者通过对既能有效发挥行政权积极作用又能防止与抑制其消极作用的实践活动长期的研究、总结和概括出来的，因而行政法基本原则内容应该主要是历史较长久、适用较普遍、人们认同较广泛的[⑭]。我们认为此种观点不失为一种确定行政法基本原则的可行办法。基于此，以及上述所确立的关于行政法的标准和各国的行政法原则的综合以及我国学者们的主张，我们认为，行政法的基本原则可

---

① 罗豪才：《行政法学》，中国政法大学出版社，1989，第34-45页。

② 罗豪才：《行政法学》，北京：北京大学出版社，2001，第22-24页。

③ 姜明安：《行政法与行政诉讼法》，北京：北京大学出版社、高等教育出版社，2015，第66-80页。

④ 方世荣：《行政法与行政诉讼法》，北京：中国政法大学出版社，2007，第32页。

⑤ 胡建淼：《行政法学》，北京：法律出版社，2003，第50-67页。

⑥ 张树义：《行政法与行政诉讼法》，北京：高等教育出版社，2007，第30-43页。

⑦ 杨海坤、章志远：《中国行政法基本理论研究》，北京：北京大学出版社，2004，第113-118页。

⑧ 应松年：《行政法与行政诉讼法学》，北京：高等教育出版社，2018，第28-41页。

⑨ 马怀德：《行政法与行政诉讼法》，北京：中国法制出版社，2000，第38-83页。

⑩ 张焕光、胡建淼：《行政法学原理》，北京：劳动人事出版社，1989，第71-72页。

⑪ 方世荣：《行政法与行政诉讼法学》，北京：人民法院出版社、中国人民公安大学出版社，2003，第49-50页。

⑫ 张树义：《行政法与行政诉讼法》，北京：高等教育出版社，2007，第30页。

⑬ 杨海坤、章志远：《中国行政法基本理论研究》，北京：北京大学出版社，2004，第112页。

⑭ 姜明安：《行政法与行政诉讼法》，北京：北京大学出版社、高等教育出版社，2015，第65-66页。

以总括为两项:行政合法原则和行政合理原则。

此外,我国学者们提到了行政法基本原则还有比例原则、信赖保护原则、正当程序和行政责任原则。但我们认为,这些原则都能被行政合法原则和行政合理原则涵盖,如正当程序原则和行政责任原则被行政合法原则涵盖,比例原则和信赖保护原则可以被行政合理原则涵盖。

第二节　行政合法原则

一、行政合法原则的涵义和内容概述

行政合法原则是行政法治的核心内容。它是指行政主体的设立、行政权力的运用必须有法律依据,符合法律要求,不能与法律相抵触。它是法治原则在行政法领域中的具体体现和要求。

因此,行政合法原则的内容必然要符合和体现法治原则的要求。

法治原则要求依法治国,法律面前人人平等,任何组织和个人不得享有法律之外的特权。例如,我国现行《宪法》第五条规定:"中华人民共和国实行依法治国,建设社会主义法治国家。国家维护社会主义法制的统一和尊严。一切法律、行政法规和地方性法规都不得同宪法相抵触。一切国家机关和武装力量、各政党和各社会团体、各企业事业组织都必须遵守宪法和法律。一切违反宪法和法律的行为,必须予以追究。任何组织或者个人都不得有超越宪法和法律的特权。"

法治原则还要求民主和保护公民权利。民主就是要求国家行政管理要尊重公民的意愿,接受群众的监督。因为国家"垄断着一个指定国家中所存在的强制权力。因此,国家才能而且必须确保对统治者以外其他人格所适用的法律规则作出制裁。但国家是国家法,统治者的法;因此人们就不能想出反对国家行使的一种公法的直接制裁的方式。"①所以,握有强制权力的行政机关是否遵守体现人民意志的宪法以及尊重民意,直接决定着行政合法原则的存在与否。保护公民权利首先要求公民权利尤其是基本权利只能由法律和宪法规定;其次要求"作为共同体的成员,一个人对他的伙伴成员负有责任,他不仅要使共同的利益优先于他个人的自我利益,而且要竭尽所能做一切有助于增进共同体利益的事"②,行政主体更应如此。于是,也就不难理解《法治政府建设实施纲要(2015—2020年)》为何提出通过健全行政权力运行制约和监督体系、加强行政监督和审计监督、完善社会监督和舆论监督机制、全面推进政务公开、完善纠错问责机制以及自觉接受党内监督、人大监督、民主监督、司法监督等措施强化对行政权力的制约和监督,实现"科学有效的行政权力运行制约和监督体系基本形成,惩治和预防腐败体系进一步健全,各方面监督形成合力,人民群众的知情权、参与权、表达权、监督权得到切实保障,损害公民、法人和其他组织合法权益的违法行政行为得

① [法]狄骥:《宪法论》,钱克新译,商务印书馆,1962,第504页。

② [英]米尔恩:《人的权利与人的多样性——人权哲学》,夏勇等译,中国大百科全书出版社,1995,第52页。

到及时纠正，违法行政责任人依法依纪受到严肃追究”的目标①。

通过上面的分析，我们可以知道行政合法原则的内容，即行政法规范只能依据法律制定，并且不能规定公民的权利，行政权的运用不得与法律尤其是宪法相抵触。但是，在行政法学理论界，对于行政合法原则的内容有不同的观点和主张。德国行政法学之父奥托·迈耶认为：“法治是由三部分构成的：形成法律规范的能力，法律优先及法律保留。由此形成的法律的特别作用力，是法律与其一定表现形式普遍联系的能力。至于具体法律在多大范围内形成这种作用力，这当然取决于其法律意志的具体内容。”②我国学者据此概括出行政合法原则的三项内容：法律的规范创造力原则、法律优先原则和法律保留原则。法律的规范创造力原则意指行政法规范的制定是由法律授权的；法律优先原则意指行政法的运用不得与法律相冲突；法律保留原则意指公民权利只能是法律规定，不能由或交由行政法规范规定。③

基于上面的分析，我们认为法律的规范创造力原则、法律优先原则和法律保留原则是行政合法原则的内容。

当然，关于行政合法原则的内容还有不同的主张，例如罗豪才教授认为：第一，行政职权必须基于法律的授予才能存在；第二，行政职权必须依据法律形式；第三；行政授权、行政委托必须有法律依据、符合法律要旨。④ 胡建淼教授认为：第一，行政主体的行政职权由法设定与依法授予；第二，行政主体实施行政行为必须依照和遵守行政法律规范；第三，行政主体的行政行为违法无效；第四，行政主体必须对违法的行政行为承担相应的法律责任；第五，行政主体的一切行政行为（法律另有规定的除外）必须接受人大监督、行政监督和司法监督。⑤张正钊教授认为，行政合法性原则的内容包括：行政主体的设立必须合法、行政职权的拥有应当合法、行政职权的行使必须合法、违法行使行政职权应当承担法律责任。⑥ 尽管我国学者的主张不同，但不可否认的是，随着我国行政法制的健全和行政法学的发展，我国的行政合法原则的内容必然会更加充实。

二、法律的规范创造力原则

伴随着近代以来国家职能的巨变，行政立法制度应运而生并得以发展。自英国资产阶级启蒙思想家洛克提出“国家权力不单是行政权”以来，在相当长的时期内人们一直认为只有立法机关才有立法（包括行政方面的立法）权力。但随着国家职能多样化，立法机关很难及时制定出满足社会需要的法律。为了解决这一困境，便出现了行政立法，行政机关拥有一定的立法权力。

在16世纪的英国，行政立法就出现了。1539年英国议会通过《公告法》，授予国王通过发行公告的形式来限制议会法律生效的权力，也就是这个时候，国王的公告具有和议会制定

---

① 中共中央、国务院：《法治政府建设实施纲要（2015—2020年）》。据新华网，http://www.xinhuanet.com/politics/2015－12/27/c_1117591748_4.htm，2019年3月2日访问。

② ［德］奥托·迈耶：《德国行政法》，刘飞译，商务印书馆，2002，第67-68页。

③ 叶必丰：《行政法学》，武汉大学出版社，2003，第99页。

④ 罗豪才：《行政法学》，北京大学出版社，2001，第22页。

⑤ 胡建淼：《行政法学》，法律出版社，2003，第60-61页。

⑥ 张正钊、胡锦光：《行政法与行政诉讼法》，中国人民大学出版社，2009，第23-24页。

的法律同样的法律效力。此外，当时的国王亨利八世还颁布了《官吏法》，国王享有任命政府特派员并授予其制定具有法律效力的法规、条例、法令的权力。然而，17 世纪初至 19 世纪末，议会在与国王的斗争中获胜，剥夺了国王立法和征税的权力。于是在 18 世纪以后相当长的一个时期中，委任立法逐渐减少。然而进入了垄断资本主义时期之后，为了适应社会的需要，行政立法成为了一种必然的社会现象。

“传统的观念认为，行政立法是一个不得不予以容忍的祸害，它对于分权是一种不幸而又不可避免的破坏。”①为了将行政立法控制在法治的框架内，行政法规范的制定必须要由法律授权或委任。换言之，行政机关没有法律的授权或委任不能创造行政法规范。这就是法律的规范创造力原则。

我国《立法法》对法律创造规范有相应的规定，具体而言体现在授权立法和职权立法两方面。关于授权立法，《立法法》第十条、第十一条分别规定：“授权决定应当明确授权的目的、事项、范围、期限以及被授权机关实施授权决定应当遵循的原则等。授权的期限不得超过五年，但是授权决定另有规定的除外。被授权机关应当在授权期限届满的六个月以前，向授权机关报告授权决定实施的情况，并提出是否需要制定有关法律的意见；需要继续授权的，可以提出相关意见，由全国人民代表大会及其常务委员会决定”“授权立法事项，经过实践检验，制定法律的条件成熟时，由全国人民代表大会及其常务委员会及时制定法律。法律制定后，相应立法事项的授权终止。”关于职权立法，《立法法》第十二条第二款规定：“被授权机关不得将被授予的权力转授给其他机关。”也就是说，由法律授权的行政机关有权依照职权立法，但其享有的立法权限不得转给其他行政机关，反面观之，可以转交则是一种无限制的授权立法，是与法治原则相背离的。

根据上面的分析不难知道，在我国，行政合法原则包含了法律的规范创造力原则。而且法律的规范创造力原则已在我国法律中有了明确的规定。

三、法律优先原则

法律优先原则又称法律优位原则。“法律优先”一词为德国行政法学之父奥托·迈耶所创，他认为：“行政则是一种自行形成的国家意志，并不只是服务于法律，而是能自行从不同程度优势地位出发决定什么是正确的。这里又出现了一个独立的、在司法中默示适用的规则：以法律形式出现的国家意志依法优先于所有以其他形式表达的国家意志；法律只能以法律形式才能废止，而法律却能废止所有与之相冲突的意志表达，或使之根本不起作用。这就是我们所说的法律优先。”②除奥托·迈耶外，各国其他的学者也探讨过法律优先原则。例如，德国学者哈特穆特·毛雷尔认为：“法律优先原则是指行政应当受现行的法律拘束，不得采取任何违反法律的措施。”③日本学者南博方认为：“法律的优先，即一切行政行为都不得违反法律，且行政措施不得在事实上废止、变更法律。这一原理仅适用于权力性行为、非权力性行为、侵益行为，以及事实行为等一切行政活动。”④综合这些著名行政法学学者对法律

① [英]威廉·韦德：《行政法》，徐炳等译，中国大百科全书出版社，1997，第 558 页。
② [德]奥托·迈耶：《德国行政法》，刘飞译，商务印书馆，2002，第 70 页。
③ [德]哈特穆特·毛雷尔：《行政法学总论》，高家伟译，法律出版社，2000，第 103 页。
④ [日]南博方：《日本行政法》，杨建顺、周作彩译，中国人民大学出版社，1988，第 10-11 页。

优先原则的认识，我们认为法律优先原则体现为：

（一）行政法律优先于行政活动。

行政法律优先于行政活动是指行政活动必须在行政法律的支配下进行，不得与行政法律相抵触。尽管"'行政（一般的国家活动）并不是等到有了法律规范才有的'，在历史上还不存在'依法行政'及'法治主义'等观念的时代里，类似于现代行政的国家活动已经存在"①，但那时的行政仅仅是为了实现君主或国王对人民统治的一种方式，与我们现在所讲的行政有本质的区别。在法治社会里，"优先的是行政法，而不是行政，行政与行政法的关系中，肯定是行政法优先。"②也就是说，行政权是法律设定和授予的，相应地，行政机关行使行政法、实施行政活动必然要受到行政法的支配，即行政法律优先于行政活动。

（二）行政法律优先于行政法规和规章。

我们都知道，在我国宪法具有最高的法律效力，一切行政法规和行政规章都不得同宪法相抵触。法律的效力高于行政法规和行政规章。行政法规的效力高于地方性法规和行政规章。地方性法规的效力高于本级和下级地方政府规章。因此，行政法律必然要优先于行政法规和规章。行政法律优先于行政法规和规章除了意味着行政法规和规章不得与行政法律相抵触外，还意味着行政法律对授权的行政立法的控制。

在我国，违背行政法律优先于行政法规和规章的事件屡有发生。典型表现为增加行政处罚、增加行政相对人义务、扩大实施机关权力的情况。例如，国务院颁布的《中华人民共和国矿山安全法实施条例》与《中华人民共和国矿山安全法》相比，扩大了应受行政处罚的行为的范围，该条例第五十四条规定："违反本条例第十五条、第十六条、第十七条、第十八条、第十九条、第二十条、第二十一条、第二十二条、第二十三条、第二十五条规定的，由劳动行政主管部门责令改正，可以处 2 万元以下的罚款"，但依据《中华人民共和国矿山安全法》这些行为是不予处罚的。又如，在《中华人民共和国义务教育法》中，对不送适龄儿童入学接受教育的行为并没有设定处罚，但国务院批准的《中华人民共和国义务教育法实施细则》对这一行为规定了"乡级人民政府可以给予罚款"等。

四、法律保留原则

法律保留是德国行政法学之父奥托·迈耶在《法国行政法原理》一书中提出的一个概念。后来，迈耶在《德国行政法》一书中指出："法律是司法活动的必要基础，任何裁判都必须以法律规定为依据。没有法律，就没有处罚。行政活动则不是这样具有依附性。因此合乎宪法的法律只是对一些特别重要的国家事务而言是必要基础。在其他所有方面对执行权则无限制，行政以自有的力量作用，而不是依据法律。我们把这个在特定范围内对行政自行作用的排除称之为法律保留。"③按照迈耶的理解，"法律保留原则意指：一方面，任何对人民权利的剥夺、利益的侵害或使负担义务，非有法律之依据不可；另一方面，所以限制行政权之泛滥。同时，法律保留仅限于行政权活动的一定范围，法律是必要条件。"④中国台湾翁岳生教

① ［日］藤田宙靖：《行政与法》，李连贵等译，《中外法学》1996 年第 3 期。

② 同上。

③ ［德］奥托·迈耶：《德国行政法》，刘飞译，商务印书馆，2002，第 72 页。

④ 关保英：《行政法认识史》，中国政法大学出版社，2008，第 17 页。

授认为，法律保留原则“是指行政权之行动，仅于法律有授权之情形，始得为之，换言之，行政欲为特定之行为，必须有法律之授权依”①。陈新民教授认为法律保留原则应限于“特定范围”，即“特定范围内的行政事项专属于立法者规范，行政非有法律授权不得为之”②。从这些学者关于法律保留原则的论述中不难知道，法律保留原则有两层意思：其一，行政机关的行政活动必须有法律设定或授予的行政权，否则违法；其二，公民权利只能是由法律规定，不能交由行政法规和规章规定。

因为公民的权利容易遭受国家行政权的侵害，“通过对基本权利的明示或默示保留，保障公民个人自由、财产不可侵犯及其他权力不受侵犯，除非有法律作出规定或给予法定理由才可以对上述权利进行干涉”③。我国法律保留范围不仅仅包括公民权利，还包括财产。这点充分体现在我国《立法法》第八条中。我国《立法法》第八条规定：“下列事项只能制定法律：(一)国家主权的事项；(二)各级人民代表大会、人民政府、人民法院和人民检察院的产生、组织和职权；(三)民族区域自治制度、特别行政区制度、基层群众自治制度；(四)犯罪和刑罚；(五)对公民政治权利的剥夺、限制人身自由的强制措施和处罚；(六)税种的设立、税率的确定和税收征收管理等税收基本制度；(七)对非国有财产的征收、征用；(八)民事基本制度；(九)基本经济制度以及财政、海关、金融和外贸的基本制度；(十)诉讼和仲裁制度；(十一)必须由全国人民代表大会及其常务委员会制定法律的其他事项。”

第三节　行政合理原则

一、行政合理原则的涵义和内容概述

行政合理原则是指行政主体的行政行为内容要客观、适度、合符公平正义以及保护公民信赖利益的原则。与行政合法原则一样，行政合理原则也体现了法治的要求，因为“在任何法律制度中，法治的内容是：对立法权的限制；反对滥用行政权力的保护措施，获得法律的忠告、帮助和保护的大量的和平等的机会；对个人和团体以及各种权利和自由的正当保护；以及在法律面前人人平等。在超国家的和国际的社会中，法治指对不同社会的不同传统、愿望和要求的承认，以及发展的协调权利要求，解决争议和冲突，清除暴力的方法。它不是强调政府要维护和执行法律及秩序，而是说政府本身要服从法律制度而不能不顾法律或重新制定适应本身利益的法律”④。纵观历史，行政合理原则是针对行政自由裁量权扩张而存在的。

建立起初，人民普遍认为行政自由裁量权的存在是对自由的威胁，于是“建立健全行政裁量权基准制度，细化、量化行政裁量标准，规范裁量范围、种类、幅度”⑤不仅是必要的而且

---

① 翁岳生：《行政法》，元照出版社，2006，第 151 页。
② 陈敏：《行政法总论》，新学林出版股份有限公司，2001，第 52 页。
③ [德]奥托・迈耶：《德国行政法》，刘飞译，商务印书馆，2002，第 72 页。
④ [英]戴维・沃克：《牛津法律大辞典》，北京科技与社会研究所译，光明日报出版社，1988，第 790 页。
⑤ 中共中央、国务院：《法治政府建设实施纲要(2015—2020 年)》。据新华网，http://www.xinhuanet.com/politics/2015－12/27/c_1117591748_5.htm，2019 年 3 月 2 日访问。

是必须的。随着时代的发展，“过去，人民通常认为，广泛的自由裁量权与法不相容，这是传统的宪法原则。但是这种武断的观点在今天是不能被接受的，确实它也并不含有什么道理。法治所要求的并不是消除广泛的自由裁量权，而是法律应当能够控制它的行使。现代统治要求尽可能多且尽可能广泛的自由裁量权；议会文件起草者也竭力寻找能使自由裁量权变得更为广泛的新的措辞形式，而且议会在通过这些法案时也无意多加思量”①。我们不能从立法上规避行政裁量权，防止行政裁量权被滥用的危险也就成了行政法需要重点解决的难题，于是“一部行政法的历史，就是围绕强化自由裁量权与控制自由裁量权两种因素此消彼长或相互结合的历史”②。

对自由裁量权进行控制就是要求行政主体合理地行使行政权。因为行政自由裁量权很难从立法方面进行控制，要实现对其控制只能是依据行政法原则。因为法律原则可以成为审判的依据，而且覆盖面广。因此，英国行政法学家韦德认为“合理原则已成为近年赋予行政法生命力最积极和最著名的理论之一”③。

关于行政合理性的标准和内容，各国行政法学界有不同主张。英国行政法学家韦德认为，行政合理性原则“在实体方面对行政法的贡献与自然公正原则在程序方面相同……实质上，几乎所有的行政决定都有其可理解的理由，从这一意义上讲它们都是合理的，但问题是它们是否符合合理的法律标准。这是两个不同的问题。为了法律的目的，已根据确定的术语作了最好的区分。为了清晰，也为了相一致，使用‘不合理’（unreasonableness）作为关键词是最好的，并且似乎事实上，法院一直这样做。‘专横和反复无常’有时被视为‘不合理的’同义词使用。在一个案件中，它已变为‘无意义的或无根据的’和‘反复无常的或无根据的’。但所有这样表示的意思必须相同，因为真正的问题总是法定权利是否被滥用了”④。从这句话中，我们可以归纳出不合理性的标准和内容有：行政机关行反复无常、刚愎自用、没有法律依据或法律依据不完善地行使行政自由裁量权。美国行政法律学家施瓦茨认为，滥用行政自由权的情形有：(1)不正当的目的；(2)错误和不相干的原因；(3)错误的法律或事实根据；(4)遗忘了其他有关事项；(5)不作为或迟延；(6)违背了既定的判例或习惯⑤。在德国，滥用行政自由裁量权的形式主要有：(1)违反比例性、适度性和必要性原则；(2)不正确的目的；(3)不相关的因素；(4)违反客观性；(5)违反平等对待原则⑥。在我国，罗豪才教授认为行政合理性原则的具体内容是：(1)行政行为应符合立法目的；(2)行政行为应建立在正当考虑的基础上，不得考虑不相关因素；(3)平等适用法律规范，不得对相同事实给予不同对待；(4)符合自然规律；(5)符合社会道德。⑦ 胡建淼教授认为行政法合理性原则包括三项基本内容，即正当性、平衡性和情理性⑧。

综合各国学者对行政合理原则内容的认识，我们认为，行政合理性原则的内容至少包括

---

① [英]威廉·韦德：《行政法》，徐炳等译，中国大百科全书出版社，1997，第 55 页。
② 袁曙宏：《行政处罚法的创设、实施和救济》，中国法制出版社，1994，第 71 页。
③ [英]威廉·韦德：《行政法》，徐炳等译，中国大百科全书出版社，1997，第 66 页。
④ [英]威廉·韦德：《行政法》，徐炳等译，中国大百科全书出版社，1997，第 67-68 页。
⑤ [美]施瓦茨：《行政法》，徐炳译，群众出版社，1986，第 571 页。
⑥ 刘兆兴：《德国行政法——与中国的比较》，世界知识出版社，2000，第 219-222 页。
⑦ 罗豪才：《行政法学》，北京大学出版社，2001，第 24 页。
⑧ 胡建淼：《行政法学》，法律出版社，2003，第 66-67 页。

平等对待原则、比例原则和信赖原则这三项原则。

二、平等对待原则

平等对待原则是指行政主体平等地对待多个行政相对人实施行政行为的原则。行政法领域中，平等是指比例平等。所谓的"比例平等原则要求：(1)某种待遇在一种特定的场合是恰当的，那么在与这种待遇相关的特定方面是相等的所有情况，必须受到平等对待；(2)在与这种待遇相关的特定方面是不相等的所有情况，必须受到不平等的对待；(3)待遇的相对不平等必须与情况的相对不同成比例"①。因此，在行政法领域中，平等包括同等情况同等对待，不同情况区别对待和比例对待这三种情形。相应地，平等对待原则包含同等情况同等对待规则、不同情况区别对待规则和比例对待规则这三种规则。

（一）同等情况同等对待规则

概括地讲，同等情况同等对待主要有两种情况：第一，处于同一行政法律关系中的不同行政相对人，行政主体应一视同仁地对待，不得歧视某一行政相对人。例如，张三、李四相互斗殴，过错相同且伤害级别相同，即都是轻微伤，行政主体应该处以同样的行政处罚。第二，对于不同时间段出现的性质相同或相似的行政法律关系，行政主体应以对待以往行政相对人的标准来对待现在的行政相对人，当然法律另有规定的除外。例如，某一村庄，前一天张三、李四相互斗殴，各是轻微伤；后一天，王五、刘六相互斗殴，同样各是轻微伤。在这种情况下，行政主体对王五和刘六的处罚应与对张三和李四的处罚相同。

（二）不同情况区别对待规则

列宁曾指出："马克思主义的最本质的东西、马克思主义的活的灵魂：具体地分析具体的情况。"②因为事物都有其特殊性，我们应当具体问题具体分析，在行政法领域亦是如此。不同情况如果用同一标准来对待，表面来看是平等的，实质上是不平等的。例如，张三、李四相互斗殴，张三是轻微伤，李四是轻伤，如果对他们处以同样行政处罚，势必会导致对李四的不公平。

（三）比例对待规则

古希腊思想家亚里士多德曾指出："所谓平等有两类，一类为其数量相等，另一类为比值相等。'数量相等'的意义是你所得到的相同事物在数目和容量上与他人所得相等；'比值相等'的意义是根据个人的真价值，按比例分配与之相称的事物。举例来说，3 多于 2 与 2 多于 1 这其数相等；但 4 多于 2 与 2 多于 1，两者比例相等，比值都是 2∶1，即所超过的都为一倍。"③比例对待规则就是要求行政主体按照不同情况设定行政相对人享有权利和履行义务的比重，在同一行政法律关系中，行政相对人按照其所起的作用的大小来享有不同的权利和义务。

三、比例原则

《荷兰行政法通则》第三章第四条将比例原则表述为"对一个或一个以上利害关系人产

① ［英］米尔恩：《人的权利与人的多样性——人权哲学》，夏勇等译，中国大百科全书出版社，1995，第 59 页。
② 《列宁选集》第 4 卷，人民出版社，1995，第 290 页。
③ ［古希腊］亚里士多德：《政治学》，吴寿彭译，商务印书馆，1983，第 234 页。

生不利后果的命令，不得与该命令所服务的目的不符”。据此，比例原则是指行政主体要以最小损害行政相对人合法权益为根据实施行政行为的一项原则。在德国行政法中，比例原则包括适当性原则、必要性原则和狭义比例原则。适当性原则意指行政主体所实施的行政行为必须要符合法律目的。必要性原则意指行政主体在实施行政行为时如果迫不得已要损害行政相对人的合法权益时，应将这种损害控制在最小限度内。狭义比例原则意指行政主体在实施行政行为时，对行政相对人合法权益的干预不得超过其所要追求的行政目的的价值。不难看出，适当性原则属于行政合法性原则的内容。因此，比例原则只包括两项内容，即必要性原则和狭义比例原则。

（一）必要性原则

必要性原则有两层含义：其一，行政主体可以对行政相对人的合法权益依法加以限制，同时还可以对行政相对人设定义务；其二，行政主体限制行政相对人的合法权益或者设定行政相对人的义务，必须要将对行政相对人造成的损害控制在最小范围内。必要性原则一方面承认了行政主体应对瞬息万变的社会情势是运用行政权所必需的，另一方面也宣示着对公民的合法权益要予以保护。可以说，必要性原则是平衡的结果。

（二）狭义比例原则

《葡萄牙行政程序法典》第五条规定：“行政当局的决定与私人权利或受法律保护的利益有冲突时，仅可在对拟达至的目标系属适当的情况下，损害这些权利或利益。”由此可知，狭义比例原则和必要性原则一样，同样有两层含义：其一，行政主体为了公共利益可以损害行政相对人的合法权益；其二，对行政相对人的损害必须以不超过行政主体所追求的行政目的价值为限。

四、信赖保护原则

信赖保护原则是在法律优先原则基础上发展而来的一项行政法原则。资本主义社会进入垄断资本主义时期尤其是二战后，随着社会的高速发展，不确定因素隐藏在行政过程中的每一个环节，由此带来行政法律的频繁修改。“为了使社会成员不会因信赖上述因素（引者：不确定性因素）的稳定性而蒙受利益或权利上的损害，有必要对其正当权益设置一定的保护屏障，正是在这种背景下和前提下，信赖保护原则被人们重视起来，它也是对当时现实需要的一种制度回应。”①信赖保护原则的核心思想是为了维护法律秩序的安定性。

信赖保护原则最终在二战后的德国被确立为一项行政法的基本原则。需要指出的是，在德国信赖保护原则是一项宪法性原则，具有宪法的地位②。所谓信赖保护原则，一般而言，是指政府对自己作出的行为或者承诺应当守信用，不得随意变更，不得反复无常。杨建顺教授认为，以这种意思来适用信赖保护原则当然很重要，但还远远不够，从而主张信赖利益保护须建基于信义诚实，须是“正当的信赖”③。

为了保护公民对行政法的信赖利益，信赖原则贯穿行政过程的始终。在实践中损害公民信赖利益的形式主要是行政行为的变动。因此，行政信赖保护原则主要体现在行政行为

① 关保英：《行政法认识史》，中国政法大学出版社，2008，第21页。
② 周佑勇：《论德国行政法的基本原则》，《行政法学研究》2004年第2期。
③ 杨建顺：《正确理解和适用信赖保护原则》，《检察日报》2018年2月7日第7版。

变更和行政行为废止或撤销之中。

（一）行政行为变更中的行政信赖保护

行政主体虽然有行政行为的变更权，但必须受到限制，即学者们所说的行政行为的跨程序拘束力。所谓行政行为的跨程序拘束力是指行政主体虽然享有行政行为的变更权，但不能致使社会成员处于更不利的境地。因此，行政信赖保护原则要求行政行为的变更不得使得社会成员的境地恶化。换言之，在行政行为变更时，信赖保护原则以跨程序拘束力的形式来保护社会成员的信赖利益。

（二）行政行为废止或撤销中的行政信赖保护

尽管行政行为的废止或撤销针对的是违法和合法的行政行为，但都有可能损害社会成员的信赖利益。为了保障社会成员的信赖利益，行政信赖保护原则要求行政行为具有存续力，以此来限制行政主体享有的对行政行为的废止权和撤销权。所谓行政行为存续力就是指行政主体首先要对授益性行为进行权衡，然后决定是否废止或撤销然后作出新的行政行为，如果确实要废止或撤销，这一行政决定不具有溯及既往的法律效力以及应对行政相对人所遭受的信赖利益给予合理的补偿。

第四章
行政法史

第一节　行政法的产生史

行政法是关于行政权授予、行使和对行政权进行监控以及对其违法后果予以补救的法律。众所周知，行政权在国家出现后就存在着。按照想当然的推断，行政法应该在国家产生后就产生了。事实上在我国，有些学者认为，中国古代就有行政法。梁启超曾指出："然近世学者解释行政法之定义，谓行政法者，总括关于政权作用之法规的全体也。此定义若当，则今传《唐六典》足以当之矣。我国自汉以来诸种法典中，虽偏重刑法，而关于行政作用之规定者，固已不少。"在所有法典中，"其最浩博之行政法，惟我现行之《大清会典》"①。张晋藩教授也表达了类似的观点，在为陈国平所著《明代行政法研究》一书作的《序》中写道："中国古代的行政法，无论规范的详密，特点的鲜明，涉猎的广泛，法典化的程度，均为世界法制历史所少见。"②然而主流的观点认为，行政法产生于自由资本主义末期。这需要我们对行政法的历史有个正确的认识。

英国历史学家梅特兰曾说："历史是一张无接缝的网。"③如果我们认真查阅历史，不难发现，在自由资本主义末期之前就有着为数不少的与行政有关的法律规范，其历史至少可以追溯到其国家建立之初。如果从法国空想共产主义者摩莱里第一次提出"行政法"④算起，行政法的历史不过只有两个半世纪。这是因为"行政法的存在必须具备各种条件，这些条件取决于国家的形式、法和法官的威信及时代精神"。⑤ 我们认为，行政法存在的条件是：国家的形式、法和法官的威信、时代精神，归结起来就一条，即独立的司法保护机制的建立。独立的司法保护机制的建立，意味着业已存在独立的行政审判或行政诉讼。如果不存在独立的行政审判或行政诉讼，有关行政的法律规范势必会被个人恣意摆布。从世界范围来看，独立的行政审判或行政诉讼在自由资本主义末期才出现。可以说，行政法产生于自由资本主义末期。

进一步说，行政法之所以产生于自由资本主义末期，是因为其产生的基础已相对成熟

---

① 梁启超：《饮冰室文集之十六》，上海：中华书局，1960，内容简介部分。
② 陈国平：《明代行政法研究》，北京：法律出版社，1998，第1页。
③ 桂裕：《法律与忠恕之道》，载潘维和主编：《法学论集》，台北：中国文化大学1983年版，第2页。
④ [法]摩莱里：《自然法典》，黄建华译，北京：商务印书馆，1982，第119页。
⑤ [法]韦尔：《法国行政法》，徐鹤林编译，载《行政法研究资料》，北京：中国政法大学1985印，第267页。

了。行政法产生的基础是宪政。我们都知道宪政的实现路径是以权力制约权力，“不管一个国家的政体如何，如果在它的管辖范围内有一个人不遵守法律，其他所有人就必然会受到这个人的任意支配”[①]，因此，在宪政制度中“法律不论贫富，不论权贵和庄稼人都一视同仁，并不因为特殊情况而有出入”[②]，而且“在专制政府中国王便是法律，同样地，在自由国家中法律便应成为国王”[③]。如前所述，行政权有着自我膨胀的特性，其异化的结果必然是专制。于是，宪政内在要求行政权要置于法律的监控和约束之下。反向观之，如果没有宪政的基础，我们可以想象出，对行政权的控制和约束充其量只是种空想或理论上的呼吁而已。宪政的实现，意味着国家公共权力要和私人权利保持一定的距离。“风能进、雨能进、国王不能进”，这就是对这一要求的一种描摹。

从宪法与行政法的关系来看，宪法的权利转化为行政法或民法上的权利后才能为公民所使用。“行政法的规定‘让宪法可以在个案中得到贯彻，且变成有生命’”。[④] 宪法并不意味着宪政，即使是宪政，其仅仅是行政法产生的基础。换言之，宪政的建立只是行政法的必要条件而非充分条件。这点我们可以用以下的具体历史事例来佐证。

被称为“行政法母国”的法国，行政法从孕育到成熟前后经过了八十多年。1789 年法国大革命推翻了封建君主专制制度，建立了资产阶级启蒙思想家所倡导的分权政体。掌握了政权的资产阶级为了保证革命措施的实现，制定了一系列的法律防止普通法院利用行政审判权来干涉行政工作。例如，1790 年 8 月的《司法组织法》，禁止司法干预行政，要求司法权严格与其它权力相分离。1796 年 9 月 4 日的一项法令还规定：严格禁止法院审理任何行政案件，地方行政机关有受理行政诉讼的职权，主管部长有受理上诉案件的职权。1799 年拿破仑为了建立一个强有力的政府，制定了《共和八年宪法》，用宪法形式将行政审判权划归参政院行使。参政院院长即第一执政，拥有行使立法、行政咨询和审判的权利。法兰西第一帝国覆灭后，1870 年临时政府撤销参政院。1872 年 5 月 24 日法律规定参政院恢复，并宣布其正式成为法国的最高行政法院，行使行政审判权。

在法国的影响下，德国的巴登邦于 1863 年首先设立行政法院。到 19 世纪下半期德国其他各邦相继设立了行政法院。在各邦中，普鲁士的行政法院建设最为完备，但行政诉讼制度也只是在 1872—1875 年才创立起来的。

我们应当注意，部门法的划分只存在于大陆法系，在英美法系是不存在部门法的划分的。在英美法系，对行政法的划分仅仅存在于学科研究之中。一般而言，在英国，行政法产生的标志是 19 世纪 90 年代行政权的扩大和委任立法的增多。在美国则是以 1887 年美国州际商务委员会的成立为标志。

总之，不论是大陆法系还是英美法系，行政法的产生时间都是在自由资本主义末期。

1949 年 10 月 1 日，新中国成立后，我国的法制建设也随之开始。我国的行政法初创于 20 世纪 50 年代，但因为受苏联影响和法律虚无主义的泛滥，行政法始终没有成为一个体系。直到党的十一届三中全会后，确立了“以经济建设为中心”的思想，并于 1982 年颁行新

---

① [法]卢梭：《论人类不平等的起源和基础》，李常山译，北京：商务印书馆，1982，第 51 页。

② [英]洛克：《政府论》（下册），叶启芳等译，北京：商务印书馆，1964，第 88 页。

③ [美]潘恩：《潘恩选集》，马清槐译，北京：商务印书馆，1981，第 35-36 页。

④ [德]巴杜拉：《在自由法治国与社会法治国中的行政法》，陈新民译，载陈新民：《公法学札记》，台北：三民书局，1993，第 116 页。

的宪法，确立宪法为拥有国家最高效力的法律，党和国家在宪法的规范之内行动。经过不断改革，最终确立社会主义市场经济体制和依法治国的观念，新时期的社会主义法制建设在宪法的框架下逐渐建立和健全起来。具体到行政法，起初在《中华人民共和国民事诉讼法》中作了简单的应付性规定和颁行了一些零散的行政法单行条款。1989 年制定的《中华人民共和国行政诉讼法》标志着我国的行政法最终确立起来，成为中国特色社会主义法律体系中一个独立的法律部门。

第二节　行政法的发展史

一、资本主义国家行政法的发展

作为独立的法律部门的行政法，是随着 19 世纪末发轫于资本主义国家的“行政国家”兴起而形成的。在 19 世纪末，原来扮演“守夜人”角色的政府的疆域发生了深刻变化，社会不再满足于政府仅仅保护公民的财产安全等职能，还要求其保护公民的“生存的环境，在不同的时期教育他们，为他们提供就业、培训、住房、医疗机构、养老金，也就是提供衣食住行”①。而这一要求的变化导致了“政府的概念发生了深刻的变化”②，例如美国在接近 20 世纪的时候，“诸如州际商业委员会和联邦贸易委员会等机构纷纷成立，试图控制垄断集团和大公司的反竞争行为。继 20 世纪 30 年代的经济大萧条之后，出现了新政时期的机构激增情况。新政旨在稳定经济，缓和毫无管理的市场的无节制性……在战争时期，又设立或扩大了一些机构，以便动员人力，组织生产并施行价格控制和给养分配制度。从无线电广播到航空运输到核能的新技术的发展又导致新的行政部门的创立……在 20 世纪 60 年代，贫穷和种族歧视成为全国关注的紧迫问题，为解决这些问题而制定的各项计划进一步扩大了政府机关的规模。近期，公众日益关注人类健康和安全及自然环境遭受的威胁，这同样促进了新的行政机关和新的规制的创立”③。行政疆域的扩张导致了“行政国家”现象的出现。

行政国家是“人们在‘市场失灵’后对‘公共物品’(包括抑制垄断、防止不正当竞争，调节社会收入分配，防止贫富过分两极化，解决工人失业、环境污染、信息不对称等‘外部性’问题)需求大量增加后，为了满足此种需求而自觉或不自觉地制造出来的一种奇特之物”④。这种奇特之物被制造出来后不仅仅宣示了一度受到限制的政府权力的时代成为历史，还由于“复杂社会的需要，行政法需要拥有立法职能和司法职能的行政机关”⑤，行政权不断扩张，其触角伸到社会生活的方方面面。然而，时至 20 世纪 70 年代，在种种因素的诱致下，西方国家普遍出现了“滞涨”现象以及巨额财政赤字的情况。巨大的财政赤字不仅没有给人们

---

① [英]威廉・韦德：《行政法》，徐炳等译，北京：中国大百科全书出版社，1997，第 4 页。
② [英]威廉・韦德：《行政法》，徐炳等译，北京：中国大百科全书出版社，1997，第 3 页。
③ [美]欧内斯特・盖尔霍恩，罗纳德・M・利文：《行政法和行政程序概要》，黄列译，北京：中国社会科学出版社，1996，第 1 页。
④ 姜明安：《行政法与行政诉讼法》，北京：北京大学，2015，第 10 页。
⑤ [美]伯纳德・施瓦茨：《行政法》，徐炳译，北京：群众出版社，1986，第 6 页。

带来更多、更大的福利，相反引发了人们对政府的信任危机，这意味着政府失灵。于是，削减财政赤字以及“加紧探索能够缓和国家巨大财政问题的公共服务供给模式”①成为西方国家重中之重的任务。在此背景下，西方国家对社会治理方式进行了深刻的反思。

“治理从头起便须区别于传统的政府统治概念”②。虽然从词——治理的英文是 governance，统治的英文是 government——的表面来看，治理与统治之间似乎没有太大的差别，但实际上它们的意义却很不相同。尽管治理与统治一样需要权威，但这个权威并不一定是来源于国家的表征——政府，还有社会公民组织。申言之，“社会公民组织可以参与社会公共事务的决策与管理。而统治的权威必定而且只能是政府。与此相对应的是社会公共事务的决策与管理主体只能是政府，公民与社会公民组织对于政府的管理主要是接受与服从。由此可知，在行政权力的运行的向度上，统治中的权力运行向度表现为政府运用政治权威，通过制订、发布与施行政策和命令来实现对社会单一向度的治理；而治理中的行政权力的向度表现为政府通过协作的方式同社会公民组织一起以最佳的合作管理状态施行对社会公共事务的多元与相互管理。”③尽管治理能弥补统治的缺陷与不足，但也可能会失败。“治理的失败可以理解成是由于各方对原定目标是否仍然有效发生争议而未能重新界定目标所致。”④为了防止治理的失败，西方学界和实务界都认为善治是最好的方法。所谓善治就是使“公共利益最大化的社会管理过程。善治的本质特征就在于它是政府与公民对公共生活的合作管理，是政治国家与公民社会的一种新颖关系，是两者的最佳状态”⑤。在善治理念的指导下，西方国家兴起了现代公共行政改革。此种改革所带来的直接后果之一便是行政法的疆域大幅度地收缩，从“行政国家”过渡到“有限政府”。

行政法的调整范围首先决定于公共行政的“疆域”⑥。从公共行政疆域的角度来看，资本主义国家的行政法发展大致经历了由小到大再到收缩的过程。但不可否定的是，这并不是行政法的结果，相反是行政法发展的新起点，因为行政法永远要服从社会客观发展所提出的正当要求。

二、我国行政法的发展史

与资本主义国家的行政法发展史相比，我国的行政法发展史相对来说较短。然而，我国行政法随着我国社会的变迁和观念的更新，逐步从无到有，从不完善到完善。

1989 年《中华人民共和国行政诉讼法》的颁行，不仅标志着我国行政法的产生，而且还标志着我国行政法发展的开始。特别是我国提出了建设法治国家以后，依法行政原则在我国逐渐形成并最终得以确立。为了保证依法行政的实现，我国在各个行政领域内，行政法律法规相继建立并逐步完善起来。

纵观我国行政法发展的三十年，我国行政法的每一次发展都是以相应的行政法律的出台为重要标志的。具体有：

---

① 国家行政学院国际合作交流部：《西方国家行政改革述评》，国家行政学院出版社，1998，第 227 页。
② 转引自俞可平主编《治理与善治》，社会科学文献出版社，2000，第 5 页。
③ 熊春泉、聂佳龙：《大数据时代的中国法治建设——一种立法视角的分析》，中国政法大学出版社，2017，第 77 页。
④ 俞可平主编《治理与善治》，社会科学文献出版社，2000，第 7 页。
⑤ 俞可平主编：《治理与善治》，社会科学文献出版社，2000，第 9-10 页。
⑥ 王春业、聂佳龙：《知识经济与行政法“脸谱”》，《甘肃理论学刊》，2014 年第 4 期。

1990年,我国制定了《中华人民共和国行政复议条例》,建立了行政机关内部的行政监督和救济制度。1999年我国正式制定《中华人民共和国行政复议法》,在废止《中华人民共和国行政复议条例》的同时,也将原有的行政机关内部的行政监督和救济制度扩展到全社会。《中华人民共和国行政复议法》出台后,分别根据2009年8月27日第十一届全国人民代表大会常务委员会第十次会议《关于修改部分法律的决定》与2017年9月1日第十二届全国人民代表大会常务委员会第二十九次会议《关于修改〈中华人民共和国法官法〉等八部法律的决定》,前后进行了两次修正。

1993年颁布《国家公务员暂行条例》,建立公务员制度。2005年4月27日,十届全国人大常委会第十五次会议顺利通过《中华人民共和国公务员法》,成为我国第一部干部人事管理的综合性法律。《中华人民共和国公务员法》出台后,分别根据2017年9月1日第十二届全国人民代表大会常务委员会第二十九次会议《关于修改〈中华人民共和国法官法〉等八部法律的决定》与2018年12月29日第十三届全国人民代表大会常务委员会第七次会议对《中华人民共和国公务员法》,前后进行了两次修订。

1994年颁布《中华人民共和国国家赔偿法》,使我国的法律责任划分更加完善。

《中华人民共和国国家赔偿法》出台后,分别根据2010年4月29日第十一届全国人民代表大会常务委员会第十四次会议《全国人民代表大会常务委员会关于修改〈中华人民共和国国家赔偿法〉的决定》与2012年10月26日第十一届全国人民代表大会常务委员会第二十九次会议《关于修改〈中华人民共和国国家赔偿法〉的决定》,前后进行了两次修订。

1996年颁布《中华人民共和国行政处罚法》,以法律的形式规定了行政处罚的种类和设定、行政处罚的实施机关、行政处罚的管辖和适用范围、行政处罚的决定、行政处罚的执行等。《中华人民共和国行政处罚法》的颁行,较好地解决了行政处罚行为的程序问题。《中华人民共和国行政处罚法》出台以后,前后根据2009年8月27日第十一届全国人民代表大会常务委员会第十次会议《关于修改部分法律的决定》与2017年9月1日第十二届全国人民代表大会常务委员会第二十九次会议《关于修改〈中华人民共和国法官法〉等八部法律的决定》进行了两次修订。

2003年颁布了《中华人民共和国行政许可法》,其意义在于:规范行政许可的设定和实施,保护公民、法人和其他组织的合法权益,维护公共利益和社会秩序,保障和监督行政机关有效实施行政管理。

2005年颁布了《中华人民共和国治安管理处罚法》,其意义在于:维护社会治安秩序,保障公共安全,保护公民、法人和其他组织的合法权益,规范和保障公安机关及人民警察依法履行治安管理职责。《中华人民共和国治安管理处罚法》出台后,根据2012年10月26日第十一届全国人民代表大会常务委员会第二十九次会议《关于修改〈中华人民共和国治安管理处罚法〉的决定》进行了一次修订。

2018年颁布了《中华人民共和国监察法》,其意义在于:深化国家监察体制改革,加强对所有行使公权力的公职人员的监督,实现国家监察全面覆盖,深入开展反腐败工作,推进国家治理体系和治理能力现代化。

第三节 行政法学简史

在某种意义上，一部法律发达史也就是一部法学发达史。因为，法学以法律现象为研究对象，因此法律越发达，法学也就越有发展基础，行政法也概莫能外。“每个时代的理论思维，从而我们时代的理论思维，都是一种历史的产物，它在不同的时代具有完全不同的形式，同时具有完全不同的内容。”①如果我们仅仅了解行政法史，而不对行政法学史尤其是著名行政法学家的思想有个大致了解，那么我们的认识就有残缺。

从世界范围看，以法国和德国为代表的大陆法系国家较早就对行政法有了深入的认识。法国被称为“行政法母国”，大约在 19 世纪中末期，学者们率先提出了行政法理论。1845 年，当时的行政法院副院长、建设部部长和国会议员维因出版《行政研究》一书，首次将行政法分为总论（总则）和各论（分则）两大部分，从而是在法国，也是在世界上最早开始的对行政法总论的研究。随后，诸如“行政法”“行政法学”“行政事务”“行政国家”等行政法学概念被法国学者相继提出。在“组织化的时代”（1860—1920），在众多具有开创性的行政法学者的努力下，他们的著作使得法国行政法学逐渐趋于完善，并最终定型。对法国行政法学的发展具有开创性的学者主要有奥柯、拉菲利埃、贝泰米勒、狄骥和奥里乌等人。其中奥柯论证了行政机关进行公共服务属于行政行为的范畴，应当被法院管辖；拉菲利埃提出了国家行政行为二元论，即国家行政行为分为权力行为和管理行为；贝泰米勒创立了“公共权力理论”；狄骥提出了“公共服务理论”；奥里乌提出了“制度理论”，标志着法国总论性质的行政法学最终定型。

在德国，行政法学的成熟的标志，一般被认为是“德国行政法学之父”奥托·迈耶的《德国行政法》一书的出版。该书的出版，发展和完善了行政法学方法论，创立了“依法律行政”“法律优先原则”“法律保留原则”，同时还提炼出了“行政行为”“具体行政行为”等概念。

相比大陆法系，英美法系的行政法学研究起步比较晚。在二战后，行政法学得到了快速的发展。在英国，著名的行政法学家有韦德，在美国著名的行政法学家有施瓦茨。韦德主张行政法的核心内容就是控制行政权，行政法就是“管理公共当局行使权力、履行义务的一系列普遍原则”“行政法的实质在于法官创立的适用于行政机关的原则，这些原则为所有公共当局确立了行为准则”②。施瓦茨主张从程序法的角度去理解行政法，在他看来行政法就是行政程序法。施瓦茨在其著作《行政法》一书中，开宗明义地指出：“行政法是管理政府活动的部门法。它规定行政机关可以行使的权力，确定行使这些权利的原则，对受到行政行为损害者给予法律补偿。”③

在我国行政法体系建构的同时，我国行政法学研究开始被重视起来。1983 年我国第一部行政法学教材——《行政法概要》出版，但对行政的认识并未摆脱前苏联的纯管理模式，还是认为行政法学主要研究的对象是国家行政机关组织和活动的基本原则、工作方式、方法以

---

① 《马克思恩格斯选集》第 4 卷，人民出版社，1995，第 284 页。

② [英]威廉·韦德：《行政法》，徐炳等译，中国大百科全书出版社，1997，第 6 页。

③ [美]施瓦茨：《行政法》，徐炳译，群众出版社，1986，第 1 页。

及国家行政工作人员同公民等行政法关系。在1987年至1989年，我国行政法学界试图突破前苏联的行政法学体系，按照行政法学的性质和特征构建本国的行政法学体系。在行政法学理论基础方面，20世纪90年代初期，以罗豪才教授为代表的行政法学家创立了“平衡论”，主张行政法是既要保证行政权能够有效实施，又要保证公民的权利不被行政权滥用或违法行使所损害。“平衡论”在20世纪90年代不断发展和完善，并于90年代后期在我国行政法学界开始占据主导地位①。此外对“平衡论”持有异议的学者，主张新控权论或新管理论，由此呈现出“百家争鸣”的格局。然而，研究内容严重失衡、研究课题简单重复、研究方法陈旧与落后、学术争鸣匮乏与研究“跟风”现象等问题导致了我国行政法学在本土化、规范化、综合化、和谐化、国际化等方面②还比较薄弱。

任何理论都无不被深深地打上时代的烙印，伴随着我国全面依法治国战略的实施与法治政府建设的开展，依法行政和法治政府建设进一步提速增效。在此背景下，我国行政法学“应当及时回应国家治理、社会变迁、新兴科技发展所提出的理论需求，继续完善中国特色行政法学理论体系；应当加强重点领域立法，破解法治政府建设的现实难题，着力推进法律的实施和制度的落实；重点提高各级领导干部的法治意识和法治素养，在全社会形成良好的法治氛围”。③ 可以预见，未来我国行政法学必然迎来深刻的变化。

---

① 姜明安：《行政法与行政诉讼法》，北京：北京大学出版社、高等教育出版社，1999，第76—77页。
② 杨海坤、章志远：《中国行政法基本理论研究》，北京：北京大学出版社，2004，第592-608页。
③ 马怀德、孔祥稳：《中国行政法治四十年：成就、经验与展望》，《法学》2018年第9期。

第二编

行政法主体篇

第一章
行政主体

第一节　行政主体概述

一、行政主体的概念

（一）行政主体的涵义

按照我国行政法学界已形成的共识，行政主体是指享有国家行政权，能以自己的名义行使行政权，并能独立地承担因此产生的相应法律责任的组织。关于这一定义，我们可以从以下几个方面来理解：

1. 行政主体是一种组织。

所谓组织是两人以上的组合体。组织在一定条件下可以成为行政主体，但个人不能成为行政主体。尽管具体的管理行为大多由国家机关中的公务员实施，但他们都是以组织的名义而不是以个人的名义进行的。

2. 行政主体是依法拥有行政职权的组织。

并非一切组织都能成为行政主体，只有依法拥有行政职权的国家机关或社会组织才能成为行政主体，不拥有行政职权的国家立法、审判和检察机关以及不拥有行政职权的普通社会组织都不能成为行政主体。

3. 行政主体是参加行政法律关系的组织。

依法拥有行政职权的组织并非都是行政主体，只有参与具体行政法律关系，才能成为行政主体。因此，参加行政法律关系，是该组织成为行政主体的前提，不参加行政法律关系，任何组织都不可能成为行政主体。而且如果某组织不参加行政法律关系而是参加其他法律关系也不能成为行政主体，如其参加民事法律关系时，只能成为民事法律关系的主体。

4. 行政主体是能以自己的名义行使行政职权的组织。

所谓以自己的名义行使行政职权，是指有关国家机关或社会组织能在法律规定的范围内依照自己的判断作出决定，发布命令，独立作出行政行为，以自己的职责保障这些决定和命令的实施等。是否能够以自己的名义行使行政职权，是判断某一组织能否成为行政主体的重要标准。

5. 行政主体是能独立对自己行使行政职权所产生的后果承担相应法律责任的组织。

能否独立承担法律责任，也是判断国家机关或社会组织能否成为行政主体的一个关键性条件。某一国家机关或社会组织仅仅行使行政职权,实施行政管理活动,但并不承担因行政职权的行使而产生的法律责任,则不是行政主体。独立承担法律责任一般表现为能够作为被申请人独立地参加行政复议活动和作为被告独立地参加行政诉讼活动。依据这一条件,行政机关或社会组织的内设机构不能成为行政主体;受委托的组织在行使被委托的行政职权时,也不能成为行政主体。

(二) 行政主体与相关概念的关系

为进一步明确行政主体的概念,有必要将行政主体与下述相关概念加以比较和区分:

1. 行政主体与行政机关

一般来说,行政机关是一种行政主体,而且是基本的、主要的行政主体。但它们还是有区别的。首先,行政主体是个学理概念,而行政机关是个法律概念。其次,行政机关只有当行使行政权时,其身份才是行政主体。因此,行政机关能否成为行政主体,要看其究竟以何种身份从事活动。如在民事活动场合,行政机关以民事主体的身份从事活动时,就不是行政主体。又如,当卫生行政机关申请建造新的办公楼时,就需要向国土规划部门申请,由后者对其申请进行审批。此时,卫生行政机关就是以行政相对人的身份出现的。再次,能够成为行政主体的,不仅有行政机关,还有法律、法规授权的能以自己名义行使行政权力的组织。因此,行政机关只是行政主体中的一部分。

2. 行政主体与行政组织

只要弄清楚行政机关和行政组织的之间的关系,就自然能够弄清行政主体和行政组织之间的关系。在行政学上有这样一种提法:一级人民政府(如国务院、省级人民政府、市级人民政府、县级人民政府、乡镇级人民政府等)称“行政机关”;各级人民政府的职能机构(如政府所属的部、委、厅、局、处、室等)称“行政机构”;行政机关和行政机构合称为“行政组织”。因此,行政组织可以概括为:担当行政事务、享有行政权的各级人民政府及其设置的行政机关的综合体。鉴于此,行政主体与行政组织之间的关系完全可以适用于它与行政机关之间的关系。

3. 行政主体与国家公务员

国家公务员是依法享有以行政主体名义行使行政权的自然人。行政主体虽然能以自己的名义行使行政权,并自行承担法律责任,但它只是一个组织,其行使职权的行为只能由一个个具体的行政公务员来操作完成。行政公务员行使行政权不以自身作为自然人的名义,而是以行政主体的名义,因此不承担由此而产生的法律后果。当然,如果公务员自身有过错,则应由行政主体行使追偿权,依法追究其个人的责任。因此,国家公务员不是行政主体,但行政主体离不开国家公务员。

4. 行政主体与行政法主体

行政法主体就是行政法律关系主体,通常是指一切能够在行政法上享有权利和承担义务的主体。它包括行政法律关系中双方当事人,一方是行政主体,另一方是行政相对人。行政主体只是行政法律关系的一方当事人。可以说行政主体必定是行政法主体,但行政法主体不都是行政主体。

二、行政主体的特征

行政主体具有以下法律特征：

1. 从权力来源看，行政主体所享有的权力是法律赋予的。行政主体的权力有的来自宪法或有关组织法的规定，如行政机关；有的来自除宪法、有关组织法之外的其他法律、法规的授权，如授权组织。行政主体的权力来自法律，反映出民主与法治的要求，体现了行政主体理论的现代性，是依法行政的权力之源。

2. 从权力性质看，行政主体所享有的权力是国家行政权，这就与其他国家机关区别开来。享有立法权的是立法机关，享有审判权的是审判机关，享有检察权的是检察机关。由于其他国家机关不享有宪法和法律所赋予的国家行政权，故不是行政主体，可见享有国家行政权是行政主体的决定性条件或必要条件。

3. 从责任归属上看，行政主体是独立承担法律责任的组织。这是判断特定组织能否成为行政主体的一个关键性的条件。如果一个组织虽然从事某项公务，行使国家行政权，但并不承担由此产生的法律责任，那么该组织也不是行政主体，如行政机关的内部机构、受行政机关委托的组织。只有以自己的名义行使国家行政权，实施行政管理活动，并独立地承担由此产生的法律责任的组织才是行政主体。

4. 从责任性质上看，我国行政主体所承担的法律责任是形式意义上的法律责任。行政主体所承担的法律责任具体表现为：赔礼道歉、恢复名誉、消除影响、履行职务、撤销违法、纠正不当、恢复原状、行政赔偿等。上述责任形式有的与财产并无直接关联，有的财产责任是由国家承担的，而与行政主体的固有财产并无直接的关联。我国行政法学中的行政主体所承担的是一种形式意义上的而非实质意义上的法律责任。作为行政主体主干的行政机关，其经费均来自国家财政，本身无独立的财产，况且法律也规定行政赔偿费用由国家承担。行政机关只是赔偿义务机关，国家才是实质意义上的法律责任的承担者。

5. 从法律人格看，行政主体是以自己的名义实施行政管理活动的组织。事实上，这一特征是国家行政权的自然延伸，享有国家行政权是行政主体依法应当享有的权力，故理所应当是以自己的名义实施行政行为。某些个人或组织虽然也在从事着行政管理活动，但无权对外以自己的名义实施行政行为，那么它就不是行政主体。这一特征的主要意义在于将行政主体与行政机关内部的多种组成机构和受行政机关委托执行某些行政管理任务的组织与个人区别开来。

三、行政主体的类型

依据不同的标准，可以对行政主体作不同分类。

1. 外部行政主体与内部行政主体

根据行政主体实施行政职权的范围，行政主体可分为外部行政主体和内部行政主体两大类型。外部行政主体是指依法对本行政主体之外的行政相对人实施行政管理权的行政主体。内部行政主体是指依法对本行政主体内的组成机构、公务员或隶属于本行政主体的其他组织实施行政管理权的行政主体。在实际行政管理活动中，有的行政主体具有内部与外部主体的双重身份，既是外部行政主体又是内部行政主体，比如人民政府，既有权对辖区内的社会组织和个人实施管理,同时又有权对下属行政机构实施领导和监督。

实际上,行政机关、行政机构或社会组织并不是在任何情况下都是内部行政主体或外部行政主体的,只有在具备行政主体的资格并参加到某一具体行政法律关系中时,才会真正成为内部或外部行政主体。

由于行政主体是代表国家对社会行使行政管理职能,以管理公共事务为主,因此行政主体大多表现为外部行政主体。

将行政主体分为内部行政主体与外部行政主体,对于保证行政主体依法行使行政职权,保证行政相对人对行政主体行使行政职权的活动进行有效监督具有非常重要的意义。因为根据行政法的基本原理,除了同时拥有内部行政主体和外部行政主体双重身份的行政主体之外,内部行政主体不得行使外部行政职权,外部行政主体不得行使内部行政职权。而只有分清了内部行政主体和外部行政主体,不同的行政主体才能依法各行其权,行政相对人才能对它们分别进行有效的监督。

2. 中央行政主体与地方行政主体

根据行政主体行使职权的地域范围的不同,行政主体可分为中央行政主体和地方行政主体。中央行政主体是指行使行政职权的范围及于全国,行使的职权具有全国性功效的机关或组织。如国务院、国务院各部委、国务院直属机构、国务院各部委管理的国家局等。地方行政主体是指行使职权的范围仅限于本行政区的机关或组织。如地方各级人民政府、各级政府的职能部门等。

将行政主体分为中央行政主体与地方行政主体的意义在于:明确各类行政主体的管辖范围,有助于确定行政行为的有效性;明确行政主体各自的职权范围及相互关系,有利于行政的统一和协调。

3. 职权行政主体与授权行政主体

根据行政主体职权的性质与法律来源的不同,可把行政主体分为职权行政主体与授权行政主体。职权行政主体是依据宪法和组织法的规定,在其成立时应具有行政职权并取得行政主体资格的组织。如中央和地方各级人民政府及其职能部门。授权行政主体是因宪法、组织法以外的法律、法规的规定而获得行政职权、取得行政主体资格的组织。例如,一些行政性公司,如烟草公司、煤气公司等,本身除具有经营功能外,还根据法律或法规被授权承担某方面的行政管理职能。

把行政主体分为职权行政主体与授权行政主体,对于保证行政主体依法行政、防止越权具有重要意义。对于职权行政主体,可以通过核实产生职权的宪法、组织法的内容,监督并保证其依法行政;对于授权行政主体,则可以通过核实其有无授权依据及具体授权的内容,监督并保证其依法行政。此外,职权行政主体与授权行政主体的划分还具有行政诉讼的意义。因为,职权行政主体与授权行政主体的权力来源不同,法院对其进行司法审查时,审查的侧重点也有所不同。对授权行政主体行政行为合法性的审查应包括授权关系是否成立,是否在授权范围内行使职权等。

4. 地域性行政主体与公务性行政主体

根据管辖对象的不同,行政主体可分为地域性行政主体与公务性行政主体。地域性行政主体是指以行政地域为基础,其行使行政职权的范围及对象与行政主体所处的行政地域紧密联系的组织，如我国的地方各级人民政府及其职能部门。而公务性行政主体是指依法从事一定公务活动，不以地域为设立标准，独立享有行政法上的权利与义务的行政主体，如我国的海关等管理机关。我国的地域性行政主体居多，而公务性行政主体较少。

5. 本行政主体与派出行政主体

根据行政主体之间是否存在派设关系，可以将行政主体划分为本行政主体和派出行政主体。当一个行政主体是另一行政主体所派设的，则被称为派出行政主体，而有权派设行政主体的行政主体则被称为本行政主体。

派出行政主体有两类：一类是相应的人民政府的派出机关，如行政公署（省、自治区人民政府派设）、区公所（县、自治县人民政府派设）和街道办事处（市辖区人民政府和不设区的市人民政府派设）。从性质上讲，派出机关不是一级人民政府，但是，它们行使一定区域内行政事务的组织与管理权，能够以自己的名义作出行政行为并对行为后果承担法律责任，因此具有行政主体资格。另一类是依照法律、法规授权设置的派出机构，如公安派出所、工商所、税务所等。派出机构成为行政主体是有条件的。如根据《中华人民共和国治安管理处罚法》的规定，公安派出所享有一定的行政处罚权，具有行政主体资格。

四、行政主体的资格要件及确认

（一）行政主体的资格要件

行政主体资格是指作为行政主体应当具备的条件。行政组织是行政权的承担者，但不是行政组织中所有的行政机关都具备行政主体资格。目前，法律对行政主体的资格要件没有明文规定，学术界认识也不一致。我们认为，行政主体的资格要件包括组织要件和法律要件两类。

1. 组织要件，即作为行政主体的组织自身应具备的条件。由于行政机关和法律、法规授权组织的设立依据和目的不同，其组织要件也不相同。行政机关的组织要件一般应包括以下内容：行政机关的设立有法律依据，属于国务院行政组织序列；行政机关的成立经有权机关批准；行政机关已被正式对外公告其成立；行政机关已有法定编制和人员；行政机关已有独立的行政经费预算；行政机关已具备必要的办公条件。

法律、法规授权组织作为行政主体应具备两个组织要件：该组织应具有法人资格；该组织一般是不以赢利为目的的事业单位、社会团体和群众组织。

2. 法律要件，即作为行政主体的组织在法律上应具备的条件。从目前的行政主体理论看，行政主体的法律要件只有一项，即必须具有法律、法规的明确授权。这里既包括宪法和行政组织法对中央和地方各级人民政府的授权，也包括法律、法规对其他行政机关和行政机关以外的组织的授权。没有法律、法规明确授权，任何组织和个人都无权对外行使职权，当然不能成为行政主体。

（二）行政主体资格的确认

严格地说，一个组织是否具备行政主体资格，只要从组织要件和法律要件两个方面加以判断即可。但由于我国目前的行政组织法不够完备，行政主体需要具备哪些组织要件没有明确规定，因而实践中往往侧重于从法律要件上予以确认。因此，对行政主体资格的确认具有重要意义：一是有助于明确一个组织的法律地位；二是有助于确定行政行为的效力；三是有助于确认行政诉讼的被告。

在大多数情况下，行政主体为依法享有行政职权的行政机关，比较容易确认。但在以下几种特殊情况下，行政主体的确认较为复杂，可作如下确认：

1. 行政授权中的行政主体。在实践中，行政授权不够规范。有法律、法规授权，也有规章授权。按照行政主体理论，行政机关外的组织经规章授权后也可以成为行政主体。

2. 委托行政中的行政主体。行政委托是指一个行政主体因工作需要等原因委托其他组织或个人以其名义进行管理活动，其行为后果归属于委托行政主体的法律制度。在行政委托关系中，委托人是行政主体，受委托的组织或个人是行政主体的代理人，但其不因委托而享有行政主体资格。

3. 行政派出关系中的行政主体。我国的派出组织有两种：派出机关和派出机构。其中，派出机构本身不一定是行政主体，要根据具体情况来确定，只有当法律、法规直接授权派出机构进行管理时，该派出组织才获得行政主体资格，否则，其行为后果归属于设立它的行政机关。

4. 非常设性机构是否为行政主体。非常设性机构又称临时机构，在《国务院行政机构设置和编制管理条例》中被称为议事协调机构，是行政机关为完成一定的任务或为协调各部门的工作而临时设置的组织。原则上，非常设性机构是代表设立它的行政机关行使职权，不具有行政主体资格。但当法律、法规明确授权非常设性机构进行管理时，该机构则成为行政主体。

五、行政职权与行政职责

（一）行政职权

行政职权是行政主体依法管理国家事务和社会事务的资格及其权能，是国家行政权的具体表现形式。行政主体是依据其所具有的行政职权来实施各项行政管理活动的，因此，行政职权是行政主体研究的根本所在，它既是行政主体形成的条件之一，又是行政主体依法实施行政管理活动从而导致行政法律关系的产生、变更和消灭的前提。

1. 行政职权的内容

行政职权的内容和形式因行政主体的不同而有所差异，概括起来，行政职权大致包括如下内容：

（1）行政规范性文件制定权

行政规范性文件制定权包括制定行政法规、行政规章，规定行政措施，编制计划、规划和预算等行政规范性文件的职权。

（2）行政决定权

行政决定权的内容非常广泛，通过赋予、限制或剥夺等方式处理行政相对人的职权，包含行政许可权、行政确认权、行政奖励权等内容；对法律、行政法规和规章未明确规定的事项进行规定。

（3）行政命令权

行政命令权是行政主体在国家行政管理过程中，通过书面或口头的形式依法作出决定，要求行政相对人为一定行为或不为一定行为的职权。

（4）行政执行权

行政执行权即行政主体根据有关法律、法规和规章的规定或者上级行政机关所作出的决定、命令等，在其职权范围内具体执行行政事务的权力。行政主体行使行政执行权，行政相对人必须协助或提供方便，任何单位和个人不得非法阻挠、妨碍。

（5）行政许可权

行政许可权是指行政主体依法赋予行政管理相对人依法从事某种事项的权利或资格。行政许可权的行使，以行政相对人的申请为前提。

（6）行政确认权

行政确认权是指行政主体确认或否认行政相对人权利、义务的权力。如交通事故、医疗事故的责任认定，伤残等级的确认等。

（7）行政制裁权

行政制裁权包括行政处罚和行政处分两种职权。行政处分主要是针对违法行政行为作出的，行政主体与受处分者之间一般存在隶属关系；行政处罚主要是针对违反行政法的行为作出的，行政主体与被处罚者之间不存在隶属关系，是一种行政外部的制裁。

（8）行政强制执行权

行政强制执行权是指在行政管理过程中，法定义务人拒不履行法定义务时，行政主体依法可以采取强制措施，促使义务人履行法定义务。

（9）行政司法权

行政司法权是指行政主体依法对他人之间的行政纠纷和部分民事纠纷进行调解、仲裁、裁决和复议的权力。

2. 行政职权的特征

作为行政主体拥有和行使的具体国家职权具有以下特征：

（1）强制性

行政职权来源于国家权力，必然体现国家意志，以国家机器为实施后盾，具有国家强制力。在行政职权的管辖范围之内，一切社会组织和公民必须服从行政职权的约束，协助行政主体依法行使行政职权，对行政职权行为不得抗拒或妨碍，否则将受到法律制裁。

（2）不可处分性

行政主体享有的行政职权是国家权力所赋予的，体现的是国家和人民意志。行政主体应忠实地行使职权，维护国家、社会和人民的利益，对所拥有的行政职权不得任意处分，没有法定依据、未经法定程序行政主体不得放弃和转让行政职权，也不能滥用职权、超越职权范围作出行政行为。

（3）单方性

行政职权通常以决定、命令的形式表现出来，行政主体行使职权，不需要征得行政相对人的同意，单方面作出行政行为即可发生法律效力。

（4）优先和受益性

所谓优先和受益性是指行政主体在行使行政职权时，依法享有一定的行政优先权和行政受益权。行政优先权主要是指行政主体在行使行政职权时依法享有职务上的优先条件，如在紧急情况下的优先处置权，获得社会协助权，优先通过、使用权，以及行政行为推定有效等。行政受益权是指行政主体在行使行政职权时享有国家所提供的各种物质优益条件，如财政经费、办公条件、交通工具等。优先和受益性源于行政主体担负着维护国家、社会和人民利益的职责，为及时有效地行使行政职权，必须赋予行政职权一种优先权，以排除干扰和妨害，顺利实现行政权的功能。

（二）行政职责

由于行政职权具有主动性、广泛性、自由裁量性等特点，在行使中往往容易对行政相对人的权益造成侵害，根据权利和义务相一致的原则，有必要要求行政主体在拥有行政职权的同时，履行相应的行政职责。

行政职责是指行政主体在行使行政职权实施管理过程中依法所必须承担的义务。行政职责和行政职权是联系在一起的。依照法律的规定，任何国家机关、社会组织和个人在享有权力（权利）的同时必须承担相应的职责，履行应尽的义务。行政职责的核心是依法行政，依照我国法律的有关规定，行政职责主要包括以下内容：

1. 行政职责的内容

（1）依法履行职责，遵守权限规定。

具体包括：行政主体享有的职权要有法律依据，不得违法行政；行政主体必须在法律规定的职权范围内履行职务，避免行政主体之间在行使行政职权时发生纠纷和冲突；行政主体履行职务必须尽职尽责，不得失职。

（2）符合法定目的，遵守法定程序。

行政主体行使行政职权不仅应在法定范围内，还应符合法定目的。任何背离法律规定的本意，曲解法律、滥用行政职权的行为，都有可能违背社会公共利益，侵害公民和其他社会组织的合法权益，妨害法律意图的实现。行政主体行使职权还应严格遵守法定程序，公开、公正、科学、合理的行政程序是保证行政行为合法、有效的重要手段，也是维护和保障行政相对人合法权益的重要手段。

（3）遵循合理原则，避免不当行政。

行使行政职权不仅要依法，还必须合理。违背合法原则的行政行为属于违法行政，违反合理原则的行政行为则属于不当行政，不当行政的危害性虽然不如违法行政大，还属于合法行政的范畴，但会影响行政目标的实现以及法定目的的实现，会影响行政职权对公民、社会组织合法权益的保护。

2. 行政职责的特征

归纳行政职责的主要内容，可以发现行政职责具有以下两方面特征：

（1）行政职责具有不可推卸性。行政职权和行政职责紧密相连，二者皆不可或缺，行政主体在行使行政职权的过程中，必须履行行政义务，这是行政职权得以正确、合理实施的重要保证。

（2）法定性和合理性。行政主体应严格依法履行职责，不得违反法定标准，但是在法律没有明确规定而行政主体根据实际情况又应当行使职权时，就需要行政主体在合理的前提下，从有利于国家、社会公共利益及维护公民和组织合法权益的角度出发，实事求是地履行职责。

第二节　行政机关

一、行政机关的涵义

行政机关是国家行政机关的简称，是指依宪法或行政组织法的规定而设置的依法行使国家行政权、管理国家行政事务的国家机关，是权力机关的执行机关。

可从以下几个方面来理解：

1. 行政机关是国家机关，是由国家设置、代表国家行使国家职能的机关。这一点使它与政党、社会组织、团体相区别。政党，特别是执政党，虽然能对国家政治、经济的发展起重要的甚至是决定性的影响作用，但它们不是国家机关。社会组织、团体虽然经法律、法规、规章授权，也可以行使一定的国家行政职权，但它们不是由国家设置的专门代表国家行使职能的机关，从而不属于国家机关。

2. 行政机关是行使国家行政职能的国家机关。这一点使它与立法机关、司法机关相区别。立法机关、司法机关虽然也都是国家机关，但立法机关行使的是国家立法职能，司法机关行使的是国家司法职能（国家审判职能和检察职能），而行政机关行使的是国家行政职能，即执行法律、管理国家内政和外交事务的职能。

3. 行政机关是依宪法或行政组织法的规定而设置的行使国家行政职能的国家机关。这一点使它与法律、法规授权的组织区别开来。法律、法规授权的组织不是依宪法或行政组织法设置的，它们行使一定的职权是基于具体法律、法规的授权。因此，行政机关是固定的、基本的行政主体，而法律、法规授权的组织只有在行使其被授职权时才具有行政主体的地位。

4. 行政机关是权力机关的执行机关。在实行权力分立的国家，行政机关与立法机关、司法机关相互独立、相互制衡。在我国，国家权力属于人民，全国人民代表大会是我国的最高权力机关，而行政机关从属于权力机关，是权力机关的执行机关，行使国家管理权，对国家权力机关负责并报告工作。行政机关实施行政行为，必须依照宪法和法律的规定进行。

二、行政机关的分类

（一）根据行政机关职能管辖的范围，行政机关分成中央行政机关和地方行政机关。

中央行政机关是指活动范围及于全国的行政机关，如我国的国务院、国务院各部委与各直属机构。地方行政机关是指活动范围仅及于一定行政地域范围的行政机关，如我国地方各级人民政府及其职能部门。在我国，无论是中央行政机关还是地方行政机关都是国家行政机关。地方行政机关是国家在地方的代表，但地方行政机关同时也是地方权力机关的执行机关，当地方行政机关执行本地权力机关的决议时，代表的是地方的利益。

划分中央行政机关和地方行政机关的意义是明确各自的地域管辖范围。此外为保证行政的统一，地方行政机关原则上要服从中央行政机关的领导。

（二）根据工作权限的不同，可以划分为一般权限的行政机关和部门权限的行政机关。

一般权限的行政机关是指对本行政区域范围内的行政事务进行宏观管理的行政机关，主要是指各级人民政府，包括国务院、省级人民政府、市级人民政府、县级人民政府和乡镇级人民政府，部门权限行政机关是指根据宪法和法律的规定对本行政区域范围内的某些特定的、专门的行政事务进行管理的行政机关，主要是指各级人民政府所设置的职能机构，包括国务院各部委、省级人民政府所设厅（局）、市级人民政府所设局（处、办）、县级人民政府所设局（科）。在我国，乡镇级人民政府内不设具体办事机构。

一般权限行政机关的权限是全方位的，涉及各个行政领域和各种行政事务，如国务院和地方各级人民政府；而部门行政机关的权限是局部性的，仅涉及特定行政领域和特定行政事项，如国务院各部委，地方人民政府的各工作部门。一般权限行政机关和部门权限行政机关都是独立的行政主体，能以自己的名义对外行使职权并由其本身承担相应的法律责任。但部门行政机关受一般权限行政机关的领导，一般权限行政机关有权向部门行政机关发布命令、指令、指示，部门权限行政机关有服从的义务。

（三）根据行政机关管理的客体和内容的不同，可分为职能性行政机关和专业性行政机关。

职能性行政机关管理的客体和内容是综合性的、跨部门、跨行业的，如工商、税务、统计、环保、财政、人事、计划、审计、监察等领域的行政机关。专业性行政机关管理的客体和内容是专门性、部门性、行业性的，如电子、机械、石油、煤炭、农业、林业、矿产、水电等领域的行政机关。

（四）根据行政机关行使职能适用法律的情况以及与行政相对人的关系的不同，行政机关分为专门执法行政机关与普通管理行政机关。

专门行政执法机关通常直接与行政相对人打交道，直接适用法律、法规、规章，对行政相对人作出具体行政行为，如公安、工商、税务、土地、环保、海关、卫生等领域的行政机关；而普通管理行政机关通常不直接与相对人打交道，其行使职权通常基于行政从属关系而不直接适用法律、法规、规章，如人事、财政、计划以及工业、农业、商业、交通、邮政等领域的行政管理机关。

（五）根据行政机关的管理对象的不同，行政机关可以分为外部管理行政机关和内部管理行政机关。

外部管理行政机关管理的对象是作为外部行政相对人的个人、组织，如公安、工商、海关、民政等领域的行政机关。内部管理行政机关管理的对象是行政机关内部机构人员，如办公厅、机关事务局、编制委员会、研究室、档案局以及人事、财务、后勤等工作机关。行政机关的外部、内部只是相对的，在外部行政机关内也必然设有内部管理机构，在内部行政机关内也必然同时设有管理本机关外部事务的机构和管理本机关内部事务的机构。如公安部是外部行政机关，但它也设有管理内部人事、财务、文秘事务的“内部”机构；国家人力资源和社会保障部是内部行政机关，但它既设有管理国务院各部委人力资源的“外部”机构，也设有管理本部事务的“内部”机构。

对外部管理行政机关和内部管理行政机关进行区分的意义在于，不同的行政机关作出的行政行为的效力是不同的。外部管理行政机关的行政行为的效力可以及于行政相对人，而内部管理行政机关的行政行为的效力只及于行政机关的内部，不能及于行政相对人。

三、中央行政机关和地方行政机关

(一) 中央行政机关

中央行政机关包括国务院和国务院所属行政机构。

1. 国务院

国务院即中央人民政府,是最高国家权力机关的执行机关,是最高国家行政机关。国务院由全国人民代表大会产生,对全国人民代表大会负责,受全国人民代表大会及其常务委员会监督。国务院由总理、副总理、国务委员、各部部长、各委员会主任、审计长、秘书长组成,实行总理负责制。国务院设有全体会议和常务会议两种会议。国务院全体会议由国务院全体成员组成,国务院常务会议由总理、副总理、国务委员、秘书长组成。总理召集和主持国务院全体会议和国务院常务会议。国务院工作中的重大问题,必须经国务院常务会议或国务院全体会议讨论决定。国务院发布的决定、命令和行政法规,向全国人大常委会提出的议案,人员任免,由总理签署。

根据《中华人民共和国宪法》第八十九条的规定,国务院享有十八项职权,概括起来,国务院享有以下四类职权:第一类是制定行政法规权;第二类是领导全国各项行政工作权;第三类是领导各级国家行政机关权;第四类是国家最高权力机关授予的其他职权。

2. 国务院组成部门

国务院各部、委员会是负责管理某一方面事务或具体职能的工作机构。根据《宪法》和《中华人民共和国国务院组织法》,国务院各部、委对国务院所辖工作的某一方面或某一类行政事务享有全国范围内的管理权限。国务院组成部门包括各部、各委员会、中国人民银行和审计署等,其依法分别履行国务院基本的行政管理职能,故又叫国务院的职能部门。国务院组成部门有:外交部、国家发展和改革委员会、科学技术部、国家民族事务委员会、国家安全部、司法部、人力资源和社会保障部、生态环境部、交通运输部、农业农村部、文化和旅游部、退役军人事务部、中国人民银行、国防部、教育部、工业和信息化部、公安部、民政部、财政部、自然资源部、住房和城乡建设部、水利部、商务部、国家卫生健康委员会、应急管理部、审计署。其中,教育部对外保留国家语言文字工作委员会牌子。科学技术部对外保留国家外国专家局牌子。工业和信息化部对外保留国家航天局、国家原子能机构牌子。自然资源部对外保留国家海洋局牌子。生态环境部对外保留国家核安全局牌子。

部、委、行、署的设立经总理提出,由全国人民代表大会决定;在全国人民代表大会闭会期间,由全国人民代表大会常务委员会决定。部、委、行、署实行首长负责制。部、委、行、署工作中的方针、政策、计划和重大行政措施,应向国务院请示、报告,由国务院决定。部、委、行、署上报国务院的重要请示、报告和下达的命令、指示,由首长签署。国务院的组成部门接受国务院的领导和监督,执行国务院的行政法规、决定和命令,同时在其法定的职权范围内,就自己所管辖的事项,独立地作出行政行为,并承担由此产生的法律后果。

国务院的组成部门主要有以下行政职权:根据法律、行政法规制定部门规章,发布命令、指示;管理本部门所辖的行政事务;管理本部门的机构和人员。

3. 国务院直属机构

根据《中华人民共和国宪法》的规定,国务院可以根据工作需要设立直属机构,由国务院直接领导。国务院现设有15个直属机构(包括1个直属特设机构),分别是中华人民共和国海关总署、国家市场监督管理总局、中国证券监督管理委员会、国家体育总局、国家国际发展合作署、国务院参事室、国家税务总局、国家广播电视总局、国家统计局、国家金融监督管理总局、国家医疗保障局、国家机关事务管理局、国家信访局和一个国务院直属特设机构,即国务院国有资产监督管理委员会。其中,国家市场监督管理总局对外保留国家反垄断局、国家认证认可监督管理委员会。国家新闻出版署(国家版权局)在中央宣传部加挂牌子,由中央宣传部承担相关职责。国家宗教事务局在中央统战部加挂牌子,由中央统战部承担相关职责。

直属机构具有独立的行政职权,它们主要负责领导和管理全国某一方面的行政事务,在其权限内规定行政措施,发布全国遵循的规范性文件。直属机构的法律地位低于国务院各部、委,其行政首长不是国务院的组成人员。

4. 国务院各部、委管理的国家局

部、委管理的国家局是指国务院设置的主管专门业务,由部、委归口管理但又具有相对独立性的行政机关。根据《中华人民共和国国务院组织法》的规定,国务院可以根据国家行政事务的需要,设立若干行政主管职能部门,负责国家某一方面工作,由相应的国家部、委负责管理。目前,国务院现设有部、委管理的国家局,例如,国家能源局(由国家发展和改革委员会管理);国家烟草专卖局(由工业和信息化部管理);国家林业和草原局(由自然资源部管理);中国民用航空局(由交通运输部管理);国家文物局(由文化和旅游部管理);国家矿山安全监察局(由应急管理部管理);国家药品监督管理局(由国家市场监督管理总局管理);国家粮食和物资储备局(由国家发展和改革委员会管理);国家国防科技工业局(由工业和信息化部管理);国家移民管理局(由公安部管理);国家铁路局(由交通运输部管理);国家邮政局(由交通运输部管理);国家中医药管理局(由国家卫生健康委员会管理);国家外汇管理局(由中国人民银行管理)。这些国家局自成立时就具有独立的法律地位,依法行使对某项专门事务的管理权和争议裁决权,具有行政主体资格。

此外,国务院还设有8个直属事业单位、一定数量的议事协调机构和临时机构。

需要说明的是,国务院还有办事机构,主要是协助总理办理专门事项的辅助性机构。目前国务院现设有港澳事务办公室、国务院研究室等,其中国务院侨务办公室在中央统战部加挂牌子,由中央统战部承担相关职责。国务院台湾事务办公室与中共中央台湾工作办公室、国家互联网信息办公室与中央网络安全和信息化委员会办公室,一个机构两块牌子,列入中共中央直属机构序列。国务院新闻办公室在中央宣传部加挂牌子。与国务院的组成部门以及直属机构不同,办事机构的主要职能是协助总理办理具体事务,一般不享有独立对外管理的权限,不具有行政主体资格,但经法律、法规授权,可成为行政主体。

(二) 地方行政机关

地方行政机关包括地方各级人民政府及其工作部门。

地方各级人民政府是地方各级人民代表大会的执行机关,同时又在国务院的统一领导下,管理辖区内的各项行政事务。

1. 地方人民政府

我国地方各级人民政府,根据其性质、地位和作用可以划分为:一般地方人民政府、民族区域自治地方人民政府和特别行政区地方人民政府三类。

（1）一般地方人民政府。一般地方人民政府是指各省、直辖市、市、县、乡、镇等地方各级人民政府。根据《宪法》和《中华人民共和国地方各级人民代表大会和地方各级人民政府组织法》（下文简称《地方组织法》）的规定，我国根据地域和层级关系共划分为四级人民政府：第一级是省级人民政府，包括省人民政府和中央直辖市人民政府；第二级是设区的市级人民政府，包括省辖市人民政府和各直辖市的区人民政府；第三级是县级人民政府，包括不设区的市人民政府、县人民政府、省辖市的区人民政府；第四级是乡级人民政府，包括县、市下属的乡、镇人民政府。

根据《宪法》第一百零五条、《地方组织法》第四十七条和第四十八条的规定，一般地方各级人民政府的性质是地方各级权力机关的执行机关。它们一方面对本级人民代表大会负责并报告工作，另一方面又都服从国务院的统一指挥。地方各级人民政府实行首长负责制，即地方各级人民政府实行省长、市长、县长、区长、乡长、镇长负责制。一般地方人民政府的职权由《宪法》和《地方组织法》直接设定。各级人民政府掌管本行政区行政事务。

（2）民族区域自治地方人民政府。民族区域自治地方人民政府是指我国境内各少数民族自治区、自治州（盟）、自治县（旗）的人民政府，是民族区域自治机关的组成部分，是民族区域自治地方人民代表大会的执行机关。民族区域自治地方的各级人民政府，分别由自治区主席、自治区副主席、自治州州长、副州长、自治县县长、副县长以及各厅厅长、局长、委员会主任、秘书长、科长等组成。自治区主席、自治州州长、自治县县长必须由实行民族区域自治民族的公民担任。民族区域自治的行政机关，实行行政首长负责制，即实行自治区主席、自治州州长、自治县县长负责制。民族区域自治地方行政机关除行使一般地方行政机关行使的各项职权外，还行使所辖区域内的民族自治权。民族区域自治地方人民政府对本级人民代表大会和上一级国家行政机关负责并报告工作，在本级人大闭会期间，对本级人民大会常务委员会负责并报告工作。各民族区域自治地方人民政府都是国务院领导下的国家行政机关，都服从国务院的统一领导。

根据《地方组织法》的有关规定，地方各级人民政府具有以下行政职权：一是执行权。即执行本级人民代表大会及其常委会的决议和上级国家行政机关的决议和命令。二是行政命令、决定的发布权和规章的制定权。省、自治区、直辖市以及省、自治区人民政府所在地的市和经国务院批准的较大的市的人民政府，可以制定本地区的规章；县级以上地方政府可发布行政命令。三是行政管理权。地方各级人民政府领导所属各职能部门以及下级人民政府，管理本地区的经济、文化、教育、科学、卫生等事业，保护国家利益、集体利益和公民个人利益不受侵犯，保证宪法和法律的贯彻执行。

（3）特别行政区人民政府。1990年和1993年，我国分别制定了《中华人民共和国香港特别行政区基本法》和《中华人民共和国澳门特别行政区基本法》。我国政府已分别于1997年7月1日、1999年12月20日恢复对香港、澳门行使主权，分别设立香港特别行政区和澳门特别行政区。特别行政区直辖于中华人民共和国中央人民政府，并享有高度自治权，除外交和国防事务属于中央政府管辖外，特别行政区享有行政管理权、立法权、独立的司法权及终审权。根据两部基本法的有关规定，香港特别行政区政府、澳门特别行政区政府是香港特别行政区、澳门特别行政区的行政机关，在辖区内行使行政职权。

2. 地方人民政府的职能部门

根据《地方组织法》的规定，县级以上地方各级人民政府可以根据工作需要和精干的原则，设立若干工作部门，承担某一方面的行政事务的组织管理职能。其中，省级人民政府工作部门的设置，这里的设置包括设立、增加、减少以及合并，由本级人民政府报请国务院批准。其他各级人民政府工作部门的设置，由本级人民政府报请上一级人民政府批准。因工作的需要而设立的，地方各级人民政府的职能部门除受本级人民政府统一领导外，还受上级人民政府主管职能部门的领导和业务指导。

职能部门依照有关法律规定独立享有并行使行政职权，以自己名义作出决定，并承担相应的法律后果。就其职权来说，地方各级人民政府工作部门可以在本系统及行业内发布有关决定和命令，对所主管的行政事项作出处理。

3. 地方人民政府的派出机关

地方人民政府的派出机关是指由地方县级以上人民政府经由权力机关批准，在一定区域内设立的，代表该级人民政府组织和管理该区域内所有行政事务的行政机关。目前我国地方各级人民政府的派出机关有三类：一是省、自治区人民政府的派出机关，即行政公署。二是县人民政府的派出机关，即区公所。三是市辖区、不设区的市人民政府的派出机关，即街道办事处。根据《地方组织法》的规定，派出机关能以自己的名义作出行政行为并承担相应的法律责任，虽然不是一级人民政府，实际上却履行着一定的组织和管理职权。

需要说明的是，我国还存在不少派出机构。所谓的派出机构，是享有独立对外行政管理职权的各级地方政府职能部门，根据工作在需要一定行政区域设置的管理某项行政事务的机构。根据《中华人民共和国行政复议法》(下文简称《行政复议法》)第十五条规定："对县级以上地方人民政府依法设立的派出机关的具体行政行为不服的，向设立该派出机关的人民政府申请行政复议；对政府工作部门依法设立的派出机构依照法律、法规或者规章规定，以自己的名义作出的具体行政行为不服的，向设立该派出机构的部门或者该部门的本级地方人民政府申请行政复议"。由此可见，派出机构具有行政主体的地位。

第三节　法律、法规授权组织

一、法律、法规授权组织的概念和特征

(一) 法律、法规授权组织的涵义

行政授权是指根据法律、法规的规定，将某项行政职权的部分或全部通过法定形式授予某个组织的法律行为。法律、法规授权组织是指依法律、法规授权而行使特定行政职权的非国家机关组织。法律、法规授权组织具有如下特征：

1. 法律、法规授权组织是指非国家机关的组织。它们不同于行政机关，不具有国家机关的地位。它们只有在行使法律、法规所行政职能时，才享有国家行政权力和承担行政法律责任；在非行使法律、法规所授行政职能时，它们只是一般的民事主体，享有民事权利和履行民事义务。

2．法律、法规授权组织行使的是特定行政职能而非一般行政职能。特定职能，即仅限于相应法律、法规明确规定的某项具体职能或某种具体事项。行政机关则行使国家的一般行政职权，不限于某种具体领域或某种具体事项。

3．法律、法规授权组织行使的职能为法律、法规所授，而非行政组织所授。授权必须以法律、法规的方式进行。只有法律、行政法规和地方性法规等效力较高的规范性文件才能够进行授权。且具体法律、法规对相应组织的授权通常是有期限的或限于办理某一具体行政事务，该行政事务完成，相应授权即结束。被授权的组织只能在授权范围内行使行政权。而行政组织法对行政机关的授权则具有稳定性，只要该行政机关存在，它就一直行使所授职能。

（二）授权组织与受委托的组织的区别

需要指出的是，必须注意行政法上授权组织与委托组织的区别。在现实生活中，行政机关及授权组织除了亲自行使对公共事务的管理职能以外，还可以依法将其委托给有关组织甚至个人行使。例如，根据我国《行政处罚法》第二十条的规定，行政机关可以依照法律、法规、规章的规定，在其法定权限范围内委托符合条件的组织实施行政处罚。然而，受委托的组织与授权组织在行政法中的主体地位却是完全不同的，二者的区别主要体现在以下几个方面：一是权力来源不同。受委托的组织与授权组织虽然都能行使相应的职权，但这种职权的来源却是不同的，前者来源于行政机关的委托行为，而后者则来源于法律、法规的直接授予。二是法律地位不同。受委托的组织基于行政机关的委托而取得的行政权不能独立行使，它必须以委托机关而不是独立的行政主体的名义实施相应的活动；而授权组织则能够以自己的名义独立地实施行政管理活动，属于新的行政主体。三是法律后果不同。受委托的组织因不具有主体资格，其行为的一切后果均应由委托机关负责，委托机关需要加强对受委托组织的监管；而授权组织因具有独立的主体资格，其行为的一切后果自然由本组织负责。

二、被授权组织的类型

根据有关法律、法规的规定，被法律、法规授权的组织主要有以下几种：

（一）行政机构

行政机构是公共行政职权在行政机关内部分配的必然结果，其主要功能在于协助行政主体处理和具体办理各项行政事务和机关内部事务。在某些特定的情况下，行政机构可以根据法律、法规的授权成为行政主体。目前具有行政主体资格的行政机构主要有行政机关的内部机构和派出机构。派出机构是指政府中的职能部门根据工作需要在一定区域范围内设立的工作机构，代表该职能部门从事一定范围内的某些行政事项的管理工作。一般来说，派出机构不具备行政主体资格，但可经法定授权成为行政主体。

（二）行政性公司

行政性公司是指由行政机关设立的集经营与行政于一体的组织。这类行政性公司是经济体制改革的产物，由原政府主管部门转变或改建而成，如电信部门、烟草公司、自来水公司、煤气公司等。行政性公司虽已转变为经济实体，但仍按照法律、法规的授权行使行政职权。

（三）企事业单位

该类企事业单位是指经法定授权获得行使行政管理权的企事业单位。严格地说，企业单位不宜承担行政职能，因为企业以赢利为目的，难以确保授权行政的公正。但由于以往对授权行政没有严格规范，也存在授权企业单位管理的情况。如北京市电信工程局既是经济实体，又是通信工作的主管部门，经地方性法规授权而成为行政主体。此类被授权的企业单位的特点在于：第一，通常是专业性、技术性较强的单位，经授权后仅兼职从事特定的行政业务管理；第二，其主要功能在于配合行政机关进行管理，一般不具有强制执行权。

事业单位。根据授权从事一定行政职能活动的事业单位。典型的事业单位包括学校、医院、专利局、食品卫生检验单位等。其经授权后也可成为行政主体。如根据《中华人民共和国学位条例》学校享有学位授予权。

（四）社会团体

社会团体如工会、消费者协会、律师协会、红十字会等，其经法定授权后都可以成为行政主体。如《中华人民共和国消费者权益保护法》第三十七条授权消费者协会对商品和服务进行监督、检查，并可对消费者投诉事项进行调查、调解。

（五）群众性自治组织

根据我国宪法规定，城市居民委员会和农村村民委员会是群众性组织，但经地方行政机关的授权，它们也可以取得一定公共行政职权并从事行政管理。其从事的通常是与群众生活和社会治安密切相关的行政事务，如村民委员会可以给办理结婚登记的村民出具婚姻状况证明。群众性自治组织经行政授权，也可以成为行政主体。

三、法律、法规授权组织的法律地位

（一）被授权组织在行使法律、法规所授予的行政职能时，是行政主体，具有与行政机关相同的法律地位。

被授权组织与行政机关同属行政主体，在行使所授予的行政职能时，具有与行政机关基本相同的行政法上的地位，可以以授权法发布行政命令、采取行政措施、实施行政行为，对违法不履行其义务或违反行政管理秩序的行政相对人采取行政强制措施或实施行政处罚。当然，被授权组织和行政机关的地位仍有一定区别：行政机关是一般行政主体，被授权组织只有在行使法律、法规所授予的行政职权时，才具有行政主体资格。行政机关享有的某些职权和管理手段是被授权组织不能享有的，如行政立法权，行政处罚权中的行政拘留权，行政复议受理、裁判权等。

（二）被授权组织以自己名义行使法律、法规所授予的行政职能，并由其本身就行使所授职能的行政行为对外独立承担法律责任。

由于被授权组织是具有独立资格的行政主体，其行使行政职能直接以授权法为根据，故其行为能以自己的名义作出，从而对其行为的责任也只能由它自己承担。此外，被授权组织通常是具有法人地位的社会团体或企事业组织，其本身也具有对外承担法律责任的能力。

（三）被授权组织在非行使行政职能的场合，不享有行政权，不具有行政主体的地位。

被授权组织的基本性质是法人或非法人组织，其只有在行使行政职能时才具有行政主体的地位。其在执行它作为社会团体、企业事业单位等本身的职能时，与其他法人或其他组织一样，享有民事主体或行政相对人的地位，而不是行政主体的地位。

第四节　受委托组织

一、受委托组织的概念和特征

受委托组织是指接受行政机关的委托而取得行政权限，以委托的行政机关名义实施行政行为，由委托的行政机关承担由此产生的法律责任的组织。受委托组织具有如下的特征：

1. 受委托组织的行政权限来源于行政机关的委托行为。行政机关可以根据实际工作的需要，以法律、法规和规章为依据，将其一部分行政职权委托给非行政机关的组织，受委托的组织由此取得相应的行政权限。

2. 受委托组织不具有行政主体资格。行政委托并不产生新的行政主体，即受委托组织并不因为接受了行政机关的委托而取得行政主体的资格。

3. 受委托组织不因接受行政机关的委托而获得法定的行政权限。受委托组织只能在受委托的范围内以委托的行政机关名义行使行政权限，行使行政权限所产生的法律后果由委托机关承担。

二、受委托组织的分类

对受委托组织可以进行多种分类，其中，以下两种分类更具有现实意义：

1. 一次性的受委托组织和长期性的受委托组织。一次性的受委托组织是指根据行政机关的委托负责完成特定的、一次性行政事务的组织。特定事务完成后，行政委托关系也就随之结束。长期性的受委托组织是指根据行政机关的委托在较长的期间内处理某类行政事务的组织。

2. 正式的受委托组织和推定的受委托组织。正式的受委托组织是指行政机关以明确的委托协议或委托书授权处理行政事务的社会组织。从法律要求的角度看，行政机关将其一部分职能委托给社会组织行使必须要有明确的委托协议或委托书，但在现实中行政委托关系更多是以推定的行政委托表现出来的。推定的受委托组织是指根据行政机关的要求完成某项行政事务，在事后依法推定完成该项行政事务的为受委托的社会组织。

三、行政委托的要求

从我国普遍存在着推定的受委托组织的现实来看，当前行政委托必须符合以下的要求：

1. 要有明确的委托协议或者委托书。委托协议或委托书必须明确行政机关将其一部分行政权限交由社会组织行使，双方的权利义务是怎样的、解除委托条件是什么、委托期限是多久以及违反委托应承担怎样的法律后果等。之所以要在委托协议或委托书中明确这些内容，是为了增强行政机关的法律意识以及发生了纠纷能够更顺利地解决。

2. 委托主体必须是行政机关，且委托自己的行政权限必须依照法律、法规和规章的要求进行，不应对自己所有的法定行政权限进行任意自行委托，不得将自己全部的行政权限予以委托。

3. 委托条件。受委托组织应具备的条件包括：必须是依法成立的管理公共事务的组织;具有熟悉有关法律、法规、规章和业务的工作人员;对需要进行技术检查或者技术鉴定的,应当有条件组织进行相应的技术检查或者技术鉴定。

四、受委托组织的法律地位

受委托组织不是行政主体,行使一定行政职能必须以委托行政机关的名义,且由委托行政机关对其行为承担法律责任。

受委托组织享有一定的权利和履行一定的义务。受委托组织的权利主要有:(1)取得履行行政职责所应有的权力、管理手段与工作条件;(2)依法行使被委托的职权与办理被委托的事项;(3)取得履行行政职责所需要的经费与报酬;(4)在履行行政职责过程中请求有关行政机关协作排除遇到的障碍;(5)向委托行政机关提出变更委托范围与改进相应领域行政管理的建议。受委托组织的义务主要有:(1)不得超越委托权限;(2)依法办事,不徇私舞弊、以权谋私;(3)接受委托行政机关的监督、指导;(4)向委托行政机关请示、汇报与报告工作;(5)认真履行被委托的职责,听取行政相对人的意见,接受行政相对人的监督。

第二章
行政公务员

第一节 公务员概述

行政公务人员是指依法享有职权或受行政主体委托，能以行政主体的名义进行管理，其行为后果归属于行政主体的个人。这一概念可从以下几方面理解：

1. 行政公务人员是个人。包括国家行政机关公务员和其他行政公务人员。所谓其他行政公务人员是指那些虽不具有国家公务员身份，但经行政主体委托或认可，也可以代表行政主体行使行政职权的个人。其他行政公务人员具体包括：行政机关非固定性借用的执行公务的人员；在紧急情况下，经行政机关认可而协助执行公务的人员；在法律、法规及规章授权的组织中不属于国家行政编制的执行公务的人员；在受行政机关委托的组织中行使行政职权的人员，等等。他们虽然不具有国家公务员的身份，但其执行行政公务时与国家公务员处于基本相同的法律地位。

2. 行政公务人员代表行政主体，以行政主体的名义进行管理。也就是说，行政公务人员受行政主体的委托行使职权，该权力并不归属于公务人员个人，不能以公务人员个人的名义行使，而是以行政主体的名义进行并出示有效证件表明其公务人员身份。

3. 行政公务人员所实施行为的后果由其所代表的行政主体承担。基于行政主体与所属行政公务人员之间的职务委托关系，行政公务人员实施的职务行为被视为行政主体的行为，对行政主体具有约束力，同时，该行为的法律后果也应由其所代表的行政主体承担。

下面将重点阐述国家行政公务员。

一、行政公务员的概念、特征与分类

（一）公务员的概念和特征

公务员制度为当今各国普遍采用，但是公务员一词并不是各国通用的法律概念。公务员的概念最初起源于英文 civil servant（个体概念）或 civil service（总体概念），各国的翻译方法和赋予的含义不完全相同。在我国，根据 2005 年 4 月 27 日通过并公布，于 2009 年 6 月 1 日起施行的《中华人民共和国公务员法》（此后称《公务员法》）的规定，国家公务员，是指依法履行公职、纳入国家行政编制、由国家财政负担工资福利的工作人员。国家公务员的范围包括在国家权力机关、行政机关、审判机关、检察机关、执政党机关、人民政协、民主党派机关中任职的除工勤人员以外的工作人员，其中，国家行政机关公务员属于国家公务员的一部分。

国家行政机关公务员指依法在中央和地方国家行政机关中任职、行使国家行政权、执行国家公务的工作人员。国家行政机关公务员具有如下特征：

1. 国家行政机关公务员任职于国家行政机关，属于国家行政机关行政编制之内，包括任职于中央行政机关或地方行政机关的工作人员。

2. 国家行政机关公务员是在国家行政机关中行使国家行政权力、执行国家公务的人员。能否依法行使行政权、执行行政事务是公务员区别与其他人员的关键性标志，这就排除了在行政机关内的工勤人员，如清洁工等。

3. 国家行政机关公务员是经过法定的方式和程序任用的国家行政机关的工作人员。根据相关法律的规定，国家行政机关公务员的任用方式主要有选任、委任、考任和聘任等，而且每种任用方式都有其相应的法定程序。国家行政机关公务员身份的取得必须依照法定的方式，经过法定的程序，凡是非法定方式和程序都不能自动获得公务员的身份和资格。

（二）行政公务员的分类

《公务员法》对公务员的分类一方面按事务和岗位进行纵向划分，另一方面按职务层次和级别进行横向划分。这样一纵一横，可以准确定位每个公务员的职责、任务、待遇等，为科学管理提供了制度保证。具体而言，公务员分类如下：

1. 按职位分类。依据《公务员法》，依据公务员职位的性质、特点和管理需要，我国当前公务员可分为综合管理类、专业技术类、行政执法类。

（1）综合管理类。主要是针对在综合管理和内部管理性的职位上履行职责的公务员而设立的职位。综合管理职位数量最多，主要从事人事决策、组织、指挥、规划、协调、监督、咨询和机关内部事务的管理工作。

（2）行政执法类。主要是针对在行政执法类职位上履行职责的公务员设立的职位。行政执法类公务员的职位的设置能够更好地实现依法治国的方略和建设法治政府的目标，能够更好地适应社会管理与市场监管的需要，为建立决策—执行—监督的政府架构奠定基础。

（3）专业技术类。主要是针对在专业技术类职位上履行职责的公务员设立的职位。设立专业技术类职务能够将各种专业技术人才吸引到公务员队伍中来，提高行政管理的专业水平，为具有并从事专业技术工作的公务员提供更加宽广的职业发展空间。

2. 按职务与职级别分类。如《公务员法》第17条规定："国家实行公务员职务与职级并行制度，根据公务员职位类别和职责设置公务员领导职务、职级序列。"其中，领导职务层次分为：国家级正职、国家级副职、省部级正职、省部级副职、厅局级正职、厅局级副职、县处级正职、县处级副职、乡科级正职、乡科级副职。

二、行政公务员的法律地位

行政公务员的法律地位表现在以下两个方面：

1. 在行政公务员与国家的关系方面，行政公务员处于被委托的地位。行政公务员与国家之间存在着职务委托关系，即行政职务关系。基于这种关系，公务员享有法定的权利并承担相应的义务。国家与行政公务员的关系一经构成，便遵循以下规则：(1)行政机关的职权、职责一概溯及行政公务员，并通过行政公务员的行为而实现。(2)行政机关有权对行政公务员身上的行政权、物进行"再分配"，即行政机关有权对公务员的职责权限作进一步划分。

(3)行政公务员实施行政行为,在形式上必须以行政机关的名义进行,在实质上必须按行政机关的意志行事。(4)行政机关对公务员的违法行政行为承担责任,并保有对有故意和重大过失的公务员的追偿权。(5)行政机关有权对公务员进行监督和奖惩。

2. 在行政公务员与行政相对人关系方面,公务员处于管理者地位。具体表现在:(1)行政公务员有权以行政机关的名义依法对相对人实施管理,有义务履行职责,保护行政相对人的合法权益。(2)行政相对人有服从管理的义务,同时享有建议、批评、控告、申诉等权利。

三、行政公务员制度的基本原则

为了有效地实现行政管理的目标,世界各国都建立了本国的公务员制度。就我国而言,行政公务员制度具有如下的基本原则:

1. 公开、平等、竞争、择优原则。《公务员法》第五条规定:"公务员的管理,坚持公开、平等、竞争、择优的原则,依照法定的权限、条件、标准和程序进行。"这条原则不仅是录用公务员的"入口"原则,也是涉及公务员管理制度一系列环节的基本指导原则。在这条原则中,"择优"是目的,"公开、平等、竞争"是手段,而"依照法定的权限、条件、标准和程序进行"则是做到"公开、平等、竞争、择优"的根本保障。

2. 监督约束与激励保障并重的原则。《公务员法》第六条规定:"公务员的管理,坚持监督约束与激励保障并重的原则。"公务员行使公共权力,易于造成对管理对象的伤害,故须对权力行使过程加强监督约束。《公务员法》规定了公务员的 8 项义务、18 种纪律、6 种处分,规定了引咎辞职、撤职、辞退等一系列问责制度以及离职从业限制,进一步完善了对公务员的监督约束机制,这对于防止公务员的"现行腐败"和"期权腐败"都具有重要作用。

3. 任人唯贤,德才兼备的原则。《公务员法》第七条规定:"公务员的任用,坚持德才兼备、以德为先,坚持五湖四海、任人唯贤,坚持事业为上、公道正派,突出政治标准,注重工作实绩。"这是一条关于用人标准的原则。所谓任人唯贤,就是指在任用选拔晋升公务员时,以公务员本人的德才表现为主要依据,对德才表现优秀者加以晋升。所谓德才兼备,是指"德"与"才"的统一性及不可分割性,既要有德,又要有才,二者同时具备,不可偏废。所谓注重业绩,就是指把国家公务员的工作实绩和贡献作为考察其德才,进而决定其晋升与否的重要依据。其中,任人唯贤是总的原则,德才兼备是判断"贤人"的标准,至于"注重工作实绩"是对"德"和"才"的具体考核标准。

4. 分类管理、提高管理效能和科学化水平的原则。《公务员法》第八条规定:"国家对公务员实行分类管理,提高管理效能和科学化水平。"所谓分类管理是指将各类公务员根据其工作性质、特点和管理需要进行科学的划分,分别进行管理。所谓提高管理效能和科学化水平,就是指公务员管理必须致力于提高工作效能、提高服务水平,使整个公务员队伍运转良好、有条不紊、科学合理。其中,分类管理是提高管理效能和科学化水平的前提和基础,提高管理效能和科学化水平是分类管理的目的和结果。

5. 就职时公开进行宪法宣誓的原则。《中共中央关于全面推进依法治国若干重大问题的决定》规定:"建立宪法宣誓制度,凡经人大及其常委会选举或者决定任命的国家工作人员正式就职时公开向宪法宣誓。"据此,《宪法》第二十七条第三款规定:"国家工作人员就职时应当依照法律规定公开进行宪法宣誓。"公务员是国家工作人员的重要组成部分,于是《公务员法》第 9 条规定："公务员就职时应当依照法律规定公开进行宪法宣誓。"

6. 依法履行职务行为和受法律保护的原则。《公务员法》第十条规定："公务员依法履行职责的行为，受法律保护。"所谓依法履行职务，就是指公务员必须严格依照法律规定条件、程序和方式履行公职，做到依法办事，防止滥用自由裁量权，否则承担相应的法律责任。所谓受法律保护，主要包括：行政公务员依法进行公务活动是受法律保护的；行政公务员依法执行职务时人身安全受法律保护。

第二节　行政公务员的权利和义务

权利和义务是任何法律关系的核心内容，行政公务员的权利和义务确定了公务员的法律地位。由于我国国家公务员处在特殊的法律关系中，有其独特的法律地位，因此，公务员的权利和义务也具有自己的特点。业务类公务员既是普通公民，享有宪法和法律已规定的公民的各种权利，履行一般公民的各种义务。同时，国家公务员作为行使国家行政权力、执行国家公务的"特殊"公民，他们的权利义务内容与普通公民的权利义务又有所不同，公务员与执行职务有关的职权还受到国家纪律和公务员职业道德规范的约束。

一、行政公务员权利的基本内容

我国行政公务员的基本权利包括三个方面：一是职务上的权利，二是关于个人的权利，三是对这些权利的保障。根据《公务员法》第十五条规定，公务员享有下列权利：

1. 获得履行职责应当具有的工作条件。

没有一定的工作条件，公务员就无法很好地执行公务，完成其工作任务。良好的工作条件是公务员正常履行公职、完成工作任务的保证，也有利于提高公务员的效率、提高公务员的工作质量。工作条件主要包括办公地点、办公用品、办公设备、通讯联络工具、交通工具以及医疗卫生条件等等。公务员有权要求国家提供必要的工作条件。公务员工作条件的保障应与公务员的职责相适应。首先，公务员的工作条件应当为履行职责所必须的，公务员如果没有该工作条件就无法正常履行其职责。其次，公务员的工作条件不应超出履行职责所必须的范围，超出履行职责所需范围的工作条件对于公务员完成工作任务是无关的，往往也是造成腐败的温床。再次，公务员的工作条件应当是公务员履行职责期间所使用的，不得将其用于私人活动。

2. 非因法定事由、非经法定程序，不被免职、降职、辞退或者处分。

这项权利又被称为身份保障权。《公务员法》规定公务员的身份保障权是十分必要的。因为公务员在执行公务的过程中，可能会触犯某些个人或集团的利益，这些个人或集团就可能会对公务员进行报复，其中就有可能涉及利用其职位、凭借其权力对公务员施加不正当影响和压力甚至迫害，造成公务员被非法免职、降职、辞退或处分。公务员的这一权利表明，只要公务员奉公守法，无过错，能履行其义务，他的职务就受到国家法律的保护，任何人无权以自己的好恶随便对公务员进行处分。即使公务员违法乱纪、渎职失职或有以权谋私及其他违反公务员义务的行为应给予惩罚的，也应按法定程序进行，以确保惩处的公正。公务员的身份保障的重要意义在于：一是能保证公务员职业相对稳定，从而保持公务员队伍的相对稳定，保持国家行政管理的连续性和稳定性。二是能使公务员不畏权势，大胆负责，仗义执言，敢于同违法乱纪行为和一切不正之风作斗争，顺利执行公务、履行职责。

3. 获得工资报酬，享受福利、保险待遇。

行政公务员具有双重身份，一是公务员的身份，在此基础之上国家赋予其管理国家和社会公共事务的权利和义务，二是自然人的身份，在此基础之上宪法赋予公民基本权利和义务，公务员基于其劳动具有要求国家支付对价的权利。公务员的劳动报酬，在我国一般表现为工资，公务员的工资包括基本工资、津贴、补贴和奖金。获得工资报酬权，首先意味着公务员的工资应按时足额发放，任何机关不得扣减或者拖欠公务员的工资。其次，国家实行工资调查制度，建立公务员工资的正常增长机制。任何机关不得违反国家规定擅自提高或降低公务员的工资。公务员享受福利、保险待遇是指：公务员按照国家规定享受休假，在法定工作日以外加班的，应当予以补休；公务员在退休、患病、工伤、生育、失业等情况下获得帮助和补偿；公务员因公致残的，享受国家规定的伤残待遇；公务员因公牺牲、因公死亡或者病故的，其亲属享受国家规定的抚恤和优待。公务员的福利待遇所需经费由国家财政予以保障。任何机关不得违反国家规定，擅自提高或者降低公务员的福利待遇。

4. 参加培训。

参加培训既是现代社会经济科技发展对公务员提出的必然要求，也是公务员自身发展的需要。为了保证公务员的培训权，国家建立专门的公务员培训机构，机关根据需要也可以委托其他培训机构承担公务员的培训任务。机关根据公务员工作职责的要求和提高公务员素质的需要，对公务员进行分级分类培训。公务员的培训实行登记管理。

5. 对机关工作和领导人员提出批评和建议。

批评是针对行政机关及其领导人员工作中存在的缺点和不足提出的，是公务员责任心的表现。建议则是公务员对改进工作提出的建设性意见，是公务员主动性的表现。批评建议权是公务员得一项重要权利，它有利于激发公务员的主人翁责任感，调动公务员工作的积极性、主动性和创造性，有利于各级机关克服官僚主义，提高工作效率，改善工作质量。任何机关的领导人都不能压制公务员的批评和建议，更不能打击报复，否则就是侵犯公务员的合法权利。

6. 提出申诉和控告。

权利之所以被称为权利，是因为权利被侵犯以后，权利人可以寻求法律上的救济，无救济也就无权利。当公务员的权利受到侵害时，同样也可以寻求法律上的救济，即通过申诉和控告保护自己的合法权利。申诉权利，是指公务员对涉及本人的人事处理决定，包括纪律处分的决定和被降职、被辞退的决定等不服时，可以向原处理机关申请复核，同时有权向同级公务员主管部门或者作出该人事处理的机关的上一级机关提出申诉，其中对处分决定不服的，也可以向监察机关提出申诉。公务员的控告权利，是指公务员对于机关及其领导人员侵犯合法权益的行为，有权向上级机关或者有关的专门机关提出控告。

7. 申请辞职。

当公务员由于主客观原因不愿继续担任行政职务时，可以辞职，这是公务员自主择业权的一个表现，法律应赋予尊重和保障。但是，公务员有下列情形之一的，不得辞去公职：(1)

未满国家规定的最低服务年限的;(2)在涉及国家秘密等特殊职位任职或者离开上述职位不满国家规定的脱密期限的;(3)重要公务尚未处理完毕,且须由本人继续处理的;(4)正在接受审计、纪律审查、监察调查,或者涉嫌犯罪,司法程序尚未终结的;(5)法律、行政法规规定的其他不得辞去公职的情形。

但应当注意,公务员的工作性质与一般工作不同,公务员辞职,应依法定程序向任免机关提出书面申请,经审查批准后,方可离职。如果在审批期间擅离职守,构成失职,要承担法律责任。

8. 法律规定的其他权利。

除以上权利之外,公务员还享有宪法和法律规定的其他权利,主要包括两部分内容:一部分是法律规定的一般公民的权利,一部分是法律所特别指出的国家机关工作人员应享有的权利。规定公务员可以享受法律规定的其他权利,使得公务员的权利内容更加完整,体现了公务员权利的广泛性和全面性;同时又避免在《公务员法》里对宪法和法律规定的权利进行重复规定。

二、行政公务员义务的基本内容

《公务员法》第十四条明确规定了公务员应当履行下列的义务:

1. 忠于宪法,模范遵守、自觉维护宪法和法律,自觉接受中国共产党领导。

公务员是国家事务的具体执行者,因此,公务员较之普通公民,身份更为复杂。一方面,公务员本身也是公民,有公民的基本权利和义务,应当遵守国家法律;另一方面,由于公务员与国家存在行政职务关系,又具有公务员的义务和权利。作为公务员,他比普通公民拥有更多的权利,但依照权利和义务相一致的原理,公务员也负有更多的义务。因此,公务员更应遵守与自觉维护宪法、法律和法规,成为执法守法的模范。公务员没有任何理由成为超越法律的特殊公民。此外,党的领导是中国特色社会主义最本质的特征,是社会主义法治最根本的保证。所以,公务员应当自觉接受中国共产党领导。

2. 忠于国家,维护国家的安全、荣誉和利益。

国家的安全、荣誉和利益是维护国家的政权稳定和公民依法行使各项自由和权利的根本保障。公务员应当积极维护国家的安全、荣誉和利益,这是基于公民义务而产生的。

3. 忠于人民,全心全意为人民服务,接受人民监督。

我国《宪法》第二十七条第二款规定:"一切国家机关和国家工作人员必须依靠人民的支持,经常保持同人民的密切联系,倾听人民的意见和建议,接受人民的监督,努力为人民服务。"人民群众是社会主义国家的主人,社会主义现代化建设事业必须依靠人民。国家机构及其工作人员的任务就是反映人民的愿望和要求,全心全意为人民服务。公务员应当接受公民的监督,这是由我国宪法规定的,我国《宪法》第四十一条第1款规定:"中华人民共和国公民对于任何国家机关和国家工作人员,有提出批评和建议的权利;对于任何国家机关和国家工作人员的违法失职行为,有向有关国家机关提出申诉、控告或者检举的权利,但是不得捏造或者歪曲事实进行诬告陷害。"

4. 忠于职守,勤勉尽责,服从和执行上级依法作出的决定和命令,按照规定的权限和程序履行职责,努力提高工作质量和效率。

忠于职守要求公务员热爱本职工作，安心本职工作，献身本职工作，在任何条件下都必须坚守岗位，不能擅离职守。勤勉尽责要求在一定职位的公务员必须用自己的全部精力，兢兢业业、专心致志地工作，严格履行本职位的义务，负担起本职位的责任。服从和执行上级依法作出的决定和命令是关于公务员服从义务的规定。规定公务员的服从义务是十分必要的。首先，现代公务员体系的组织方式是科层制，一般公务员应当接受上级的指挥，以保证行政组织系统的权威性、统一性与效率性。其次，在法治化的政治体制和现代公务员制度下，公务员的首要职责是执行法律，其对上级不是人身依附关系，服从上级的决定与命令不过是执行法律的需要，服从上级的决定与命令是执行法律的手段和方式。

依法行政是对行政机关和公务员的基本要求。法律、法规说到底是党领导下的人民意志的体现，是调整各种社会关系的准则，行政机关及其公务员是执行人民意志的工具，其权力及其权力行使方式只有依法进行才有根据，才能不背离人民的意志，不脱离正确的航道，才能达到预期的法律效果，有效地执行公务。否则就是违法行为，就要承担一定的法律责任。努力提高工作效率是为了能够更好地为人民服务，也是依法行政的一项根本要求。因此，依照法律、法规执行公务，既是对公务员的规范性要求，又是衡量公务员公务执行质量的重要指标，更是公务员执行公务、坚持正确方向的重要保证。

5. 保守国家秘密和工作秘密。

公务员必须保守的秘密是国家秘密和工作秘密。履行保密义务的基本的要求是：不该说的国家秘密不说；不该问的国家秘密不问；不该看的国家秘密不看；不该记录的国家秘密不记录；不在私人交往中涉及国家秘密；不在公共场所办理、谈论属于国家秘密的事项；不在没有保密保障的地方和设备中存贮、处理国家秘密信息和载体；不通过普通电话、明码电报、普通邮局、计算机公用网和普通传真递送、传输国家秘密信息和载体；不携带密件、密品参观、游览和探亲访友；此外，公务员对已知的窃取或者泄露国家秘密的行为，应当予以制止并及时向有关方面举报。国家秘密和工作秘密是有一定联系的。

6. 带头践行社会主义核心价值观，坚守法治，遵守纪律，恪守职业道德，模范遵守社会公德、家庭美德。

例如，《公务员法》第五十九条规定的内容，包括公务员不得弄虚作假，欺骗领导和群众；不得贪污、行贿、受贿或者利用职权为自己和他人谋取私利；不得挥霍公款，浪费国家资财；不得滥用职权，侵犯群众利益，损害政府和人民群众的关系；不得参与或者支持色情、吸毒、迷信、赌博等活动；不得有违反社会公德和家庭美德的行为等。社会公德是要求一般人共同遵守的公共道德准则，包括遵守纪律、讲究礼貌、讲究卫生等。

7. 清正廉洁，公道正派。

所谓清正廉洁、公道正派，是要求公务员办事公正无私，廉洁自守，以个人利益服从国家利益，努力为人民服务。实现公务员的清正廉洁是党和国家的一贯要求，是维护政府的良好形象，加强政府同人民群众联系的重要措施。公务员代表国家执行公务，其权力是人民授予的，是属于其所在的职位，不是属于个人的。公务员必须建立正确的权力观，正确运用手中的权力，为公共利益而工作，而不能利用职权搞不正之风，谋取私利。

8. 法律规定的其他义务。

规定公务员必须履行“法律规定的其他义务”，其目的和意义在于：能够弥补因职业不同,《公务员法》无法详细列举的公务员的各项义务;能及时、准确、全面地依法确定国家对公务员的义务要求;依法确定了国家公务员的活动的范围和应尽的职责;使得国家公务员义务的内容更加全面完整、更具体,也更能够反映时代特征与时代精神。

三、行政公务员权利和义务特征

行政公务员与其他非公务人员相比,其权利和义务具有如下特征:

1. 行政公务员法律地位的特殊性,决定了他们具有普通公民不享有的行政职务上的权利,同时决定了他们必须依法履行该职务关系而产生的义务。这些权利和义务是由国家职务确定的,因此不得滥用权利和超越职权范围,也不得拒绝履行职务上的义务。对滥用职务上的权利、超越职权或不履行职务上的义务的行为,就要追究法律责任,包括行政责任或刑事责任。

2. 行政公务员的个人权利因为受职务关系的影响,在一定程度上受到限制。例如执行职务时,公务员的言论自由因职位的高低和公务性质不同而受到不同程度的限制,通常不能在执行职务时发表和政府相反的意见。

3. 行政公务员在职务上的权利和义务具有相互渗透性和相对性。公务员的职权是其权利和义务的统一体,公务员行使职权既是他们的权利,又是他们的义务。公务员行使职权,对其个人而言,是一种权利,任何人不得阻碍或剥夺公务员依法行使职权的权利;而对国家而言,则是一种义务,公务员不得无故放弃职守,失职或渎职时必定要追究公务员本人的法律责任。另外公务员的职位培训既是公务员的权利,也是其义务。

4. 行政公务员的义务与其职业道德规范有密切联系,公务员的法定义务属于法律范畴,公务员的职业道德规范属于伦理范畴,但由于公务员的职业威望,其职业道德往往会形成公务员的职业纪律,必须得到遵守。如公务员在私人生活中不应有引起公众议论、破坏声誉,与其职位尊严不相称的行为,公务员有保持良好品格和从政道德的义务。

5. 行政公务员职务上的权利和义务同其职务相统一。这类权利和义务的发生,开始于担任行政职务,并只有在担任行政职务时享有这些权利,履行这些义务。随着职务关系的消灭,对职务上的权利也自然停止享有,对职务上的义务也依法停止履行,但公务员保守国家秘密等义务在法定期限内仍须履行。

第三节　行政公务员的基本管理制度

一、行政公务员职务的取得

根据我国《公务员法》的规定以及实践中的做法,国家公职关系主要由以下几种方式形成:

1. 考任。公务员考试录用是指国家行政机关通过法定程序,采用公开考试、严格考察的办法和按照德才兼备的标准,选拔优秀人才担任主任科员以下的非领导职务公务员的人事制度。《公务员法》第二十三条的规定:“录用担任一级主任科员以下及其他相当职级层次的公务员，采取公开考试、严格考察、平等竞争、择优录取的办法。民族自治地方依照前款规定录用公务员时，依照法律和有关规定对少数民族报考者予以适当照顾。”竞争考试是现代国家最常见的录用公务员的方式，它有助于国家吸收各种优秀人才加入公务员队伍。

参加公务员考试的公民必须具备的条件。《公务员法》第十三条规定了肯定的条件，即“具有中华人民共和国国籍；年满十八周岁；拥护中华人民共和国宪法、中国共产党领导和社会主义制度；具有良好的政治素质和道德品行；具有正常履行职责的身体条件和心理素质；具有符合职位要求的文化程度和工作能力；法律规定的其他条件。”《公务员法》第26条规定了否定的条件，即“下列人员不得录用为公务员：因犯罪受过刑事处罚的；被开除中国共产党党籍的；被开除公职的；被依法列为失信联合惩戒对象的；有法律规定不得录用为公务员的其他情形的。”

以考任方式录用公务员的程序一般包括：发布招考公告；招录机关对报考者进行资格审查；笔试；面试；确定考察人选，并对其进行报考资格复审、考察和体检；提出拟录用人员名单，并予以公示；录用。

公务员领导职务实行选任制、委任制和聘任制。公务员职级实行委任制和聘任制。

2. 选任、委任和聘任。《公务员法》第四十条规定：“公务员领导职务实行选任制、委任制和聘任制；公务员职级实行委任制和聘任制。”所谓选任制，是指按照法定的民主程序自下而上选举产生公务员的制度，一般适用于行政机关的主要领导人员。选任制公务员在选举结果生效时即任当选职务；任期届满不再连任，或者任期内辞职、被罢免、被撤职的，其所任职务即终止。所谓委任制，是指按照法定的公务员管理权限自上而上任命公务员的制度，一般适用于行政机关内设机构的领导人员和其他公务员。委任制公务员遇有试用期满考核合格、职务发生变化、不再担任公务员职务以及其他情形需要任免职务的，应当按照管理权限和规定的程序任免其职务。所谓聘任是指国家行政机关通过合同形式聘用公民担任公务员的制度①。

3. 调任。调任是指国家行政机关将行政系统外部的人员直接调入行政机关任职的制度。《公务员法》第七十条规定：“国有企业、高等院校和科研院所以及其他不参照本法管理的事业单位中从事公务的人员，可以调入机关担任领导职务或者四级调研员以上及其他相当层次的职级。”

二、行政公务员职务的履行

公务员履行公职期间的管理制度主要有考核、奖励、惩戒、职务任免和职务升降、培训、交流与回避等。

1. 考核。考核是行政机关按照一定的程序对公务员的品行才能和实际表现等情况进行考查、审核，以确定其是否能够胜任现职以及决定对其任用的制度。我国公务员的考核制度包括以下几项具体内容：(1)考核范围：按照管理权限，全面考核公务员的德、能、勤、绩、廉，重点考核政治素质与工作实绩。(2)考核方式：公务员的考核分为平时考核、专项考核和定期考核。定期考核以平时考核、专项考核为基础。(3)考核程序：对非领导成员公务员的

① 具体内容见本节中的“五、职位聘任”。

定期考核采取年度考核的方式。先由个人按照职位职责和有关要求进行总结，主管领导在听取群众意见后，提出考核等次建议，由本机关负责人或者授权的考核委员会确定考核等次。对领导成员的考核，由主管机关按照有关规定办理。(4)考核结果：定期考核的结果分为优秀、称职、基本称职和不称职四个等次。定期考核的结果应当以书面形式通知公务员本人。定期考核的结果作为调整公务员职位、职务、职级、级别、工资以及公务员奖励、培训、辞退的依据。

2. 奖励。奖励是指行政机关对有突出贡献的公务员给予物质或精神奖励的制度。我国公务员的奖励制度包括以下具体内容：(1)奖励原则：对行政公务员的奖励，坚持定期奖励与及时奖励相结合，精神奖励与物质奖励相结合、以精神奖励为主的原则。(2)奖励对象：公务员有下列表现之一的，应当予以奖励：忠于职守，积极工作，勇于担当，工作实绩显著的；遵纪守法，廉洁奉公，作风正派，办事公道，模范作用突出的；在工作中有发明创造或者提出合理化建议，取得显著经济效益或者社会效益的；为增进民族团结，维护社会稳定做出突出贡献的；爱护公共财产，节约国家资财有突出成绩的；防止或者消除事故有功，使国家和人民群众利益免受或者减少损失的；在抢险、救灾等特定环境中做出突出贡献的；同违纪违法行为作斗争有功绩的；在对外交往中为国家争得荣誉和利益的；有其他突出功绩的。(3)奖励方式：公务员的奖励分为嘉奖，记三等功、二等功、一等功，授予称号。对受奖励的公务员或者公务员集体予以表彰，并对受奖励的个人给予一次性奖金或者其他待遇。给予公务员或者公务员集体奖励，按照规定的权限和程序决定或者审批。(4)奖励的撤销：公务员或者公务员集体有下列情形之一的，撤销奖励：弄虚作假，骗取奖励的；申报奖励时隐瞒严重错误或者严重违反规定程序的；有严重违纪违法等行为，影响称号声誉的；有法律、法规规定应当撤销奖励的其他情形的。

3. 惩戒。惩戒是指行政机关对违反政纪的公务员给予行政处分的制度。我国公务员的惩戒制度包括以下具体内容：(1)惩戒的行为：散布有损宪法权威、中国共产党和国家声誉的言论，组织或者参加旨在反对宪法、中国共产党领导和国家的集会、游行、示威等活动；组织或者参加非法组织，组织或者参加罢工；挑拨、破坏民族关系，参加民族分裂活动或者组织、利用宗教活动破坏民族团结和社会稳定；不担当，不作为，玩忽职守，贻误工作；拒绝执行上级依法作出的决定和命令；对批评、申诉、控告、检举进行压制或者打击报复；弄虚作假，误导、欺骗领导和公众；贪污贿赂，利用职务之便为自己或者他人谋取私利；违反财经纪律，浪费国家资财；滥用职权，侵害公民、法人或者其他组织的合法权益；泄露国家秘密或者工作秘密；在对外交往中损害国家荣誉和利益；参与或者支持色情、吸毒、赌博、迷信等活动；违反职业道德、社会公德和家庭美德；违反有关规定参与禁止的网络传播行为或者网络活动；违反有关规定从事或者参与营利性活动，在企业或者其他营利性组织中兼任职务；旷工或者因公外出、请假期满无正当理由逾期不归；违纪违法的其他行为。(2)惩戒方式与期间：处分分为：警告、记过、记大过、降级、撤职、开除。受处分的期间为：警告，六个月；记过，十二个月；记大过，十八个月；降级、撤职，二十四个月。(3)惩戒程序：对公务员的处分，应当事实清楚、证据确凿、定性准确、处理恰当、程序合法、手续完备。公务员违纪违法的，应当由处分决定机关决定对公务员违纪违法的情况进行调查，并将调查认定的事实以及拟给予处分的依据告知公务员本人。公务员有权进行陈述和申辩；处分决定机关不得因公务员申辩而加重处分。处分决定机关认为对公务员应当给予处分的，应当在规定的期限内，按照管理权限和规定的程序作出处分决定。处分决定应当以书面形式通知公务员本人。(4)惩戒后果：公务员在受处分期间不得晋升职务、职级和级别，其中受记过、记大过、降级、撤职处分的，不得晋升工资档次。受撤职处分的，按照规定降低级别。(5)惩戒的解除：公务员受开除以外的处分，在受处分期间有悔改表现，并且没有再发生违纪违法行为的，处分期满后自动解除。解除处分后，晋升工资档次、级别和职务、职级不再受原处分的影响。但是，解除降级、撤职处分的，不视为恢复原级别、原职务、原职级。

4. 晋升、职级升降。晋升、职级升降是指行政机关依据法定的原则和程序提升公务员职务、职级的制度。我国公务员的晋升制度包括以下具体内容：(1)晋升、职级升降原则。公务员晋升领导职务，应当具备拟任职务所要求的政治素质、工作能力、文化程度和任职经历等方面的条件和资格。(2)晋升、职级升降秩序。公务员领导职务应当逐级晋升。特别优秀的或者工作特殊需要的，可以按照规定破格或者越级晋升。(3)晋升、职级升降程序。公务员晋升领导职务，按照下列程序办理：动议；民主推荐；确定考察对象，组织考察；按照管理权限讨论决定；履行任职手续。公务员晋升领导职务的，应当按照有关规定实行任职前公示制度和任职试用期制度。公务员职级应当逐级晋升，根据个人德才表现、工作实绩和任职资历，参考民主推荐或者民主测评结果确定人选，经公示后，按照管理权限审批。公务员的职务、职级实行能上能下。对不适宜或者不胜任现任职务、职级的，应当进行调整。公务员在年度考核中被确定为不称职的，按照规定程序降低一个职务或者职级层次任职。(4)面向社会选拔任职人选。厅局级正职以下领导职务出现空缺且本机关没有合适人选的，可以通过适当方式面向社会选拔任职人选。

5. 培训。培训是使公务员适应工作职责和素质需要的培养训练制度，公务员培训情况和学习成绩是公务员考核的内容和任职、晋升的依据之一，参加培训是公务员的基本权利之一。机关根据公务员工作职责的要求和提高公务员素质的需要，对公务员进行分类分级培训。国家建立专门的公务员培训机构。机关根据需要也可以委托其他培训机构承担公务员培训任务。国家采取分级分类的公务员培训措施，即机关对新录用人员应当在试用期内进行初任培训；对晋升领导职务的公务员应当在任职前或者任职后一年内进行任职培训；对从事专项工作的公务员应当进行专门业务培训；对全体公务员应当进行提高政治素质和工作能力、更新知识的在职培训，其中对专业技术类公务员应当进行专业技术培训。国家有计划地加强对优秀年轻公务员的培训。公务员的培训实行登记管理。公务员培训情况、学习成绩作为公务员考核的内容和任职、晋升的依据之一。

6. 职务交流。国家实行公务员交流制度，公务员交流，是指国家行政机关根据工作需要或者公务员的个人意愿，通过调任、专任、挂职锻炼等法定形式，变换公务员的工作岗位，从而使公务员职务关系或工作关系得以产生、变更或终止的一种人事管理活动。国家实行公务员交流制度。公务员可以在公务员和参照《公务员法》管理的工作人员队伍内部交流，也可以与国有企业和不参照《公务员法》管理的事业单位中从事公务的人员交流。交流的方式包括调任、转任。调任是国有企业、高等院校和科研院所以及其他不参照《公务员法》管理的事业单位中从事公务的人员调入机关担任领导职务或者四级调研员以上及其他相当层次的职级。转任是公务员在不同职位、不同地区、不同部门之间的职务变动。此外，《公务员法》还规定了挂职锻炼。挂职锻炼是根据工作需要，选派公务员承担重大工程、重大项目、重点任务或者其他专项工作，且在挂职期间，不改变与原机关的人事关系。

公务员应当服从机关的交流决定。公务员本人申请交流的，按照管理权限审批。

7. 回避。回避是指行政机关为保障公务员公正地执行公务，对具有法定情形的公务员进行特殊任职安排的制度。我国公务员的回避制度包括以下具体内容：(1)任职回避：国家公务员之间有夫妻关系、直系血亲关系、三代以内旁系血亲以及近姻亲关系的，不得在同一机关担任双方直接隶属于同一行政首长的职务或者有直接上下级领导关系的职务，也不得在其中一方担任领导职务的机关从事组织、纪检、监察、审计、人事、财务工作。公务员不得在其配偶、子女及其配偶经营的企业、营利性组织的行业监管或者主管部门担任领导成员。因地域或者工作性质特殊，需要变通执行任职回避的，由省级以上公务员主管部门规定。(2)公务回避：国家公务员执行公务时，涉及本人或者涉及与本人有公务员法所列亲属关系人员的利益关系的，影响公正执行公务或者有其他可能，必须回避。(3)地区回避：公务员担任乡级机关、县级机关、设区的市级机关及其有关部门主要领导职务的不得在原籍任职。

公务员有应当回避情形的，本人应当申请回避；利害关系人有权申请公务员回避。其他人员可以向机关提供公务员需要回避的情况。机关根据公务员本人或者利害关系人的申请，经审查后作出是否回避的决定，也可以不经申请直接作出回避决定。

三、行政公务员职务、职级的变更

(一) 行政公务员职务的变更

一般来说，引起国家公职关系变更的法律事实包括以下几个方面：

1. 转任。转任是指国家公务员因工作需要或者其他正当理由在国家行政机关内部的平级调动。如跨地区、跨部门的调动。转任意味着公务员原任职务的免除和新任职务的开始。

2. 升职或降职。公务员依法从低职位调到高职位工作称为升职。与升职相对应的是降职。职务的升降都会引发国家公职关系的变更。

3. 其他引起职务变化的事实。除了转任、升职或者降职引起国家公职关系的变更以外，其他特定事实的发生也能够引起职务的变化，如对考试录用的公务员试用期满的正式任用等。

(二) 行政公务员职级的变更

《公务员法》规定，国家实行公务员职位分类制度，公务员职位类别按照公务员职位的性质、特点和管理需要，划分为综合管理类、专业技术类和行政执法类等类别。国家实行公务员职务与职级并行制度，根据公务员职位类别和职责设置公务员领导职务、职级序列。2019年3月27日中共中央办公厅印发的《公务员职务与职级并行规定》(以下简称《规定》)对职级的变更作了详细的规定。

1. 职级的晋升

公务员晋升职级，应当在职级职数内逐级晋升，并且具备下列基本条件：(1)政治素质好，拥护中国共产党的领导和社会主义制度，坚决维护习近平总书记核心地位，坚决维护党中央权威和集中统一领导；(2)具备职位要求的工作能力和专业知识，忠于职守，勤勉尽责，勇于担当，工作实绩较好；(3)群众公认度较高；(4)符合拟晋升职级所要求的任职年限和资历;(5)作风品行好,遵纪守法,自觉践行社会主义核心价值观,清正廉洁。公务员晋升职级,应当具备下列基本资格:(1)晋升一级巡视员,应当任厅局级副职或者二级巡视员4年以上;(2)晋升二级巡视员,应当任一级调研员4年以上;(3)晋升一级调研员,应当任县处级正职或者二级调研员3年以上;(4)晋升二级调研员,应当任三级调研员2年以上;(5)晋升三级调研员,应当任县处级副职或者四级调研员2年以上;(6)晋升四级调研员,应当任一级主任科员2年以上;(7)晋升一级主任科员,应当任乡科级正职或者二级主任科员2年以上;(8)晋升二级主任科员,应当任三级主任科员2年以上;(9)晋升三级主任科员,应当任乡科级副职或者四级主任科员2年以上;(10)晋升四级主任科员,应当任一级科员2年以上;(11)晋升一级科员,应当任二级科员2年以上。公务员晋升职级所要求任职年限的年度考核结果均应为称职以上等次,其间每有1个年度考核结果为优秀等次的,任职年限缩短半年;每有1个年度考核结果为基本称职等次或者不定等次的,该年度不计算为晋升职级的任职年限。公务员晋升职级按照下列程序办理:(1)党委(党组)或者组织(人事)部门研究提出工作方案。(2)对符合晋升职级资格条件的人员进行民主推荐或者民主测评,提出初步人选。(3)考察了解并确定拟晋升职级人选。中央机关公务员晋升一级、二级巡视员,应当进行考察;晋升其他职级可以综合考虑民主推荐、民主测评与平时考核、年度考核、一贯表现等情况确定人选。省级以下机关公务员晋升职级的考察了解方式,由省级公务员主管部门结合实际研究确定。(4)对拟晋升职级人选进行公示,公示期不少于5个工作日。(5)审批。中央机关公务员晋升职级由本机关党组(党委)及其组织(人事)部门审批,一级、二级巡视员职级职数使用等情况按年度报中央公务员主管部门备案。省级以下机关公务员晋升职级的审批权限,由省级公务员主管部门提出意见,报省、自治区、直辖市党委审定。

2. 职级的降低

公务员职级实行能上能下,具有下列情形之一的,应当按照规定降低职级:(1)不能胜任职位职责要求的;(2)年度考核被确定为不称职等次的;(3)受到降职处理或者撤职处分的;(4)法律法规和党内法规规定的其他情形。

此外,《规定》还规定了公务员具有下列情形之一的,不得晋升职级:(1)不符合职级晋升基本资格和基本条件的;(2)受到诫勉、组织处理或者处分等影响期未满或者期满影响使用的;(3)涉嫌违纪违法正在接受审查调查尚未作出结论的;(4)影响晋升职级的其他情形。

四、行政公务员职务、职级的消灭

一般来说,引起国家公职关系消灭的法律事实包括以下几个方面:

1. 退休。公务员达到法律规定的年龄或者符合法律规定的其他条件,依法应当或者可以退休。当公务员退休之后,其与国家之间的公职关系即终止。根据《公务员法》第九十二条、第九十三条,"公务员达到国家规定的退休年龄或者完全丧失工作能力的,应当退休。公务员符合下列条件之一的,本人自愿提出申请,经任免机关批准,可以提前退休:(1)工作年限满三十年的;(2)距国家规定的退休年龄不足五年,且工作年限满二十年的;(3)符合国家规定的可以提前退休的其他情形的。"

2. 辞职。辞职是指公务员因某种原因自愿辞去公职,进而彻底终止其与国家之间的公职关系。根据我国《公务员法》的规定,公务员享有辞职权。"公务员辞去公职,应当向任免机关提出书面申请。任免机关应当自接到申请之日起三十日内予以审批,其中对领导成员辞去公职的申请,应当自接到申请之日起九十日内予以审批。公务员有下列情形之一的,不得辞去公职:未满国家规定的最低服务年限的;在涉及国家秘密等特殊职位任职或者离开上述职位不满国家规定的脱密期限的;重要公务尚未处理完毕,且须由本人继续处理的;正在接受审计、纪律审查、监察调查,或者涉嫌犯罪,司法程序尚未终结的;法律、行政法规规定的其他不得辞去公职的情形。

"担任领导职务的公务员,因工作变动依照法律规定需要辞去现任职务的,应当履行辞职手续。担任领导职务的公务员,因个人或者其他原因,可以自愿提出辞去领导职务。领导成员因工作严重失误、失职造成重大损失或者恶劣社会影响的,或者对重大事故负有领导责任的,应当引咎辞去领导职务。领导成员因其他原因不再适合担任现任领导职务的,或者应当引咎辞职本人不提出辞职的,应当责令其辞去领导职务。"

3. 辞退。辞退是指行政机关在具备法定条件下单方面解除其与公务员之间的公职关系。我国《公务员法》第八十八条规定,"公务员有下列情形之一的,予以辞退:在年度考核中,连续两年被确定为不称职的;不胜任现职工作,又不接受其他安排的;因所在机关调整、撤销、合并或者缩减编制员额需要调整工作,本人拒绝合理安排的;不履行公务员义务,不遵守法律和公务员纪律,经教育仍无转变,不适合继续在机关工作,又不宜给予开除处分的;旷工或者因公外出、请假期满无正当理由逾期不归连续超过十五天,或者一年内累计超过三十天的。"但"对有下列情形之一的公务员,不得辞退:因公致残,被确认丧失或者部分丧失工作能力的;患病或者负伤,在规定的医疗期内的;女性公务员在孕期、产假、哺乳期内的;法律、行政法规规定的其他不得辞退的情形。"

辞退公务员,按照管理权限决定。辞退决定应当以书面形式通知被辞退的公务员,并应当告知辞退依据和理由。被辞退的公务员,可以领取辞退费或者根据国家有关规定享受失业保险。公务员辞职或者被辞退,离职前应当办理公务交接手续,必要时按照规定接受审计。

4. 开除。开除是行政机关对严重违法失职的公务员予以开除其国家公职和不再保留公务员资格的一种处分行为。公务员凡是被开除的,其与国家之间的公职关系即告终止。

5. 罢免。罢免是权力机关对其选举或者决定任命的公务员因违法失职而免去其行政职务和不再具有国家公务员身份的行为。公务员凡是被罢免的,其与国家之间的公职关系即告终止。

6. 丧失作为公务员的基本资格。公务员死亡或丧失行为能力、或丧失中国国籍或被判处刑罚时,即意味着他已失去作为公务员的基本资格,不能再担任行政公职,国家公职关系即告终止。

五、职位聘任

聘任制可以双向选择,既有用人单位的选人权,也有被聘人员的择职权,有利于人才的合理流动和优化组合。于是,《公务员法》专章对聘任制予以了规范。具体内容是:(1)可以实行聘任制的职位:机关根据工作需要,经省级以上公务员主管部门批准,可以对专业性较强的职位和辅助性职位实行聘任制。但职位涉及国家秘密的,不实行聘任制。(2)机关聘任公务员的原则：机关聘任公务员，应当按照平等自愿、协商一致的原则，签订书面的聘任合同，确定机关与所聘公务员双方的权利、义务。聘任合同经双方协商一致可以变更或者解除。聘任合同的签订、变更或者解除，应当报同级公务员主管部门备案。(3)聘任合同的内容与管理：聘任合同应当具备合同期限，职位及其职责要求，工资、福利、保险待遇，违约责任等条款。聘任合同期限为一年至五年。聘任合同可以约定试用期，试用期为一个月至十二个月。聘任制公务员实行协议工资制，具体办法由中央公务员主管部门规定。机关依据本法和聘任合同对所聘公务员进行管理。(4)争议的解决：聘任制公务员与所在机关之间因履行聘任合同发生争议的，可以自争议发生之日起六十日内申请仲裁。省级以上公务员主管部门根据需要设立人事争议仲裁委员会，受理仲裁申请。人事争议仲裁委员会由公务员主管部门的代表、聘用机关的代表、聘任制公务员的代表以及法律专家组成。当事人对仲裁裁决不服的，可以自接到仲裁裁决书之日起十五日内向人民法院提起诉讼。仲裁裁决生效后，一方当事人不履行的，另一方当事人可以申请人民法院执行。

六、行政公务员职务的保障

对公务员职务的保障制度，分为物质保障和权益保障。

物质保障是指公务员的工资保险、福利制度。工资是公务员工作报酬的货币表现。物质保障的内容是：公务员实行国家统一规定的工资制度。公务员工资制度贯彻按劳分配的原则，体现工作职责、工作能力、工作实绩、资历等因素，保持不同领导职务、职级、级别之间的合理工资差距。国家建立公务员工资的正常增长机制。公务员工资包括基本工资、津贴、补贴和奖金。公务员按照国家规定享受地区附加津贴、艰苦边远地区津贴、岗位津贴等津贴；享受住房、医疗等补贴、补助。公务员在定期考核中被确定为优秀、称职的，按照国家规定享受年终奖金。公务员工资应当按时足额发放。公务员的工资水平应当与国民经济发展相协调、与社会进步相适应。国家实行工资调查制度，定期进行公务员和企业相当人员工资水平的调查比较，并将工资调查比较结果作为调整公务员工资水平的依据。公务员按照国家规定享受福利待遇。国家根据经济社会发展水平提高公务员的福利待遇。公务员执行国家规定的工时制度，按照国家规定享受休假。公务员在法定工作日之外加班的，应当给予相应的补休，不能补休的按照国家规定给予补助。公务员依法参加社会保险，按照国家规定享受保险待遇。公务员因公牺牲或者病故的，其亲属享受国家规定的抚恤和优待。任何机关不得违反国家规定自行更改公务员工资、福利、保险政策，擅自提高或者降低公务员的工资、福利、保险待遇。任何机关不得扣减或者拖欠公务员的工资。

权益保障是指公务员的申诉控告制度，国家有义务保障公务员申诉权和控告权的依法实现。申诉权的内容是(1)申诉的事由：公务员对涉及本人的下列人事处理不服的，可以自知道该人事处理之日起三十日内向原处理机关申请复核；对复核结果不服的，可以自接到复核决定之日起十五日内，按照规定向同级公务员主管部门或者作出该人事处理的机关的上一级机关提出申诉；也可以不经复核，自知道该人事处理之日起三十日内直接提出申诉：①处分；②辞退或者取消录用；③降职；④定期考核定为不称职；⑤免职；⑥申请辞职、提前退休未予批准；⑦不按照规定确定或者扣减工资、福利、保险待遇；⑧法律、法规规定可以申诉的其他情形。(2)申诉程序：对省级以下机关作出的申诉处理决定不服的，可以向作出处理决定的上一级机关提出再申诉。受理公务员申诉的机关应当组成公务员申诉公正委员会，负责受理和审理公务员的申诉案件。公务员对监察机关作出的涉及本人的处理决定不服向监察机关申请复审、复核的，按照有关规定办理。原处理机关应当自接到复核申请书后的三十日内作出复核决定，并以书面形式告知申请人。受理公务员申诉的机关应当自受理之日起六十日内作出处理决定；案情复杂的，可以适当延长，但是延长时间不得超过三十日。复核、申诉期间不停止人事处理的执行。公务员不因申请复核、提出申诉而被加重处理。(3)申诉的处理：公务员申诉的受理机关审查认定人事处理有错误的，原处理机关应当及时予以纠正。

控告权的内容是：公务员认为机关及其领导人员侵犯其合法权益的，可以依法向上级机关或者监察机关提出控告。受理控告的机关应当按照规定及时处理。

公务员提出申诉、控告，应当尊重事实，不得捏造事实，诬告、陷害他人。对捏造事实，诬告、陷害他人的，依法追究法律责任。

第三章 行政相对人

第一节 行政相对人概述

一、行政相对人的概念和特征

(一) 行政相对人的概念

对行政相对人的涵义不同的教材有不同的表述，许多学者是从行政相对人与行政主体之间的权利义务关系这一本质联系进行界定的，它表达下列含义：

1. 行政相对人不是一般意义上的公民、法人或者其他组织，它是公民、法人或者其他组织的一种特定身份，这种身份只运用在行政活动中，表明他们是行政法律关系中与行政主体对应的另一方主体。

2. 行政相对人是参与行政法律关系的公民法人或者其他组织。

3. 行政相对人是行政法律关系中不具备或不行使国家权力的公民、法人或者其他组织。例如，叶必丰教授在《行政法学》一书中指出："行政相对人简称相对人，是指在行政法律关系中不具有行政权或不行使行政权、与行政主体相对应的一方主体。"①胡建淼教授也在《行政法学》中指出："相对人是行政相对人的简称。它是指在具体的行政管理关系中处于被管理一方的当事人，确切地说，是与行政主体及其行政人相对应的一方主体。"②以上这些观点都是从行政相对人与行政主体之间的权利义务关系来进行界定的。

综合以上观点，我们认为，行政相对人简称相对人，是指在具体的行政法律关系中与行政主体相对应的另一方当事人，即处于被管理地位上的组织或个人，例如：在税收关系中，税务机关是行政主体，纳税的单位或个人就是相对人。

行政相对人是一个学理概念，而不是一个法律概念。我国行政处罚法、行政复议法、行政诉讼法和国家赔偿法中使用的"公民、法人和其他组织"一词，是与行政相对人的提法相通的，只是"公民、法人和其他组织"的提法是出自静态角度，"行政相对人"则是出自动态角度。

---

① 叶必丰：《行政法学》（修订版），武汉大学出版社，2003，第 154 页。

② 胡建淼：《行政法学》，法律出版社，2003，第 129 页。

（二）行政相对人与相关概念的区别

1. 行政相对人与行政诉讼中的原告

行政诉讼是为纠正和理顺被扭曲的行政法律关系、保护行政相对人合法权益的诉讼制度。行政诉讼的原告是认为自己的合法权益受到行政主体行政行为侵害而依法提起诉讼的人。因此，具有原告资格的人在实体地位上都应是行政相对人，即只有行政相对人才能成为行政诉讼的原告。但是行政相对人又不等同于行政诉讼中的原告，行政相对人的范围要大于行政诉讼中原告的范围。这是因为：(1)有些行政案件依照行政诉讼法的规定不属于行政诉讼的范围，这使得一部分行政相对人不可能成为行政诉讼的原告。(2)一些行政相对人放弃或者由于耽误起诉期限等原因而丧失原告资格，因此这部分行政相对人也不能成为行政诉讼的原告。(3)我国现行行政诉讼法律制度规定，只有对具体行政行为不服而提起的诉讼才属于行政诉讼的受案范围。也就是说，只有具体行政相对人才具有行政诉讼原告的主体资格，而抽象行政相对人则不具备行政诉讼原告的主体资格。(4)在行政法律关系中，行政相对人对行政主体的行为没有异议，那么他们就不会对行政主体提起行政诉讼，他们也就不会是行政诉讼的原告。

2. 行政相对人与“公民、法人和其他组织”

我国行政立法上经常出现“公民、法人和其他组织”一词，并以此指称行政主体的相对一方。正是因为行政立法上的这种规定，人们往往倾向于把公民、法人和其他组织行政相对人在同等的意义上加以使用。

公民、法人和其他组织虽然可能在其存续期间反复成为不同行政主体的行政相对人，但并不是任何公民、法人和其他组织在任何情况下都能成为行政相对人，换句话说，只有在特定情形下的公民、法人和其他组织才是行政相对人。因此，不能简单地把公民、法人和其他组织等同于行政相对人。

（三）行政相对人的特征

1. 行政相对人是在外部行政法律关系中与行政主体相对应的当事人，它与行政主体共同构成行政法律关系主体。行政相对人作为行政法律关系中的一方当事人，并不仅仅是指个人，它可以是公民、法人或其他组织。

2. 行政相对人是在外部行政管理中处于被管理一方的当事人，不具有行政管理权，但这不说明行政相对人就是行政法律关系中的义务人。虽然相对于行政主体而言，行政相对人处于被管理的一方，但被管理一方的当事人不能等同于义务人。行政相对人在行政法律关系中既履行义务也同样享有权利。而且，行政主体的权利义务与行政相对人的权利义务是相辅相成的，在行政法律关系中没有无权利只有义务的行政相对人，也不存在只有权利而没有义务的行政相对人。

3. 行政相对人是相对的，而不是绝对的。相对人只是在具体的外部行政法律关系中表明其地位的相对主体，而不是某种固定的、抽象的法律资格。我们说某个公民是行政相对人，只是说他在某一具体行政法律关系中是相对人，而在其他情况下，他可能是民事关系的当事人等；说某一个行为机关是行政相对人，是指它在某一个具体的行政法律关系中为相对人，或许在另一个行政法律关系中它可能是行政主体。因此说某一个行政相对人不是一种永恒的无条件的相对人。

二、行政相对人的范围

依照法律、法规的规定，公民、法人和其他组织都能够成为行政相对人。在特定情况下，在我国的外国人、无国籍人、外国组织也可成为行政相对人①。

（一）公民

这里的“公民”是指具有中华人民共和国国籍的人，即中华人民共和国公民。公民是最主要、最经常、最广泛的行政相对人。行政主体实施行政管理的绝大多数领域，都将公民纳入行政管理的对象。因此，公民是行政法律关系中最常见的主体之一。

公民在行政法律关系中的地位是通过其与行政主体之间的权利和义务的内容体现出来的。宪法和法律是规定公民享受权利和履行义务的根本和基本的法律规范依据，行政法规和地方性法规是目前公民享受权利和履行义务的主要法律规范依据。作为被管理者，在不同的行政管理领域，依据各自相应的法律、法规规定，公民具有与各个行政机关相对应的权利和义务。甚至在有些领域，如治安、户籍、出入境等方面，只有公民才能成为行政相对人。

（二）法人

法人是与自然人相对称的一个法律概念。是指依法独立享有民事权利和承担民事义务的组织。法人也是行政法律关系中的主体，可以成为行政相对人。能够成为行政相对人的法人包括企业法人、事业法人、社团法人和机关法人。企业法人、事业法人和社团法人是经常性和普遍性的行政相对人，其法律地位和身份使其在社会活动中要接受政府有关部门的管理，形成行政管理关系。机关法人是指具备法人条件的国家机关。国家机关由于职能及其职权、职责性质的关系，一般不作为行政相对人，但在一定条件下也能成为行政相对人，如国家机关可以成为审计、物价、土地、城建等行政管理领域的行政相对人。

（三）其他组织

其他组织是由主管机关批准成立或认可，能够从事一定生产经营或其他活动但不具备法人资格的经济组织或社会组织。随着经济的发展，许多国家都出现了介于公民个人和法人之间的组织形态，被成为“非法人组织”“非法人单位”“其他经济组织”等，我国行政法律制度将其称为“其他组织”。其他组织在行政管理活动中，作为行政法律关系中的行政相对人。其类型主要有：经国家主管部门批准或认可的从事一定生产或经营活动的经济实体，如个人合伙组织、合伙联营组织、企业法人的分支机构等；经主管机关批准或认可的正处于筹备阶段的企业、事业单位和社会团体等。

（四）外国人、无国籍人和外国组织

某些特殊情况下，在我国境内依照我国法律规定享有行政法权利，承担行政法义务，参加行政诉讼时具有行政相对人同等诉讼权利与义务的外国人、无国籍人和外国组织，也可以成为我国的行政相对人。例如，《中华人民共和国外国人入境出境管理法》是专门调整外国人进出我国国境行为的行政管理关系的法律，在这一法律关系中，外国人就成为我国国境管理机关的相对一方。此外，在治安管理、征收个人所得税等行政管理领域，外国人都能成为行政相对人。

---

① 胡锦光：《行政法学概论》，中国人民大学出版社，2006，第 49-50 页。

但是，将外国人、无国籍人和外国组织作为我国的行政相对人，使其具有行政相对人的权利和义务，即实行同等原则的同时，也应依法实行对等原则，即如果我国公民在某国受到某方面的权利限制，则该国公民在我国也要受到相应的权利限制。

三、行政相对人的分类

根据不同的标准，可以把行政相对人分为不同的种类。

（一）直接行政相对人和间接行政相对人

以行政相对人与行政主体行政行为的关系为标准，可以把行政相对人分为直接行政相对人和间接行政相对人。直接行政相对人是行政主体行政行为的直接对象，其权益受到行政行为的直接影响，如行政许可、行政给付的申请人，行政征收的被征收人，行政处罚的被处罚人，等等。间接行政相对人是行政主体行政行为的间接对象，其权益受到行政行为的间接影响，如治安管理处罚关系中受到被处罚人行为侵害的被害人，行政许可关系中其权益可能受到许可行为不利影响的与申请人有利害关系的人，行政给付关系中依靠给付对象抚养的给付对象的直系亲属，等等。直接行政相对人和间接行政相对人都是行政相对人，其权益受到行政行为侵害时都可以依法申请行政救济，但法律规定的救济途径、方式、地位会有所区别。

（二）一般相对人与特定相对人

这是以行政行为的对象是否确定为标准划分的。一般相对人是指受行政主体依职权作出的行政行为影响的某一类不特定的公民、法人和其他组织，通常是抽象行政行为的相对人。如行政主体依职权对环境质量、产品质量、公共设施、社会治安等方面的管理而制定普遍适用的行政规范性文件的行为，都是针对某一类不特定的公民、法人和其他组织的。又如国家物价管理部门对某些物品的价格作出限定，它针对的就是不特定的相对人。特定的相对人是行政行为所指向的、可确定的对象，是与行政主体有特定权利义务关系的公民、法人和其他组织。这类相对人在范围上明确、具体，通常是具体行政行为的相对人。如公安机关对违反社会治安管理的违法者作出行政拘留的行政处罚，海关对报关人的货物进行查验等等。

（三）个体行政相对人与组织行政相对人

以行政相对人是否具有一定的组织形式为标准，可以把行政相对人分为个体行政相对人和组织行政相对人。个体行政相对人不一定是单个的个人，在一定的具体行政法律关系中，行政主体的行为可能涉及多个个人，只要这些个人不构成一定的组织实体，相互之间不存在组织上的联系，即使这些个人数量再多，它仍然是个体行政相对人，而不是组织行政相对人。

1. 个体行政相对人。

作为行政相对人的个体主要是指自然人，如行政许可、行政征收、行政给付、行政强制等，自然人都可以成为这些行政行为的直接或间接对象，从而作为行政管理法律关系的行政相对人。

行政公务员在执行公务时是行政主体的代表，但其在非执行公务时则具有公民的身份，同样要接受各种有关的行政管理，成为行政管理法律关系中的行政相对人。

外国人和无国籍人处在中国境内时，必须服从中国的法律，接受中国的行政管理，从而要与行政主体发生各种行政法律关系，成为行政管理法律关系中的行政相对人。

2. 组织行政相对人

作为行政相对人的组织，主要指各种具有法人地位的企业组织、事业组织和社会团体，包括在我国取得法人资格的外国组织。首先，行政主体对社会、经济、文化等各项事业进行管理，其主要对象是各种法人组织。行政主体为实现行政管理目标，经常要对各种法人组织实施各种行政行为，如批准、许可、授予、免除、征收等。在这些行政行为所引起的行政管理法律关系中，法人组织都处于行政相对人的地位。其次，除了法人以外，非法人组织也可以成为行政管理法律关系中的行政相对人。所谓"非法人组织"，是指仅有有关部门认可，准许其成立和从事某些业务活动，但不具备法人条件，没有取得法人资格的社会团体或经济组织，它们虽然设有代表人或负责人，但不一定具有独立的财产、营业机构和组织章程。

国家机关在行使相应国家职权时，是国家职权行为的主体，不能成为行政相对人。但国家机关实施非职权行为或处在非行使职权的场合、领域时，则同样要接受相应行政主体的管理，相应行政主体同样可以依法对之实施有关的行政行为。在这种场合，国家机关就处于与一般法人或非法人组织同样的地位，作为行政相对人与行政主体发生法律关系。

第二节　行政相对人的法律地位

传统行政法中，行政法律关系的主要形态是单一的"命令—服从"模式，政府的角色只是"守夜人"。行政法主要是基于行政机关与相对人之间的对立性，无论是大陆法系以行政权为主导的理念还是英美法系以限制行政权为主导的理念都反映了这种对立性。为了维护公共利益、建立稳定的社会秩序，行政主体与相对人直接的管理关系也就是必然的了。在这种直接的管理关系中，行政行为是行政机关作为主体对公民所作的最终命令，因而，也就形成了人们很熟悉的"行政机关权力—相对人义务"的关系形式，它以命令与执行、决定与服从、强制与被强制为基本特征，是一种不对等的、以行政主体为主导地位的行政法律关系形式。行政相对人只是处于一种从属、消极、被动的法律地位。现代行政法中，行政相对人的法律地位已经有所转变，相对人已经转而拥有独立、积极、主动的法律地位。甚至可以说行政相对人是行政主体依法行政的约束力量和合作力量，这"使我们评判行政主体是否依法行政，着重点并不只限于行政主体是否自己守法，而应以行政主体是否依法对行政相对人行政"①，由此可见，行政相对人的法律地位从过去的从属、消极、被动转变为现代的独立、积极、主动，就其内容而言主要是行政相对人权利和义务的变化。

一、行政相对人的权利

行政相对人在行政法上享有的权利，是宪法赋予当事人的基本权利在行政管理领域中的具体化。关于行政相对人的权利，我们比较赞同方世荣教授的界定，即行政相对人权利是

---

① 方世荣：《论行政相对人》，中国政法大学出版社，2000，第172-173页。

由行政法所规定或确认的,在行政法律关系中由行政相对方享有、并与行政主体的义务相对应的各种权利。行政相对人的权利是行政法所设定或确认的相对人在行政程序中予以行使的权利,可以由相对人自由行使或放弃,这一点与行政权力不同。相对人的权利是与行政主体的义务相辅相成的,相对人的权利同时构成行政主体的义务。

根据我国有关的行政法律规范,行政相对人在行政法上大致有以下权利:

1. 行政参与权

行政相对人享有可通过合法途径参加国家行政管理活动以及参加行政程序的权利。行政参与权有三项内容:(1)参加国家行政管理的权利。如公民经国家公务员考试程序进入国家公务员队伍,参加国家行政管理;(2)参与行政程序的权利。我国《行政处罚法》所规定的听证制度便是相对人参与行政程序的一项内容;(3)了解行政信息的权利。相对人有权知道与己有关的行政信息,法律、法规另有规定的除外。

2. 行政协助权

行政相对人有主动协助国家行政管理的权利。该权利包括三项内容:(1)报告权。发现应该让行政主体知道并由行政主体处理的事件发生,相对人有权向行政主体报告;(2)制止权。相对人对一切违反行政法律规范的行为有权予以制止;(3)扭送权。相对人有权把正在发生实施行政违法或实施完毕正想逃跑的行为人依法扭送到有关国家机关。

3. 行政保护权

行政相对人的人身和财产有获得国家行政的合法、正当、平等保护的权利,所以,当相对人的人身权和财产权受到不法侵害时,被侵害人有权要求有关行政机关提供行政保护,否则,相对人有权依据《行政诉讼法》第 12 条规定提起行政诉讼。

4. 行政受益权

行政相对人有权依据法律从行政主体中获得某种利益,这些利益可以包括财产利益、人身利益和其他各种利益。例如:公民因科技发明有权依《中华人民共和国发明奖励条例》获得奖励,有关行政机关必须予以奖励。

5. 隐私保护权

行政主体在行政活动中,非经法定程序,不得公开行政相对人的隐私。行政相对人享有对自己的隐私保密的权利,行政主体有为行政相对人的隐私保密的义务。

6. 行政监督权

行政相对人对国家行政工作享有监督权。根据我国《宪法》《行政复议法》和《行政诉讼法》,公民、法人和其他组织享有对行政工作的建议和批评权,对不法工作人员的控告和揭发权,对具体行政行为的申请复议和提起行政诉讼的权利。

7. 行政赔偿和补偿权

行政主体的违法或合法行政行为造成了相对人财产损失的,当事人有权依据《中华人民共和国国家赔偿法》和其它有关法律和法规规定,获得赔偿或补偿。

二、行政相对人的义务

没有无权利的义务,同样也没有无义务的权利。行政相对人在行政法上享有一定的权利,同时也必须履行行政法上的义务。

1. 遵守行政法律秩序的义务。

行政法对社会关系的调整，形成了行政法律秩序，如交通秩序、教学秩序等。行政相对人有义务遵守这些行政法律秩序，否则将受到行政主体的处罚。

2. 服从行政命令的义务。

行政主体管理意志通过各种行政命令表现出来，行政相对人必须服从行政主体的命令。遇到行政命令不当或不合法时，在通过法律程序改变或撤销之前，行政相对人不能抗拒执行。

3. 协助行政管理的义务。

对行政相对人来说，行政协助既是一项权利也是一项义务。行政主体从事国家行政管理活动事关社会和国家利益。因此，行政相对人有协助行政管理的义务，即对行政主体及行政公务人员的行为加以配合。例如：《中华人民共和国药品管理法》第 64 条规定："药品监督管理部门有权按照法律、行政法规的规定对报经其审批的药品研制和药品的生产、经营以及医疗机构使用药品的事项进行监督检查，有关单位和个人不得拒绝和隐瞒。"

三、完善行政相对人法律地位的法律制度

目前，我国已建立了一系列行政法律制度来保护行政相对人权益，发挥其积极性与主动性，提高其法律地位。尽管这些制度都起到了非常重要的作用，但仍存在一些不足，没有使行政相对人真正达到其应有的法律地位。为此，应进一步完善提高行政相对人法律地位的法律制度。

1. 行政立法的法律制度建设

目前，我国的行政立法制度仍缺乏民主性。行政立法的民主性主要是指行政立法民众参与和民意表达的程度，它是现代法治的民主化原则在行政立法环节的具体体现，是民主政治发展的必然要求。目前，我国行政立法程序基本上属于行政机关的内部工作程序，程序的"公开""民主"程度远未达到现代"行政法治"的要求。行政立法的民主参与，并非是一个绝对的原则，但是在制定涉及社会个体的切身利益、影响利益分配的行政法规或规章时，应切实考虑行政相对人的权利保护问题。

2. 行政程序法律制度建设

我国长期以来的法律传统是"重实体，轻程序"。随着民主、法治的发展，这一观念有所改变，但是行政程序法律制度仍很不完善，相对人的行政程序权利相对来说还是稀缺的，这使得相对人无法充分地表现其独立、积极、主动的一面，所以加强行政程序法律制度的建设对提高相对人的法律地位无疑具有重要的意义。

3. 行政监督机制的法律制度建设

我国对行政权的监督主要是通过行政相对人对具体行政行为提起行政复议和行政诉讼而完成的。不可否认，这两种监督，尤其是行政诉讼对行政相对人合法权益的保护、对行政权的监督、对维护行政法律秩序都起到了十分重大的作用。但是这两种监督机制还是存在着不足。在涉及行政相对人权利保障方面，两种监督方式均存在着受案范围过窄的问题。如抽象行政行为只是被有条件地纳入复议范围，但抽象行政行为目前还属于不可诉的范围。

因此，除了完善行政复议和行政诉讼外，我国还应进一步完善另外两种监督机制：一是权

力机关的监督，二是社会公众的民主监督。这两种监督方式将会有效弥补行政复议和行政诉讼的不足，使行政权得到更合法合理的行使，同时也更好地保护行政相对人的合法权益。

4. 主要具体行政行为的法律制度建设

目前虽然有些具体行政行为有了具体的法律规范，如行政许可行为、行政处罚行为等。但还有一些主要类型的具体行政行为仍然缺乏必要规范，诸如行政强制、行政指导等具体行政行为都缺乏专门规范其权限、内容、程序、方式的法律。尽管从某种程度上讲，上述这些类型的具体行政行为并非完全缺乏依据，但是这些依据可以说是五花八门，从法律到法规，从规章到行政规范性文件，发布依据的机关更是数不胜数。因此，有必要建立健全规范这些类型具体行政行为的法律制度。

第三编

行政过程篇

第一章 行政行为概论

第一节 行政行为的概念、特征与分类

一、行政行为的概念

行政行为(administrative act,administrative action 或 administrative behavior),作为一个行政法学的术语是由德国行政法学之父奥托·迈耶提炼和概括出来的。迈耶在《德国行政法》一书中指出:"行政行为在具体情况中决定臣民的权利义务。"[①]随着对行政行为研究的深入,在理论界出现了不同的学说。同样,我国法学界对行政行为的概念有着不同的理解和观点,主要有行政主体说、行政权说、公法行为说等。行政主体说认为,行政行为就是行政机关的一切行为。行政权说认为,行政行为就是行政机关运用行政权所作的行为。公法行为说认为,行政行为就是行政机关所作的具有公法意义或效果的行为。

行政机关的活动是由不同性质的行为所组成的,行政行为仅仅是行政机关所作的行为的一部分。显然,行政主体说将行政行为泛化为行政机关所作的一切行为。此外,如果依据行政主体说,有时还会导致行政行为与行政机关所作的民事行为概念混淆。例如,行政机关以第三人的身份调解民事纠纷时,其行为显然是民事行为而非行政行为。

法律之所以赋予行政机关行政职权,是为了实现对社会公共事务的组织和管理。也就是说,行政机关实施行政行为是具有法律效力的,否则行政职权的目的无法实现。简单地说,行政职权是指行政主体对社会公共事务进行组织与管理的职权,不包含行政主体对其内部事务的组织与管理。不难知道,行政权说涵盖了行政机关运用法律赋予其的行政权所作的不具有法律效力的行为,而公法行为说涵盖了行政主体对内部事务进行管理的行为。因此,行政权说和公法行为说都没有完全地界定出行政行为。

学界一般认为,法律行为是人们(在其意志控制下)所实施的、能够发生法律上效力、产生一定法律效果(法律后果)的行为。对此定义进行分解,我们可以知道法律行为是由三要素构成的:(1)主体要素,即作出法律行为的主体;(2)法律要素,即法律行为必须能够发生法律上效力、产生一定的法律效果;(3)指向要素,即法律行为是具有社会意义的行为。法律行为是行政行为的上位概念,因此,法律行为构成要素也是行政行为所必备的。但行政行为同

① [德]奥托·迈耶:《德国行政法》,刘飞译,商务印书馆,2002,第 97 页。

其他法律行为尤其是民事法律行为相比,行为主体必须具有相应的行政职权和行政职责。因而,行政行为除了构成法律行为三要素外,还有职权(责)要素。具体而言,行政行为包含以下四层含义:

(一) 主体要素。这是行政行为在行为主体上的特征。行政行为是实施行政管理的活动,而行政主体则是国家行政管理的主体,因此,只有行政主体的行为才能是行政行为,即行政行为的主体只能是行政主体。不属于行政主体的其他国家机关和社会组织,在未得到法律或法规明确授权的情况下所作的行为,均不是行政行为,如政党、国家立法机关、国家司法机关、群众团体、公民等的行为都不能是行政行为,也不可能具有行政行为的性质。

(二) 法律要素。行政主体实施行政行为的效果就是对行政相对人的权利义务产生影响。因此,行政行为必须具有法律意义,能够产生一定的法律效果,必须能够引起行政法律关系中的另一方当事人在行政法上的权利和义务的变化,凡不能引起行政法律关系的另一方当事人在行政法上的权利和义务变化的行为也不是行政行为。

(三) 指向要素。指向要素所要解决的是行政主体所为的行政行为对谁产生法律效力。行政活动是对社会公共事务进行组织与管理的活动,当然,行政行为必须要有所指向的对象而且指向对象不包括行政主体。因为行政行为是行政主体对外实施的,因而行政主体对其内部的事务进行管理的行为则不属于行政行为。

(四) 职权(责)要素。行政行为所产生的法律效果会对行政相对人的权利义务产生影响,因而行政行为的作出必须有根据。这也就决定了任何行政行为都必须是行政主体行使行政职权或履行行政职责所为。对行政职权和行政职责应该作广义理解,它不但规定了可以实行行政行为的范围,而且还规定了实施行政行为所要遵循的程序。

需要说明一点,只有同时具备了以上四要素才能被称为行政行为,如果缺少任何一个要素都不能构成行政行为。

根据上面分析,本书将行政行为界定为:行政行为是指由行政主体行使行政职权或履行行政职责时,对行政相对人产生的外部法律效果的行为。

二、行政行为与有关概念的辨析

1. 行政行为与国家行为。国家行为也称政治行为或统治行为,是指不属于司法审查对象的、具有高度政治性的、涉及国家重大利益的、最高国家机关的行为,如外交行为、国防行为等。行政行为与国家行为之间的主要区别在于:(1)可诉性不同。所有的国家行为都是不可诉的,而具体行政行为是可诉的。(2)承担责任的方式不同。国家行为只能通过承担政治责任的方式来加以监督,而行政行为可以用直接承担行政责任的方式进行监督。

2. 行政行为与民事行为。民事行为是指能够引起平等主体之间民事法律关系产生、变更和消灭的行为。行政行为与民事行为之间的主要区别在于:(1)当事人的地位不同。在民事行为中,双方当事人的地位是平等的;而在行政行为中,双方当事人的地位是不对等的,行政主体始终处于优势地位。(2)行为的性质不同。民事行为属于私法行为,属私法的调整范围;行政行为是公务行为,属于公法的调整范围。

3. 行政行为与行政机关的行为。行政机关是行政主体的最主要形式,而行政行为是行政主体所作出的,因此常常有人把行政机关的行为看作是行政行为。这种看法是不全面的,因为行政机关所拥有的法律身份在不同的场合是不同的，从而也导致了其行为性质的不同：当行政机关以民事主体身份出现时，其行为是民事行为；只有当行政机关在进行行政活动时，其行为才是行政行为。而且，行政行为并不限于行政机关的行为，还包括授权组织在授权范围内所作出的行为。

三、行政行为的特征

行政行为是行政主体行使行政职权或履行行政职责的外在表现形式，因此，行政行为具有自身的特征。对行政行为特征的分析，一方面取决于分析的角度，另一方面还取决于所处的时代。具体而言，不同的分析角度可以分析出不同的行政行为的特征，不同的时代会赋予行政行为不同的特征。以往一般认为，行政行为具有单方性、强制性，但随着行政合同、行政指导等新型行政行为出现，这种分析就不是完全正确了。例如，行政行为是行政主体行使国家行政权力的表现，从而决定了只要行政主体是在法律授权的范围内即可自行决定和直接实施行政行为，无需同行政相对人协商征得其同意，于是就认为行政行为具有单方意志性。然而，随着政府职能的转变和行政机关行政方式的改变，双方性的行政行为如行政合同，逐渐产生了并被予以大规模运用。这就使得传统行政法时代行政行为所具有的单方意志性特征发生了改变。基于这些考虑，本书认为，行政行为具有以下的特征：

（一）从属法律性。行政行为是执行法律的行为，任何行政行为均须有法律根据，具有从属法律性。没有法律的明确规定或授权，行政主体不得作出任何行政行为。行政行为的从属法律性是由行政主体的法律地位所决定的，即职权与职责相统一原则要求行政主体实施行政行为必须根据并且服从于法律的规定，如有违背就要承担相应的法律责任。

（二）效力先定性。效力先定性是指行政主体一旦作出行政行为，就事先被假定为合法有效的。效力先定并不是说行政行为是绝对正确、不可否定的，而是强调在没有被国家有权机关宣布为违法无效之前，该行政行为对行政主体、行政相对人和第三人具有拘束力。行政行为的效力先定性源于行政主体实施行政行为是为了维护社会秩序和公共利益的原则。

（三）强制性。行政行为是对法律的一种实施行为，法律的强制性必然体现为行政行为的强制性，即行政主体作出行政行为是依据法律而不是依据行政法律关系主体双方的意思表示。行政行为的强制性还表现在行政行为以强制力作为后盾，如果行政相对人不予以服从和配合，行政主体可以用强制手段来消除障碍，以保障行政管理目标的顺利实现。需要说明的是，尽管随着时代的变迁，新型的行政行为导致了行政行为的特征发生了改变，但这种改变是相对的。传统行政法时代，行政行为是行政主体以国家的名义实施的行为，故而以国家强制力保障实施。这就决定了行政主体在实施行政行为遇到了阻碍时，行政主体有权运用其享受的行政权力或依法借助其他国家机关的强制手段来予以排除。进入了现代行政时代，新型行政行为诸如行政指导等具有了非强制特征。但总体看来，行政行为是以强制性为主，以非强制性为补充。

（四）服务性。现代行政法理念认为，国家行使行政权力不是为了管理社会而是向社会提供服务。行政主体与行政相对人的关系在状态上是一种利益一致关系，在行为上是服务与合作的关系，在观念上是一种相互信任的关系。因此，行政行为被认为是行政主体在行政相对人的合作下所作的公共服务行为，即公务行为。国家行政活动的目的是为国民提供一个适合生存、发展、竞争的社会环境，它要求行政主体改变高高在上的作风，要求弱化行政行为的强制性而增强行政行为的接受性，尊重人权。它也要求行政相对人增强对社会的责任感，积极配合和参与行政行为的实施，改变消极观望甚至对立的态度。

（五）无偿性。既然行政主体行使职权或履行职责是为了向社会提供公共服务，那么当然是无偿的。因为从利益关系上讲，行政主体对公共利益的集合是无偿的，因而对公共利益的维护和分配也应当是无偿的，也就是说，行政相对人已无偿地分担了公共负担，因而接受行政主体的公共服务也应当是无偿的。从法律关系上说，行政主体的权力又是一种职责或义务，而职责或义务的履行是无偿的。行政主体实施法律所需的经费只能由国家财政负担。需要指出的是，无偿性并不意味着不要支付任何的费用。如果行政相对人要享受更多的社会公共资源的使用权，当然要支付合理的费用，只是这种费用与使用权不是对价的关系。

四、行政行为的分类

行政行为种类繁多，对其进行分类是一种把握和理解行政行为的较好方法。对行政行为的分类，有助于对不同行政行为构成要件、法律效力以及对其监督、救济等进行认识。

依据不同标准，可以对行政行为进行不同分类，常见的有以下几种：

（一）抽象行政行为和具体行政行为。以行政行为的对象是否特定为标准，行政行为可分为抽象行政行为和具体行政行为。抽象行政行为是指行政主体针对广泛、不特定的对象设定具有普遍约束力的行为规范的活动。抽象行政行为包括行政主体制定行政法规、行政规章和各种规范性文件等的行为。具体行政行为是指行政主体针对特定对象具体适用法律规范所作出的、只对特定对象产生约束力的行为，包括：行政处罚行为、行政强制行为、行政许可行为、行政确认行为、行政奖励行为、行政给付行为、行政征收行为、行政监督行为、行政裁决行为等。

（二）拘束行政行为与裁量行政行为。以行政行为受法律规范约束的程度为标准，行政行为可分为拘束行政行为和裁量行政行为。拘束行政行为是指法律规范对其适用条件、范围、目的、形式、程序等作了较为详细、具体和明确规定的行政行为，行政主体较少有选择、裁量的余地。例如，税务机关只能根据法律规定的征税范围、征税对象、税种、征税税率进行税款征收，一般没有自由裁量权。裁量行政行为是指法律规范仅对其使用目的、范围等作原则性规定，而具体的条件、标准、幅度、方式等留给行政主体自行选择、决定的行政行为。需要指出的是，拘束行政行为和裁量行政行为划分不是绝对的，即使拘束行政行为通常也有一定的裁量成分。

（三）依职权的行政行为和依申请的行政行为。依据行政主体是否可以主动作出行政行为为标准，行政行为可以分为依职权的行政行为和依申请的行政行为。依职权的行政行为是指行政主体依据法律规定，无须行政相对人申请就能主动实施的行政行为，也称为主动行政行为或者积极行政行为。如行政主体实施的行政征收行为、行政处罚行为等。行政行为大部分都是依职权而作出的。依申请的行政行为是指行政机关必须在行政相对人申请的情况下才能实施的行政行为。依申请的行政行为相较于依职权的行政行为，其行政相对人的申请是行为开始的先行程序和必要条件，反之，没有行政相对人的申请，行政机关不得主动实施行政行为。例如，行政许可行为，行政主体颁发许可证、执照，必须以行政相对人的申请作为前提条件。

（四）单方行政行为和双方行政行为。以行政行为的成立是否需要行政主体与行政相对人意思表示一致为标准，行政行为可以分为单方行政行为和双方行政行为。单方行政行为是指以行政性机关的单方意思表示，无须征得行政相对人同意就能成立的行政行为，如行政处罚、行政强制措施等。双方行政行为是指行政主体为了实现公务的需要，同行政相对人协商达成一致而成立的行政行为，如行政合同、行政委托等。

（五）要式行政行为和不要式行政行为。以行政行为是否应当具备一定的法定形式为标准，行政行为可以分为要式行政行为和不要式行政行为。要式行政行为是指只有具备法律、法规所规定的某种方式或形式才能产生法律效力的行政行为。例如，行政处罚行为必须制作书面行政处罚决定书才能对行政相对人发生效力，行政许可必须具有特定的许可证形式等。不要式行政行为指不需要具备法定的形式和遵守法定程序，不论采取何种形式都能生效的行政行为。不要式行政行为一般是由法律授权的行政机关在紧急情况下作出的。例如公安机关对醉酒人实施的强制约束行为，交通管理部门在特定区域实行的交通管制行为等。行政行为原则上都是要式的，不要式只是例外。这是现代国家行政管理法治化、民主化和科学化的必然要求。

（六）作为行政行为和不作为行政行为。以行政行为的存在、表现形态为标准，行政行为可以分为作为行政行为和不作为行政行为。作为行政行为是指行政主体积极改变现有法律状态的行政行为，如行政征收和颁发许可证等。行政不作为是指负有特定作为义务的行政主体在程序上不作为的行为。如对行政相对人的请求不予答复或拒绝颁发许可证照等。行政不作为涉及特定义务和法定程序问题。行政主体作出行政行为的前提是其负有特定的作为义务，于是负有特定的作为义务是构成行政不作为的因素。行政不作为的表现是行政主体负有特定义务而不履行。行政行为必须依法定程序作出，于是行政不作为就涉及程序问题。

（七）授益行政行为和侵益行政行为。以行政行为对行政相对人是否有利为标准，行政行为可以分为授益行政行为和侵益行政行为。授益行政行为是指行政主体为行政相对人设定权利或免除义务的行政行为。侵益行政行为是指行政主体为行政相对人设定义务或剥夺、限制其权益的行政行为，又称负担性行政行为。但是，当一个行政行为既设定了行政相对人的权利又设定了行政相对人的义务时，该行为既是授益行政行为又是侵益行政行为。当一个行政行为有两个行政相对人时，对一个行政相对人可能构成授益行政行为，对另一个行政相对人则可能构成侵益行政行为。当一个行政行为是为了维护公共利益时，则构成对一定行政相对人的侵益行政行为。

（八）行政立法行为、行政执法行为和行政司法行为。以行政权作用的表现形式和实施行政行为所形成的法律关系为标准，行政行为可以分为行政立法行为、行政执法行为和行政司法行为。行政立法行为是指行政主体依照法定职权和程序制定具有普遍约束力的规范性文件的行为。行政执法行为是指行政主体依法实施的直接对行政相对人权利义务产生影响的行为。行政司法行为是指行政主体作为争议双方之外的第三方，对特定的行政争议案件或民事争议案件依照准司法程序进行审理并作出裁决的行为。

（九）自为的行政行为、授权的行政行为和委托的行政行为。以行政职权来源为标准，行政行为可以分为自为的行政行为、授权的行政行为和委托的行政行为。自为的行政行为是指行政主体依据法律法规赋予的职权自行实施的行政行为。授权的行政行为是指法律规范授权的社会组织或公民从事行政管理活动时实施的行政行为。委托的行政行为是指由行政机关委托的社会组织或公民从事行政管理活动时实施的行政行为。

（十）内部行政行为和外部行政行为。以行政行为所针对的问题是属于对社会上的管理事务还是行政主体自身内部的管理事务为标准，行政行为可以分为内部行政行为和外部行政行为。内部行政行为是指行政主体在内部行政管理过程中所作的只对行政组织内部产生法律效力的行政行为。例如，行政主体的内部某个机构对某个公务人员实施的奖励、处罚、任免决定等等。外部行政行为是指行政主体对社会实施行政管理过程中针对行政相对人所为产生的行政行为。例如，税务机关对的纳税人作出的纳税决定和罚款处罚等。

除了上述几种常见的分法，还可以将行政行为分为须受领的行政行为和不须受领的行政行为等。

第二节　行政行为的内容与效力

一、行政行为的内容

行政行为的内容是指行政主体实施行政行为对行政相对人权利与义务产生的影响。这种影响可以通过四种方式来实现：其一，赋予或剥夺行政相对人的权利；其二，设定或免除行政相对人的义务；其三，确认法律事实；其四，确认或变更行政相对人的法律地位。

（一）赋予或剥夺行政相对人的权利

赋予行政相对人的权利是指行政主体实施行政行为赋予行政相对人在法律上从未享有的权利的情形。行政相对人从事某种活动，必须具备某种权利。例如，从事烟草零售的前提是要有烟草专卖许可权。一般而言，行政主体赋予行政相对人某种权利，需行政相对人申请，行政主体经过审查，符合法定条件的对其解除仍对社会一般人予以禁止的法律约束，从而获得了从事某种活动的权利。

剥夺行政相对人的权利是指行政主体依法剥夺原本由行政相对人享有的某种权利和能力的情形。行政主体剥夺行政相对人权利的原因有多种：有的是基于行政相对人的违法行为而剥夺其权利；有的是基于社会公共利益而剥夺其权利；有的是基于社会发展而对某些已无存在意义的主体资格予以剥夺。

（二）设定或免除行政相对人的义务

设定行政相对人的义务是指行政主体通过实施行政行为而使行政相对人承担某种义务。行政主体从事行政活动是为了通过对社会公共事务的组织管理而实现社会的良性循环。行政相对人在享有权利的同时也应承担相应的义务。对行政相对人设定义务正是为了实现社会处于良性循环的状态。对行政相对人设定义务有两种形式：一种是设定行政相对人作为的义务，如纳税义务；一种是设定行政相对人不作为的义务，如遵守交通规则的义务。

免除行政相对人的义务是指行政主体通过实施行政行为而对本应由行政相对人承担的

义务予以免除。这种免除是由于出现了某种情况。一般而言，对行政相对人设定义务所针对的是一般情况，而免除行政相对人的义务所针对的是特殊情况。例如，一般情况下公民、法人或其他组织都有纳税的义务，但在出现了自然灾害等特殊情况时，行政主体可以免除受灾公民、法人或其他组织的纳税义务。

（三）确认法律事实

确认法律事实是指行政主体实施行政行为而对某种行政法律关系具有重大影响的存在依法予以确认。法律事实本身并不是权利义务，但它往往是得到某种权利义务的必要条件，通过行政行为确认之后，将必然地导致应有的权利义务关系。例如，对公民出生的登记、对收养关系的确认等，对行政法律关系具有直接的影响。这种确认行为因为能够成为行政相对人享有某种权利或承担义务的依据，从而产生一定的法律后果。

（四）确认或变更法律地位

确认法律地位是指行政主体实施行政行为而对行政相对人的某种法律关系是否存在以及存在的范围依法予以确认。权利是法律关系的内容，对法律关系是否存在以及存在范围的确定，毫无疑问会影响行政相对人的权利义务。因此，确认行政相对人是否处于某种法律关系之中，决定了行政相对人的法律地位。

变更法律地位是指行政主体实施行政行为而对行政相对人原本存在的法律地位予以改变。这种改变具体表现为：缩小或扩大行政相对人原来享有的权利或承担的义务的范围。例如行政主体减少或增加税率。

二、行政行为的效力

行政行为的效力是行政行为所发生的法律效果，表现为一种特定的法律约束力和强制力。行政行为只有发生预期的法律效果才能达到其应有的目的，并在实际生活中发挥其应有的作用。我国行政法学界对行政行为的效力看法并不一致。叶必丰教授认为行政行为的效力是指行政行为成立后的一种法律保护[①]。方世荣教授认为，行政行为的效力是指行政行为所发生的法律效果[②]。但整体来看，每种行政行为都具有以下的效力：

（一）行政行为具有公定力

公定力是指行政行为一经成立，不论其是合法还是非法都推定为合法有效，所有公民、法人和其他组织都必须予以尊重。公定力是一种推定或假定的法律效力，这意味着除非行政行为有明显、重大违法，在法定机关依法定程序使之失效之前，都应当是合法有效的。

实际上，是否所有的行政行为都具有公定力，理论界有不同的观点，有的学者主张除了无效的行政行为外，不论是否违法，在没有依法解除前，行政行为都具有公定力[③]。有的学者主张所有的行政行为都具有公定力[④]。

行政行为的公定力是基于国家行政权力的严肃性、权威性和行政效率的要求，也是为了保障国家行政管理活动的连续性和稳定性。当然，行政行为的公定力是有限的、相对的，如

① 叶必丰：《行政行为的效力研究》，中国人民大学出版社，2002，第 21 页。

② 方世荣：《行政法与行政诉讼法学》，人民法院出版社、中国人民公安大学出版社，2003，第 156 页。

③ [日]南博方：《日本行政法》，杨建顺、周作彩译，中国人民大学出版社，1988，第 41 页。

④ 叶必丰：《论行政行为的公定力》，《法学研究》1997 年第 5 期。

果行政行为存在重大或明显违法情形,法律要规定它不具有公定力并使它失去效力。

(二) 行政行为具有确定力

确定力是指已经生效的行政行为具有非依法不得变更或撤销的法律效力。行政行为的确定力表现为:对行政主体的确定力和对行政相对人的确定力。

对行政主体的确定力被称为实质确定力。它要求行政主体非依法定事由和程序,不得随意改变行政行为的内容,否则要承担相应的法律责任。例如,行政主体发给行政相对人行政许可证后,就不能随意改变许可事项与范围。对行政相对人的确定力被称为形式确定力,它要求行政相对人不得否认行政行为的内容,非依法定事由和程序不得申请改变行政行为。

确定力是一种不可改变力。这里的改变,既包括撤销、重作,也包括变更;既包括对事实认定和法律适用的改变,也包括对权利义务的改变。行政行为的确定力并非是绝对的,而是相对的。也就说,行政行为在作出后是可以依法改变的。根据法律规范的规定,有以下情形的,行政行为可以变更或撤销:(1)行政违法或不当;(2)通过行政复议或行政诉讼。行为违法或不当的,由有权机关主动决定变更或撤销。通过行政复议或行政诉讼的,分别由行政复议机关和人民法院决定变更或撤销。

(三) 行政行为具有执行力

执行力是指已经生效的行政行为要求行政主体和行政相对人对其内容予以实现的法律效力。在理论界和实务上,常常将执行力等同于执行行为。因此,有必要对执行力和执行行为予以解释。

执行力是一种存在于行政内部的法律效力,它仅仅是要求行政主体和行政相对人对其内容进行实现。而执行行为是将一种行政行为的内容予以实现所表现于外部的行为或强制措施。也就是说,执行力和执行行为是内容与形式的关系。如果行政行为不具有执行力,那么执行行为也就失去了理论依据。

执行力是对行政主体和行政相对人都具有的一种法律效力。行政主体和行政相对人对行政行为所设定内容都有予以实现的权利和义务。执行力的实现方式有两种:自行履行和强制履行。其中,对行政相对人的强制履行,行政主体可以依法直接强制履行或申请法院强制履行。

(四) 行政行为具有拘束力

拘束力是指行政行为生效后,其内容对行政主体和行政相对人所具有的约束和限制的法律效力。行政行为的拘束力体现在以下两个方面:

1. 拘束和限制行政主体。被拘束和限制的行政主体范围包括作出行政行为的行政主体和其他行政主体。尤其需要指出的是,对行政主体的拘束力要求行政主体必须执行行政行为确定的义务。例如,工商行政管理机关在给行政相对人颁发营业执照之后,就不得干涉行政相对人在执照许可的范围内进行合法经营活动。

2. 拘束和限制行政相对人。它要求行政相对人必须严格遵守、服从和执行、完全履行行政行为所设定的义务。否则,要承担相应的法律后果。这种拘束力不仅及于行政行为的直接对象,即直接行政相对人,同时这种拘束力还及于虽不是行政行为直接对象但与之有利害关系的个人、法人或其他组织,即间接相对人。如转让注册商标时,不仅转让行为受有关行政行为的拘束,而且受让人也受该行政行为的拘束,即受让人必须保证使用该注册商标的商品质量。

简单地说，拘束力是一种要求遵守的法律效力，故而其发生的根据是行政行为内容设定的权利义务，而不是认定的事实。拘束力是一种有关行为的强制性规范，如果违反它，行为人就得承担相应的法律责任。

第三节 行政行为的成立要件和有效要件

一、行政行为的成立要件

行政行为的成立是指行政行为在完成其法定程序，具备相应法定要件后正式对外发生法律效力。行政行为成立是行政行为生效的前提条件，如果行政行为没有成立，则行政行为不可能生效。

行政行为的成立首先是主体要素即何种主体能够作出行政行为；其次是主观要素即作出行政行为的意思表示；再次是客观要素即作出行政行为的方式；最后是法律效果要素。

（一）主体要素。行为是由一定主体作出的，行政行为亦是如此。根据法律规定，能够作出行政行为的主体必须是拥有一定行政职权或履行行政职责的行政机关及其工作人员，或法律法规授权的社会组织，或行政机关委托的组织和个人。这就是构成行政行为的主体要件。

（二）主观要素。主观要素所要求的行政主体要有作出行政行为的意思表示，具体而言，就是行政主体具有通过运用行政职权或履行职责产生、变更或消灭某种行政法律关系的意图。至于这一意图是否真实、自愿，不影响行政行为的成立。

（三）客观要素。行政主体的意思表示要想能够产生法律效果，就必须要以一定的方式表现出来。这种表现方式就是行政主体行使行政职权或履行行政职责的行为。需要指出的是，这里的行使行政职权或履行行政职责的行为是行政主体想要作出行政行为的转化形式，外延大于法定的职权和职责。

（四）法律效果。行政主体实施行政行为导致的后果就是相应的行政法律关系的产生、变更或消灭。如果行政主体所实施的行为没有针对行政相对人或者对行政相对人的权利义务没有产生影响，该行为肯定不具有法律效果，自然也就不会被评判为行政行为。

只有具备了以上四要件，行政行为才能成立。有学者认为，行政行为成立要件还包括形式要素①。我们认为，这一要素已包括在客观要素中，而且有些学者如张树义教授所主张的行政行为构成要件中的形式条件就是指行为②。不具备成立要件的行政行为称之为“假行政行为”③。

① 孟鸿志：《行政法学》，北京大学出版社，2002，第140页。
② 张树义：《行政法与行政诉讼法学》，高等教育出版社，2007，第92页。
③ 叶必丰：《假行政行为》，《判例与研究》1998年第4期。

二、行政行为的合法要件

行政行为的合法要件是指合法行政行为所必须具备的法定条件。行政行为要稳定地产生法律效力，就必须具备一定的法定条件。如果不符合或不完全符合合法要件，即使被推定或假定为合法而具有法律效力，但终究会被有权机关依法定程序撤销从而失去法律效力。从法律角度看，各类行政行为的合法要件不同，本书所阐述的是所有行政行为应当共同符合的合法要件，主要包括：

（一）行政行为主体合法

行政行为主体合法是指实施行政行为的主体必须具有行政行为的主体资格。

合法的行政行为必须必须是合法成立的国家行政机关，或者是依法被法律、法规授权的组织，或者是得到行政机关委托职权的组织。不具备行政主体资格的组织和个人所作的行为不能是行政行为，更不可能具有行政行为的效力。换言之，只有具备法定资格（是指能够以自己的名义实施行政行为，并能够独立承担相应的法律效果）的行政主体所做的行政行为才可能是合法行政行为。代表行政主体实施行政行为的工作人员，必须是合法取得公职人员身份（包括通过授权或委托取得事实行政行为的资格）的人员。有时国家行政机关会同其他国家机关，或社会组织、团体、企事业单位联合作出某一种行为，如联合实施某一具体行为等。这种行为如果具有相关法律根据，并且符合行为机关的职权范围，应被视为行政行为；但如果行政相对人对此行为不服，申请复议或提起行政诉讼，只能以行政机关为行政复议的被申请人和行政诉讼的被告，其他机关、组织只能作为第三人。

（二）行政行为权限合法

行政行为权限合法是指行政主体必须在法定的权限范围内实施行政行为。由于法律对各种行政行为都规定了相应的权限、职责，行政主体只能依据法定的权限、职责实施行政行为，否则就要承担相应的法律责任。同时，法律还从地域、时间等方面对行政职权赋予了各种限度。这些限度是行政主体实施行政行为时不可超越的。也就是说行政主体必须在其社会公共事务管辖权、地域管辖权和级别管辖范围内作出行政行为。如公安机关有治安拘留的行政处罚权，能够实施治安拘留处罚这种具体行政行为；但如果公安机关对违反工商法规的公民实施治安处罚，则是对不属于自己管理范围内的事项运用职权，已构成越权，该行政行为因而无效。被授权组织必须在授权范围内实施行政行为，被委托的社会组织和个人必须在委托的范围内实施行政行为。此外，法定权限还要求行政行为的实施没有滥用行政职权的情形。如行政机关对行政相对人作出的行政处罚畸轻畸重，其行为无效。另外，广义的法定权限还包括时间权限、程度权限、条件权限和手段权限，行政主体在实施行政行为时都应当遵守。

（三）行政行为内容合法

行政行为内容合法是指行政行为涉及的权利义务以及对这些权利义务产生的影响必须符合法律的规定和社会公共利益。如果行政行为的内容违背法律规定或明显违背社会公共利益，就属于违法行政行为。行政行为内容合法要求：首先，行政行为的作出具有事实依据、意思表示真实、明确和完整，其中，意思表示真实是指行政行为必须基于行政主体的真实意思表示，行政主体出于非真实意思表示而作出的具体行政行为不具有合法性和有效性。其次，抽象行政行为具有法律依据，具体行政行为适用法律规范正确；最后，行政行为要符合立法本意和目的，不得曲解立法宗旨和法律的目的和原则，如行政机关对相对人作出的行政处罚，该处罚就必须符合法定的实施处罚的目的、原则、被罚对象必须具有受罚条件等。

（四）行政行为程序合法

行政行为程序合法是指行政主体实施行政行为必须符合和依照法定程序来进行，不得违反法定程序，任意实施行政行为。行政行为程序合法要求必须按照与某种行政行为性质相适应的法定程序，如依申请的行为需有申请程序等。同时还要求要符合法定程序的一般要求，法定过程不能缺少、不得颠倒法定的顺序、不得超越法定的期限。如果行政主体违反法定程序实施行政行为，有权机关可以以此为由予以撤销或宣布无效。

（五）行政行为形式合法

行政行为形式合法是指行政主体必须以行政法律规范规定的特定的形式来作出行政行为。合法的行政行为必须是形式合法的行政行为。特别是要式行政行为，只有具备了法律规范所要求的形式才是合法的行政行为，如行政处罚必须具备行政处罚决定书，不具有这类特定形式的不能有效成立。

一般而言，同时具备了上述要件的行政行为就是合法的行政行为。当然，有的行政行为成为合法的行政行为还需要具备特殊要件。在此，应当指出一点，合法的行政行为不能等同于有效的行政行为。合法的行政行为肯定是有效的，但有效的行政行为并不一定是合法的。如行政行为的形式瑕疵及主体上的瑕疵尽管也是一种违法形式，但经补救后其效力并不受影响；对某些违法行政行为，行政相对人在法定救济期限内没有提请救济，从而使行政行为发生形式上的确定力，这种有效的行为却不是合法的。

三、行政行为的无效、撤销、补正、废止和终止

行为的无效、撤销、补正、废止和终止是与合法的行政行为既有联系又有区别的有关行政行为效力的概念。关于这些概念的含义，“目前，在法律规定上、实际上、学术解释上的混乱、不统一，以及由此导致的不公正、不合理情形，毫无疑问是不能再继续下去了”①。正因如此，有必要对何为行为的无效、撤销、补正、废止和终止进行梳理。

（一）行政行为的无效

行政行为的无效是指行政行为因重大、明显的违法，从而自始无效的情形。无效的行政行为虽然具备了行政行为的形式，但并不具备行政行为的本质特征。一般而言，如果行政行为具备了以下情形，有权机关可以宣布该行为无效。这些情形是：(1)行政行为具有重大的或明显的违法情形，如某县政府要求一个因有爆炸危险而停止向外供应煤气的煤气站立即恢复向外供应煤气；(2)行政主体不明确或超越了行政职权范围；(3)行政行为是在行政主体受胁迫时作出的，如行政机关工作人员在行政相对人武力威胁下颁发的许可证，即属于无效的行政行为；(4)实施行政行为将导致犯罪，如某乡政府命令村民捕杀国家保护的珍稀动物招待前来投资的外商；(5)行政行为不可能实施，如行政主体在行政决定书上不署名、不盖章的行政决定。

---

① 姜明安：《行政法与行政诉讼法》，北京大学出版社，1999，第159页。

行政行为无效导致的法律结果有:(1)行政相对人不受该行政行为的拘束,可以拒绝该行政行为给其设定的义务。行政相对人拒绝履行义务不承担法律责任。(2)行政相对人可以在任何时候请求有权机关宣布该行政行为无效。(3)有权机关可以在任何时候宣布该行政行为无效。(4)行政行为被宣布无效后,行政主体通过该行政行为从行政相对人处获得的一切均应返还给行政相对人,同时给行政相对人设定的一切义务均予以取消;如果对行政相对人造成损失的,应当给予赔偿。总之,行政行为被宣布无效后,被该行政行为改变的状态尽可能地恢复到被改变前的状态。

(二) 行政行为的撤销

行政行为的撤销是指有权机关对已经发生法律效力的行政行为,因其有违法或不当而予以撤销的情形。行政行为违法或不当是行政行为撤销的条件。具体而言,行政行为撤销的要件是:(1)行政行为合法要件的缺损。合法的行政行为必须具备主体合法、权限合法、内容合法、程序合法和形式合法这五要件。如果某一行政行为缺损其中一个或一个以上的要件,该行政行为可以被撤销。(2)行政行为的不适当。不适当就是行政行为具有不合理、不公正、不合时宜、不合客观规律、不符合善良风俗等情形。不适当的行政行为很多情形下同时也是不合法的行政行为,但在有些情形下,不当的行政行为并不违法。

行政行为撤销导致的法律后果有:(1)行政行为自撤销之日起失去法律效力,而且撤销效力一直可以追溯到该行政行为作出之日。(2)行政行为如果被有权机关撤销,由此给行政相对人造成的一切实际损失,该行政行为作出的行政主体应予以赔偿。(3)如果行政行为被撤销是由行政相对人过错导致的,或是由行政主体和行政相对人共同过错导致的,行政主体通过该行政行为已经给予行政相对人的利益应当收回;行政相对人自负因行政行为被撤销而遭受的损失;国家或社会利益因该行政行为被撤销而遭受的损失,行政相对人应当依其过错程度给予适当的赔偿,而行政主体依其过错程度承担相应的内部行政法律责任。

(三) 行政行为的补正

行政行为的补正是指对已经发生法律效力的行政行为,因行政形式、程序等方面存在轻微违法情形,有权机关通过采取补正、变更等方式使该行政行为继续有效。在行政法学上,行政行为轻微违法的情形被称为行政瑕疵。现实中,行政瑕疵主要有:(1)行政行为形式方面的瑕疵,即行政行为的表现形式以及文书记录存在瑕疵;(2)行政行为程序方面的瑕疵,即行政行为违反了次要性程序或选择性程序要求;(3)行政裁量方面的瑕疵,即行政裁量行为在行为幅度、范围内出现了畸轻或畸重情形,或者违反了比例原则。

行政行为补正导致的法律后果有:(1)对行政行为形式和程序方面的瑕疵予以补正,补正的效力通常具有溯及力,即溯及到被补正的行政行为作出之时。(2)对行政裁量方面的瑕疵予以补正,其补正的形式主要是变更或改变。变更或改变使行政行为被变更或改变的原来的内容失去法律效力,未变更或改变的部分仍具有法律效力。

(四) 行政行为的废止

行政行为的废止是指对已经生效的行政行为因其不适应新的情势,行政主体依法将其取消使之不再有效的情形。行政行为具有确定力,一经作出不得随意废止,因此只有当法定的情形出现时,才能依法定程序予以废止。一般而言,行政行为废止的条件是:(1)作出行政行为所依据的法律、法规、规章等已被有权机关依法修改、废止或撤销,如果该行政行为继续实施会与新的法律、法规、规章等相抵触。(2)国际国内或者作出行政行为的行政主体所在地区发生了重大变化，如果该行政行为继续实施会给社会或地区带来重大的利益损失。(3)行政行为已经完成原定的目标、任务，继续实施该行政行为已没有实际意义。

行政行为废止导致的法律结果有：(1)行政行为被废止后，其从被废止之日起失去效力，即不具有溯及力，行政主体在行政行为废止之前已给予行政相对人的利益、好处不再收回；行政相对人依原行政行为已履行的义务也不能要求行政主体予以任何补偿。(2)行政行为的废止如果是因法律、法规、规章、政策的废除、改变、撤销或形势变化而引起的，且此种废止给行政相对人的合法利益造成了比较大的损失，行政主体应对其损失予以适当补偿。

（五）行政行为的终止

行政行为的终止是指行政行为自然而然地失效的情形。因此，行政行为终止的原因主要有：(1)行政行为的目的已经达到；(2)行政行为附有期限，该期限已经届满；(3)行政行为针对的事项已经不存在。

行政行为终止通常不是因为该行为有违法或不当情形而终止的，因此，行政行为终止的法律结果对该行为终止前已经产生的效力并不予以否认。

第二章
抽象行政行为论

第一节　抽象行政行为概述

一、抽象行政行为的概念和特征

以行政行为的对象是否特定为标准，行政行为分为抽象行政行为和具体行政行为。其中，抽象行政行为可以从动态和静态两个方面来进行考察。从动态方面来看，抽象行政行为是指国家行政机关针对不特定的人和不特定的事实施的能够反复适用的具有普遍约束力的行政规则的行为。从静态方面来看，抽象行政行为是指国家行政机关针对不特定的人和不特定的事制定的能够反复适用的具有普遍约束力的行政规则的行为，包括行政法规、行政规章和其他规范性文件等。

抽象行政行为具有以下特征：

1. 是行政主体以法定职权作出的单方行政行为。抽象行政行为必须是由具有相应法定职权的行政主体实施的。行政主体实施抽象行政行为不需要同行政相对人达成合意。

2. 对象的普遍性。抽象行政行为具有普遍约束力，其针对的对象是不特定的人和不特定的事。也可以说由于抽象行政行为对不特定的人和不特定的事都有拘束力，故而才具有普遍的约束力。

3. 效力的普遍性和持续性。效力的普遍性体现在它对某一类人和事具有约束力。效力的持续性体现在它不仅适用于当时的行为和事件，还适用于在将来发生的同类行为和事件。

4. 具有不可诉性。从目前我国行政法律规范来看，抽象行政行为具有不可诉性。尽管我国《行政复议法》规定了在对具体行政行为申请复议时可以要求附带审查抽象行政行为，然而附带审查的对象只能是某些特定的规范性文件，而不是全部的抽象行政行为。因此，并没有改变抽象行政行为的不可诉性。

二、抽象行政行为的分类

依据不同的标准，可以对抽象行政行为作不同的分类。对抽象行政行为最常见的分类是依据规范程度和效力等级不同，将其分为行政立法行为和制定其他规范性文件行为。

1. 行政立法行为。一般而言，行政立法行为是指特定国家行政机关制定行政法规和行政规章的行为。行政法规包括国务院根据宪法和法律，制定、发布的规范性文件；行政规章包括国务院各部、委员会、中国人民银行、审计署和具有行政管理职能的直属机构以及省、自治区、直辖市和设区的市、自治州的人民政府根据宪法、法律和行政法规等制定和发布的规范性文件。其中，国务院各部委等制定的称为部门行政规章，其余的称为地方行政规章。

2. 制定其他规范性文件的行为。其他行政规范性文件是指各类国家行政机关为实施法律、执行政策在法定权限内制定的除行政法规、行政规章以外的具有普遍约束力的决定、命令及行政措施等。

三、抽象行政行为有效成立的要件

抽象行政行为的有效成立是指抽象行政行为在完成了法定程序和具备法定要件后正式对外产生法律效力的情形。抽象行政行为有效成立一般要具备以下要件：

1. 原则上经享有相应行政职权的行政机关讨论决定。行政立法行为必须要经享有相应行政职权的行政机关讨论决定。我国《国务院组织法》第四条规定："国务院工作中的重大问题，必须经国务院常务会议或者国务院全体会议讨论决定。"其中行政立法属于国务院工作中的重大问题。其他规范性文件的制定行为有的要经相应相关的正式会议（如政府常务会议）讨论决定，有的要经相应相关的非正式会议（如办公会议）讨论决定，有的直接由行政首长签署即可，其成立不以经享有相应行政职权的行政机关讨论决定为必要条件。

2. 行政首长签署。行政首长签署是所有抽象行政行为成立的必备条件。我国《国务院组织法》第五条规定："国务院发布的决定、命令和行政法规，向全国人民代表大会或者全国人民代表大会常务委员会提出的议案，任免人员，由总理签署。"其他抽象行政行为的成立也必须由行政首长签署。需要指出一点，行政立法的签署必须是由相应行政机关的正职首长签署，而其他的抽象行政行为正职或副职首长均可签署。

3. 公开发布。公开发布也是所有抽象行政行为成立的必要条件。行政立法必须以行政首长令的形式发布，并在法定刊物上登载，而一般抽象行政行为则可以以一般行政公文的形式发布，既可在正式出版物上登载，也可以以布告、公告、通告等形式在一定的公共场所或行政办公场所张贴，或者通过当地广播、电视等播放。

第二节　行政立法行为

一、行政立法概述

（一）行政立法的概念

鉴于各国政治体制及法律传统的差异，不同国家对行政立法这一概念的理解就有所区别。例如，法国在1958年的《法兰西第五共和国宪法》中所确立的行政立法的含义是："行政机关无须相对人的同意，制定普遍适用的行为规则的单方行为。"其中，总统和总理所制定的规则被称为命令，其他行政机关所制定的规则称为规定①。英国由于是“议会主权”国家，认为立法权只属于议会，议会以外的机关如需立法须由议会委任，议会以外的机关依据议会的授权而进行的立法便被称为“委任立法”。较之法国，英国的行政立法具有更加广泛的含义，不仅指行政机关依据议会授权实施的立法，而且包括有关法院、教会、社会团体依据议会决定制定法规的活动②。

在我国，行政立法是一个学理概念而并非法律条文中的专门术语。目前在理论与实践领域，关于“行政立法”主要有三种理解。第一种是广义的理解，是指国家机关（包括国家权力机关）依法制定和发布有关行政管理的普通性规范的行为，即“立行政之法”。第二种是狭义的理解，是指特定的国家行政机关依据宪法和法律制定行政法规和规章的行为，即“行政机关之立法”。第三种是最狭义的理解，仅指国家行政机关制定和发布有关国家行政管理规范文件的行为，即“行政机关立行政管理之法”。第一种理解将国家权力机关的部分立法活动纳入了行政立法概念之中，与行政法学一些基本概念不相符，失之过宽。第三种理解未能全面涵盖行政立法的内涵，难以满足实践需要，未免失之过窄。因而学界对行政立法较为统一的认识是第二种。我们认为，行政立法是指国家行政机关依照法定的权限和程序，制定行政法规和行政规章的行为。根据《宪法》《地方组织法》和《中华人民共和国立法法》的规定，行政立法主要是指国务院制定行政法规的活动；国务院各部、委员会、中国人民银行、审计署和具有行政管理职能的直属机构以及省、自治区、直辖市和设区的市、自治州的人民政府根据宪法、法律和行政法规等制定行政规章的活动。行政机关制定规章以下的规范性文件的活动不属于行政立法的范畴，但属于抽象行政行为。

可从以下几个方面理解：

第一，行政立法的主体是特定的国家行政机关。行政立法具有行政行为的一般特征，遵循越权无效的原则，其主体只能是享有制定行政法规和规章权力的行政机关，并非所有的行政机关都享有行政立法权。根据我国《宪法》第八十九条、《国务院组织法》第十条、《地方组织法》第六十条及《立法法》第八十条、第八十二条的规定，行政立法的主体包括以下行政机关：国务院各部、委员会、中国人民银行、审计署和具有行政管理职能的直属机构以及省、自治区、直辖市和设区的市、自治州的人民政府。

第二，国家行政机关的立法权限是法定的。并非所有的行政机关都享有立法权，而享有立法权的行政机关也并非能对所有问题进行行政立法。这就要求行政机关必须依据宪法、法律和有权机关明确具体的授权而进行立法活动，不能越权立法，否则会给行政专横、行政腐败留有可乘之机，破坏国家法治。

第三，行政机关的立法活动必须遵循法定的程序。根据我国《立法法》《行政法规制定程序条例》以及《规章制定程序条例》的规定，行政立法必须经过起草、征求和听取意见、讨论、审查、通过和公布等立法程序。这使得行政立法与行政处罚、行政许可等可由行政机关单方面作出决定的行政行为有所不同。

需要指出一点，行政立法与权力机关立法是有区别的。行政立法虽然具有立法性质，但

---

① 王名扬：《法国行政法》，中国政法大学出版社，1988，第142页。

② 王名扬：《英国行政法》，中国政法大学出版社，1987，第561页。

是它不同于权力机关的立法，其所立之“法”处于权力机关所制定的法律之下的地位，不得与法律相抵触，属从属性立法。两者的区别主要表现在以下几方面。

第一，立法权力性质不同。国家权力机关制定、发布行政法律规范的活动，其本质是代表国家行使立法权的行为；而行政立法行为则是国家行政机关代表国家行使行政权的行政行为。但并非所有行政机关都有权进行行政立法，只有享有行政立法权的行政机关才能进行行政立法。

第二，立法规范的内容不同。国家权力机关的立法与行政立法有其各自的调整范围。根据我国的法律规定和立法实践，应由国家权力机关立法调整的，通常是有关国家生活重要领域中的重大问题。如涉及公民的基本权利和义务方面的，有关国家政治、经济、文化生活的基本制度的，国家行政制度，行使国家行政权的基本程序，以及其他应由国家权力机关立法规定的事项等。国家行政机关立法调整的，一般是上述范围外的有关行政管理的事项。但若经特别授权，上述范围内的事项也可由行政机关立法。行政立法重点是对国家社会经济生活、文化事务实施管理。

第三，立法的效力不同。国家权力机关制定的行政法律，其效力仅次于宪法，而高于行政法规、规章，它是行政机关制定行政规范或从事行政行为的依据；而行政机关制定的行政法规和规章，其效力低于法律，且不能与法律相抵触，地方政府的规章同时不得与地方法规相抵触，否则无效。

第四，立法的程序不同。国家权力机关制定行政法律规范必须遵循宪法规定的严格立法程序，比行政立法程序正规、严格，更注重民主；行政机关的行政立法行为必须遵循特别的制定行政规范的程序，一般较简便、灵活，更注重效率。

（二）行政立法的特征

行政立法行为是行政主体的行政行为，这一行为是具有法的各种属性的立法行为，是一种“准立法行为”，与其他行政行为相比，具有以下特征：

1. 行政立法行为是国家立法权的具体体现，只不过这里的立法权是经宪法和法律规定或立法机关的授权而由国家行政机关行使。行政主体制定的行政法规和行政规章，并非代表行政主体的单位利益或团体利益，而是以国家名义制定的对整个社会的行政管理都适用的行为规则。

2. 行政立法所制定的行政法规和行政规章属于法的范畴，是法源性规范文件，可以作为人民法院审理行政案件时的依据或参照，即行政法规和行政规章具有司法适用性。根据我国《行政诉讼法》第六十三条、第六十四条的规定，人民法院审理行政案件以行政法规为依据，以行政规章为参照。行政主体创制的其他规范性文件是非法源性文件，不属于法的范畴，不具有司法适用性。

3. 行政主体所制定的行政法规和行政规章并不像法律一样涉及国家社会生活的各个方面，仅仅是国家在行政管理方面的立法，而且其效力低于宪法和法律，不得与宪法和法律相抵触。

4. 行政立法具备不受司法审查的特性，不具有可诉性。我国《行政诉讼法》第十三条第二款规定：“‘行政法规、规章或者行政机关制定、发布的具有普遍约束力的决定、命令’的诉讼，人民法院不予受理。”

（三）行政立法的性质

行政立法是特定国家行政机关进行的立法活动，兼具了行政和立法的双重属性。但它既区别于一般的行政执行行为，又与纯粹的国家权力机关的立法行为有所不同。

1. 行政立法的行政性，是由行政立法的行政管理性质所决定的。这主要表现在：(1)行政立法的主体是行政机关。行政立法是行政机关基于行政管理的需要由宪法规定或通过授权而获得的，这种专项、有限的立法行为是行政管理整体行为的一个组成部分，并不能取代专门立法机关的活动。(2)行政立法的目的是履行执行机关的职责。行政机关作为国家权力机关的执行机关，其基本职责就是贯彻执行宪法、法律所设定的国家目的。行政立法的目的就是保证、推进由宪法和法律所确定的国家目的具体化。(3)行政立法是应行政管理的需要而产生的，其所调整的对象主要是行政管理事务。

2. 行政立法的立法性，是由行政立法所产生的法的效力所决定的。这主要表现在：(1)行政立法是由特定的行政机关代表国家，以国家的名义制定社会规范的行为，旨在维护国家或公共利益。(2)行政立法所制定的行政法规或行政规章具有普遍性、规范性和强制性等法的基本特征，是由国家强制力保障实施的。(3)行政立法的程序强调系统性、科学性、民主性和稳定性，具有立法的形式特征，必须经过立项、起草、审查、决定、公布和解释等立法的程序。

行政立法的立法性使之有别于具体行政行为：第一，主体范围不同。行政立法的主体是享有行政立法权的特定行政机关，并非所有的行政机关都享有行政立法的权力；但是所有的行政机关以及法律、法规授权的组织都有实施一定具体行政行为的权力。第二，调整对象不同。行政立法所针对的是不特定的人和事，其调整的对象具有普遍性；而具体行政行为针对的是特定的人和事，其调整的对象具有个别性。第三，适用程序不同。行政立法作为一种立法，其程序较为严格、正规；而具体行政行为所适用的程序则相对简便、灵活。第四，实施效力不同。行政立法的实施效力具有持续性，并能够反复适用；但具体行政行为的实施效力却通常是一次性的。

（四）行政立法的分类

1. 职权行政立法和授权行政立法

以行政立法权取得的方式为标准，行政立法可以分为职权行政立法和授权行政立法。

职权行政立法是指行政机关依据宪法和组织法所赋予的行政立法权而进行的行政立法活动。根据宪法和组织法的规定，国务院、国务院各部委及省、自治区、直辖市的人民政府和较大的市的人民政府可以进行职权立法。行政主体通过职权立法所制定的行政法规和规章一般不能变通法律、法规的规定。

授权行政立法是指行政机关依据单行法律、法规或授权决议所授予的立法权而进行的立法活动。授权立法依其所授之依据不同，又可以分为两类：(1)普通授权立法，是根据单行法律、法规所进行的授权立法。(2)特别授权立法，是根据国家权力机关专门的授权决议所进行的授权立法。行政机关通过授权立法而制定的行政法规和规章可以对法律或法规的规定进行变通和补充，但必须以法律、行政法规的明确授权为限。

2. 执行性立法和创制性立法

以行政立法的功能为标准，行政立法可以分为执行性立法和创制性立法。

执行性立法是指行政机关为了执行或实现特定的法律、法规的规定或是上级行政机关其他行政规范性文件的规定而进行的立法。执行性立法既可以依职权也可以依授权而进行，但所立的行政法规或规章必须依存于所要执行的法律、法规或上级其他行政规范性文件的存在，也不得任意增加或减少所要执行的法律、法规或上级其他行政规范性文件的内容。依执行性立法所制定的行政法规或行政规章通常被称为“实施条例”“实施细则”或“实施办法”。

创制性立法是指行政机关为了填补法律或法规的空白，或变通法律和法规的个别规定以实现行政职能而进行的立法。创制性立法依立法的目的不同，可以分为：(1)自主性立法，是为了填补法律或法规的空白而进行的创制性立法，即在尚没有相应法律、法规规定的情况下，行政主体运用宪法和组织法所赋予的立法权而进行的立法活动。(2)补充性立法，是为了补充法律、法规的规定而进行的创制性立法。补充性立法要以法律、法规的特别授权为依据，所制定的行政法规和规章不因授权法律、法规的失效而荡然失效，只要不与新的法律、法规相抵触就仍然具有法律效力。

3. 中央行政立法和地方行政立法

以行政立法的主体不同为标准，行政立法可以分为中央行政立法和地方行政立法。

在联邦制国家中，如在美国，联邦中央政府与组成联邦的各地方单位，其权力有严格的划分，联邦与作为各地方单位的各州的权力、权限由宪法加以明确规定。联邦政府只能就宪法规定的联邦所管辖的事务进行行政立法，各州只能就联邦宪法和各州宪法规定的行政事务进行行政立法。在单一制国家中，中央政府与地方政府的权力在宪法上也有规定。

在我国，中央行政立法是指中央行政机关依法制定和发布行政法规和规章的活动。国务院和国务院各部委所进行的行政立法，以及具有行政管理职能的国务院直属机构所进行的立法，都是中央行政立法。中央行政立法旨在调整全国范围内的普遍性问题和由中央作出统一规定的重大问题。中央行政机关所制定的行政法规和规章在全国范围内均具有法律效力。

地方行政立法是指地方行政机关依法制定和发布规章的活动。省、自治区、直辖市人民政府和较大的市的人民政府所进行的行政立法，都是地方行政立法。地方行政立法旨在立足于本地区的实际情况，将中央行政立法的规定具体化以及对有关地方的特殊问题作出具体规定。地方行政机关所制定的行政法规和规章只在本行政区域内发生法律效力。

4. 法规性立法和规章性立法

以行政立法的最终结果为标准，行政立法可以分为法规性立法和规章性立法。

法规性立法是指国务院依法制定和发布行政法规的活动。法规性立法的目的是执行法律，实现国务院对全国各项行政工作的领导。通过法规性立法所制定的行政法规，一般被称为“条例”“规定”“办法”。

规章性立法是指法定的国务院主管部门和地方政府依法制定和发布行政规章的活动。规章的名称一般为“规定”“办法”，但不得称“条例”。法定的国务院主管部门制定的规章，被称为部门规章或部委规章；法定的地方人民政府制定的规章被称为地方人民政府规章，简称地方政府规章。

（五）行政立法的原则

行政立法的原则是指贯穿行政立法过程的指导思想和基本准则。我国《立法法》《行政法规制定程序条例》和《规章制定程序条例》阐明了行政立法必须遵循的原则。

1. 法律优先原则

所谓“法律优先”是指法律在效力等级上高于行政机关的规范性文件。任何其他法律规范，包括行政法规、地方性法规和规章，均不得与法律相抵触，须以法律为准绳。法律优先原则要求行政立法不得居于法律之上，也不得与法律相抵触，行政立法应当依据法律规定制定行政法规、规章。

2. 法律保留原则

所谓法律保留原则是指某些法律事项依据宪法和法律的规定，只能由法律规定，行政机关不得干涉；或者某些法律事项只有在法律明确授权的情况下，行政机关才有权在其制定的行政法律规范中作出规定。法律保留分为绝对保留与相对保留：(1)绝对保留是指依宪法和法律规定，只能由法律规定。(2)相对保留是指必须在法律明确授权的情况下，行政机关才有权在其所制定的行政法律规范中作出规定。

3. 法制统一原则

法制统一旨在协调行政立法主体的行政立法活动，使得行政立法效益得到最大程度的发挥，是避免我国行政立法主体多元化且政府职能交叉导致行政执法冲突的必然要求。为此，首先，行政立法必须以宪法和法律为依据、依照法定的权限和程序，从国家整体利益出发，维护社会主义法制的统一和尊严。其次，行政立法主体必须在自己的立法权限范围内进行立法活动，不得越权立法，即行政机关立法必须与权力机关和上级行政机关的立法保持一致，不相隶属的行政立法主体之间也应相协调一致，使得整个法律体系统一完整。最后，各行政立法主体应及时掌握因现实客观情况的变化而引起的立法滞后状况，及时对行政法律规范进行变通以适应社会客观现实需要。

4. 民主立法原则

现代立法坚持民主原则，已成为人们的共识。确立这一原则，是实现人民主权所必需的，是反映人民意志和客观规律所必需的，也是对立法实行有效监督和制约、防止滥用立法职权、个人独断所必需的原则。为此，行政立法的内容应具有人民性，以维护人民的利益为宗旨，注意确认和保障公民、法人及其他组织的合法权益；行政机关制定行政法规、规章，应当深入调查研究，总结实践经验，通过座谈会、论证会、听证会等多种形式广泛听取有关机关、组织和公民的意见，保障人民通过多种途径参与行政立法活动。

5. 权利与义务、职权与职责相统一原则

首先，行政立法应当从实际出发，科学合理地规定公民、法人和其他组织的权利与义务，切实保障公民、法人和其他组织的合法权益，在规定其应当履行的义务的同时，应当规定其相应的权利和保障权利实现的途径。其次，行政立法应当体现行政机关的职权和职责相统一的原则，在赋予有关行政机关必要的职权的同时，应当规定其行使职权的条件、程序和应承担的责任。

6. 改革、精简、统一、效能原则

行政立法应当体现改革精神，科学规范行政行为，促进政府职能向经济调节、社会管理和公共服务转变。同时，行政立法应当符合精简、统一、效能的原则，相同或者相近的职能应当规定由一个行政机关承担，简化行政管理手续。

（六）行政立法的法律效力层级

行政立法虽然仅包括行政法规、部门规章和地方政府规章，但是我们不能孤立地看待它的法律效力层级，应将其放在统一的法律体系中研究。我国相关法律、法规对行政立法的法体效力等级和规则冲突处理办法作出了明确规定。

1. 行政立法的效力等级。这是一个前提和基础性问题。宪法具有最高的法律效力，一切行政法规和行政规章都不得同宪法相抵触。法律（包括授权立法）的效力高于行政法规和行政规章。行政法规的效力高于地方性法规和行政规章。地方性法规高于本级和下级地方政府规章。省、自治区的人民政府制定的规章的效力高于本行政区域内的较大的市的人民政府制定的规章。部门规章之间、部门规章与地方政府规章之间具有同等效力，在各自的权限范围内施行。

2. 行政立法的规则冲突处理办法。上述行政立法的效力等级是解决行政立法冲突的一般准则，我国《立法法》还规定了行政立法冲突的特殊解决方法：同一机关制定的行政法规、规章，特别规定与一般规定不一致的，适用特别规定；新的规定与旧的规定不一致的，适用新的规定。行政法规之间对同一事项的新的一般规定与旧的特别规定不一致，不能确定如何适用时，由国务院裁决。

此外，地方性法规、规章之间不一致时，由有关机关依照下列规定的权限作出裁决：(1)同一机关制定的新的一般规定与旧的特别规定不一致时，由制定机关裁决。(2)地方性法规与部门规章之间对同一事项的规定不一致，不能确定如何适用时，由国务院提出意见，国务院认为应当适用地方性法规的，应当决定在该地方适用地方性法规的规定；认为应当适用部门规章的，应当提请全国人民代表大会常务委员会裁决。(3)部门规章之间、部门规章与地方政府规章之间对同一事项的规定不一致时，由国务院裁决。(4)根据授权制定的法规与法律规定不一致，不能确定如何适用时，由全国人民代表大会常务委员会裁决。

二、行政法规

（一）行政法规的概念与特征

行政法规是指我国最高国家行政机关国务院根据宪法和法律的规定，在其职权范围内所制定的有关行政管理的规范性文件。

行政法规具有如下特征：

1. 行政法规只能由我国最高国家行政机关国务院即中央人民政府制定，其他任何行政机关都无权制定行政法规。我国《宪法》第八十九条第一款之规定：国务院“根据宪法和法律，规定行政措施，制定行政法规，发布决定和命令”。

2. 行政法规的制定必须以我国《宪法》和《立法法》为根据。国务院制定行政法规的行为必须严格在宪法和法律规定的范围内，不得超越宪法和法律。

3. 行政法规的效力及于全国，在行政立法中具有最高效力，地方性法规和行政规章不得与其相抵触，否则便是无效的。但同时行政法规的制定要从属于权力机关的立法。

（二）行政法规的分类

按其实施功能划分，行政法规可以具体分成三类：

1. 自主性行政法规。这类行政法规是最高行政机构在权限范围内依法独立行使行政权而制定的行政法规。自主性行政法规的法律根据是宪法和组织法。国务院只要在规定的范围内不与宪法和法律相抵触，就不需要特别授权。这是行政体系内国务院独立行使职能的体现，是行政立法功能的重要方面。如《中华人民共和国国库券条例》《关于税收管理体制的规定》《关于开展全民义务植树运动的决议》等等。

2. 执行性行政法规。这类行政法规是直接为了执行法律而制定的，它对法律的具体实施作出了规定。一般来说，这类法规不能在法律规定的内容以外增加新的法律规范。执行性行政法规通常被称为实施办法、施行细则、执行措施等，如《中华人民共和国外商投资企业和外国企业所得税法施行细则》是根据《中华人民共和国外商投资企业外国企业所得税法》制定的。

3. 补充性行政法规。这类行政法规是为了补充法律或其他行政法规而制定的。由于法律或行政法规在行政环境发生变化和产生新的行政需求时对于某些情况未曾预料到或有某些未尽事宜，不得不由国家行政机关加以补充，作出更加切合时宜的规定，使其更加完善。这类行政法规的名称一般被称为补充规定、补充规则等。

（三）行政法规制定权限

根据我国《宪法》第五十八条、第六十二条、第六十七条的规定，全国人大及其常委会行使国家立法权，全国人大制定和修改刑事、民事、国家机构等基本法律，全国人大常委会制定和修改应当由全国人民代表大会制定的法律以外的其他法律。这表明我国最高国家权力机关的立法范围原则上是没有限制的。但从立法实践看，对行政管理方面的事项，最高国家权力机关制定的法律只能调整一些最基本的、原则性的问题，而有关行政管理的其他问题，则由国务院制定行政法规予以调整，即行政管理方面的事项，除由权力机关立法的事项外，国务院都可以制定行政法规。

依据我国《宪法》和《立法法》的规定，国务院制定行政法规的权限包括以下方面：

1. 为执行法律的规定需要制定行政法规的事项。

2.《宪法》第八十九条规定的国务院行政管理职权的事项。《宪法》第八十九条规定，国务院可以规定各部委的任务和职责，统一领导各部委的工作，并且领导不属于各部和各委员会的全国性的行政工作；统一领导全国地方各级国家行政机关的工作；规定中央和各省、自治区、直辖市国家行政机关职权的具体划分；领导和管理经济工作和城乡建设；领导和管理教育、科学、文化、卫生、体育和计划生育工作；领导和管理民政、公安、司法、行政等工作；领导和管理国防建设事业；领导和管理民族事务，保障少数民族的平等权利和民族地方的自治权利；保护华侨的正当权利和利益，保护归侨和侨眷合法的权利和利益。这些规定表明，凡是国务院职权范围内的事项，国务院都可以进行行政立法。

3. 授权性立法事项。本应当由全国人民代表大会及其常委会制定的法律，而全国人民代表大会及其常委会授权国务院先行制定行政法规的事项。但是国务院在执行全国人大及其常委会的授权时，必须履行以下义务：第一，应当严格按照授权目的和范围行使该项权力；第二，不得将该项权力转授给其他机关；第三，经过实践检验，制定法律的条件成熟时，国务院应当及时提请全国人大及其常委会制定法律，法律制定之后相应立法事项的授权即终止。

（四）行政法规制定程序

依照我国《立法法》和《行政法规制定程序条例》的规定，行政法规的制定程序主要包括以下几个步骤：

1. 立项

立项是行政法规制定程序的第一环节，它所要解决的问题是国务院是否应当就特定行政管理事务制定行政法规。国务院于每年年初编制本年度的立法工作计划。国务院有关部门认为需要制定行政法规的，应当于每年年初编制国务院年度立法工作计划前，向国务院报请立项。国务院有关部门报送的行政法规立项申请，应当说明立法项目所要解决的主要问题、依据的方针政策和拟确立的主要制度。国务院法制机构应当根据国家总体工作部署对部门报送的行政法规立项申请汇总研究，突出重点，统筹兼顾，拟订国务院年度立法工作计划，报国务院审批。列入国务院年度立法工作计划的行政法规项目应当符合下列要求：(1)适应改革、发展、稳定的需要；(2)有关的改革实践经验基本成熟；(3)所要解决的问题属于国务院职权范围并需要国务院制定行政法规的事项。对列入国务院年度立法工作计划的行政法规项目，承担起草任务的部门应当抓紧工作，按照要求上报国务院。国务院年度立法工作计划在执行中可以根据实际情况予以调整。

2. 起草

行政法规由国务院组织起草。国务院年度立法工作计划确定行政法规由国务院的一个部门或者几个部门具体负责起草工作，也可以确定由国务院法制机构起草或者组织起草。起草行政法规，除应当遵循立法法确定的立法原则，并符合宪法和法律的规定外，还应当符合下列要求：(1)体现改革精神，科学规范行政行为，促进政府职能向经济调节、社会管理、公共服务转变；(2)符合精简、统一、效能的原则，相同或者相近的职能规定由一个行政机关承担，简化行政管理手续；(3)切实保障公民、法人和其他组织的合法权益，在规定其应当履行的义务的同时，应当规定其相应的权利和保障权利实现的途径；(4)体现行政机关的职权与责任相统一的原则，在赋予有关行政机关必要的职权的同时，应当规定其行使职权的条件、程序和应承担的责任。起草行政法规，应当深入调查研究，总结实践经验，广泛听取有关机关、组织和公民的意见。听取意见可以采取召开座谈会、论证会、听证会等多种形式。起草行政法规，起草部门应当就涉及其他部门的职责或者与其他部门关系紧密的规定，与有关部门协商一致；经过充分协商不能取得一致意见的，应当在上报行政法规草案送审稿(以下简称行政法规送审稿)时说明情况和理由。起草行政法规，起草部门应当对涉及有关管理体制、方针政策等需要国务院决策的重大问题提出解决方案，报国务院决定。起草部门向国务院报送的行政法规送审稿，应当由起草部门主要负责人签署。几个部门共同起草的行政法规送审稿，应当由该几个部门主要负责人共同签署。起草部门将行政法规送审稿报送国务院审查时，应当一并报送行政法规送审稿的说明和有关材料。行政法规送审稿的说明应当对立法的必要性，确立的主要制度，各方面对送审稿主要问题的不同意见，征求有关机关、组织和公民意见的情况等作出说明。有关材料主要包括国内外的有关立法资料、调研报告、考察报告等。

3. 征求和听取意见

行政立法是行政机关行使准立法权的行为，为了保证行政立法体现人民的意志，《立法法》与《行政法规制定程序条例》均要求在行政立法过程中征求与听取各方面的意见。《立法法》第七十四条规定："行政法规由国务院有关部门或者国务院法制机构具体负责起草，重要行政管理的法律、行政法规草案由国务院法制机构组织起草。行政法规在起草过程中，应当广泛听取有关机关、组织、人民代表大会代表和社会公众的意见。听取意见可以采取座谈会、论证会、听证会等多种形式。行政法规草案应当向社会公布，征求意见，但是经国务院决定不公布的除外。"《行政法规制定程序条例》第十三条规定："起草行政法规，起草部门应当深入调查研究，总结实践经验，广泛听取有关机关、组织和公民的意见。涉及社会公众普遍关注的热点难点问题和经济社会发展遇到的突出矛盾，减损公民、法人和其他组织权利或者增加其义务，对社会公众有重要影响等重大利益调整事项的，应当进行论证咨询。听取意见可以采取召开座谈会、论证会、听证会等多种形式。起草行政法规，起草部门应当将行政法规草案及其说明等向社会公布，征求意见，但是经国务院决定不公布的除外。向社会公布征求意见的期限一般不少于30日。起草专业性较强的行政法规，起草部门可以吸收相关领域的专家参与起草工作，或者委托有关专家、教学科研单位、社会组织起草。"

4. 审查

报送国务院的行政法规送审稿，由国务院法制机构负责审查。国务院法制机构主要从以下方面对行政法规送审稿进行审查：(1)是否严格贯彻落实党的路线方针政策和决策部署，是否符合宪法和法律的规定，是否遵循《立法法》确定的立法原则。(2)是否按照有关规定及时报告党中央。(3)是否弘扬社会主义核心价值观。(4)是否体现全面深化改革精神，科学规范行政行为，促进政府职能向宏观调控、市场监管、社会管理、公共服务、环境保护等方面转变。(5)是否符合精简、统一、效能的原则，相同或者相近的职能规定由一个行政机关承担，简化行政管理手续。(6)是否切实保障公民、法人和其他组织的合法权益，在规定其应当履行的义务的同时，应当规定其相应的权利和保障权利实现的途径。(7)是否体现行政机关的职权与责任相统一的原则，在赋予有关行政机关必要的职权的同时，应当规定其行使职权的条件、程序和应承担的责任。(8)是否符合起草的原则性要求。(9)是否与有关行政法规协调、衔接。(10)是否正确处理有关机关、组织和公民对送审稿主要问题的意见。(11)其他需要审查的内容。行政法规送审稿有下列情形之一的，国务院法制机构可以缓办或者退回起草部门。(1)制定行政法规的基本条件尚不成熟或者发生重大变化的。(2)有关部门对送审稿规定的主要制度存在较大争议，起草部门未征得机构编制、财政、税务等相关部门同意的。(3)未按照《行政法规制定程序条例》有关规定公开征求意见的。(4)上报送审稿不符合《行政法规制定程序条例》第十五条①、第十六条②、第十七条③规定的。

国务院法制机构应当将行政法规送审稿或者行政法规送审稿涉及的主要问题发送国务院有关部门、地方人民政府、有关组织和专家等各方面征求意见。国务院有关部门、地方人民政府应当在规定期限内反馈书面意见，并加盖本单位或者本单位办公厅(室)印章。国务

① 起草行政法规，起草部门应当对涉及有关管理体制、方针政策等需要国务院决策的重大问题提出解决方案，报国务院决定。

② 起草部门向国务院报送的行政法规草案送审稿(以下简称行政法规送审稿)，应当由起草部门主要负责人签署。起草行政法规，涉及几个部门共同职责需要共同起草的，应当共同起草，达成一致意见后联合报送行政法规送审稿。几个部门共同起草的行政法规送审稿，应当由该几个部门主要负责人共同签署。

③ 起草部门将行政法规送审稿报送国务院审查时，应当一并报送行政法规送审稿的说明和有关材料。行政法规送审稿的说明应当对立法的必要性，主要思路，确立的主要制度，征求有关机关、组织和公民意见的情况，各方面对送审稿主要问题的不同意见及其协调处理情况，拟设定、取消或者调整行政许可、行政强制的情况等作出说明。有关材料主要包括所规范领域的实际情况和相关数据、实践中存在的主要问题、国内外的有关立法资料、调研报告、考察报告等。

院法制机构可以将行政法规送审稿或者修改稿及其说明等向社会公布，征求意见。向社会公布征求意见的期限一般不少于30日。国务院法制机构应当就行政法规送审稿涉及的主要问题，深入基层进行实地调查研究，听取基层有关机关、组织和公民的意见。行政法规送审稿涉及重大利益调整的，国务院法制机构应当进行论证咨询，广泛听取有关方面的意见。论证咨询可以采取座谈会、论证会、听证会、委托研究等多种形式。行政法规送审稿涉及重大利益调整或者存在重大意见分歧，对公民、法人或者其他组织的权利义务有较大影响，人民群众普遍关注的，国务院法制机构可以举行听证会，听取有关机关、组织和公民的意见。国务院有关部门对行政法规送审稿涉及的主要制度、方针政策、管理体制、权限分工等有不同意见的，国务院法制机构应当进行协调，力求达成一致意见。对有较大争议的重要立法事项，国务院法制机构可以委托有关专家、教学科研单位、社会组织进行评估。经过充分协调不能达成一致意见的，国务院法制机构、起草部门应当将争议的主要问题、有关部门的意见以及国务院法制机构的意见及时报国务院领导协调，或者报国务院决定。国务院法制机构应当认真研究各方面的意见，与起草部门协商后，对行政法规送审稿进行修改，形成行政法规草案和对草案的说明。行政法规草案由国务院法制机构主要负责人提出提请国务院常务会议审议的建议；对调整范围单一、各方面意见一致或者依据法律制定的配套行政法规草案，可以采取传批方式，由国务院法制机构直接提请国务院审批。

5. 决定与公布

行政法规草案由国务院常务会议审议，或者由国务院审批。国务院常务会议审议行政法规草案时，由国务院法制机构或者起草部门作说明。国务院法制机构应当根据国务院对行政法规草案的审议意见，对行政法规草案进行修改，形成草案修改稿，报请总理签署国务院令公布施行。公布是行政立法发生法律效力的必要条件，未经公布的行政立法对社会不产生约束力。签署公布行政法规的国务院令载明该行政法规的施行日期。行政法规签署公布后，在国务院公报和中国政府法制信息网以及在全国范围内发行的报纸上刊载。国务院法制机构应当及时汇编出版行政法规的国家正式版本。在国务院公报上刊登的行政法规文本为标准文本。行政法规应当自公布之日起30日后施行；但是，涉及国家安全、外汇汇率、货币政策的确定以及公布后不立即施行将有碍行政法规施行的，可以自公布之日起施行。行政法规在公布后的30日内由国务院办公厅报全国人民代表大会常务委员会备案。

6. 解释

国务院享有对行政法规的解释权。行政法规的解释包括两方面的内容：(1)对于行政法规的规定需要进一步明确具体含义或者行政法规制定后出现新的情况，需要明确适用行政法规依据的的解释，由国务院负责解释。国务院法制机构研究行政法规解释草案，报国务院同意后，由国务院或者由国务院授权有关部门公布；国务院各部门和省、自治区、直辖市人民政府可以向国务院提出行政法规解释要求；行政法规的解释与行政法规具有同等效力。(2)对属于行政工作中具体应用行政法规的问题的解释。省、自治区、直辖市人民政府法制机构以及国务院有关部门法制机构请求国务院法制机构解释的，国务院法制机构可以研究答复；其中涉及重大问题的，由国务院法制机构提出意见，报国务院同意后答复。

三、行政规章

（一）行政规章的概念

“行政规章”作为一个法律术语，无论在西方法律文献里，还是在中国本土的立法语境里，都是一个含义颇为模糊的概念。在西方立法语境里，它等同于行政立法本身，其法律性质被限定为委任立法（授权立法）和执行立法，与中国的“规章”不存在涵义上的对应关系。澄清这一点，有助于考察我国行政规章的特征和数量范围，或者识别行政主体在何种程度上滥用了行政职权，或者在多大程度上保护和侵害了行政相对人的权益①。

在我国，行政规章是指特定行政机关根据法律、行政法规和地方性法规，按照法定程序制定的具有普遍约束力的规范性文件的总称。规章包括部门规章和地方政府规章。部门规章是国务院各部、委员会、中国人民银行、审计署和具有行政管理职能的直属机构根据法律和行政法规、决定、命令在本部门的权限内按照规定的程序所制定的规定、办法、规则等规范性文件的总称。地方政府规章是由省、自治区、直辖市和设区的市、自治州的人民政府所制定的普遍适用于本地区行政管理工作的规定、办法、规则等规范性文件的总称。

（二）行政规章制定主体

行政规章分为部门规章和地方政府规章，其制定主体因类型不同而不同。

1. 部门规章制定主体

根据我国《宪法》第九十条和《国务院组织法》第十条规定，国务院各部、各委员会根据法律和国务院的行政法规、规定、命令，在本部门的权限内发布命令、指示和规章。由此可见，部门规章制定主体包括国务院各部、委员会、中国人民银行、审计署和具有行政管理职能的直属机构。具有行政管理职能的直属机构享有制定权，是在《行政处罚法》赋予行政处罚规定权的基础上在《立法法》中新增加的内容，也是在我国现行《宪法》和组织法有关规定的基础上所作出的新的规定。

2. 地方政府规章制定主体

《地方组织法》第六十条规定，省、自治区、直辖市以及省、自治区人民政府所在地的市和经国务院批准的较大的市的人民政府，可以根据法律和国务院的行政法规，以及地方人民代表大会及其常委会的地方性法规制定规章。由此可见，地方政府规章制定主体包括省、自治区、直辖市人民政府；设区的市、自治州的人民政府。除这些地方政府规章制定主体之外，其他诸如省、自治区、直辖市人民政府的所属部门以及县、乡镇人民政府均没有规章制定权。

（三）行政规章制定权限

1. 部门规章制定权限

部门规章的制定权限直接涉及国务院与国务院部委之间以及国务院部委相互间的权限划分。根据《立法法》第九十一条规定，部门规章制定权限为：

（1）执行法律和行政法规的事项。法律和行政法规是适用于全国各地区、各部门和各行业的法规，是各部门制定规章的依据。为了避免法律和行政法规过于冗长繁杂，保持法律、行政法规的相对稳定，我国的法律、行政法规规定一般偏原则性、概括性，而把一些具体

---

① 崔卓兰、于立深：《行政规章研究》，吉林人民出版社，2002，第1页、第5页。

的、专业性的问题，交由国务院和国务院各部门作出规定。

（2）执行国务院的决定和命令的事项。这里的决定和命令包括两种情况：一是国务院在行使行政管理职权的过程中，对有关行政管理事项发布的决定和命令。这些决定和命令一般不是直接针对某个部门而发的，但有关部门为执行这些决定和命令，可以制定相应的规章。二是国务院要求有关部门加强对某方面社会事务的行政管理而发出的决定和命令，或者要求相关部门就某个方面的行政管理事务加紧制定有关规章而发出的决定和命令。

部门规章是国务院部门和直属机构在自己的权限范围内制定的规范性文件。但在实践中，尤其在中国体制改革过程中，会遇到涉及两个或两个以上国务院部门职权范围的事项，即存在职权交叉问题，为此，《立法法》第九十二条为解决这些问题规定，当涉及两个以上国务院部门职权范围的事项，应当提请国务院制定行政法规或者由国务院有关部门联合制定规章。

2. 地方政府规章制定权限

地方政府规章制定权限涉及国务院制定的行政法规与地方政府制定规章之间的立法权限划分、地方政府制定规章与地方权力机关制定地方性法规之间的权限划分。目前，《宪法》和《地方组织法》对中央行政机关与地方行政机关的立法范围有了原则性的规定，而地方政府规章与地方性法规之间的权限范围，法律则没有作出明确的规定。根据《立法法》第九十三条原则性的规定，地方政府规章制定权限包括以下两个方面：

（1）为执行法律、行政法规、地方性法规的规定需要制定规章的事项。这里有两种情况：一种是法律、行政法规和地方性法规明确规定由地方人民政府制定规章的事项。据此，地方人民政府可以根据授权，结合本地区的实际情况，就如何执行法律、行政法规、地方性法规的规定制定有关规章。另一种是，虽然法律、行政法规和地方性法规没有规定地方人民政府可以制定规章，但为执行法律、行政法规、地方性法规，需要制定一些配套措施和具体规定，在这种情况下，如果本地区的改革和建设确有需要，地方人民政府也可以根据法律、行政法规和地方性法规的规定以及本地区的实际情况制定有关规章。

（2）属于本行政区域的具体行政管理事项。在《宪法》和《地方组织法》规定的职权范围内，属于具体行政管理的事项，省、自治区、直辖市和较大的市的人民政府可以制定规章。不属于具体行政管理的事项，而是属于应当制定地方性法规的事项，则地方政府不能制定规章，而应当向本级人大及其常委会提出制定地方性法规议案，由本级人大及其常委会依法制定地方性法规。关于具体行政管理事项，大体可以包括以下几个方面：一是有关行政程序方面的事项，包括办事流程、工作规范等；二是有关行政机关自身建设的事项，包括行政公务员行为操守、工作纪律、廉政建设等；三是不涉及创设公民权利义务的有关社会公共秩序、公共事务或事业的具体管理制度，如公共场所（如公园、电影院等）的管理规定，市场（如夜市、超市等）的管理秩序，学校秩序规定等。

（四）行政规章制定程序

关于行政规章的制定程序，《立法法》并没有作出详细的规定，而是授权国务院，参照行政法规的制定程序来规定。根据《规章制定程序条例》的规定，行政规章的制定程序主要包括立项、起草、审查、决定、公布、解释等。

1. 立项与起草。立项是决定进行行政规章制定工作的程序。国务院部门内设机构或者其他机构认为需要制定部门规章的，应当向该部门报请立项。省、自治区、直辖市和设区的市、自治州的人民政府所属工作部门或者下级人民政府认为需要制定地方政府规章的，应当向该省、自治区、直辖市或者设区的市、自治州的人民政府报请立项。国务院部门，省、自治区、直辖市和设区的市、自治州的人民政府，可以向社会公开征集规章制定项目建议。报送制定规章的立项申请，应当对制定规章的必要性、所要解决的主要问题、拟确立的主要制度等作出说明。国务院部门法制机构，省、自治区、直辖市和设区的市、自治州的人民政府法制机构（以下简称法制机构），应当对制定规章的立项申请和公开征集的规章制定项目建议进行评估论证，拟订本部门、本级人民政府年度规章制定工作计划，报本部门、本级人民政府批准后向社会公布。年度规章制定工作计划应当明确规章的名称、起草单位、完成时间等。国务院部门，省、自治区、直辖市和设区的市、自治州的人民政府，应当加强对执行年度规章制定工作计划的领导。对列入年度规章制定工作计划的项目，承担起草工作的单位应当抓紧工作，按照要求上报本部门或者本级人民政府决定。法制机构应当及时跟踪了解本部门、本级人民政府年度规章制定工作计划执行情况，加强组织协调和督促指导。年度规章制定工作计划在执行中，可以根据实际情况予以调整，对拟增加的规章项目应当进行补充论证。

起草是提出规章初步方案形成送审稿的程序。部门规章由国务院部门组织起草，地方政府规章由省、自治区、直辖市和设区的市、自治州的人民政府组织起草。国务院部门可以确定规章由其一个或者几个内设机构或者其他机构具体负责起草工作，也可以确定由其法制机构起草或者组织起草。省、自治区、直辖市和设区的市、自治州的人民政府可以确定规章由其一个部门或者几个部门具体负责起草工作，也可以确定由其法制机构起草或者组织起草。起草规章，应当深入调查研究，总结实践经验，广泛听取有关机关、组织和公民的意见。听取意见可以采取书面征求意见、座谈会、论证会、听证会等多种形式。起草规章，除依法需要保密的外，应当将规章草案及其说明等向社会公布，征求意见。向社会公布征求意见的期限一般不少于30日。起草专业性较强的规章，可以吸收相关领域的专家参与起草工作，或者委托有关专家、教学科研单位、社会组织起草。起草规章，涉及社会公众普遍关注的热点难点问题和经济社会发展遇到的突出矛盾，减损公民、法人和其他组织权利或者增加其义务对社会公众有重要影响等重大利益调整事项的，起草单位应当进行论证咨询，广泛听取有关方面的意见。起草的规章涉及重大利益调整或者存在重大意见分歧，对公民、法人或者其他组织的权利义务有较大影响，人民群众普遍关注，需要进行听证的，起草单位应当举行听证会听取意见。听证会依照下列程序组织：(1)听证会公开举行，起草单位应当在举行听证会的30日前公布听证会的时间、地点和内容；(2)参加听证会的有关机关、组织和公民对起草的规章，有权提问和发表意见；(3)听证会应当制作笔录，如实记录发言人的主要观点和理由；(4)起草单位应当认真研究听证会反映的各种意见，起草的规章在报送审查时，应当说明对听证会意见的处理情况及其理由。起草部门规章，涉及国务院其他部门的职责或者与国务院其他部门关系紧密的，起草单位应当充分征求国务院其他部门的意见。起草地方政府规章，涉及本级人民政府其他部门的职责或者与其他部门关系紧密的，起草单位应当充分征求其他部门的意见。起草单位与其他部门有不同意见的，应当充分协商；经过充分协商不能取得一致意见的，起草单位应当在上报规章草案送审稿（以下简称规章送审稿）时说明情况和理由。

起草单位应当将规章送审稿及其说明、对规章送审稿主要问题的不同意见和其他有关材料按规定报送审查。报送审查的规章送审稿，应当由起草单位主要负责人签署；几个起草单位共同起草的规章送审稿，应当由该几个起草单位主要负责人共同签署。规章送审稿的说明应当对制定规章的必要性、规定的主要措施、有关方面的意见及其协调处理情况等作出说明。有关材料主要包括所规范领域的实际情况和相关数据、实践中存在的主要问题、汇总的意见、听证会笔录、调研报告、国内外有关立法资料等。

部门规章由国务院部门组织起草，地方政府规章由省、自治区、直辖市和较大的市的人民政府组织起草。国务院部门可以确定规章由其一个或者几个内设机构或者其他机构具体负责起草工作，也可以确定由其法制机构起草或者组织起草。省、自治区、直辖市和较大的市的人民政府可以确定规章由其一个部门或者几个部门具体负责起草工作，也可以确定由其法制机构起草或者组织起草。起草规章可以邀请有关专家、组织参加，也可以委托有关专家、组织起草。起草规章，应当深入调查研究，总结实践经验，广泛听取有关机关、组织和公民的意见。听取意见可以采取书面征求意见、座谈会、论证会、听证会等多种形式。起草的规章直接涉及公民、法人或者其他组织切身利益，有关机关、组织或者公民对其有重大意见分歧的，应当向社会公布，征求社会各界的意见；起草单位也可以举行听证会。起草部门规章，涉及国务院其他部门的职责或者与国务院其他部门关系紧密的，起草单位应当充分征求国务院其他部门的意见。起草地方政府规章，涉及本级人民政府其他部门的职责或者与其他部门关系紧密的，起草单位应当充分征求其他部门的意见。起草单位与其他部门有不同意见的，应当充分协商；经过充分协商不能取得一致意见的，起草单位应当在上报规章草案送审稿（以下简称规章送审稿）时说明情况和理由。起草单位应当将规章送审稿及其说明、对规章送审稿主要问题的不同意见和其他有关材料按规定报送审查。报送审查的规章送审稿，应当由起草单位主要负责人签署；几个起草单位共同起草的规章送审稿，应当由该几个起草单位主要负责人共同签署。

2. 审查。审查是对送审稿进行修正形成行政规章草案的程序。起草单位应当将规章送审稿及其说明、对规章送审稿主要问题的不同意见和其他有关材料，按规定报送审查。

规章送审稿由法制机构负责统一审查。法制机构主要从以下方面对送审稿进行审查：(1)是否符合《规章制定程序条例》第三条①、第四条②、第五条③、第六条④的规定；(2)是否符合社

---

① 制定规章，应当贯彻落实党的路线方针政策和决策部署，遵循立法法确定的立法原则，符合宪法、法律、行政法规和其他上位法的规定。没有法律或者国务院的行政法规、决定、命令的依据，部门规章不得设定减损公民、法人和其他组织权利或者增加其义务的规范，不得增加本部门的权力或者减少本部门的法定职责。没有法律、行政法规、地方性法规的依据，地方政府规章不得设定减损公民、法人和其他组织权利或者增加其义务的规范。

② 制定政治方面法律的配套规章，应当按照有关规定及时报告党中央或者同级党委（党组）。制定重大经济社会方面的规章，应当按照有关规定及时报告同级党委（党组）。

③ 制定规章，应当切实保障公民、法人和其他组织的合法权益，在规定其应当履行的义务的同时，应当规定其相应的权利和保障权利实现的途径。制定规章，应当体现行政机关的职权与责任相统一的原则，在赋予有关行政机关必要的职权的同时，应当规定其行使职权的条件、程序和应承担的责任。

④ 制定规章，应当体现全面深化改革精神，科学规范行政行为，促进政府职能向宏观调控、市场监管、社会管理、公共服务、环境保护等方面转变。制定规章，应当符合精简、统一、效能的原则，相同或者相近的职能应当规定由一个行政机关承担，简化行政管理手续。

会主义核心价值观的要求;(3)是否与有关规章协调、衔接;(4)是否正确处理有关机关、组织和公民对规章送审稿主要问题的意见;(5)是否符合立法技术要求;(6)需要审查的其他内容。

法制机构应当将规章送审稿或者规章送审稿涉及的主要问题发送有关机关、组织和专家征求意见。法制机构可以将规章送审稿或者修改稿及其说明等向社会公布,征求意见。向社会公布征求意见的期限一般不少于30日。法制机构应当就规章送审稿涉及的主要问题,深入基层进行实地调查研究,听取基层有关机关、组织和公民的意见。规章送审稿涉及重大利益调整的,法制机构应当进行论证咨询,广泛听取有关方面的意见。论证咨询可以采取座谈会、论证会、听证会、委托研究等多种形式。规章送审稿涉及重大利益调整或者存在重大意见分歧,对公民、法人或者其他组织的权利义务有较大影响,人民群众普遍关注,起草单位在起草过程中未举行听证会的,法制机构经本部门或者本级人民政府批准,可以举行听证会。有关机构或者部门对规章送审稿涉及的主要措施、管理体制、权限分工等问题有不同意见的,法制机构应当进行协调,力求达成一致意见。对有较大争议的重要立法事项,法制机构可以委托有关专家、教学科研单位、社会组织进行评估。经过充分协调不能达成一致意见的,法制机构应当将主要问题、有关机构或者部门的意见和法制机构的意见及时报本部门或者本级人民政府领导协调,或者报本部门或者本级人民政府决定。

审查后的处理有以下几种情形:(1)缓办或退回。规章送审稿有下列情形之一的,法制机构可以缓办或退回起草单位:制定规章的基本条件尚不成熟或者发生重大变化的;有关机构或者部门对规章送审稿规定的主要制度存在较大争议,起草单位未与有关机构或者部门充分协商的;未按照本条例有关规定公开征求意见的;上报送审稿不符合《规章制定程序条例》第18条规定的。(2)形成规章草案。法制机构应当认真研究各方面的意见,与起草单位协商后,对规章送审稿进行修改,形成规章草案和对草案的说明。说明应当包括制定规章拟解决的主要问题、确立的主要措施以及与有关部门的协调情况等。规章草案和说明由法制机构主要负责人签署,提出提请本部门或者本级人民政府有关会议审议的建议。法制机构起草或者组织起草的规章草案,由法制机构主要负责人签署,提出提请本部门或者本级人民政府有关会议审议的建议。

3. 决定和公布。决定是审议行政规章草案并作出最终决定的决策程序。公布是由特定的行政机关或人员,采用法律规定的方式将经过决定程序后已上升为行政规章的文件公之于众,使公众知晓的程序。部门规章应当经部务会议或者委员会会议决定。地方政府规章应当经政府常务会议或者全体会议决定。审议规章草案时,由法制机构作说明,也可以由起草单位作说明。法制机构应当根据有关会议审议意见对规章草案进行修改,形成草案修改稿,报请本部门首长或者省长、自治区主席、市长、自治州州长签署命令并予以公布。公布规章的命令应当载明该规章的制定机关、序号、规章名称、通过日期、施行日期、部门首长或者省长、自治区主席、市长、自治州州长署名以及公布日期。部门联合规章由联合制定的部门首长共同署名公布,使用主办机关的命令序号。部门规章签署公布后,及时在国务院公报或者部门公报和中国政府法制信息网以及在全国范围内发行的报纸上刊载。地方政府规章签署公布后,及时在本级人民政府公报和中国政府法制信息网以及在本行政区域范围内发行的报纸上刊载。在国务院公报或者部门公报和地方人民政府公报上刊登的规章文本为标准文本。规章应当自公布之日起30日后施行;但是,涉及国家安全、外汇汇率、货币政策的确定以及公布后不立即施行将有碍规章施行的，可以自公布之日起施行。

4. 解释与备案。规章解释权属于规章制定机关。规章有下列情况之一的，由制定机关解释：(1)规章的规定需要进一步明确具体含义的；(2)规章制定后出现新的情况，需要明确适用规章依据的。规章解释由规章制定机关的法制机构参照规章送审稿审查程序提出意见，报请制定机关批准后公布。规章的解释同规章有同等的效力。规章应当自公布之日起30日内，由法制机构依照《立法法》和《法规规章备案条例》的规定向有关机关备案。国家机关、社会团体、企业事业组织、公民认为规章同法律、行政法规相抵触的，可以向国务院书面提出审查的建议，由国务院法制机构研究并提出处理意见，按照规定程序处理。国家机关、社会团体、企业事业组织、公民认为设区的市、自治州的人民政府规章同法律、行政法规相抵触或者违反其他上位法的规定的，也可以向本省、自治区人民政府书面提出审查的建议，由省、自治区人民政府法制机构研究并提出处理意见，按照规定程序处理。

第三节 制定其他行政规范性文件行为

一、其他行政规范性文件的概念与特征

其他行政规范性文件是指各类国家行政机关为实施法律、执行政策，在法定权限内制定的除行政法规、行政规章以外的具有普遍约束力的决定、命令及行政措施等。

可从以下几个方面来理解其他行政规范性文件的含义：

1. 制定主体只能是国家行政机关。非国家行政机关的国家机关、企事业单位、社会团体组织、政党都不具备主体资格。国家行政机关是指按照宪法和有关组织法的设定，依法行使国家行政权，对国家各项行政事务进行组织和管理的机关。只有国家行政机关才能制定其他行政规范性文件，也只有国家行政机关制定的除行政法规、行政规章以外的规范性文件才能称为其他行政规范性文件。其他任何单位、组织都不能制定其他行政规范性文件，它们制定的规范性文件也不能称为其他行政规范性文件。

2. 从目的看，其他行政规范性文件是为了实施法律规范和执行政策而制定的。《国家行政机关公文处理办法》第二条就明确规定了其目的："行政机关的公文，是行政机关在行政管理过程中形成的具有法定效力和规范体式的文书，是依法行政和进行公务活动的工具"。

3. 其他行政规范性文件在一定范围内具有普遍约束力。也就是说，其他行政规范性文件一经对外发布就具有外部法律效果。但其不属于立法的表现形式，既不同于行政立法，也区别于具体行政行为。

4. 从形式上看，其他行政规范性文件主要包括：命令(令)、议案决定、决议、公告、公报、通告、通知、通报、报告、请示、批复、意见函、纪要，且每一种其他行政规范性文件都有规范的体式和适用场景。如"函"用于机关之间商洽工作、询问和答复问题，向无隶属关系的有关主管部门请求批准等①。

---

① 《党政机关公文处理工作条例》规定了最新的公文文体

其他行政规范性文件具有以下特征：

1. 主体的广泛性。制定其他行政规范性文件的主体是各级各类国家行政机关。根据《宪法》和《地方组织法》和有关法律的规定，国务院可以规定行政措施、发布决定和命令；各部、委可以发布命令、指示；县级以上各级人民政府及其工作部门可以规定行政措施、发布决定和命令；乡、镇人民政府可以发布决定和命令。

2. 效力的多层性。由于其他行政规范性文件制定主体的广泛性，必然导致其数量众多，在效力上与其制定主体的地位相对应。在我国，行政机关之间具有严密的上下级关系，即从中央到地方，国家行政机关存在若干层级，以国家最高行政机关为顶点，形成金字塔型的行政组织系统。这就决定了下级行政机关制定的行政规范性文件不能同上级行政机关制定的行政规范性文件的内容相抵触，因此它们的效力从上到下呈现出多层级性的特点。

3. 从属性。相对于行政立法，其他行政规范性文件具有从属性。首先，在内容上，从属于法律、法规、规章以及上级行政机关的其他行政规范性文件。只有依据法律、法规、规章和上级行政机关的其他行政规范性文件才能设定规范对象，尤其是对行政相对人的权利义务不得突破。其次，在效力上，其他行政规范性文件还分别从属于相应行政机关制定的行政法规和行政规章。也就是说，有权制定行政法规的国务院制定的其他行政规范性文件，其效力低于行政法规；有权制定规章的行政机关制定的其他行政规范性文件，其效力低于自己制定的行政规章。

4. 规范性。其他行政规范性文件，无论针对的是主体还是行为、内容还是结果，都是不特定的。它以客观行为为标准而存在，在适用范围上具有普遍性，其效力所及的单位和个人应当遵守，具有执行力。

二、其他行政规范性文件与行政立法的区别

其他行政规范性文件同行政立法一样都属于抽象行政行为，从表现形式看都具有规范性、普遍适用性。但其他行政规范性文件不同于行政法规、规章等行政立法的文件，它们的区别主要表现在：

1. 制定的主体范围不同。行政法规、规章的制定主体是由宪法和法律规定的特定的行政机关，主体范围较其他行政规范性文件的主体范围要狭小得多。其他行政规范性文件的制定主体较为广泛，几乎包括了所有国家行政机关，既有行政立法的主体，也有不享有行政立法权的其他行政机关。

2. 效力的层级不同。行政法规、规章的效力高于其他行政规范性文件。其他行政规范性文件应以法律、法规、规章为依据，不得与法律、法规、规章相抵触、相违背。

3. 规范的内容不同。行政法规、规章可以在法定范围内设定权利（权力）和义务（责任），如可以拥有有限的行政处罚设定权，在法定的权限范围内对相对人设定某些权利和义务。但其他行政规范性文件无权作出涉及行政相对人权利与义务的规定，无权设定行政处罚。

4. 制定的程序不同。行政法规、规章的制定程序较为严格、正式，而其他行政规范性文件的制定程序则较为简单。

三、其他行政规范性文件的分类

依据制定和发布主体的不同，可以将其他行政规范性文件分为两类：享有行政立法权的行政机关制定发布的其他行政规范性文件和不享有行政立法权的行政机关制定发布的其他行政规范性文件。

1. 行政立法性的其他行政规范性文件。虽然其制定主体是享有行政立法权的行政机关，但因其不符合行政立法的法定标准，所以仍不属于行政立法的范畴。行政立法性的其他行政规范性文件包括行政法规性的其他行政规范性文件和行政规章性的其他行政规范性文件。行政法规性的其他行政规范性文件是指由享有行政法规制定权的国务院所发布的、除了行政法规以外的其他行政规范性文件。由于这些规范性文件不具备行政法规的法定标准，因此，不属于立法。行政规章性的其他行政规范性文件是指享有行政规章制定权的行政机关制定的、除了行政规章以外的其他行政规范性文件。享有行政立法权的行政机关制定发布的其他行政规范性文件的效力要低于其本身制定的行政立法的效力，但是要高于其下级行政机关制定发布的规章的效力。

2. 一般性的其他行政规范性文件。是指在我国各级地方人民政府中，除了省级人民政府、省级人民政府所在地的市的人民政府，18 个较大的市和 4 个经济特区的市的人民政府（它们都享有制定规章权）外，其他数量众多的市、县和乡镇人民政府为了实现行政目的，结合本地区、本部门的实际情况，对不特定的人或事，所制定发布的具有普遍约束力的行政规范性文件，这类行政规范性文件在数量上远远超过行政法规和规章，调整的社会关系也极为广泛，对保障和促进国家各项事业的发展具有重要作用。

四、其他行政规范性文件的效力

行政机关制定的其他行政规范性文件在社会管理中起着非常重要的作用，其效力主要体现在以下四个方面：

1. 其他行政规范性文件对行政相对人具有约束力和执行力。随着行政权的扩张，其他行政规范性文件功能的日益扩大，外部化趋势日益明显，因而在行政管理中越来越多的其他行政规范性文件直接或间接地具有了外部效力。具体表现在：行政机关制定的其他行政规范性文件一经颁布，其管辖范围以内的组织和个人都要受到约束。其他行政规范性文件所规定的内容必须被执行，对任何不履行行政规范性文件的行为，行政机关可以依法采取强制措施，强制行政相对人履行，并追究法律责任。

2. 其他行政规范性文件对行政机关具有确定力。其他行政规范性文件一经发布，行政机关非经法定程序不得任意撤销、改变、废止其他行政规范性文件。因合法原因撤销、改变、废止其他行政规范性文件，给行政相对人造成损害的要给予行政相对人补偿；因非法原因撤销、改变、废止其他行政规范性文件，给行政相对人造成损害的要给予行政相对人赔偿。其他行政规范性文件对制定机关和下级行政机关实施的具体行政行为具有适用的效力，行政机关必须依据相应的其他行政规范性文件才能作出具体行政行为。而非依据其他行政规范性文件作出的具体行政行为都是违法的行为。

3. 其他行政规范性文件是行政复议机关审理复议案件的依据。行政复议机关审理复议案件时，不仅要以法律、法规、规章为依据，还要以上级行政机关依法制定和发布的具有普遍约束力的决定、命令为依据。复议机关在审查依照其他行政规范性文件作出的具体行政行为时，如果发现其本身与较高层次的法律、法规、规章、其他行政规范性文件相抵触，可以在职权的范围内撤销该行政规范性文件，如无权撤销，则可以提请有权处理的机关依法处理。

4. 其他行政规范性文件在行政诉讼中可以作为法院审理案件的参考。在行政诉讼中，人民法院审理行政案件，以法律和行政法规、地方性法规为依据，以行政规章为参照，而其他行政规范性文件既不是“依据”，也不是“参照”，原则上可以不加考虑。但考虑到我国行政法治的程度较低，在目前和相当长的时期内，其他行政规范性文件在我国行政管理中将继续发挥着重要的作用，基于这一客观现实，人民法院在审理具体行政行为的合法性时，对其他行政规范性文件不加考虑是不可能的。因此，人民法院在行政诉讼中对其他行政规范性文件必要时作为审理行政案件的参考，只要其不与法律、法规、规章相抵触，就应认定其合法性，对根据这种其他行政规范性文件作出的具体行政行为也应予以维护。

五、其他行政规范性文件存在的主要问题

由于我国法律对于其他行政性文件的制定缺乏明确的规范，在现实中其他行政规范性文件存在诸多问题。这些问题主要有：

1. 制定主体混乱

我国法律规定可以制定其他行政规范性文件的主体很多，根据《地方组织法》第五十九条和第六十一条的规定，县级以上地方各级人民政府和乡、民族乡、镇人民政府是规范性文件的制定主体。而且，各级地方人民政府的职能部门也同样享有其他行政规范性文件的制定权。如《中华人民共和国劳动法》第九条第二款规定：“县级以上地方人民政府劳动行政部门主管本行政区域内的劳动工作。”从中可以看出县级以上地方人民政府所属的部门根据法定授权，可以制定其他行政规范性文件。从而导致制定主体纷繁复杂，呈现较为混乱的状态，进而导致其他行政规范性文件的内容不当或违法。

2. 程序不健全

对于行政立法的制定，目前我国颁布了《行政法规制定程序条例》《规章制定程序条例》，但没有颁布关于其他行政规范性文件制定程序的法规，只在《规章制定程序条例》中规定：“依法不具有规章制定权的县级以上地方人民政府制定、发布具有普遍约束力的决定、命令，参照本条例规定的程序执行。”对于国务院各部、委和县级以下地方人民政府制定发布具有约束力的决定、命令的程序则是一个盲点。我国县级以下地方人民政府数量多，所制定的规范性文件的数量则更庞大，对行政相对人的影响更直接。但是由于缺乏相应的程序保障，这些规范性文件的合法性及对行政相对人合法权益保障的可能与否、充分与否令人置疑①。

3. 监督不力

对其他行政规范性文件监督不力，主要表现在：

(1) 监督机制不完善，缺乏可供实际操作的程序和制度。依法律规定，各级权力机关、

① 周金娥：《论行政法规、规章以外的其他行政规范性文件存在的问题及其完善》，《长江论坛》2003年第6期。

国务院、上级行政机关有权撤销不适当的决定、命令，但究竟通过什么样的程序、制度，采取什么样的办法来行使监督权，法律并无相关规定。国务院颁布了《法规规章备案条例》，对行政立法的备案制度作了详尽规定。然而对于其他行政规范性文件只有一些省、自治区、直辖市人民政府要求将其上报备案，还远没有在全国范围内通过法律法规的形式将它作为一项专门制度予以固定。制度的疏漏导致权力机关很少积极主动履行监督职责，加上行政机关的监督也只是基于上下级行政关系进行系统内部监督，致使监督不免流于形式，实难奏效。

(2) 没有赋予行政相对人对其他行政规范性文件的单独复议权。《行政复议法》启动了对抽象行政行为的监督审查权，这不能不说是一个重大的进步和突破，但也存在自身局限性，即行政相对人一方对其他行政规范性文件的复议请求只能与违法具体行政行为一并提出。不难看出，对其他行政规范性文件的复议审查申请是以行政相对人合法权益即将或已经受到具体行政行为侵害为前提和代价的，这样一种监督方式显得过于被动和消极。

(3) 司法审查机制缺失。我国《行政诉讼法》第十三条第二款明确规定人民法院不受理就“行政法规、规章或者行政机关制定、发布的具有普遍约束力的决定、命令”提起的行政诉讼，把其他行政规范性文件排除在行政诉讼受案范围之外。而第六十三条又规定人民法院对规章参照适用，意味着法院对规章具有一定的选择适用权。那么，对其他行政规范性文件是否也可以认为参照适用呢？法律没有明文规定①。

六、对其他行政规范性文件的监督

着力解决其他行政规范性文件存在的诸多问题，关键在于加强监督。

1. 加强权力机关的监督。

权力机关的监督是指由各级国家权力机关对其他行政规范性文件是否合宪、合法而实施的监督。根据《宪法》和《地方组织法》的规定，全国人大常委会有权撤销国务院制定的同宪法、法律相抵触的行政法规、决定和命令，地方各级人民代表大会及其常务委员会有权撤销本级人民政府的不适当的决定和命令。但目前实际操作中缺乏相应的配套法律程序撤销不适当的其他行政规范性文件。《中华人民共和国各级人民代表大会常务委员会监督法》(以下称《人大监督法》)第二十九条规定，“县级以上地方各级人民代表大会常务委员会审查、撤销下一级人民代表大会及其常务委员会作出的不适当的决议、决定和本级人民政府发布的不适当的决定、命令的程序，由省、自治区、直辖市的人民代表大会常务委员会参照《立法法》的有关规定，作出具体规定。”可见，《人大监督法》中虽然对其他行政规范性文件监督作出规定，但配套的法律程序却授权由省、自治区、直辖市的人大会常委会参照《立法法》作出，这一规定不但影响了我国法制的统一，而且各省、自治区、直辖市出台具体规定仍需时日。因此，有必要制定相应的法律对此作统一规定。

2. 加强行政机关内部监督。

在对其他行政规范性文件的监控机制中，行政监控应更为直接和有效。同时，由于上级行政机关具备了比其他国家机关更为熟悉某一专业领域行政管理的条件，对于某个其他行政规范性文件更加容易鉴别，因此实施监控更为有力。此外，对于违法的行政行为，通过行

---

① 参见彭扬、郑全新:《关于行政立法以外的其他行政规范性文件监督的思考》,《行政论坛》2004 年第 1 期。

政系统的内部监督来纠正和解决，有利于改善行政机关与行政相对人之间的关系，树立和提高行政机关的形象。目前，这种行政系统内部监督，要通过完善其他行政规范性文件的备案审查制度、定期清理和编纂制度以及完善对其他行政规范性文件的复议审查制度来解决。

3. 加强司法审查监督。

我国目前对其他行政规范性文件的司法监控，主要是人民法院的审判监督。这种监督具体体现是通过对被诉具体行政行为所依据的其他行政规范性文件的判断来进行的。这种监控形式不仅很有限，而且缺乏主动性，无法适应对迅速发展的其他行政规范性文件的监控需要，更谈不上对其进行切实有效的监督了。因此，针对目前我国人民法院对其他行政规范性文件的司法监控中存在的不足，应当采取相应的对策，加强和完善这种监控形式，以充分发挥其优势和对其他行政规范性文件的监控效能。

4. 建立其他行政规范性文件自动失效制度①。

针对我国其他行政规范性文件中的问题，借鉴国外尤其是美国“落日条款”的相关做法，在我国建立其他行政规范性文件的自动失效制度。对不同的其他行政规范性文件规定一个有效期限。对其他行政规范性文件具体适用期限，应由制定机关根据以下几种情况予以确定：对于执行事项时限性强的其他行政规范性文件，其有效期应为执行事项完成之后，这种时效应根据被执行事项本身的特点加以确定；对于包含变化频率高的数据的行政规范性文件，由于数据的确定具有当时的现实性，而且这种数据变化较快，因此，其自动失效期 2 年较为合适；对于应急性但存在争议的行政规范性文件，其有效期应更短，最好为 1 年；对于贯彻法律法规的落实型行政规范性文件，其有效期以 5 年为限。但无论如何，行政规范性文件的有效期自发布之日起原则上最长不得超过 5 年。有效期届满，行政规范性文件的效力自动终止。行政规范性文件有效期届满前的一定时间内，制定部门认为该文件需要继续实施的，应当重新审查，并重新发布。自动失效将迫使制定机关对即将到期的其他行政规范性文件进行必要的、及时的审查，以决定是否修改、废除抑或继续生效。自动失效制度有利于实现行政规范性文件的自动清理，建立长效的立法监督机制，也有利于对公民合法利益的保护。

---

① 王春业：《设立行政规范性文件的自动失效制度》，《社会科学辑刊》2009 年第 6 期。

第三章

具体行政行为论

具体行政行为是与抽象行政行为相对的一个概念，根据目前公认的观点，它是指行政主体基于行政职权或行政职责进行的对特定的行政相对人就特定的事项而直接产生法律效果的行为。常见的具体行政行为有：行政许可、行政奖励、行政给付、行政强制、行政征收、行政命令、行政处罚、行政确认、行政裁决、行政仲裁和行政合同等。具体行政行为分为单方具体行政行为和双方具体行政行为，前述的常见具体行政行为除了行政合同是双方具体行政行为外，其他的都是单方具体行政行为。其中，单方具体行政行为按照法律功能的角度来分类，可分为赋权的具体行政行为、限权的具体行政行为、确认的具体行政行为和裁决的具体行政行为。赋权的具体行政行为有行政许可、行政奖励和行政给付。限权的具体行政行为有行政处罚、行政强制、行政征收。确认的具体行政行为有行政确认，裁决的具体行政行为有行政裁决和行政仲裁。以下分别讨论。

第一节　赋权的具体行政行为

一、行政许可

（一）行政许可的概念和特征

行政许可是指行政机关根据公民、法人或者其他组织的申请，经依法审查，准予其从事特定活动的行为。行政许可有如下特征：

1. 行政许可是一种依申请的具体行政行为。行政相对人能够从事法律所一般禁止的行为，必须依法向有关行政主体提出申请。行政相对人依法向行政主体提起申请，是行政许可行为发生的前提。

2. 行政许可的内容是行政主体赋予行政相对人某种法律资格或权利。例如，行政主体颁发经营许可证就是赋予行政相对人从事某种行业的权利，颁发律师证就是赋予行政相对人从事律师事务的资格。

3. 行政许可是一种要式行为。这体现在行政许可是通过颁发许可证、执照等形式来实施的。

（二）行政行为的分类

1. 以许可的范围为标准，行政许可分为一般许可和特殊许可。一般许可是指行政主体对符合法定条件的申请人直接颁发许可证而无特殊限制的许可。这类许可一般没有诸如数量等方面的限制。特殊许可是指除了符合一般法定许可条件外,还对申请人规定了特别限制的许可。如持枪许可是一种特殊许可。

2. 以许可的享有程度为标准,行政许可分为排他性许可和非排他性许可。排他性许可是指某个人或组织获得许可后,其他任何人不得再申请或获得,如专利许可、商标许可。非排他性许可是指许可机关对凡是符合一定法定条件的申请人,均可给予的许可。如营业许可、驾驶执照等。

3. 以许可是否附加必要履行的义务为标准,行政许可分为权利性许可和附义务行政许可。权利性许可是指申请人取得许可证后可以根据自己的意志决定是否行使该许可证赋予的法律资格或法律权利的行政许可。如持枪证、护照等。被许可的权利对权利行使人来说有权放弃,但权利行使人不得自由转让。附义务许可是指许可证持有人在获得被许可的权利的同时也承担了在一定期限内必须行使该项权利。如果被许可人在规定的期限内没有从事被许可的活动(或行使权利),就要为此承担一定的不利后果。如取得商标许可的公民或法人,根据《中华人民共和国商标法》第四十九条的规定,连续三年停止使用注册商标的,由商标局责令限期改正或者撤销其注册商标。

4. 以许可的内容为标准,行政许可分为行为许可和资格许可。行为许可是指允许行政相对人从事某种活动的行政许可。如开业、生产、经营许可。这类许可一般仅限于某种行为或活动,不含有资格权能的特别证明,申请该许可无须经过严格考试。资格许可是指行政主体依行政相对人的申请,经过相应的程序考试合格后颁发许可证,允许其享有某种资格或具备某种能力的行政许可。如法律职业资格证、建筑师证、导游资格证书、引航员适任证书、技术等级证书等。

5. 以行政许可的书面形式分类,行政许可分为独立的许可与附文件的许可。独立的许可,指行政相对人所获得的是单独的许可证或书面文件,许可证本身已就持有人活动的范围、方式、时间等作了明确规定,无须其他文件对此加以说明,如卫生许可证、驾驶执照等。附文件的行政许可,指需要附加文件加以说明的许可证或书面文件,如专利许可、商标许可等,这种许可证或书面文件本身不足以说明持有人得到许可的全部内容,需要某些附加文件补充说明。

(三) 行政许可的原则

1. 行政许可法定原则。《中华人民共和国行政许可法》(下文简称《行政许可法》)第四条规定:“设定和实施行政许可,应当依照法定的权限、范围、条件和程序。”首先,行政许可的设定必须有其法律依据,其实施的过程的不得违反法律的规定。其次,行政主体应当按照法定的权限、条件和程序实施行政许可行为。最后,因行政许可发生的纠纷和主管机关的监督检查必须依法进行。

2. 便民和效率原则。《行政许可法》第六条规定:“实施行政许可,应当遵循便民的原则,提高办事效率,提供优质服务。”便民是指行政机关实施行政许可应当尽可能手续简化、方便快捷,从而确保许可申请人以最低的成本获得许可目的的实现。效率是要求行政机关在履行职责时应当以尽可能小的社会成本来实现既定的行政管理目标,使社会效益最大化。

3. 信赖保护原则。赖保护原则是诚信原则在行政法中的运用,“苟无诚信原则,则民主宪政将无法实行，故诚信为一切行政权之准则，亦为其限界。”[①]根据《行政许可法》第八条的规定，“公民、法人或者其他组织依法取得的行政许可受法律保护，行政机关不得擅自改变已经生效的行政许可。行政许可所依据的法律、法规、规章修改或者废止，或者准予行政许可所依据的客观情况发生重大变化的，为了公共利益的需要，行政机关可以依法变更或者撤回已经生效的行政许可。由此给公民、法人或者其他组织造成财产损失的，行政机关应当依法给予补偿。”

4. 行政救济原则。根据《行政许可法》第七条的规定，“公民法人或者其他组织对行政机关实施行政许可，享有陈述权、申辩权；有权依法申请行政复议或者提起行政诉讼；其合法权益因行政机关违法实施行政许可受到损害的，有权依法要求赔偿。”其中，陈述和申辩可被认为是事前救济途径，复议和诉讼可被认为是事后补救途径。

5. 公开、公平、公正原则。《行政许可法》第五条规定：“设定和实施行政许可，应当遵循公开、公平、公正、非歧视的原则。有关行政许可的规定应当公布；未经公布的，不得作为实施行政许可的依据。行政许可的实施和结果，除涉及国家秘密、商业秘密或者个人隐私的外，应当公开。”“符合法定条件、标准的，申请人有依法取得行政许可的平等权利，行政机关不得歧视任何人。”

6. 行政许可不得转让原则。依法取得行政许可，必须符合法定条件、标准，因此，被许可人取得的行政许可一般不得转让。只有特定事项依法取得的行政许可可以转让，但必须由法律、法规对这种转让作出明确规定。为此，《行政许可法》第九条规定：“依法取得的行政许可，除法律、法规规定依照法定条件和程序可以转让的外，不得转让。”

7. 行政监督原则。根据《行政许可法》第十条的规定，“县级以上人民政府应当建立健全对行政机关实施行政许可的监督制度，加强对行政机关实施行政许可的监督检查。行政机关应当对公民、法人或者其他组织从事行政许可事项的活动实施有效监督。”

（四）行政许可的设定

1. 行政许可设定的事项范围

行政许可设定的事项范围是指哪些事项可以设定行政许可，哪些事项不能设定行政许可。根据我国《行政许可法》的规定，“设定行政许可，应当遵循经济和社会发展规律，有利于发挥公民、法人或者其他组织的积极性、主动性，维护公共利益和社会秩序，促进经济、社会和生态环境协调发展。”可以设定行政许可事项有：直接涉及国家安全、公共安全、经济宏观调控、生态环境保护以及直接关系人身健康、生命财产安全等特定活动，需要按照法定条件予以批准的；有限自然资源开发利用、公共资源配置以及直接关系公共利益的特定行业的市场准入等，需要赋予特定权利的；提供公众服务并且直接关系公共利益的职业、行业，需要确定具备特殊信誉、特殊条件或者特殊技能等资格、资质的事项；直接关系公共安全、人身健康、生命财产安全的重要设备、设施、产品、物品，需要按照技术标准、技术规范，通过检验、检测、检疫等方式进行审定的；企业或者其他组织的设立等，需要确定主体资格的；法律、行政法规规定可以设定行政许可的其他事项。

可以不设定行政许可的事项有：公民、法人或者其他组织能够自主决定的；市场竞争机

---

① 罗传贤：《行政程序法基础理论》，台湾五南图书出版公司，1993，第65页。

制能够有效调节的;行业组织或者中介机构能够自律管理的;行政机关采用事后监督等其他行政管理方式能够解决的。

2. 行政许可的设定权限

行政许可的设定权限要解决的问题是,针对《行政许可法》规定的可以设定行政许可的事项,具体哪些主体可以设定行政许可。根据《行政许可法》第十四条、第十五条的规定,我国行政许可设定的主体及其权限为:(1)法律可以设定行政许可。(2)对依法可以设定行政许可的事项,尚未制定法律的,行政法规可以设定行政许可。必要时,国务院可以采用发布决定的方式设定行政许可。实施后,除临时性行政许可事项外,国务院应当及时提请全国人民代表大会及其常务委员会制定法律,或者自行制定行政法规。(3)如果尚未制定法律、行政法规的,地方性法规可以设定行政许可。(4)尚未制定法律、行政法规和地方性法规的,因行政管理的需要,确需立即实施行政许可的,省、自治区、直辖市人民政府规章可以设定临时性的行政许可。临时性的行政许可实施满一年需要继续实施的,应当提请本级人民代表大会及其常务委员会制定地方性法规。但地方性法规和省、自治区、直辖市人民政府规章,不得设定应当由国家统一确定的公民、法人或者其他组织的资格、资质的行政许可;不得设定企业或者其他组织的设立登记及其前置性行政许可。其设定的行政许可,不得限制其他地区的个人或者企业到本地区从事生产经营和提供服务,不得限制其他地区的商品进入本地区市场。其他规范性文件一律不得设定行政许可。

3. 行政许可设定规则

行政许可的设定规则包括行政许可设定内容、设定程序及设定评价等方面的具体要求。

(1) 行政许可设定内容。行政许可设定的内容是指行政许可的设定主体对依法可以设定行政许可的事项设定行政许可时所应当规定的内容。《行政许可法》第十八条规定:“设定行政许可,应当规定行政许可的实施机关、条件、程序、期限。”

(2) 行政许可设定程序。《行政许可法》第十九条规定:“起草法律草案、法规草案和省、自治区、直辖市人民政府规章草案,拟设定行政许可的,起草单位应当采取听证会、论证会等形式听取意见,并向制定机关说明设定该行政许可的必要性、对经济和社会可能产生的影响以及听取和采纳意见的情况。”

(3) 行政许可设定评价。设定行政许可的必要性、范围的大小应当随经济社会环境的变化而变更。为此,《行政许可法》第二十条规定,行政许可的设定机关应当定期对其设定的行政许可进行评价;对已设定的行政许可,认为通过公民、法人或者其他组织自主决定、市场竞争机制有效调节、行业组织或者中介机构自律管理的和行政机关采用事后监督等其他行政管理方式解决的,应当对设定该行政许可的规定及时予以修改或者废止。行政许可的实施机关可以对已设定的行政许可的实施情况及存在的必要性适时进行评价,并将意见报告该行政许可的设定机关。公民、法人或者其他组织可以向行政许可的设定机关和实施机关就行政许可的设定和实施提出意见和建议。

(五) 行政许可的实施

1. 行政许可实施机关

行政许可的实施主体,是指依法享有行政许可职权,对行政相对人申请的行政许可事项,在其法定职权范围内进行审查,作出许可或不许可的行政决定,并进行事后监督的行政机关或法律、法规授权的组织。根据《行政许可法》第22、23、24、25条的规定，我国行政许可的实施主体有：法定的行政机关、被授权组织、受委托的行政机关、行使相对集中许可权的机构。具体规定为：(1)行政许可由具有行政许可权的行政机关在其法定职权范围内实施。(2)法律、法规授权的具有管理公共事务职能的组织，在法定授权范围内，以自己的名义实施行政许可。(3)被授权的组织适用本法有关行政机关的规定。(4)行政机关在其法定职权范围内，依照法律、法规、规章的规定，可以委托其他行政机关实施行政许可。委托机关应当将受委托行政机关和受委托实施行政许可的内容予以公告。委托行政机关对受委托行政机关实施行政许可的行为应当负责监督，并对该行为的后果承担法律责任。受委托行政机关在委托范围内，以委托行政机关名义实施行政许可；不得再委托其他组织或者个人实施行政许可。经国务院批准，省、自治区、直辖市人民政府根据精简、统一、效能的原则，可以决定一个行政机关行使有关行政机关的行政许可权。

为避免行政许可存在多部门、多环节、重复执法的现象，《行政许可法》第二十六条规定："行政许可需要行政机关内设的多个机构办理的，该行政机关应当确定一个机构统一受理行政许可申请，统一送达行政许可决定。行政许可依法由地方人民政府两个以上部门分别实施的，本级人民政府可以确定一个部门受理行政许可申请并转告有关部门分别提出意见后统一办理，或者组织有关部门联合办理、集中办理。"

2. 行政许可的实施程序

(1) 申请与受理。申请人提出许可申请是行政许可机关实施行政许可行为的前提条件。公民、法人或者其他组织从事特定活动，依法需要取得行政许可的，应当向行政机关提出申请。申请书需要采用格式文本的，行政机关应当向申请人提供行政许可申请书格式文本。申请人可以委托代理人提出行政许可申请。但是，依法应当由申请人到行政机关办公场所提出行政许可申请的除外。行政许可申请可以通过信函、电报、电传、传真、电子数据交换和电子邮件等方式提出。行政机关对申请人提出的行政许可申请，应当根据下列情况分别作出处理：申请事项依法不需要取得行政许可的，应当即时告知申请人不受理；申请事项依法不属于本行政机关职权范围的，应当即时作出不予受理的决定，并告知申请人向有关行政机关申请；申请材料存在可以当场更正的错误的，应当允许申请人当场更正；申请材料不齐全或者不符合法定形式的，应当当场或者在五日内一次告知申请人需要补正的全部内容，逾期不告知的，自收到申请材料之日起即为受理；申请事项属于本行政机关职权范围，申请材料齐全、符合法定形式，或者申请人按照本行政机关的要求提交全部补正申请材料的，应当受理行政许可申请。

(2) 审查与决定。行政机关应当对申请人提交的申请材料进行审查。申请人提交的申请材料齐全、符合法定形式，行政机关能够当场作出决定的，应当当场作出书面的行政许可决定。根据法定条件和程序，需要对申请材料的实质内容进行核实的，行政机关应当指派两名以上工作人员进行核查。依法应当先经下级行政机关审查后报上级行政机关决定的行政许可，下级行政机关应当在法定期限内将初步审查意见和全部申请材料直接报送上级行政机关。上级行政机关不得要求申请人重复提供申请材料。行政机关对行政许可申请进行审查时，发现行政许可事项直接关系他人重大利益的，应当告知该利害关系人。申请人、利害关系人有权进行陈述和申辩。行政机关应当听取申请人、利害关系人的意见。行政机关对行政许可申请进行审查后，除当场作出行政许可决定的外，应当在法定期限内按照规定程序作出行政许可决定。申请人的申请符合法定条件、标准的，行政机关应当依法作出准予行政许可的书面决定。行政机关依法作出不予行政许可的书面决定的，应当说明理由，并告知申请人享有依法申请行政复议或者提起行政诉讼的权利。

关于作出行政许可的期限，除可以当场作出行政许可决定的外，行政机关应当自受理行政许可申请之日起二十日内作出行政许可决定。二十日内不能作出决定的，经本行政机关负责人批准，可以延长十日，并应当将延长期限的理由告知申请人。但是，法律、法规另有规定的，依照其规定。行政许可采取统一办理或者联合办理、集中办理的，办理的时间不得超过四十五日；四十五日内不能办结的，经本级人民政府负责人批准，可以延长十五日，并应当将延长期限的理由告知申请人。依法应当先经下级行政机关审查后报上级行政机关决定的行政许可，下级行政机关应当自其受理行政许可申请之日起二十日内审查完毕。但是，法律、法规另有规定的，依照其规定。行政机关作出准予行政许可的决定，应当自作出决定之日起十日内向申请人颁发、送达行政许可证件，或者加贴标签、加盖检验、检测、检疫印章。第四十五条行政机关作出行政许可决定，依法需要听证、招标、拍卖、检验、检测、检疫、鉴定和专家评审的，所需时间不计算在本节规定的期限内。行政机关应当将所需时间书面告知申请人。

（3）听证。法律、法规、规章规定实施行政许可应当听证的事项，或者行政机关认为需要听证的其他涉及公共利益的重大行政许可事项，行政机关应当向社会公告，并举行听证。行政许可直接涉及申请人与他人之间重大利益关系的，行政机关在作出行政许可决定前，应当告知申请人、利害关系人享有要求听证的权利；申请人、利害关系人在被告知听证权利之日起5日内提出听证申请的，行政机关应当在20日内组织听证。申请人、利害关系人不承担行政机关组织听证的费用。听证按照下列程序进行：行政机关应当于举行听证的7日前将举行听证的时间、地点通知申请人、利害关系人，必要时予以公告；听证应当公开举行；行政机关应当指定审查该行政许可申请的工作人员以外的人员为听证主持人，申请人、利害关系人认为主持人与该行政许可事项有直接利害关系的，有权申请回避；举行听证时，审查该行政许可申请的工作人员应当提供审查意见的证据、理由，申请人、利害关系人可以提出证据，并进行申辩和质证；听证应当制作笔录，听证笔录应当交听证参加人确认无误后签字或者盖章。行政机关应当根据听证笔录，作出行政许可决定。

（4）变更与延续。

行政许可的变更和延续程序是行政许可实施程序的一个重要组成部分，是行政主体在作出行政许可决定后作出的与原行政许可决定具有密切联系的两种行政行为。根据《行政许可法》的规定，被许可人要求变更行政许可事项的，应当向作出行政许可决定的行政机关提出申请；符合法定条件、标准的，行政机关应当依法办理变更手续。被许可人需要延续依法取得的行政许可的有效期的，应当在该行政许可有效期届满30日前向作出行政许可决定的行政机关提出申请。但是，法律、法规、规章另有规定的，依照其规定。行政机关应当根据被许可人的申请，在该行政许可有效期届满前作出是否准予延续的决定；逾期未作决定的，视为准予延续。

（六）行政许可的撤销与注销

行政许可的撤销是指由于行政机关违法作出行政许可决定或者申请人违法获得行政许

可后被有关机关宣布该许可自始不发生法律效力的情形。行政许可的注销是指因被许可人违反要求不再适宜保持行政许可或行政许可有效期届满等原因而导致该许可失去法律效力后，行政机关依法予以注销的情形。

作出行政许可决定的行政机关或者其上级行政机关，根据利害关系人的请求或者依据职权，在下列情形中可以撤销行政许可：行政机关工作人员滥用职权、玩忽职守作出准予行政许可决定的；超越法定职权作出准予行政许可决定的；违反法定程序作出准予行政许可决定的；对不具备申请资格或者不符合法定条件的申请人准予行政许可的；依法可以撤销行政许可的其他情形。被许可人以欺骗、贿赂等不正当手段取得行政许可的，应当予以撤销。需要注意，撤销行政许可可能对公共利益造成重大损害的，不予撤销。行政机关违法作出行政许可且被许可人没有过错，被许可人的合法权益受到损害的，行政机关应当依法给予赔偿。

行政机关应当依法办理有关行政许可注销手续的情形有：行政许可有效期届满未延续的；赋予公民特定资格的行政许可，该公民死亡或者丧失行为能力的；法人或者其他组织依法终止的；行政许可依法被撤销、撤回，或者行政许可证件依法被吊销的；因不可抗力导致行政许可事项无法实施的；法律、法规规定的应当注销行政许可的其他情形。

二、行政奖励

（一）行政奖励的概念和特征

行政奖励是指行政主体依法定的条件和程序，对符合行政目的的行为，为了表示对其肯定、鼓励、支持和倡导，赋予行为人以某种物质或精神上利益的行为。行政奖励有以下特征：

1. 实施行政奖励的主体是行政主体。具体而言，行政主体包括国家机关或法律、法规授权的社会组织。也就说，实施行政奖励的主体必须具备行政主体资格。

2. 行政奖励的内容是给予受奖励者某些物质利益或精神利益。国家给予奖励者物质利益或精神利益，其目的是表彰和鼓励先进，鞭策和推动后进，调动和激发人民群众的积极性和创造性。物质奖励和精神奖励可以分开使用，也可以合并使用。

3. 行政奖励是一种赋予受奖励者以奖励性权利的而无强制执行力的具体行政行为。行政奖励是一种法定的给予受奖励者奖励性权利的行为，受奖励者可以放弃行政主体给予的这种利益。

（二）行政奖励的内容和形式

行政奖励的内容是指行政主体实施行政奖励行为给予受奖励者的权利。根据我国有关行政奖励的法律规定，其内容主要有物质性方面的权益、精神性方面的权益和职务方面的权益。其中，物质性方面的权益主要表现为给受奖励者发一定数额的奖金和奖品。精神性方面的权益主要表现为受奖励者获得某种法定的并被国家和社会认可的荣誉。职务方面的奖励主要表现为给受奖励者晋升一定职务或一定档次的工资。

行政奖励的形式有多种形式，概括起来主要有：发给受奖励者奖金或奖品；通报表扬和通令嘉奖；记功；授予荣誉称号；晋升和晋职。这些奖励形式可单独适用，也可合并适用。

三、行政给付

（一）行政给付的概念和特征

行政给付是指行政机关给予某些特殊群体或个人以一定物质权益或与物质有关的权益的具体行政行为。行政给付有以下特征：

1. 行政给付行为的主体是有法定职责的行政机关和法律、法规授权的组织。行政机关是国家政务活动和财务管理的主体，代表着国家执掌财政收支，具有支配国家财力的职能，行政机关依法具有行政给付的资格和权能；其他组织只有在法律、法规规定职责的情况下，才可能成为实施行政结付的主体。在目前阶段，我国的行政给付主要由民政和劳动保障部门实施。

2. 行政给付的对象是特定的。行政给付只对出现了特殊困难和特殊情况的公民实施，如因失业、年老、疾病等导致丧失生活能力的公民。组织一般不能成为行政给付的对象。

3. 行政给付的内容是赋予被帮助人以一定的物质权益或与物质相关的权益。行政给付的内容主要体现在物质权益上，被帮助人通过行政给付获得一定的物质以帮助自己解决困难。这种物质可以是直接的财物，也可以是与财物相关的其他利益，如免费受教育等。

（二）行政给付的形式

根据现行有关行政给付的法律、法规规定，结合行政给付的实际情况，行政给付有以下几种形式：

1. 抚恤金。抚恤金是行政相对人因公或者因病致残、死亡时，由国家发给本人或其家属用以维持其日常生活的费用。有死亡抚恤金、伤残抚恤金等。发放对象包括：牺牲、病故的军人、人民警察、参战民兵民工及党政机关工作人员的亲属、伤残军人和因公致残人员。

2. 离退休金。主要包括：由民政部门管理的军队离休干部、退休干部和无军籍退休职工的工资性、福利性等性质的离退休金，由民政部门发放给地方退休人员的退休金，由民政部门发放给退职人员的生活费等。

3. 最低生活保障费。最低生活保障费是国家发给收入低于当地一定生活水平的自然人用以维持其最低生活标准的费用。目前，除了部分地区对农业户口的居民给予最低生活保障费外，绝大多数的保障对象是持有非农业户口的城市居民，发放对象主要有：无生活来源、无赡养人或赡养人无能力赡养、无抚养人或抚养人无能力抚养、失业人员或虽有家庭成员就业但其家庭平均收入仍低于最低生活保障标准的居民。

4. 自然灾害救济。当发生地震、洪涝、火灾、干旱等自然灾害时，为了解决灾民吃、穿、住及治病等困难，国家发放给灾民的救济金和物资。

5. 其他行政给付。行政给付的种类非常多，除以上常见的外，还有一些临时性或政策性的行政给付，如对农村独生子女家庭给付的生活补助，“关爱女孩”行动中对其父母一定条件的补助等。

第二节 限权的具体行政行为

一、行政处罚

(一) 行政处罚的概念和特征

行政处罚是指行政主体对实施了违法行为但尚未构成犯罪的公民、法人或其他组织，依法定程序剥夺或限制其一定权利加以惩戒的具体行政行为。行政处罚有以下特征：

1. 行政处罚的主体是行政机关或法律法规授权组织或行政机关委托的组织。通常行政处罚权属于行政机关，但如果经过法律授权或行政机关委托，行政处罚权的实施权可以由被授权或被委托的组织行使。

2. 行政处罚的前提是公民、法人或其他组织实施了违法但尚未构成犯罪的行为。这里所说"违法"中的"法"是指行政法律规范。违法的程度不能达到构成犯罪的程度，否则行政主体就无权实施行政处罚行为。

3. 行政处罚是一种以惩戒违法行为为目的的具有制裁性质的具体行政行为。行政主体主要是对违法者的权益予以限制、剥夺或对其赋予新的义务来实现。

为了更好地理解行政处罚的概念，有必要将行政处罚与行政处分进行区分。行政处分是指行政主体对其内部工作人员违反政纪而予以的惩戒。两者都属于行政法性质的法律制裁，都由行政主体予以实施，都是针对违反行政法规范的行为。但是，两者有着明显的区别：(1)所针对的对象不同。行政处罚是针对社会上的公民、法人或者其他组织，即外部行政相对人，他们与行政主体之间是没有隶属关系的；而行政处分针对的是行政主体内部的人员，即内部行政相对人，他们与行政主体一般有人事管理的隶属关系。(2)制裁的方法与手段不同。行政处罚多运用财产罚、能力罚、人身自由罚等多种多样的方式，如罚款、没收财产、吊销证照、拘留等；而行政处分所使用的方式与内部的人事管理相适应，如记过、记大过、降级、撤职、开除等。(3)制裁的依据不同。行政处罚的依据是行政机关据以管理国家和社会事务的各种行政法律规范；而行政处分的依据只是适用于行政机关内部的法律规范。(4)对惩处的救济途径不同。对行政处罚不服的，可以向复议机关申请行政复议或向人民法院提起行政诉讼；而对行政处分不服的，只能向主管行政机关或专门的行政监察机关申诉解决。

(二) 行政处罚的原则

根据《行政处罚法》的规定，行政处罚的原则主要有：

1. 行政处罚法定原则。公民、法人或者其他组织违反行政管理秩序的行为，应当给予行政处罚的，必须有法律依据，并由行政机关依照法律规定的程序实施。没有法定依据或者不遵守法定程序的，行政处罚无效。

2. 惩罚与教育相结合原则。行政处罚的最终目的是教育人们遵纪守法。为此，《行政处罚法》第六条规定："实施行政处罚，纠正违法行为，应当坚持处罚与教育相结合，教育公民、法人或者其他组织自觉守法。"

3. 公正、公开原则。《行政处罚法》第五条第一款规定："行政处罚遵循公正、公开的原则。”公正是要求处罚主体实施行政处罚必须做到客观、公平、合理。公开既包括有关行政处罚的规定要公布，也包括实施行政处罚程序和处罚的结果要公开，以便人民群众知情并进行监督。

4. 行政处罚适当原则。《行政处罚法》第五条第二款规定：“设定和实施行政处罚必须以事实为依据，与违法行为的事实、性质、情节以及社会危害程度相当。”行政机关在行使处罚权时，享有较大的裁量权，表现在处罚罚则的选择、罚款数额的确定、违法情节的判定等方面。为此，行政机关在实施行政处罚时，应充分考虑违法行为的类型、违法行为的情节、违法行为对社会产生的危害程度，行政处罚的罚则和幅度应与违法行为的事实、性质、情节和社会危害程度相适应。

5. 行政处罚救济原则。公民、法人或者其他组织对行政机关所给予的行政处罚，享有陈述权、申辩权；对行政处罚不服的，有权依法申请行政复议或者提起行政诉讼。公民、法人或者其他组织因行政机关违法给予行政处罚受到损害的，有权依法提出赔偿要求。

6. 一事不再罚原则。一事不再罚是指对被处罚者的某一违法行为，不得给予两次以上的同类处罚。《行政处罚法》第二十九条规定：“对当事人的同一个违法行为，不得给予两次以上罚款的行政处罚。”

（三）行政处罚的种类和形式

依据被处罚者被剥夺或限制的权利类型的不同，行政处罚可以分为自由罚、行为罚、财产罚和声誉罚。

1. 自由罚。自由罚又称人身罚，是指以处罚当事人的人身自由为内容的行政处罚。自由罚原则上只适用于公民个人而不适用于法人，执法中对法人的法定代表人的拘留应视为对其个人违法行为的处罚，而不是对法人的处罚。自由罚是行政处罚中最严厉的、对当事人权利损害最大的一种行政处罚。自由罚的形式主要有劳动教养与行政拘留。劳动教养是对严重违法行为的人限制人身自由、强迫劳动、实行强制性教育改造的行政措施；行政拘留是指公安机关对违反治安管理的行政相对人在短期内限制其人身自由的处罚。

2. 行为罚。行为罚又称资格罚、能力罚，是指以限制或剥夺被处罚人从事特定行为资格和能力为内容的行政处罚。行为罚事关被处罚者某种利益的得失，因此对其设定和实施的要求相对很严格。行为罚具体表现为责令停业停产、暂扣或者吊销许可证、暂扣或者吊销执照等形式。其中，责令停产停业，是行政主体对违法从事生产经营活动的行政相对人，在一定期限和范围内限制或取消其生产经营活动资格的处罚；暂扣许可证和执照，是行政主体对持有许可证和执照，能从事该类活动的行政相对人，因其有违法行为而在一定期限内暂行扣押其执照和许可证，使之暂时失去从事该类活动资格的处罚；吊销许可证和执照，是行政主体对持有许可证和执照能从事该类活动的行政相对人，永久性地取消其许可证和执照，使其不再具有从事该类活动资格的处罚。

3. 财产罚。财产罚是指以剥夺被处罚人一定数量的财产为内容的行政处罚。财产罚的具体表现为罚款和没收。其中没收包括没收违法所得与没收非法财物。罚款是指行政主体科以违法行政相对人承担金钱给付义务并令其在一定期限内交纳的处罚形式；没收非法所得是指行政主体对违法者剥夺其因违法行为而获得的非法金钱收入，如违法经营所获得的非法利润；没收非法财物是指行政主体对行政相对人剥夺其与违法行为有关的财物，如实施违法行为的工具、违禁物品以及其他与违法行为有关的财物等。

4. 声誉罚。声誉罚又称为名誉罚，是指以降低被处罚人的社会评价为内容的行政处罚。声誉罚主要有警告、通报批评。其中，警告是指行政主体对那些违法行为极其轻微、没有造成社会危害后果的行为人的告诫和谴责，它既可以适用于公民个人，也可以适用于法人或其他组织。

（四）行政处罚权的设定

行政处罚权的设定是指国家机关依法定权限和程序创制何种行为应予处罚、给予何种处罚、应由哪个机关依照何种程序处罚等的权力。我国《行政处罚法》对行政处罚权设定制定了如下规则：

1. 法律可以设定各种行政处罚。其中，限制人身自由的行政处罚，只能由法律设定。

2. 行政法规可以设定除限制人身自由以外的行政处罚。法律对违法行为已经作出行政处罚规定，行政法规需要作出具体规定的，必须在法律规定的给予行政处罚的行为、种类和幅度的范围内规定。

3. 地方性法规可以设定除限制人身自由、吊销企业营业执照以外的行政处罚。法律、行政法规对违法行为已经作出行政处罚规定，地方性法规需要作出具体规定的，必须在法律、行政法规规定的给予行政处罚的行为、种类和幅度的范围内规定。

4. 国务院部、委员会制定的规章可以在法律、行政法规规定的给予行政处罚的行为、种类和幅度的范围内作出具体规定。尚未制定法律、行政法规的，国务院部、委员会制定的规章对违反行政管理秩序的行为，可以设定警告或者一定数量罚款的行政处罚。罚款的限额由国务院规定。国务院可以授权具有行政处罚权的直属机构依照关于部、委的规定，规定行政处罚。

5. 省、自治区、直辖市人民政府和省、自治区人民政府所在地的市人民政府以及经国务院批准的较大的市人民政府制定的规章可以在法律、法规规定的给予行政处罚的行为、种类和幅度的范围内作出具体规定。尚未制定法律、法规的，这些级别的人民政府制定的规章对违反行政管理秩序的行为，可以设定警告或者一定数量罚款的行政处罚。罚款的限额由省、自治区、直辖市人民代表大会常务委员会规定。

此外，法律、行政法规、地方性法规和规章以外的其他规范性文件不得设定行政处罚。

（五）行政处罚的实施机关

行政处罚的实施机关所要解决的问题是哪些机关可以实施何种行政处罚。我国《行政处罚法》对行政处罚的实施机关作了如下规定：

行政处罚由具有行政处罚权的行政机关在法定职权范围内实施。国务院或者经国务院授权的省、自治区、直辖市人民政府可以决定一个行政机关行使有关行政机关的行政处罚权，但限制人身自由的行政处罚权只能由公安机关行使。法律、法规授权的具有管理公共事务职能的组织可以在法定授权范围内实施行政处罚。行政机关依照法律、法规或者规章的规定，可以在其法定权限内委托符合条件的组织[①]实施行政处罚。委托行政机关对受委托

① 受委托组织必须符合以下条件：依法成立的管理公共事务的事业组织；具有熟悉有关法律、法规、规章和业务并取得执法资格的工作人员；对违法行为需要进行技术检查或者技术鉴定的，应当有条件组织进行相应的技术检查或者技术鉴定。

的组织实施行政处罚的行为应当负责监督，并对该行为的后果承担法律责任。受委托组织在委托范围内，以委托行政机关名义实施行政处罚；不得再委托其他任何组织或者个人实施行政处罚。

（六）行政处罚的管辖和适用

行政处罚的管辖是指拥有行政处罚权的行政机关之间处理行政违法行为上的权限和分工。行政处罚的适用是指拥有行政处罚权的机关将行政法律规范规定的行政处罚原则、形式、具体方法等运用于具体行政违法案件的活动。

1. 行政处罚的管辖

《行政处罚法》对行政处罚的地域管辖、级别管辖、职能管辖和管辖的特殊情形都作了规定。行政处罚由违法行为发生地[①]的县级以上地方人民政府具有行政处罚权的行政机关管辖。法律、行政法规另有规定的除外。

如果行政机关对管辖发生争议的，报请共同的上一级行政机关指定管辖。违法行为构成犯罪的，不能适用行政处罚时，行政机关必须将案件移送司法机关，依法追究刑事责任。

2. 行政处罚的适用

(1) 适用原则。纠正违法原则，即行政机关实施行政处罚时，应当责令当事人改正或者限期改正违法行为；一事不再罚款原则，即对当事人的同一个违法行为，不得给予两次以上罚款的行政处罚。

(2) 适用情节。包括不予处罚与免于处罚、应当处罚、从轻或减轻处罚和从重处罚等。不予以处罚的情形有：不满十四周岁的人和精神病人在不能辨认或者不能控制自己行为时有违法行为的和违法行为轻微并及时纠正，没有造成危害后果的。如果违法者是盲人或者又聋又哑的人违反的是治安管理可以不予处罚。免于处罚的法定情节主要是行为人的违法行为是由行政公务人员过错导致的或因国家法律规范影响以及其他因素引起的。

《治安管理处罚法》的规定应当处罚情节有："间歇性的精神病人在精神正常的时候违反治安管理的和醉酒的人违反治安管理的。"《行政处罚法》规定的是："间歇性精神病人在精神正常时有违法行为的。"

从轻或减轻处罚分为应当从轻或减轻处罚和可以从轻或减轻处罚。《行政处罚法》规定当事人有下列情形之一的，应当依法从轻或者减轻：主动消除或者减轻违法行为危害后果的；受他人胁迫或者诱骗有违法行为的；配合行政机关查处违法行为有立功表现的；其他依法从轻或者减轻行政处罚的。

《治安管理处罚法》规定，违反治安管理有下列情形之一的，减轻处罚或者不予处罚：情节特别轻微的；主动消除或者减轻违法后果，并取得被侵害人谅解的；出于他人胁迫或者诱骗的；主动投案，向公安机关如实陈述自己的违法行为的；有立功表现的。

从重处罚是指行政主体在法定处罚方式和处罚幅度内对违法者在数种处罚方式中选择处罚较重的予以适用或在某一处罚方式允许的幅度范围内适用接近于处罚上限或上限的处罚。根据《治安管理处罚法》第二十条的规定，行为人违反治安管理时，从重处罚的情节有：

---

① 违法行为地包括违法行为着手地、经过地、实施（发生）地和危害结果发生地。违法行为发现地的行政机关都有管辖权，一般应由最先发现违法行为的行政机关管辖。

有较严重后果的;教唆、胁迫、诱骗他人违反治安管理的;对报案人、控告人、举报人、证人打击报复的;六个月内曾受过治安管理处罚的。

此外,《行政处罚法》《治安管理处罚法》还规定了单处和并处的适用情节。

(3) 行政处罚折抵刑罚。违法行为构成犯罪,人民法院判处拘役或者有期徒刑时,行政机关已经给予当事人行政拘留的,应当依法折抵相应刑期。违法行为构成犯罪,人民法院判处罚金时,行政机关已经给予当事人罚款的,应当折抵相应罚金。

(4) 追诉时效。违法行为在二年内未被发现的,不再给予行政处罚。法律另有规定的除外。这里规定的期限,从违法行为发生之日起计算;违法行为有连续或者继续状态的,从行为终了之日起计算。

(七) 作出行政处罚的程序

作出行政处罚的程序,指处罚主体机关作出行政处罚决定的步骤和方式,主要包括简易程序、一般程序和听证程序。

1. 简易程序

所谓简易程序实质上就是当场处罚程序,是行政机关的执法人员在符合法定条件下,对某些违法行为人在违法现场即行处罚的制度。相对于一般程序而言,简易程序更为简单、方便、易行,即时决定即时完成,高效率①。

简易程序的适用条件。根据《行政处罚法》第五十一条规定,“违法事实确凿并有法定依据,对公民处以二百元以下、对法人或者其他组织处以三千元以下罚款或者警告的行政处罚的,可以当场作出行政处罚决定。”《治安管理处罚法》第100条规定:“违反治安管理行为事实清楚,证据确凿,处警告或者二百元以下罚款的,可以当场作出治安管理处罚决定。”可见,适用简易程序处罚的违法案件应同时具备以下几个条件:(1)在案情方面,违法事实确凿、清楚。(2)在处罚依据方面,有法定的依据。(3)在处罚程度上,只适用于警告和少量的罚款。在罚款数额上,《行政处罚法》与《治安管理处罚法》对公民都是罚款是200元以下。

简易程序的处罚步骤。根据《行政处罚法》第五十二条规定,执法人员当场作出行政处罚决定的,应当向当事人出示执法身份证件,填写预定格式、编有号码的行政处罚决定书。行政处罚决定书应当当场交付当事人。执法人员当场作出的行政处罚决定,必须报所属行政机关备案。当事人对当场作出的行政处罚决定不服的,可以依法申请行政复议或者提起行政诉讼。可见,简易程序的处罚步骤包括:(1)执法人员向当事人出示执法身份证件。(2)填写预定格式、编有号码的行政处罚决定书。(3)行政处罚决定书应当场交付当事人。(4)执法人员必须报所属行政机关备案。(5)告知当事人可以依法申请复议或提起诉讼。

2. 一般程序

一般程序又称为普通程序,是指除法律特别规定的适用简易程序和听证程序外,行政处罚所适用的程序。一般程序主要由以下步骤组成:

(1) 立案。行政机关对于属于本机关管辖范围内且未过追究时效的违法行为和重大违法嫌疑的情况,认为有调查取证必要的应当予以立案。

(2) 调查取证。除当场作出行政处罚外,行政机关发现公民、法人或者其他组织有依法

① 杨小君:《行政处罚研究》,法律出版社,2002,第255页。

应当给予行政处罚的行为的，必须全面、客观、公正地调查，收集有关证据；必要时，依照法律、法规的规定，可以进行检查。行政机关在调查或者进行检查时，执法人员不得少于两人，并应当向当事人或者有关人员出示证件。当事人或者有关人员应当如实回答询问，并协助调查或者检查，不得阻挠。询问或者检查应当制作笔录。行政机关在收集证据时，可以采取抽样取证的方法；在证据可能灭失或者以后难以取得的情况下，经行政机关负责人批准，可以先行登记保存，并应当在七日内及时作出处理决定，在此期间，当事人或者有关人员不得销毁或者转移证据。执法人员与当事人有直接利害关系的，应当回避。

（3）说明理由、当事人陈述和申辩。行政机关在作出行政处罚决定之前，应当告知当事人作出行政处罚决定的事实、理由及依据，并告知当事人依法享有的权利。当事人有权进行陈述和申辩。行政机关必须充分听取当事人的意见，对当事人提出的事实、理由和证据，应当进行复核；当事人提出的事实、理由或者证据成立的，行政机关应当采纳。行政机关不得因当事人申辩而加重处罚。

（4）作出处罚决定。调查终结，行政机关负责人应当对调查结果进行审查，根据不同情况，分别作出如下决定：第一，确有应受行政处罚的违法行为的，根据情节轻重及具体情况，作出行政处罚决定；第二，违法行为轻微，依法可以不予行政处罚的，不予行政处罚；第三，违法事实不能成立的，不得给予行政处罚；第四，违法行为已构成犯罪的，移送司法机关。行政机关给予行政处罚，应当制作行政处罚决定书。

行政处罚决定书应当载明当事人的姓名或者名称、地址；违反法律、法规或者规章的事实和证据；行政处罚的种类和依据、履行方式和期限；不服行政处罚决定，申请行政复议或者提起行政诉讼的途径和期限；作出行政处罚决定的行政机关名称和作出决定的日期。行政处罚决定书必须盖有作出行政处罚决定的行政机关的印章。

（5）送达。行政处罚决定书应当在宣告后当场交付当事人；当事人不在场的，行政机关应当在七日内依照民事诉讼法的有关规定，将行政处罚决定书送达当事人。

3. 听证程序

严格地讲，听证程序不是一种独立、完整的行政处罚程序，而只是一般程序中针对个别行政处罚种类所增加的一个调查查证的特殊环节与特殊形式，是指对重大行政处罚决定作出之前，在违法案件调查人员一方和当事人一方的参加下，由行政机关专门人员主持听取当事人申辩、质证和意见，进一步核实证据和查清事实，以保证处理结果合法、公正的一种程序。

听证程序的适用范围：(1)责令停产停业的处罚。(2)吊销许可证或执照的处罚。(3)较大数额罚款的处罚等。行政机关在作出行政处罚决定之前，应当告知当事人有要求举行听证的权利；当事人要求听证的，行政机关应当组织听证。当事人不承担行政机关组织听证的费用。

听证程序的组织：当事人要求听证的，应当在行政机关告知后三日内提出；行政机关应当在听证的七日前，通知当事人举行听证的时间、地点；除涉及国家秘密、商业秘密或者个人隐私外，听证公开举行；听证由行政机关指定的非本案调查人员主持；当事人认为主持人与本案有直接利害关系的，有权申请回避；当事人可以亲自参加听证，也可以委托一至二人代理；举行听证时，调查人员提出当事人违法的事实、证据和行政处罚建议；当事人进行申辩和质证；听证应当制作笔录；笔录应当交当事人审核无误后签字或者盖章。

听证结束后，行政机关依法作出决定。

（八）行政处罚执行程序

行政处罚执行程序是确保行政处罚决定的内容能都得以实现的程序。行政处罚执行程序主要有三项内容：

1. 作出处罚决定的机关和收缴罚款机构分离。《行政处罚法》规定，除了可以当场收缴的罚款外，作出行政处罚决定的行政机关及其执法人员不得自行收缴罚款。当事人应当自收到行政处罚决定书之日起十五日内，到指定的银行缴纳罚款。银行应当收受罚款，并将罚款直接上缴国库。

2. 严格实行收支两条线。执法人员当场收缴的罚款，应当自收缴罚款之日起二日内，交至行政机关；在水上当场收缴的罚款，应当自抵岸之日起二日内交至行政机关；行政机关应当在二日内将罚款缴付指定的银行。罚款、没收违法所得或者没收非法财物拍卖的款项，必须全部上缴国库，任何行政机关或者个人不得以任何形式截留、私分或者变相私分；财政部门不得以任何形式向作出行政处罚决定的行政机关返还罚款、没收的违法所得或者返还没收非法财物的拍卖款项。

3. 行政处罚的强制执行。当事人逾期不履行行政处罚决定的，根据《行政处罚法》的规定，作出行政处罚决定的行政机关可以采取三种措施：到期不缴纳罚款的，每日按罚款数额的百分之三加处罚款；根据法律规定，将查封、扣押的财物拍卖或者将冻结的存款划拨抵缴罚款；申请人民法院强制执行。

二、行政强制

行政强制是指行政主体为实现行政职能或目的在行政管理活动中采取强力方法的行政行为。行政强制包括行政强制措施和行政强制执行。行政强制措施，是指行政机关在行政管理过程中，为制止违法行为、防止证据损毁、避免危害发生、控制危险扩大等情形，依法对公民的人身自由实施暂时性限制，或者对公民、法人或者其他组织的财物实施暂时性控制的行为。行政强制执行，是指行政机关或者行政机关申请人民法院，对不履行行政决定的公民、法人或者其他组织，依法强制履行义务的行为。

（一）行政强制的原则

1. 行政强制法定原则。行政强制是一种强力的行政行为，可以限制人身自由，因而最应该服从行政合法原则。行政强制法定是行政合法原则的具体体现，它要求行政强制的设定和实施，应当依照法定的权限、范围、条件和程序。

2. 行政强制适当原则。行政强制适当是行政合理原则在行政强制行为方面的具体要求。行政强制适当具体表现为兼顾公共利益与当事人的合法权益、选择适当的方式、以达到目的为限度，换言之，采用非强制手段可以达到行政管理目的的，不得设定和实施行政强制。

3. 教育与强制相结合的原则。《行政强制法》第六条规定："实施行政强制，应当坚持教育与强制相结合。"

4. 行政强制不得谋利原则。行政机关及其工作人员不得利用行政强制权为单位或者个人谋取利益。

5. 行政强制救济原则。行政强制行为是通过剥夺或限制当事人的合法权益来实现或体现的。为此，公民、法人或者其他组织对行政机关实施行政强制，享有陈述权、申辩权；有权依法申请行政复议或者提起行政诉讼；因行政机关违法实施行政强制受到损害的，有权依法要求赔偿。公民、法人或者其他组织因人民法院在强制执行中有违法行为或者扩大强制执行范围受到损害的，有权依法要求赔偿。

（二）行政强制的种类

1. 行政强制措施的种类：包括限制公民人身自由；查封场所、设施或者财物；扣押财物；冻结存款、汇款；其他行政强制措施。

2. 行政强制执行的方式：加处罚款或者滞纳金；划拨存款、汇款；拍卖或者依法处理查封、扣押的场所、设施或者财物；排除妨碍、恢复原状；代履行；其他强制执行方式。

（三）行政强制的设定

1. 行政强制措施的设定

行政强制措施由法律设定。尚未制定法律，且属于国务院行政管理职权事项的，行政法规可以设定除限制公民人身自由与冻结存款、汇款和应当由法律规定的行政强制措施以外的其他行政强制措施。尚未制定法律、行政法规，且属于地方性事务的，地方性法规可以设定查封场所、设施或者财物与扣押财物等的行政强制措施。法律、法规以外的其他规范性文件不得设定行政强制措施。法律对行政强制措施的对象、条件、种类作了规定的，行政法规、地方性法规不得作出扩大规定。

法律中未设定行政强制措施的，行政法规、地方性法规不得设定行政强制措施。但是，法律规定特定事项由行政法规规定具体管理措施的，行政法规可以设定除限制公民人身自由与冻结存款、汇款和应当由法律规定的行政强制措施以外的其他行政强制措施。

2. 行政强制执行的设定

行政强制执行由法律设定。法律没有规定行政机关强制执行的，作出行政决定的行政机关应当申请人民法院强制执行。

3. 行政强制设定的规则

起草法律草案、法规草案，拟设定行政强制的，起草单位应当采取听证会、论证会等形式听取意见，并向制定机关说明设定该行政强制的必要性、可能产生的影响以及听取和采纳意见的情况。

行政强制的设定机关应当定期对其设定的行政强制进行评价，并对不适当的行政强制及时予以修改或者废止。

行政强制的实施机关可以对已设定的行政强制的实施情况及存在的必要性适时进行评价，并将意见报告该行政强制的设定机关。

公民、法人或者其他组织可以向行政强制的设定机关和实施机关就行政强制的设定和实施提出意见和建议。有关机关应当认真研究论证，并以适当方式予以反馈。

（四）行政强制措施实施程序

1. 行政强制措施实施的一般规定要求

（1）实施机关。包括法定的行政机关和行使相对集中行政处罚权的行政机关。根据《行政强制法》规定，“行政强制措施由法律、法规规定的行政机关在法定职权范围内实施。

行政强制措施权不得委托。依据《中华人民共和国行政处罚法》的规定行使相对集中行政处罚权的行政机关,可以实施法律、法规规定的与行政处罚权有关的行政强制措施。行政强制措施应当由行政机关具备资格的行政执法人员实施,其他人员不得实施。"

(2) 行政机关实施行政强制措施应当遵守的规定。实施前须向行政机关负责人报告并经批准;由两名以上行政执法人员实施;出示执法身份证件;通知当事人到场;当场告知当事人采取行政强制措施的理由、依据以及当事人依法享有的权利、救济途径;听取当事人的陈述和申辩;制作现场笔录;现场笔录由当事人和行政执法人员签名或者盖章,当事人拒绝的,在笔录中予以注明;当事人不到场的,邀请见证人到场,由见证人和行政执法人员在现场笔录上签名或者盖章;法律、法规规定的其他程序。

情况紧急,需要当场实施行政强制措施的,行政执法人员应当在二十四小时内向行政机关负责人报告,并补办批准手续。行政机关负责人认为不应当采取行政强制措施的,应当立即解除。

依照法律规定实施限制公民人身自由的行政强制措施,除应当履行上述规定的程序外,还应当遵守下列规定:当场告知或者实施行政强制措施后立即通知当事人家属实施行政强制措施的行政机关、地点和期限;在紧急情况下当场实施行政强制措施的,在返回行政机关后,立即向行政机关负责人报告并补办批准手续;法律规定的其他程序。

实施限制人身自由的行政强制措施不得超过法定期限。实施行政强制措施的目的已经达到或者条件已经消失,应当立即解除。

违法行为涉嫌犯罪应当移送司法机关的,行政机关应当将查封、扣押、冻结的财物一并移送,并书面告知当事人。

2. 查封、扣押程序

查封、扣押应当由法律、法规规定的行政机关实施,其他任何行政机关或者组织不得实施。

查封、扣押限于涉案的场所、设施或者财物,不得查封、扣押与违法行为无关的场所、设施或者财物;不得查封、扣押公民个人及其所扶养家属的生活必需品。当事人的场所、设施或者财物已被其他国家机关依法查封的,不得重复查封。

行政机关决定实施查封、扣押的,应当履行法律规定的程序,制作并当场交付查封、扣押决定书和清单。查封、扣押决定书应当载明下列事项:当事人的姓名或者名称、地址;查封、扣押的理由、依据和期限;查封、扣押场所、设施或者财物的名称、数量等;申请行政复议或者提起行政诉讼的途径和期限;行政机关的名称、印章和日期。

查封、扣押的期限不得超过三十日;情况复杂的,经行政机关负责人批准,可以延长,但是延长期限不得超过三十日。法律、行政法规另有规定的除外。延长查封、扣押的决定应当及时书面告知当事人,并说明理由。对物品需要进行检测、检验、检疫或者技术鉴定的,查封、扣押的期限不包括检测、检验、检疫或者技术鉴定的期限。检测、检验、检疫或者技术鉴定的期限应当明确,并书面告知当事人。检测、检验、检疫或者技术鉴定的费用由行政机关承担。

对查封、扣押的场所、设施或者财物,行政机关应当妥善保管,不得使用或者损毁;造成损失的,应当承担赔偿责任。对查封的场所、设施或者财物,行政机关可以委托第三人保管,第三人不得损毁或者擅自转移、处置。因第三人的原因造成的损失，行政机关先行赔付后，有权向第三人追偿。因查封、扣押发生的保管费用由行政机关承担。

行政机关采取查封、扣押措施后，应当及时查清事实，在规定的期限内作出处理决定。对违法事实清楚，依法应当没收的非法财物予以没收；法律、行政法规规定应当销毁的，依法销毁；应当解除查封、扣押的，作出解除查封、扣押的决定。

有下列情形之一的，行政机关应当及时作出解除查封、扣押决定：当事人没有违法行为；查封、扣押的场所、设施或者财物与违法行为无关；行政机关对违法行为已经作出处理决定，不再需要查封、扣押；查封、扣押期限届满；其他不再需要采取查封、扣押措施的情形。

解除查封、扣押应当立即退还财物；已将鲜活物品或者其他不易保管的财物拍卖或者变卖的，退还拍卖或者变卖所得款项。变卖价格明显低于市场价格，给当事人造成损失的，应当给予补偿。

3. 冻结的程序

冻结存款、汇款应当由法律规定的行政机关实施，不得委托给其他行政机关或者组织；其他任何行政机关或者组织不得冻结存款、汇款。冻结存款、汇款的数额应当与违法行为涉及的金额相当；已被其他国家机关依法冻结的，不得重复冻结。

行政机关依照法律规定决定实施冻结存款、汇款的，应当履行规定的程序，并向金融机构交付冻结通知书。金融机构接到行政机关依法作出的冻结通知书后，应当立即予以冻结，不得拖延，不得在冻结前向当事人泄露信息。法律规定以外的行政机关或者组织要求冻结当事人存款、汇款的，金融机构应当拒绝。

依照法律规定冻结存款、汇款的，作出决定的行政机关应当在三日内向当事人交付冻结决定书。冻结决定书应当载明下列事项：当事人的姓名或者名称、地址；冻结的理由、依据和期限；冻结的账号和数额；申请行政复议或者提起行政诉讼的途径和期限；行政机关的名称、印章和日期。

自冻结存款、汇款之日起三十日内，行政机关应当作出处理决定或者作出解除冻结决定；情况复杂的，经行政机关负责人批准，可以延长，但是延长期限不得超过三十日。法律另有规定的除外。延长冻结的决定应当及时书面告知当事人，并说明理由。

有下列情形之一的，行政机关应当及时作出解除冻结决定：当事人没有违法行为；冻结的存款、汇款与违法行为无关；行政机关对违法行为已经作出处理决定，不再需要冻结；冻结期限届满；其他不再需要采取冻结措施的情形。行政机关作出解除冻结决定的，应当及时通知金融机构和当事人。金融机构接到通知后，应当立即解除冻结。行政机关逾期未作出处理决定或者解除冻结决定的，金融机构应当自冻结期满之日起解除冻结。

（五）行政机关强制执行程序

1. 行政强制执行的一般规定

行政机关依法作出行政决定后，当事人在行政机关决定的期限内不履行义务的，具有行政强制执行权的行政机关依法强制执行。

行政机关作出强制执行决定前，应当事先催告当事人履行义务。催告应当以书面形式作出，并载明下列事项：履行义务的期限；履行义务的方式；涉及金钱给付的，应当有明确的金额和给付方式；当事人依法享有的陈述权和申辩权。

当事人收到催告书后有权进行陈述和申辩。行政机关应当充分听取当事人的意见，对当事人提出的事实、理由和证据，应当进行记录、复核。当事人提出的事实、理由或者证据成立的，行政机关应当采纳。

经催告，当事人逾期仍不履行行政决定，且无正当理由的，行政机关可以作出强制执行决定。强制执行决定应当以书面形式作出，并载明下列事项：当事人的姓名或者名称、地址；强制执行的理由和依据；强制执行的方式和时间；申请行政复议或者提起行政诉讼的途径和期限；行政机关的名称、印章和日期。在催告期间，对有证据证明有转移或者隐匿财物迹象的，行政机关可以作出立即强制执行决定。

催告书、行政强制执行决定书应当直接送达当事人。当事人拒绝接收或者无法直接送达当事人的，应当依照《中华人民共和国民事诉讼法》的有关规定送达。

有下列情形之一的，中止执行：当事人履行行政决定确有困难或者暂无履行能力的；第三人对执行标的主张权利，确有理由的；执行可能造成难以弥补的损失，且中止执行不损害公共利益的；行政机关认为需要中止执行的其他情形。中止执行的情形消失后，行政机关应当恢复执行。对没有明显社会危害，当事人确无能力履行，中止执行满三年未恢复执行的，行政机关不再执行。

有下列情形之一的，终结执行：公民死亡，无遗产可供执行，又无义务承受人的；法人或者其他组织终止，无财产可供执行，又无义务承受人的；执行标的灭失的；据以执行的行政决定被撤销的；行政机关认为需要终结执行的其他情形。

在执行中或者执行完毕后，据以执行的行政决定被撤销、变更，或者执行错误的，应当恢复原状或者退还财物；不能恢复原状或者退还财物的，依法给予赔偿。

实施行政强制执行，行政机关可以在不损害公共利益和他人合法权益的情况下，与当事人达成执行协议。执行协议可以约定分阶段履行；当事人采取补救措施的，可以减免加处的罚款或者滞纳金。执行协议应当履行。当事人不履行执行协议的，行政机关应当恢复强制执行。

行政机关不得在夜间或者法定节假日实施行政强制执行。但是，情况紧急的除外。行政机关不得对居民生活采取停止供水、供电、供热、供燃气等方式迫使当事人履行相关行政决定。

对违法的建筑物、构筑物、设施等需要强制拆除的，应当由行政机关予以公告，限期当事人自行拆除。当事人在法定期限内不申请行政复议或者提起行政诉讼，又不拆除的，行政机关可以依法强制拆除。

2. 金钱给付义务的执行程序

行政机关依法作出金钱给付义务的行政决定，当事人逾期不履行的，行政机关可以依法加处罚款或者滞纳金。加处罚款或者滞纳金的标准应当告知当事人。加处罚款或者滞纳金的数额不得超出金钱给付义务的数额。

行政机关依法实施加处罚款或者滞纳金超过三十日，经催告当事人仍不履行的，具有行政强制执行权的行政机关可以强制执行。行政机关实施强制执行前，需要采取查封、扣押、冻结措施的，依照该措施的规定办理。没有行政强制执行权的行政机关应当申请人民法院强制执行。但是，当事人在法定期限内不申请行政复议或者提起行政诉讼，经催告仍不履行的，在实施行政管理过程中已经采取查封、扣押措施的行政机关，可以将查封、扣押的财物依法拍卖抵缴罚款。

划拨存款、汇款应当由法律规定的行政机关决定，并书面通知金融机构。金融机构接到行政机关依法作出划拨存款、汇款的决定后，应当立即划拨。法律规定以外的行政机关或者组织要求划拨当事人存款、汇款的，金融机构应当拒绝。

依法拍卖财物，由行政机关委托拍卖机构依照《中华人民共和国拍卖法》的规定办理。

划拨的存款、汇款以及拍卖和依法处理所得的款项应当上缴国库或者划入财政专户。任何行政机关或者个人不得以任何形式截留、私分或者变相私分。

3. 代履行

行政机关依法作出要求当事人履行排除妨碍、恢复原状等义务的行政决定，当事人逾期不履行，经催告仍不履行，其后果已经或者将危害交通安全、造成环境污染或者破坏自然资源的，行政机关可以代履行，或者委托没有利害关系的第三人代履行。

代履行应当遵守下列规定：代履行前送达决定书，代履行决定书应当载明当事人的姓名或者名称、地址，代履行的理由和依据、方式和时间、标的、费用预算以及代履行人；代履行三日前，催告当事人履行，当事人履行的，停止代履行；代履行时，作出决定的行政机关应当派员到场监督；代履行完毕，行政机关到场监督的工作人员、代履行人和当事人或者见证人应当在执行文书上签名或者盖章。

代履行的费用按照成本合理确定，由当事人承担。但是，法律另有规定的除外。代履行不得采用暴力、胁迫以及其他非法方式。

需要立即清除道路、河道、航道或者公共场所的遗洒物、障碍物或者污染物，当事人不能清除的，行政机关可以决定立即实施代履行；当事人不在场的，行政机关应当在事后立即通知当事人，并依法作出处理。

（六）申请人民法院强制执行

当事人在法定期限内不申请行政复议或者提起行政诉讼，又不履行行政决定的，没有行政强制执行权的行政机关可以自期限届满之日起三个月内，依照本章规定申请人民法院强制执行。

行政机关申请人民法院强制执行前，应当催告当事人履行义务。催告书送达十日后当事人仍未履行义务的，行政机关可以向所在地有管辖权的人民法院申请强制执行；执行对象是不动产的，向不动产所在地有管辖权的人民法院申请强制执行。

行政机关向人民法院申请强制执行，应当提供下列材料：强制执行申请书；行政决定书及作出决定的事实、理由和依据；当事人的意见及行政机关催告情况；申请强制执行标的情况；法律、行政法规规定的其他材料。强制执行申请书应当由行政机关负责人签名，加盖行政机关的印章，并注明日期。

人民法院接到行政机关强制执行的申请，应当在五日内受理。行政机关对人民法院不予受理的裁定有异议的，可以在十五日内向上一级人民法院申请复议，上一级人民法院应当自收到复议申请之日起十五日内作出是否受理的裁定。

人民法院对行政机关强制执行的申请进行书面审查，对符合法律规定，且行政决定具备法定执行效力的，人民法院应当自受理之日起七日内作出执行裁定。

人民法院发现有下列情形之一的，在作出裁定前可以听取被执行人和行政机关的意见：明显缺乏事实根据的；明显缺乏法律、法规依据的；其他明显违法并损害被执行人合法权益的。人民法院应当自受理之日起三十日内作出是否执行的裁定。裁定不予执行的，应当说明理由，并在五日内将不予执行的裁定送达行政机关。行政机关对人民法院不予执行的裁定有异议的，可以自收到裁定之日起十五日内向上一级人民法院申请复议，上一级人民法院应当自收到复议申请之日起三十日内作出是否执行的裁定。

因情况紧急，为保障公共安全，行政机关可以申请人民法院立即执行。经人民法院院长批准，人民法院应当自作出执行裁定之日起五日内执行。

行政机关申请人民法院强制执行，不缴纳申请费。强制执行的费用由被执行人承担。人民法院以划拨、拍卖方式强制执行的，可以在划拨、拍卖后将强制执行的费用扣除。依法拍卖财物，由人民法院委托拍卖机构依照《中华人民共和国拍卖法》的规定办理。划拨的存款、汇款以及拍卖和依法处理所得的款项应当上缴国库或者划入财政专户，不得以任何形式截留、私分或者变相私分。

三、行政征收

（一）行政征收的概念和特征

行政征收是指行政主体依据法律规定，以强制的方式无偿取得行政相对方财产的具体行政行为。行政征收的特征有：

1. 法定性。行政征收直接指向行政相对人的经济利益，为了确保行政相对人的合法权益不受违法行政征收行为的侵害，必须将行政征收的整个过程纳入法律调整的范围，使具体的行政征收行为，包括行政征收项目、行政征收金额、行政征收主体、行政征收对象、行政征收程序等都有法律上的明确依据，都受相对稳定的法律支配。因此，只有特定的具有法定征收资格的行政机关依照法定的程序在规定的范围内才能够进行行政征收活动。

2. 无偿性。行政征收是行政主体代表国家无偿地向行政相对人征收一定数额的金钱或实物的活动，是财产的单向流转，被征收的行政相对人一般不会因此得到补偿。这是由行政征收是为了满足国家和社会公共利益的需要这一性质决定的。

3. 征收对象负有义务性。行政征收行为的实施前提是相对方负有行政法上的缴纳义务。从行政征收行为针对的行政相对人来看，行政征收的对象是那些负有法定缴纳义务的特定公民、组织。行政征收必须以行政相对人负有行政法上的缴纳义务为前提，行政机关只能对负有法定缴纳义务的行政相对人实施行政征收。

行政征收不同于行政征用。行政征用是行政主体基于公共利益的需要，依法定程序强制性使用行政相对方财产或劳务的具体行政行为。行政征收与行政征用都是行政机关针对特定行政相对人实施的具体行政行为，二者的区别在于：(1)适用范围不同。行政征收的内容一般只限于行政相对人的财产权益；而行政征用的内容既包括行政相对人的财产权益，也包括行政相对人提供劳务或行为上的作用；(2)适用情形不同。行政征收是在正常情况下适用的，具有固定性、延续性，一般不能随意变更；而行政征用则具有临时性、应急性，是在特殊紧急情况下适用的；(3)法律后果不同。行政征收的结果是将相对人的财产权益因征收而转归国家所有，所有权发生根本改变；而行政征用的财产是行政机关为了应急所用，只是暂时取得财产的使用权,并不发生财产所有权的转移。

(二) 行政征收的内容

根据我国法律规范的规定,行政征收的内容主要有:

1. 行政征税。征税指国家税务机关凭借行政权力依法无偿取得财政收入的一种手段。我国现行税法中的税种主要有:增值税、消费税、营业税、企业所得税、外商投资企业和外国企业所得税、个人所得税、资源税、城镇土地使用税、耕地占用税、房产税、农业税、土地增值税、车船使用牌照税、契税、印花税、屠宰税、城市维护建设税等。通过行政征税,达到了多种功能,如具有筹集国家财政收入的功能,具有宏观调控的功能,具有微观调节社会经济生活的功能,具有监督管理社会经济活动的功能等。

2. 行政征费。征费是指一定的行政主体凭借国家行政权向行政相对人强制收取一定额度费用的。目前,行政征费大体可以分为三大类:一类是建设资金费的征收,如重点水利建设项目资金费的征收、重点交通建设资金费的征收等,主要用来保证国家重点项目的建设,解决重点建设资金不足的问题。第二类是资源使用费的征收,如矿产资源费的征收、渔业资源费的征收、水资源费的征收等,这种费用的征收有利于促进相关单位或者个人合理地、有节制地、充分地利用国有资源。第三类是管理费的征收,如工商管理费的征收、城建管理费的征收、运输管理费的征收等。这种费用的征收可用于满足实施行政管理,为被征收人提供公益服务的需要。

第三节　确认的具体行政行为

一、行政确认的概念和特征

(一) 行政确认的概念

行政确认是指行政主体依法对行政相对人的法律地位、法律关系和法律事实进行甄别后给予确认、认可、证明(或否定)并予以宣告的具体行政行为。这一概念包含着以下三层含义。

1. 行政确认的主体是特定的行政机关和法律规范授权的组织。也就说行政机关委托的组织和个人不能实施行政确认行为。如《道路交通事故处理程序规定》①第六十条规定,“公安机关交通管理部门应当根据当事人的行为对发生道路交通事故所起的作用以及过错的严重程度,确定当事人的责任。”因此,道路交通事故责任认定的主体只能是公安机关交通管理部门。

2. 行政确认的内容是确定或否定行政相对人的法律地位和法律权利义务。例如,土地所有权确认的对象是土地;伤残等级确认的对象是伤残人的身体伤残状况。行政主体正是通过对这些特定的法律事实或法律关系进行审核、甄别来确定或否定行政相对人是否具有某种法律地位,是否享有某种权利或者应当承担某种义务。

---

① 该规定于2018年5月1日起施行,同时,2008年8月17日发布的《道路交通事故处理程序规定》(公安部令第104号)废止。

3. 行政确认的性质是行政主体实施的具体行政行为。通常在行政确认中的主体是法律地位平等的，但行政确认一般是一种具有强制力的行政行为，有关当事人必须服从。

（二）行政确认的特征

同其他行政行为相比，行政确认具有以下的特征：

1. 行政确认是一种要式的行政行为。由于行政确认的直接表现是对特定的法律事实或行政法律关系进行甄别后的宣告，所以，行政确认必须以书面的形式作出，且时间、地点、日期、签名、印鉴等要件齐备，否则无法产生法律效力。

2. 行政行为是一种羁束性行政行为。行政确认行为是从客观事实出发，依法宣告特定的法律事实或法律关系是否存在，本身受到既存事实和技术性规范的制约，没有或者很少有自由裁量的余地，只能严格地按照法律规定和相关的技术规范操作。

3. 行政确认的外在表现形式往往是以技术鉴定书等形式出现的，在较大程度上要受到技术规范的制约。

（三）行政确认与行政许可的关系

行政确认与行政许可既有密切的联系又有严格的区别。

1. 行政确认和行政许可的联系：(1)行政确认和行政许可往往是一种行为的不同侧面，例如，颁发驾驶执照，既是行政主体对行政相对人具有驾驶能力和条件的确认，又是对其可以从事驾驶活动的许可。(2)行政确认和行政许可往往是一种行为的前后步骤，一般情况下是确认在前，许可在后。行政确认是行政许可的前提，行政许可是行政确认的结果。例如，饮食业人员首先应当经过健康检查，由卫生行政机关确认其健康检查合格，然后才能取得卫生许可证，并持证上岗。

2. 行政确认与行政许可的区别：(1)行为的目的不同。行政确认的目的是肯定或否定某种法律事实或者法律关系，使行政相对人的法律地位与权利义务得以明确。行政许可的目的是使行政相对人取得从事某种活动或实施某种行为的权利或资格。(2)行为的效果不同。行政确认是一种对既存的法律事实、法律关系进行甄别后的确定行为，其法律效果具有前溯性。行政许可则是允许被许可人今后可以从事某种对一般人禁止的行为，其法律效果具有后及性。因此，可以说行政确认是一种事后行为，而行政许可是一种事前行为。

二、行政确认的主要分类

根据不同的标准，行政确认可以作以下分类：

（一）根据确认行为的内容不同，行政确认可以分为法律事实的确认和法律关系的确认。

1. 法律事实的确认。法律事实的确认，是行政主体对特定事实的性质、状态、真伪、等级、数量、质量、规格等的确认。主要包括：技术鉴定，如产品质量鉴定、交通事故责任鉴定、专利技术鉴定、计量鉴定等；卫生检疫，如食品卫生检验、传染病监测、动植物检疫、餐饮业从业人员健康检查等；抚恤性质和等级的鉴定，如因公、参战牺牲的性质鉴定、伤残等级鉴定等。

2. 法律关系的确认。行政确认中的法律关系是一种特定的权利义务关系。对法律关系的行政确认主要包括：不动产所有权的确认，如行政机关对土地、草原、山林、水面等自然资源所有权的确认和对个人房屋所有权的确认等；不动产使用权的确认，如行政机关对自然资源使用权、房屋使用权的确认；专利权的确认，如专利管理机关通过颁发专利证书，对公民或社会组织的专利权的确认。

（二）根据确认行为的表现形式，行政确认可以分为确定、认定（认证）、证明、登记、鉴证。

1. 确定。是指行政主体对公民或社会组织的法律地位和权利义务的确定。如颁发土地使用权证、房屋所有权证，以此确定行政相对人的财产权利的行政确认行为。

2. 认定（认证）。是指行政主体对公民或社会组织已有的法律地位与权利义务的判定以及对有关事项是否符合法律要求的承认与肯定。如作出道路交通事故责任的认定书、产品质量认证书的行政确认行为。

3. 证明。是指行政主体向其他人明确肯定被证明对象的法律地位、权利义务或某种情况。如颁发各种学历学位证明、居民身份证明、货物原产地证明、卫生合格证明等行政确认行为。

4. 登记。是指行政主体根据行政相对人的申请，在行政管理部门的相关登记账簿中记载其某种事实状况，以此确认其法律地位的行为。如工商企业登记、纳税登记、房屋产权登记、户口登记、婚姻登记等。

5. 鉴证。是指行政主体对某种法律关系的合法性进行审查后，确认或证明其效力的行为。如工商管理机关对经济合同所作的鉴证。

（三）根据确认行为的实施领域，行政确认可以分为公安行政确认、劳动行政确认、卫生行政确认、民政行政确认、经济行政确认。

1. 公安行政确认。主要有公安机关对交通事故责任的认定；对交通事故等级的确认；对火灾事故责任的认定；对公安行政管理中某些人员的精神病鉴定等。

2. 劳动行政确认。主要有相关行政管理部门对劳动者伤亡事故责任的认定；对锅炉压力容器事故责任的认定；对重大责任事故的认定；对无效劳动合同的确认等。

3. 卫生行政确认。主要有卫生管理部门对新药或进口药品的认定；对食品卫生、化妆品卫生的确认等。

4. 民政行政确认。主要有对结婚、离婚条件的确认；对现役军人死亡性质、伤残性质的确认；对是否有权领取最低生活保障费的贫困人口的确认等。

5. 经济行政确认。主要有相关行政管理部门对产品标准化的认证；对计量器具的检定；对产品质量的认定；对专利权、商标权、著作权属的确认；对自然资源所有权和使用权的确认等。

三、行政确认的程序

行政确认的一般程序由以下几个环节和步骤构成：

（一）立案或受理确认申请

办理立案手续是行政确认程序开始的标志。在该阶段，行政主体只需要对要确认的有关事项作形式上的审查。如果初步认为申请人符合法定条件且手续齐全就应当受理。

立案或受理确认申请必须满足以下条件:行政机关享有主体资格和管辖权;行政确认的内容符合法律规定;申请人符合法定条件;手续齐全、完备。

(二) 调查取证

行政机关应当全面调查收集有关证据,申请人有义务协助行政机关调查收集证据。调查收集证据方式主要有询问证人、勘验、鉴定、听取当事人陈述等。

(三) 作出行政确认决定,颁发确认证书

行政主体根据调查收集的全部证据材料对案件事实作出认定结论后,决定是否颁发行政确认证书。行政机关进行了行政确认的,应当向申请人颁发行政确认证书并予以宣告。

第四节 裁决的具体行政行为

一、行政裁决

(一) 行政裁决的概念和特征

行政裁决是指行政主体依照法律授权,以第三者身份,对平等主体之间发生的民事纠纷进行审查并作出具有强制力处理的具体行政行为。行政裁决具有以下的特征:

1. 行政裁决的主体是特定行政机关。这种特定性体现在:首先行使行政裁决的行政机关必须是对与民事纠纷有关的行政事项具有管理职责;其次,只有法律明确授权的行政机关才拥有行政裁决权。

2. 行政裁决的对象是民事纠纷。行政机关不能对所有的民事纠纷都行使行政裁决权,只能裁决那些与行政管理事项有关的民事纠纷,其目的主要是实现行政管理的目标。

3. 行政裁决是一种具有法律权威和效力的具体行政行为。行政机关通过行使行政裁决权,不论当事人是否接受或同意,均不会影响行政裁决的进行和成立。行政机关作出的行政裁决具有法律效力,当事人必须遵守。

4. 行政裁决的效力具有非终局性。行政裁决虽然在一定程度上具有解决特定民事纠纷的司法功能,具有准司法性,但其本质上仍然是一种具体行政行为,因此,如果当事人对行政裁决不服,可以依法提起诉讼,由司法机关行使解决纠纷的最终裁决权。

(二) 行政裁决的原则

1. 公平公正原则。行政机关行使行政裁决权必须坚持公平公正原则。首先,行政机关必须以公断人的身份居间解决民事纠纷,不偏不倚,客观公正,同当事人没有利害关系。其次,行政机关如果同当事人有利害关系应当回避。最后,行政机关要在全面调查收集证据的基础上正确适用法律并公开进行裁决。

2. 简便高效原则。行政机关行使行政裁决权必须考虑行政效率,在能够确保裁决公平公正的前提下,尽量灵活地采取简便、迅捷的裁决程序。

3. 客观科学原则。行政机关在作出行政裁决时首先必须客观全面地认定事实,认真地调查取证,听取意见,严格地遵守科学技术规范,特别是在一些专业性、技术性比较强的领域,坚持和贯彻客观、科学的原则更为重要。

（三）行政裁决的种类

根据我国有关法律的规定，行政裁决主要有以下几类：

1. 损害赔偿裁决。损害赔偿裁决是指行政主体对在平等主体之间发生的因涉及与行政管理相关的合法权益遭受侵害而引起的赔偿争议所作的裁决。这种纠纷广泛存在于食品卫生、环境保护、药品管理、产品质量、医疗卫生、社会福利等领域。损害赔偿纠纷发生后，当事人可以依法要求行政机关进行裁决，确认损害赔偿责任和赔偿数额，使侵害的权益得到恢复和赔偿。

2. 补偿纠纷的裁决。补偿纠纷的裁决是指行政主体对一方当事人的合法行为使另一方当事人的合法权益受到损害，双方当事人因补偿问题达不成协议而产生的纠纷的裁决。补偿纠纷主要存在于房屋拆迁、土地征用、知识产权使用等领域。补偿纠纷发生后，双方当事人可以依法请求有关行政机关进行裁决，作出强制性补偿决定。

3. 权利归属纠纷裁决。权利归属纠纷裁决是指行政机关对平等主体之间因财产所有权和使用权归属发生的争议所作出的裁决。例如因土地、草原、矿产、水面、滩涂等自然资源的权属争议和房产权属争议等，双方当事人可以依法向有关行政机关请求确认，并作出裁决。

（四）行政裁决的程序

现在我国有不少的法律、法规涉及行政裁决，然而大多是规定行政裁决权的确认，较少涉及行政裁决程序。从理论上来说，行政裁决程序主要包括以下几个环节和步骤：

1. 申请。这是行政裁决程序的开始，申请人提出行政裁决申请的，必须符合一定的条件：申请人必须是民事权益遭受损害而发生争议的当事人或其法定代理人、监护人；申请人的申请必须向有管辖权的行政机关提出；申请人的申请必须在法定期限内提出；申请以书面申请为主，口头申请为例外。

2. 受理。行政机关对申请人提出申请的条件进行形式审查后，认为符合法定条件的，应当予以受理。对不符合受理条件的，行政机关应当及时通知申请人并说明理由。

3. 调查、审理。行政机关受理后，应当将申请书的副本送交对方当事人。对方当事人应在受理机关通知的法定期限内作出答复。行政裁决的工作人员与案件有利害关系的应当自动回避。行政机关对与纠纷有关的证据和事实进行查证核实。如果事实不清，行政机关可以召集当事人进行询问和辩论，也可以向有关证人了解情况。如果证据不足，行政机关有权责令当事人举证或其自行调查收集证据。

4. 裁决。行政机关在通过审查后，认为事实清楚、证据确凿应及时作出裁决。裁决书应当载明双方当事人以及法定代理人或委托代理人的姓名、住址、身份、纠纷事由、争议裁决的依据和理由等。此外，还要告诉当事人是否起诉以及起诉期限和管辖法院。

二、行政仲裁

（一）行政仲裁的概念与特征

仲裁俗称“公断”，是指在法律准许或规定的范围内，争议双方在争议发生前或发生后达成协议，自愿将争议交给第三者作出裁决，第三者依据双方当事人的协议，在核定事实的基础上，按照一定的程序对纠纷作出裁决，双方有义务执行的一种解决争议的方法。仲裁制度作为世界各国为解决纠纷而普遍设立的一种法律制度，具有悠久的历史，被称为是解决当事人之间纠纷最古老的方法之一。在我国，仲裁作为解决纠纷的有效方法也早已为人们所认识和采用。

行政仲裁，是指国家行政机关根据当事人的申请，按照仲裁程序对当事人之间发生的特定争议作出具有法律约束力的判断或裁决的活动的一种仲裁类型。与其他仲裁相比，具有以下特点：

1. 仲裁机构的行政性。仲裁机构是行政机关组建的，甚至就是行政机关的一个组成部分，如我国以前在工商行政管理部门内部设立的“经济合同仲裁委员会”。

2. 无需仲裁协议。在纠纷发生以后，一方当事人申请仲裁并不需要双方当事人在争议发生前或发生后达成仲裁协议，即没有仲裁协议，当事人也可以申请仲裁，仲裁机构也应当受理。

3. 属于通过行政手段解决纠纷的方式。仲裁机构的仲裁依靠的是行政权力，仲裁机构之间有上下级领导关系，上级仲裁机构有权撤销下级仲裁机构的仲裁裁决。

4. 行政仲裁机关在本机关职权范围内进行仲裁。

目前，行政仲裁主要有劳动争议仲裁、人事仲裁、农村土地承包合同仲裁等。

（二）劳动仲裁

劳动仲裁是指劳动争议仲裁委员会依法对劳动争议居中裁断的活动。其中劳动争议是指是指劳动者与用人单位之间因劳动关系上的权利与义务而发生的纠纷。

劳动仲裁具有以下特点：(1)劳动仲裁是强制仲裁，仅一方申请仲裁即可发生，另一方无论愿意与否，均应参加仲裁活动。(2)劳动争议仲裁委员会由劳动行政部门代表、同级工会代表、用人单位方面的代表组成，主任由劳动行政部门的代表担任，带有一定的行政色彩。(3)劳动仲裁的程序法定性较强，当事人选择余地较小。(4)劳动仲裁是劳动争议当事人向法院提起诉讼的法定前置程序。(5)劳动仲裁不向当事人收取仲裁费用。

1. 仲裁机构

根据《中华人民共和国劳动争议调解仲裁法》的相关规定，劳动争议仲裁委员会按照统筹规划、合理布局和适应实际需要的原则设立。省、自治区人民政府可以决定在市、县设立；直辖市人民政府可以决定在区、县设立。直辖市、设区的市也可以设立一个或者若干个劳动争议仲裁委员会。劳动争议仲裁委员会不按行政区划层层设立。

劳动争议仲裁委员会由劳动行政部门代表、工会代表和企业方面代表组成。劳动争议仲裁委员会组成人员应当是单数。劳动争议仲裁委员会负责管辖本区域内发生的劳动争议。劳动争议仲裁委员会依法履行下列职责：聘任、解聘专职或者兼职仲裁员；受理劳动争议案件；讨论重大或者疑难的劳动争议案件；对仲裁活动进行监督。劳动争议仲裁委员会下设办事机构，负责办理劳动争议仲裁委员会的日常工作。

劳动争议仲裁委员会应当设仲裁员名册。仲裁员应当公道正派并符合下列条件之一：曾任审判员的；从事法律研究、教学工作并具有中级以上职称的；具有法律知识、从事人力资源管理或者工会等专业工作满五年的；律师执业满三年的。

仲裁委员会处理劳动争议，实行仲裁庭制度，由仲裁庭具体处理争议案件。仲裁庭由一名首席仲裁员、两名仲裁员组成。简单案件，仲裁委员会可指定一名仲裁员独任审理。

2. 劳动仲裁活动应遵循的原则

(1) 合法、公正、及时处理原则。合法原则,既包括实体合法,也包括程序合法,只有在权利义务认定上符合法律规定,在案件处理程序上也符合法律规定,才能保证案件的公正处理。劳动争议涉及劳动者的劳动权利和义务,关系到他们的基本生存条件,因此,劳动争议的尽快解决,有利于减小争议带给当事人的损失,有利于企业生产经营活动的正常开展。

(2) 注重调解原则。劳动争议是具有劳动关系的单位与职工之间的争议,劳动关系具有从属性,所以对双方发生的劳动争议注重调解,使双方的争议在心平气和中得到解决,有利于减少争议对劳动关系和谐带来的负面影响,有利于促进生产力发展,提高工作效率。

(3) 保护当事人合法权益原则。如《劳动争议调解仲裁法》第三十八条规定:"当事人在仲裁过程中有权进行质证和辩论;质证和辩论终结时,首席仲裁员或者独任仲裁员应当征询当事人的最后意见。"

3. 仲裁基本程序

(1) 申请和受理。劳动争议的一方当事人在法定的期限内可向仲裁委员会提出仲裁请求。劳动争议申请仲裁的时效期间为一年。仲裁时效期间从当事人知道或者应当知道其权利被侵害之日起计算。仲裁时效可以因当事人一方向对方当事人主张权利,或者向有关部门请求权利救济,或者对方当事人同意履行义务而中断。从中断时起,仲裁时效期间重新计算。因不可抗力或者有其他正当理由,当事人不能在规定的仲裁时效期间申请仲裁的,仲裁时效中止。从中止时效的原因消除之日起,仲裁时效期间继续计算。劳动关系存续期间因拖欠劳动报酬发生争议的,劳动者申请仲裁不受一年的仲裁时效期间的限制;但是,劳动关系终止的,应当自劳动关系终止之日起一年内提出。

劳动争议仲裁委员会收到仲裁申请之日起五日内,认为符合受理条件的,应当受理,并通知申请人;认为不符合受理条件的,应当书面通知申请人不予受理,并说明理由。对劳动争议仲裁委员会不予受理或者逾期未作出决定的,申请人可以就该劳动争议事项向人民法院提起诉讼。劳动争议仲裁委员会受理仲裁申请后,应当在五日内将仲裁申请书副本送达被申请人。被申请人收到仲裁申请书副本后,应当在十日内向劳动争议仲裁委员会提交答辩书。劳动争议仲裁委员会收到答辩书后,应当在五日内将答辩书副本送达申请人。被申请人未提交答辩书的,不影响仲裁程序的进行。

(2) 开庭和裁决。劳动争议仲裁委员会裁决劳动争议案件实行仲裁庭制。仲裁庭由三名仲裁员组成,设首席仲裁员。简单劳动争议案件可以由一名仲裁员独任仲裁。劳动争议仲裁委员会应当在受理仲裁申请之日起五日内将仲裁庭的组成情况书面通知当事人。仲裁员有下列情形之一,应当回避,当事人也有权以口头或者书面方式提出回避申请:是本案当事人或者当事人、代理人的近亲属的;与本案有利害关系的;与本案当事人、代理人有其他关系,可能影响公正裁决的私自会见当事人、代理人,或者接受当事人、代理人的请客送礼的。劳动争议仲裁委员会对回避申请应当及时作出决定,并以口头或者书面方式通知当事人。

仲裁庭应当在开庭五日前,将开庭日期、地点书面通知双方当事人。当事人有正当理由的,可以在开庭三日前请求延期开庭。是否延期,由劳动争议仲裁委员会决定。申请人收到书面通知,无正当理由拒不到庭或者未经仲裁庭同意中途退庭的,可以视为撤回仲裁申请。被申请人收到书面通知,无正当理由拒不到庭或者未经仲裁庭同意中途退庭的,可以缺席裁决。

仲裁庭对专门性问题认为需要鉴定的，可以交由当事人约定的鉴定机构鉴定；当事人没有约定或者无法达成约定的，由仲裁庭指定的鉴定机构鉴定。

当事人在仲裁过程中有权进行质证和辩论。质证和辩论终结时，首席仲裁员或者独任仲裁员应当征询当事人的最后意见。

仲裁庭应当将开庭情况记入笔录。当事人和其他仲裁参加人认为对自己陈述的记录有遗漏或者差错的，有权申请补正。如果不予补正，应当记录该申请。笔录由仲裁员、记录人员、当事人和其他仲裁参加人签名或者盖章。

当事人申请劳动争议仲裁后，可以自行和解。达成和解协议的，可以撤回仲裁申请。仲裁庭在作出裁决前，应当先行调解。调解达成协议的，仲裁庭应当制作调解书。调解书应当写明仲裁请求和当事人协议的结果。调解书由仲裁员签名，加盖劳动争议仲裁委员会印章，送达双方当事人。调解书经双方当事人签收后，发生法律效力。调解不成或者调解书送达前，一方当事人反悔的，仲裁庭应当及时作出裁决。

仲裁庭裁决劳动争议案件，应当自劳动争议仲裁委员会受理仲裁申请之日起四十五日内结束。案情复杂需要延期的，经劳动争议仲裁委员会主任批准，可以延期并书面通知当事人，但是延长期限不得超过十五日。逾期未作出仲裁裁决的，当事人可以就该劳动争议事项向人民法院提起诉讼。仲裁庭裁决劳动争议案件时，其中一部分事实已经清楚，可以就该部分先行裁决。

裁决应当按照多数仲裁员的意见作出，少数仲裁员的不同意见应当记入笔录。仲裁庭不能形成多数意见时，裁决应当按照首席仲裁员的意见作出。裁决书应当载明仲裁请求、争议事实、裁决理由、裁决结果和裁决日期。裁决书由仲裁员签名，加盖劳动争议仲裁委员会印章。对裁决持不同意见的仲裁员，可以签名，也可以不签名。

下列劳动争议，除本法另有规定的外，仲裁裁决为终局裁决，裁决书自作出之日起发生法律效力：追索劳动报酬、工伤医疗费、经济补偿或者赔偿金，不超过当地月最低工资标准十二个月金额的争议；因执行国家的劳动标准在工作时间、休息休假、社会保险等方面发生的争议。

用人单位有证据证明仲裁裁决有下列情形之一，可以自收到仲裁裁决书之日起三十日内向劳动争议仲裁委员会所在地的中级人民法院申请撤销裁决：适用法律、法规确有错误的；劳动争议仲裁委员会无管辖权的；违反法定程序的；裁决所根据的证据是伪造的；对方当事人隐瞒了足以影响公正裁决的证据的；仲裁员在仲裁该案时有索贿受贿、徇私舞弊、枉法裁决行为的。人民法院经组成合议庭审查核实裁决有前款规定情形之一的，应当裁定撤销。仲裁裁决被人民法院裁定撤销的，当事人可以自收到裁定书之日起十五日内就该劳动争议事项向人民法院提起诉讼。

除了法律另有规定外，当事人对劳动争议案件的仲裁裁决不服的，可以自收到仲裁裁决书之日起十五日内向人民法院提起诉讼；期满不起诉的，裁决书发生法律效力。当事人对发生法律效力的调解书、裁决书，应当依照规定的期限履行。一方当事人逾期不履行的，另一方当事人可以依照民事诉讼法的有关规定向人民法院申请执行。受理申请的人民法院应当依法执行。

（三）人事仲裁

人事仲裁是指根据人事争议当事人双方或者单方的申请，人事争议仲裁机构对其争议进行调解或者裁决的活动。关于人事仲裁的具体规则，国家人事部曾于 1997 年 8 月 8 日和 1999 年 9 月 6 日分别发布了《人事争议处理暂行规定》和《人事争议处理办案规则》，这两个文件又于 2002 年 7 月 12 日被作了修改，后来又被中共中央组织部、人事部、总政治部印发的、于 2007 年 10 月 1 日实施的《人事争议处理规定》所替代。

1. 人事争议案件的受理范围

人事争议仲裁委员会受案范围是指人事争议仲裁委员会的主管范围，或称是人事争议仲裁机构受理人事争议仲裁案件的范围。根据《人事争议处理规定》第二条规定，人事争议范围包括：实施《公务员法》的机关与聘任制公务员之间、参照《中华人民共和国公务员法》管理的机关（单位）与聘任工作人员之间因履行聘任合同发生的争议；事业单位与工作人员之间因解除人事关系、履行聘用合同发生的争议；社团组织与工作人员之间因解除人事关系、履行聘用合同发生的争议；军队聘用单位与文职人员之间因履行聘用合同发生的争议；依照法律、法规规定可以仲裁的其他人事争议。

2. 人事争议仲裁委员会

中央机关及所属事业单位人事争议仲裁委员会设在人事部，省（自治区、直辖市）、副省级市、地（市、州、盟）、县（市、区、旗）设立人事争议仲裁委员会。人事争议仲裁委员会独立办案，相互之间无隶属关系。

人事争议仲裁委员会由公务员主管部门代表、聘任（用）单位代表、工会组织代表、受聘人员代表以及人事、法律专家组成。人事争议仲裁委员会组成人员应当是单数，设主任一名、副主任二至四名、委员若干名。同级人民政府分管人事工作的负责人或者政府人事行政部门的主要负责人任人事争议仲裁委员会主任。

人事争议仲裁委员会的职责包括：负责处理管辖范围内的人事争议；决定仲裁员的聘任和解聘；法律、法规规定由人事争议仲裁委员会承担的其他职责。

人事争议仲裁委员会下设办事机构，其职责是：负责人事争议案件的受理、仲裁文书送达、档案管理以及仲裁员的考核、培训等日常工作，办理人事争议仲裁委员会授权的其他事宜。办事机构设在同级人民政府人事部门。

人事争议仲裁委员会处理人事争议案件实行仲裁庭制度，仲裁庭是人事争议仲裁委员会处理人事争议案件的基本形式。仲裁庭一般由三名仲裁员组成。人事争议仲裁委员会指定一名仲裁员担任首席仲裁员，主持仲裁庭工作；另两名仲裁员可由双方当事人各选定一名，也可由人事争议仲裁委员会指定。简单的人事争议案件，经双方当事人同意，人事争议仲裁委员会可以指定一名仲裁员独任处理。

人事争议仲裁委员会可以聘任有关部门的工作人员、专家学者和律师为专职或兼职仲裁员。兼职仲裁员与专职仲裁员在仲裁活动中享有同等权利。仲裁员的职责是：受人事争议仲裁委员会的委托或当事人的选择，负责人事争议案件的具体处理工作。

3. 人事仲裁程序

（1）申请与受理。当事人从知道或应当知道其权利受到侵害之日起六十日内，以书面形式向有管辖权的人事争议仲裁委员会申请仲裁。当事人因不可抗力或者有其他正当理由超过申请仲裁时效，经人事争议仲裁委员会调查确认的，人事争议仲裁委员会应当受理。

当事人向人事争议仲裁委员会申请仲裁，应当提交仲裁申请书，并按被申请人人数递交副本。仲裁申请书应当载明下列事项：申请人和被申请人姓名、性别、年龄、职业及职务、工作单位、住所和联系方式。申请人或被申请人是单位的，应写明单位的名称、住所、法定代表人或者主要负责人的姓名、职务和联系方式；仲裁请求和所依据的事实、理由；证据和证据来源、证人姓名和住所。发生人事争议的一方在五人以上，并且有共同的仲裁请求和理由的，可以推举一至两名代表参加仲裁活动。代表人放弃、变更仲裁请求或者承认对方的仲裁请求，进行和解，必须经过被代表的当事人同意。

人事争议仲裁委员会在收到仲裁申请书之日起十个工作日内，认为不符合受理条件的，应当书面通知申请人不予受理，并说明理由；认为符合受理条件的，应当受理，将受理通知书送达申请人，将仲裁申请书副本送达被申请人。被申请人应当在收到仲裁申请书副本之日起十个工作日内提交答辩书。被申请人没有按时提交或者不提交答辩书的，不影响仲裁的进行。

（2）开庭与裁决。仲裁应当公开开庭进行，涉及国家、军队秘密和个人隐私的除外。涉及商业秘密，当事人申请不公开开庭的，可以不公开开庭。当事人协议不开庭的，仲裁庭可以书面仲裁。

人事争议仲裁委员会应当在开庭审理人事争议案件五个工作日前，将开庭时间、地点、仲裁庭组成人员等书面通知当事人。申请人经书面通知无正当理由不到庭，或者到庭后未经仲裁庭许可中途退庭的，视为撤回仲裁申请。被申请人经书面通知无正当理由不到庭，或者未经仲裁庭许可中途退庭的，可以缺席裁决。当事人有正当理由的，在开庭前可以申请延期开庭，是否延期由仲裁庭决定。

仲裁庭处理人事争议应注重调解。自受理案件到作出裁决前，都要积极促使当事人双方自愿达成调解协议。当事人经调解自愿达成书面协议的，仲裁庭应当根据调解协议的内容制作仲裁调解书。协议内容不得违反法律法规，不得侵犯社会公共利益和他人的合法权益。调解书由仲裁庭成员署名，加盖人事争议仲裁委员会印章。调解书送达后，即发生法律效力。当庭调解未达成协议或者仲裁调解书送达前当事人反悔的，仲裁庭应当及时进行仲裁裁决。

当事人应当对自己的主张提供证据。当事人的举证材料应在仲裁庭上出示，并进行质证。只有经过质证认定的事实和证据，才能作为仲裁裁决的依据。

当事人在仲裁过程中有权进行辩论。辩论终结时，仲裁庭应当征询当事人的最后意见。

仲裁庭应当将开庭情况记入笔录。当事人和其他仲裁参与人认为对自己陈述的记录有遗漏或者差错的，有权申请补正。如果不予补正，应当记录该申请，并注明不予补正的原因。笔录由仲裁员、书记员、当事人和其他仲裁参与人署名或者盖章。仲裁裁决应当按照多数仲裁员的意见作出，少数仲裁员的不同意见应当记入笔录。

仲裁庭对重大、疑难以及仲裁庭不能形成多数处理意见案件的处理，应当提交人事争议仲裁委员会讨论决定；人事争议仲裁委员会作出的决定，仲裁庭必须执行。

仲裁庭应当在裁决作出后五个工作日内制作裁决书。裁决书由仲裁庭成员署名并加盖人事争议仲裁委员会印章。

仲裁庭处理人事争议案件，一般应当在受理案件之日起九十日内结案。需要延期的，经人事争议仲裁委员会批准，可以适当延期，但是延长的期限不得超过三十日。

当事人对仲裁裁决不服的，可以按照《中华人民共和国公务员法》《中国人民解放军文职人员条例》以及最高人民法院相关司法解释的规定，自收到裁决书之日起十五日内向人民法院提起诉讼；逾期不起诉的，裁决书即发生法律效力。对发生法律效力的调解书或者裁决书，当事人必须履行。一方当事人逾期不履行的，另一方当事人可以依照国家有关法律法规和最高人民法院相关司法解释的规定申请人民法院执行。

（四）农村土地承包合同仲裁

《农村土地承包法》第五十五条规定："因土地承包经营发生纠纷的，双方当事人可以通过协商解决，也可以请求村民委员会、乡（镇）人民政府等解决。当事人不愿协商、调解或者协商、调解不成的，可以向农村土地承包仲裁机构申请仲裁，也可以直接向人民法院起诉。"2009 年 6 月 27 日第十一届全国人民代表大会常务委员会第九次会议通过的，并于 2010 年 1 月 1 日起施行的《中华人民共和国农村土地承包经营纠纷调解仲裁法》，对公正、及时地解决农村土地承包经营纠纷，维护当事人的合法权益，促进农村经济发展和社会稳定，具有重要作用。

1. 受理范围。根据《中华人民共和国农村土地承包经营纠纷调解仲裁法》第二条的规定，适用该法的农村土地承包经营纠纷包括：因订立、履行、变更、解除和终止农村土地承包合同发生的纠纷；因农村土地承包经营权转包、出租、互换、转让、入股等流转发生的纠纷；因收回、调整承包地发生的纠纷；因确认农村土地承包经营权发生的纠纷；因侵害农村土地承包经营权发生的纠纷；法律、法规规定的其他农村土地承包经营纠纷。

因征收集体所有的土地及其补偿发生的纠纷，不属于农村土地承包仲裁委员会的受理范围，可以通过行政复议或者诉讼等方式解决。

2. 仲裁机构。农村土地承包仲裁委员会，根据解决农村土地承包经营纠纷的实际需要设立。农村土地承包仲裁委员会可以在县和不设区的市设立，也可以在设区的市或者其市辖区设立。农村土地承包仲裁委员会在当地人民政府指导下设立。设立农村土地承包仲裁委员会的，其日常工作由当地农村土地承包管理部门承担。农村土地承包仲裁委员会由当地人民政府及其有关部门代表、有关人民团体代表、农村集体经济组织代表、农民代表和法律、经济等相关专业人员兼任组成，其中农民代表和法律、经济等相关专业人员不得少于组成人员的二分之一。农村土地承包仲裁委员会设主任一人、副主任一至二人和委员若干人。主任、副主任由全体组成人员选举产生。

3. 申请和受理。农村土地承包经营纠纷申请仲裁的时效期间为二年，自当事人知道或者应当知道其权利被侵害之日起计算。农村土地承包经营纠纷仲裁的申请人、被申请人为当事人。家庭承包的，可以由农户代表人参加仲裁。当事人一方人数众多的，可以推选代表人参加仲裁。与案件处理结果有利害关系的，可以申请作为第三人参加仲裁，或者由农村土地承包仲裁委员会通知其参加仲裁。

申请农村土地承包经营纠纷仲裁应当符合下列条件：申请人与纠纷有直接的利害关系；有明确的被申请人；有具体的仲裁请求和事实、理由；属于农村土地承包仲裁委员会的受理范围。当事人申请仲裁，应当向纠纷涉及的土地所在地的农村土地承包仲裁委员会递交仲裁申请书。

农村土地承包仲裁委员会应当对仲裁申请予以审查，认为符合规定的，应当受理。有下列情形之一的，不予受理；已受理的，终止仲裁程序：不符合申请条件；人民法院已受理该纠纷；法律规定该纠纷应当由其他机构处理；对该纠纷已有生效的判决、裁定、仲裁裁决、行政处理决定等。

农村土地承包仲裁委员会决定受理的，应当自收到仲裁申请之日起五个工作日内，将受理通知书、仲裁规则和仲裁员名册送达申请人；决定不予受理或者终止仲裁程序的，应当自收到仲裁申请或者发现终止仲裁程序情形之日起五个工作日内书面通知申请人，并说明理由。

农村土地承包仲裁委员会应当自受理仲裁申请之日起五个工作日内，将受理通知书、仲裁申请书副本、仲裁规则和仲裁员名册送达被申请人。

被申请人应当自收到仲裁申请书副本之日起十日内向农村土地承包仲裁委员会提交答辩书；书面答辩确有困难的，可以口头答辩，由农村土地承包仲裁委员会记入笔录，经被申请人核实后由其签名、盖章或者按指印。农村土地承包仲裁委员会应当自收到答辩书之日起五个工作日内将答辩书副本送达申请人。被申请人未答辩的，不影响仲裁程序的进行。

一方当事人因另一方当事人的行为或者其他原因，可能使裁决不能执行或者难以执行的，可以申请财产保全。

当事人申请财产保全的，农村土地承包仲裁委员会应当将当事人的申请提交被申请人住所地或者财产所在地的基层人民法院。

申请有错误的，申请人应当赔偿被申请人因财产保全所遭受的损失。

4. 仲裁庭的组成

仲裁庭由三名仲裁员组成，首席仲裁员由当事人共同选定，其他二名仲裁员由当事人各自选定；当事人不能选定的，由农村土地承包仲裁委员会主任指定。事实清楚、权利和义务关系明确、争议不大的农村土地承包经营纠纷，经双方当事人同意，可以由一名仲裁员仲裁。仲裁员由当事人共同选定或者由农村土地承包仲裁委员会主任指定。农村土地承包仲裁委员会应当自仲裁庭组成之日起二个工作日内将仲裁庭组成情况通知当事人。

仲裁员有下列情形之一的，必须回避，当事人也有权以口头或者书面方式申请其回避：是本案当事人或者当事人、代理人的近亲属；与本案有利害关系；与本案当事人、代理人有其他关系，可能影响公正仲裁；私自会见当事人、代理人，或者接受当事人、代理人的请客送礼。当事人提出回避申请，应当说明理由，在首次开庭前提出。回避事由在首次开庭后知道的，可以在最后一次开庭终结前提出。农村土地承包仲裁委员会对回避申请应当及时作出决定，以口头或者书面方式通知当事人，并说明理由。仲裁员是否回避，由农村土地承包仲裁委员会主任决定；农村土地承包仲裁委员会主任担任仲裁员时，由农村土地承包仲裁委员会集体决定。仲裁员因回避或者其他原因不能履行职责的，应当依照本法规定重新选定或者指定仲裁员。

5. 开庭和裁决

农村土地承包经营纠纷仲裁应当开庭进行。开庭可以在纠纷涉及的土地所在地的乡(镇)或者村进行，也可以在农村土地承包仲裁委员会所在地进行。当事人双方要求在乡(镇)或者村开庭的，应当在该乡(镇)或者村开庭。开庭应当公开，但涉及国家秘密、商业秘密和个人隐私以及当事人约定不公开的除外。仲裁庭应当在开庭五个工作日前将开庭的时间、地点通知当事人和其他仲裁参与人。当事人有正当理由的,可以向仲裁庭请求变更开庭的时间、地点。是否变更,由仲裁庭决定。

当事人申请仲裁后,可以自行和解。达成和解协议的,可以请求仲裁庭根据和解协议作出裁决书,也可以撤回仲裁申请。申请人可以放弃或者变更仲裁请求。被申请人可以承认或者反驳仲裁请求,有权提出反请求。仲裁庭作出裁决前,申请人撤回仲裁申请的,除被申请人提出反请求的外,仲裁庭应当终止仲裁。申请人经书面通知,无正当理由不到庭或者未经仲裁庭许可中途退庭的,可以视为撤回仲裁申请。被申请人经书面通知,无正当理由不到庭或者未经仲裁庭许可中途退庭的,可以缺席裁决。

当事人在开庭过程中有权发表意见、陈述事实和理由、提供证据、进行质证和辩论。对不通晓当地通用语言文字的当事人,农村土地承包仲裁委员会应当为其提供翻译。仲裁庭应当依照仲裁规则的规定开庭,给予双方当事人平等陈述、辩论的机会,并组织当事人进行质证。经仲裁庭查证属实的证据,应当作为认定事实的根据。

对权利义务关系明确的纠纷,经当事人申请,仲裁庭可以先行裁定维持现状、恢复农业生产以及停止取土、占地等行为。一方当事人不履行先行裁定的,另一方当事人可以向人民法院申请执行,但应当提供相应的担保。

仲裁庭应当将开庭情况记入笔录,由仲裁员、记录人员、当事人和其他仲裁参与人签名、盖章或者按指印。当事人和其他仲裁参与人认为对自己陈述的记录有遗漏或者差错的,有权申请补正。如果不予补正,应当记录该申请。仲裁庭应当根据认定的事实和法律以及国家政策作出裁决并制作裁决书。

当事人不服仲裁裁决的,可以自收到裁决书之日起三十日内向人民法院起诉。逾期不起诉的,裁决书即发生法律效力。当事人对发生法律效力的调解书、裁决书,应当依照规定的期限履行。一方当事人逾期不履行的,另一方当事人可以向被申请人住所地或者财产所在地的基层人民法院申请执行。受理申请的人民法院应当依法执行。

第五节　行政合同

一、行政合同的概念和特征

在国外,行政合同一般称之为“行政契约”或“公法上的合同”,是指行政主体为实施行政职权或履行行政职能,实现特定的行政管理目标而与公民、法人或其他组织经过协商后达成的意思表示一致的协议。行政合同具有以下特征:

(一) 行政合同的一方当事人必须是行政主体。也就是说,行政合同只能是行政主体同公民、法人或其他社会组织签订的。如果没有行政主体参加,则不能形成行政合同。公民之间签订的合同即使是有关执行公务的,也不能视为行政合同。

(二) 行政主体签订行政合同的目的是为了行使行政职权或履行行政职责,实现特定的国家行政管理目标和任务,并不是为了行政机关自身的利益,例如行政机关为了国防、抢险救灾等紧急需要而同公民、法人或其他组织签订订购特别物资的合同。

（三）行政合同是以双方意思表示一致为前提订立的。行政合同属于双方行政行为，行政主体与行政相对人订立行政合同时，必须进行平等协商，任何一方不得将自己的意志强加于对方。这使得行政合同区别于一般的行政行为。一般的行政行为属于单方行政行为，仅有行政主体的意思表示就能成立。当然，在履行行政合同过程中，行政主体享有某些单方的权利，如监督权。

（四）行政主体在行政合同的履行、变更或解除中享有行政优益权。在行政合同中双方当事人的地位不是完全平等的，这种不平等体现在，行政主体可以依据国家行政管理的需要，享有单方变更或解除合同的权利，如行政合同订立后妨碍合同实现的客观情况出现时行政主体可以依法单方面变更或解除合同，而另一方当事人即公民、法人或其他组织则不享有此权利。

（五）行政合同纠纷应当通过行政法的救济途径来解决。我国目前尚未建立行政合同救济制度，依据行政法的原理，行政合同纠纷应当通过行政救济途径来加以解决。根据我国目前解决行政争议的体制，行政合同纠纷有三种救济途径：(1)提起行政复议；(2)提起行政诉讼；(3)如果涉及行政赔偿，则可提起行政赔偿诉讼。

二、行政合同的种类

（一）行政合同的种类

1. 以行政合同双方当事人的关系为标准，行政合同分为委托合同、授权合同、代理合同和协作合同。委托合同是指行政主体把属于自己管辖处理的行政事务依法委托给其他组织或个人，由被授权的组织或个人在授权范围内办理行政事务而达成的协议。代理合同是指行政主体就行政事务代理与其他组织或个人达成的协议。协作合同是指行政主体为了完成特定的行政事务，与其他行政机关或行政相对人达成的相互合作和协助协议。

2. 以行政合同的内容为标准，可分为：(1)承包合同，是指行政主体作为发包人就某些项目与承包人签订的协议，如农村土地承包合同；(2)承揽合同，是指主体同承揽人签订的关于承揽按照行政主体要求完成一定工作、行政主体接受承揽方的工作成果并支付约定报酬的协议；(3)购销合同，是指行政主体作为一方当事人与行政相对人签订的关于某产品购销的协议，如国家农业主管部门同农民或集体签订的某农副产品的收购合同；(4)仓储保管合同，是指行政主体作为存货方与保管方签订的有关国有财产储存的协议；(5)货物运输合同，是指行政主体作为一方当事人就某项国有的或公有货物与经营货物运输的企业签订的该货物运输的协议；(6)建设工程勘察设计合同，是指行政主体作为委托方与持有建设工程勘察设计证书的设计单位就完成某项公共工程或国有工程的勘察设计任务而签订的协议；(7)供电合同，是指行政主体作为用电方根据公共事务的需要同供电方签订的电力供应等内容的协议；(8)保险合同，是指行政主体作为投保人就某国有财产或利益为保险标的与保险企业签订的财产保险合同；(9)买卖合同，是指行政主体作为一方当事人就买卖国有资产与另一方当事人达成的协议；(10)财产租赁合同，是指行政主体作为一方当事人与另一方当事人就某项财产的租用达成的协议；(11)借款合同，是指行政主体作为借款方同银行等金融机构签订的借款协议；(12)转让合同，是指行政主体就某项权益或物品的转让而与另一方当事人达成的协议；(13)补偿合同，是指行政主体由于某种行政需要由此给公民、法人或其他组织的合法权益造成了损害，行政主体就其损害同受损方达成的协议；(14)防止公害合同，是指行政主体就防止公害而与行政相对人达成的协议。

此外，行政合同按照是否涉及金钱给付，可以分为有金钱给付内容的行政合同和无金钱给付内容的行政合同。按照行政关系的不同，行政合同可以分为内部合同和外部合同。

3. 我国常见的几种行政合同

在我国，行政合同主要适用于政府特许经营、国有土地使用权出让、政府采购与国有资产承包经营、出售或者出租，征收、征用补偿，行政机关委托的科研、咨询等事项。于是，在我国，行政合同主要有：

(1) 国家科研合同。国家科研合同是行政机关与科研机构就国家重大科研项目签订的由国家提供资助，科研机构提供科研成果的协议。该类合同以公共利益为目的，一般是为了完成某项与国计民生有重大关系的科研技术项目的开发。

(2) 公用征收补偿合同。这是指行政主体为实现社会公共利益，在依法给予补偿的前提下，与行政相对人签订的以征收其财产为内容的行政合同。这种合同广泛运用于交通运输、城市建设、土地管理等领域。公用征收补偿合同中，关于征收部分属于单方行政行为，而行政补偿部分则属于行政合同的范畴。

(3) 国有土地使用和开发合同。这是行政主体以国有土地管理者的身份，与行政相对人签订的一定期限内使用和开发利用国有土地的行政合同。这类行政合同是行政主体代表国家向行政相对人出让国有土地的使用权和开采利用等权利，并由行政相对人向国家支付使用费而签订的协议。根据有关法律规定，土地使用权出让由土地管理部门与土地使用者签订合同，土地管理部门享有监督权，对未按合同规定的期限进行开发、利用、经营的，有权予以纠正，给予处罚，并有权批准改变土地用途。

(4) 国有企业承包管理合同。这是指政府指定的有关部门作为发包方，有关的企业作为承包方，双方经协商一致而签订的、确定双方权利和义务的协议。这类行政合同使得国家、企业和个人之间的关系契约化，由原来政府按计划、按命令管理企业的行政隶属关系转变为政府与企业之间法律上的权利和义务关系。

(5) 公共工程承包合同，公共工程合同。这是指行政主体为了公共利益的需要，就某项公共设施的工程建设与建筑公司等企业之间经协商一致而签订的行政合同。如修建国道、飞机场、大型供水、供电、供气工程或大型通讯设施等工程的合同。

(6) 国家定购合同。国家订购合同是国家为了保障基本供给、对重要物资实施控制或执行某项产业政策，与行政相对人签订的订购有关物资、产品的合同。在国家订购合同中，行政机关与行政相对人对完成工作的费用、双方的权利义务等事项，可以协商。国家往往需要给行政相对人提供优惠和补贴，并按合同的约定保障收购。目前我国的国家订购合同主要有粮食订购合同、棉花订购合同、烟草订购合同、重要物资和生产资料订购合同。

(7) BOT 政府特许经营合同。BOT 是 Build－Operate－Transfer(建设—经营—转让)形式的简称。BOT 政府特许经营合同是指在某些社会公用产品或服务领域(统称公共品)，由政府根据有关法律、法规的规定，通过市场竞争机制选择公用事业投资者或者经营者，并授权其在一定期限和范围内经营某种公用事业产品或者提供某项服务而与之签订的合同。

政府通过颁发授权书的形式，授予企业特许权，由企业开采国家所有的资源或者建设政府监管的公共基础设施项目。企业在获得政府许可的经营权后，承担有关设施的修建、更新改造及经营责任，全部费用均由企业承担，从开发、利用资源中回收成本并赢得利润。在特许合同期满后，企业应当将所有设施交还政府有关部门。

四、行政合同的缔结、履行、变更、解除和终止

（一）行政合同的订立

行政合同的订立必须是出于行政管理的需要，同时还要遵守相应的规则。行政主体订立行政合同必须是在其法定职权范围之内，内容必须符合法律规定。

行政合同的订立可以采取招标、拍卖和协议等方式。

1. 招标是指行政主体事先设定行政合同的标底，相对方依照程序进行竞标后，行政主体选择最优者订立合同的方式。《中华人民共和国招标投标法》对招标投标活动作了统一的规定。该法第三条第一款规定："在中华人民共和国境内进行下列工程建设项目包括项目的勘察、设计、施工、监理以及与工程建设有关的重要设备、材料等的采购，必须进行招标：(1)大型基础设施、公用事业等关系社会公共利益、公众安全的项目；(2)全部或者部分使用国有资金投资或者国家融资的项目；(3)使用国际组织或者外国政府贷款、援助资金的项目。"

招标的程序是：

①招标。招标分为公开招标和邀请招标。公开招标，是指招标人以招标公告的方式邀请不特定的法人或者其他组织投标。邀请招标，是指招标人以投标邀请书的方式邀请特定的法人或者其他组织投标。

招标人采用公开招标方式的，应当发布招标公告。依法必须进行招标的项目的招标公告，应当通过国家指定的报刊、信息网络或者其他媒介发布。招标公告应当载明招标人的名称和地址、招标项目的性质、数量、实施地点和时间以及获取招标文件的办法等事项。招标人采用邀请招标方式的，应当向三个以上具备承担招标项目的能力、资信良好的特定的法人或者其他组织发出投标邀请书。投标邀请书应当载明招标人的名称和地址、招标项目的性质、数量、实施地点和时间以及获取招标文件的办法等事项。招标人可以设定标底，但必须保密。

招标人应当根据招标项目的特点和需要编制招标文件。招标文件应当包括招标项目的技术要求、对投标人资格审查的标准、投标报价要求和评标标准等所有实质性要求和条件以及拟签订合同的主要条款。国家对招标项目的技术、标准有规定的，招标人应当按照其规定在招标文件中提出相应要求。招标项目需要划分标段、确定工期的，招标人应当合理划分标段、确定工期，并在招标文件中载明。

②投标。投标是指投标人按照招标文件的要求编制投标文件，且投标文件应当对招标文件提出的实质性要求和条件作出响应。投标人应当在招标文件要求提交投标文件的截止时间前，将投标文件送达投标地点。招标人收到投标文件后，应当签收保存，不得开启。

③开标、评标和中标。开标应当在招标文件确定的提交投标文件截止时间的同一时间公开进行；开标地点应当为招标文件中预先确定的地点。开标由招标人主持，邀请所有投标人参加。开标时，由投标人或者其推选的代表检查投标文件的密封情况，也可以由招标人委托的公证机构检查并公证；经确认无误后，由工作人员当众拆封，宣读投标人名称、投标价格

和投标文件的其他主要内容。招标人在招标文件要求提交投标文件的截止时间前收到的所有投标文件,开标时都应当当众予以拆封、宣读。开标过程应当记录,并存档备查。开标后,由招标人依法组建的评标委员会负责。评标委员会完成评标后,应当向招标人提出书面评标报告,并推荐合格的中标候选人。招标人可以在评标委员会推荐的中标候选人中确定中标人,或者授权评标委员会直接确定中标人。中标人的投标应当符合下列条件之一:能够最大限度地满足招标文件中规定的各项综合评价标准;能够满足招标文件的实质性要求,并且经评审的投标价格最低;但是投标价格低于成本的除外。

中标人确定后,招标人应当向中标人发出中标通知书,并同时将中标结果通知所有未中标的投标人。中标通知书对招标人和中标人具有法律效力。中标通知书发出后,招标人改变中标结果的,或者中标人放弃中标项目的,应当依法承担法律责任。招标人和中标人应当自中标通知书发出之日起三十日内,按照招标文件和中标人的投标文件订立书面合同。招标人和中标人不得再行订立背离合同实质性内容的其他协议。招标文件要求中标人提交履约保证金的,中标人应当提交。

2. 拍卖是指行政主体通过事先安排好的拍卖程序,在竞拍人竞拍后选择与提出条件最优的相对方订立合同的方式。拍卖主要适用于国有资产的出让。根据《中华人民共和国拍卖法》的规定,拍卖的主要程序是:

①拍卖委托。委托人委托拍卖物品或者财产权利,应当提供身份证明和拍卖人要求提供的拍卖标的的所有权证明或者依法可以处分拍卖标的的证明及其他资料。拍卖人应当对委托人提供的有关文件、资料进行核实。拍卖人接受委托的,应当与委托人签订书面委托拍卖合同。委托拍卖合同应当载明以下事项:(1)委托人、拍卖人的姓名或者名称、住所;(2)拍卖标的的名称、规格、数量、质量;(3)拍卖的时间、地点;(5)拍卖标的交付或者转移的时间、方式;(6)佣金及其支付的方式、期限;(7)价款的支付方式、期限;(8)违约责任;(9)双方约定的其他事项。

②拍卖公告与展示。拍卖人应当于拍卖日七日前发布拍卖公告。拍卖公告应当通过报纸或者其他新闻媒介发布。拍卖公告应当载明下列事项:(1)拍卖的时间、地点;(2)拍卖标的;(3)拍卖标的展示时间、地点;(4)参与竞买应当办理的手续;(5)需要公告的其他事项。拍卖人应当在拍卖前展示拍卖标的,并提供查看拍卖标的的条件及有关资料。拍卖标的的展示时间不得少于两日。

③拍卖实施。拍卖师应当于拍卖前宣布拍卖规则和注意事项。拍卖标的无保留价的,拍卖师应当在拍卖前予以说明。拍卖标的有保留价的,竞买人的最高应价未达到保留价时,该应价不发生效力,拍卖师应当停止拍卖标的的拍卖。竞买人的最高应价经拍卖师落槌或者以其他公开表示买定的方式确认后,拍卖成交。拍卖成交后,买受人和拍卖人应当签署成交确认书。

3. 协议是指行政主体根据行政合同的内容,与事先选择好的行政相对人就行政合同的内容进行协商一致后订立行政合同的一种方式,一般适用于专业性较强的事务。

(二)行政合同的履行

行政合同的履行必须遵守以下原则:

1. 全面履行规则。行政合同成立后,行政主体和行政相对人应当根据合同的要求认真全面地履行合同。全面履行是行政合同的主要规则。因为行政合同订立目的是为了实现社会公共利益，如果不全面履行必将会损害社会公共利益。在相对人不全面履行合同内容时，行政主体可以基于行政优益性在不经同相对方协商的情况下，变更或解除合同，同时追究相对方的法律责任。

2. 亲自履行规则。行政合同的签订，表明合同双方当事人有履行各自义务的能力。也就说，在行政合同成立后，相对人在没有经行政主体允许的情况下不得转给其他人代为履行。

3. 公益优先原则。在行政合同的履行过程中，如果私人利益与公共利益发生冲突，行政机关可以为了维护公共利益依据行政优益权变更、解除行政合同。该原则在行政合同履行过程中主要表现为：(1)行政机关认为行政合同的继续履行将会不利于公共利益的保护，有权变更、解除行政合同；(2)行政机关对行政相对人的行政合同的履行有监督权，在必要的时候可以对行政相对人采取强制或者制裁措施；(3)变更、解除行政合同的理由的"公共利益"的内涵的最终确定权在法院①。

4. 诚实信用原则。作为民法基本原则的诚实信用原则同样可以适用于行政合同的履行。该原则要求，在行政合同的履行过程中，行政机关与行政相对人都应当全面、适当履行行政合同，行政相对人不能为了追求个人利益而损害公共利益，行政机关不能因为处于管理者的地位而随意变更和解除行政合同，损害行政相对人的利益。

（三）行政合同的变更和解除

已订立的合同基于行政主体的自由裁量权或法律事实，行政主体在不改变合同性质的基础上，可以对合同的标的、内容以及合同主体进行相应的修改、补充和限制。行政合同解除是指合同尚未履行或全面履行，当事人提前结束约定的权利和义务的行为。合同的解除分为单方解除和协议解除。单方解除主要是指行政主体行使自由裁量权解除合同的行为。协议解除是指行政主体同相对方协商达成一致后解除合同的行为。

参照合同法的规定，行政合同可以变更、解除的情形主要有：(1)行政相对人提出变更或解除行政合同的意思表示，不损害公共利益，行政机关同意的；(2)国家的法律、政策发生重大调整，致使原行政合同的履行需要作重大调整或不能再履行的，行政机关可以单方面变更或解除行政合同；(3)行政相对人由于经营不善亏损等原因确实无法履行合同的；(4)由于不可抗力等原因致使原行政合同无法履行的；(5)一方违约致使行政合同履行成为不必要的②。

行政合同变更一般只对未履行的部分生效，即行政合同当事人不再按照原来的行政合同，应按照变更后的行政合同履行。行政合同解除意味着行政合同当事人原来约定的权利和义务关系消灭。行政机关由于公共利益的需要单方解除行政合同的，要对行政相对人由此造成的损失予以补偿；行政机关由于自身过错导致变更或解除行政合同的，要对行政相对人由此造成的损失予以赔偿。

（五）行政合同的终止

行政合同的终止是指行政合同当事人权利和义务已消灭。行政合同终止的原因主要

① 姜明安：《行政法与行政诉讼法》，北京大学出版社、高等教育出版社，2015，第315页。

② 张树义：《行政法与行政诉讼法》，高等教育出版社，2007，第162页。

有:(1)合同履行完毕或期限届满;(2)双方当事人协议解除合同;(3)行政主体单方解除合同;(4)因不可抗力等情况出现导致合同不能履行;(5)因一方或双方有过错被有权机关决定或人民法院判决解除合同。

三、行政合同中当事人的权利和义务

(一) 行政主体的权利和义务

1. 行政主体的权利主要有:(1)选择合同当事人的权利,行政主体在决定订立行政合同时,有权根据实际情况选择合适的当事人。(2)对合同履行的指挥权和监督权,主要体现在行政主体为了确保行政合同正确和全面履行,可以指挥和监督行政相对人履行合同。(3)单方变更或解除合同权。行政主体有权根据社会公共利益的需要在不经行政相对人同意的情况下变更或解除合同。(4)制裁权,即行政主体有权在行政相对人违约时依法对其实施法律制裁。

2. 行政主体的义务主要有:(1)依法履行合同的义务。(2)按照合同约定,支付行政相对人报酬的义务。(3)行政主体在单方变更或解除合同给行政相对人造成损失时,有给予物质补偿或赔偿的义务。(4)保证兑现给予行政相对方优惠或照顾的义务。

(二) 行政相对人的权利和义务

1. 相对方的权利主要有:(1)获得报酬的权利。相对人在完成了行政合同约定的任务后有权获得约定的报酬。(2)取得优惠权。为让相对人更好履行合同,行政机关往往给相对人提供一定的优惠条件,如价格优惠、政策优惠等,相对人有权取得行政机关提供的各种优惠条件。(3)损害赔偿请求权和损失补偿请求权。相对人在因行政主体违约或者行政主体基于社会公共利益的需要变更或解除合同时,有权请求损害赔偿或补偿。(4)不可预见的困难情况下的补偿权。在合同履行过程中如果出现了订立合同时所不能预见的情况或困难,履行合同已给相对人造成了极大损失,有权要求行政主体进行补偿。

2. 相对人的义务主要有:(1)按照合同约定的要求和期限认真全面地履行合同的义务。如果发生客观情况导致行政合同不能履行或者不能完全履行时,应当与行政主体协商一致后,才能变更或者解除行政合同。(2)接受行政主体指挥和监督的义务。即行政相对一方在履行行政合同过程中,必须接受行政主体实施的管理行为和接受其监督检查,无正当理由不得拒绝。

第四章
行政相关行为论

第一节　行政指导

一、行政指导的概念和特征

行政指导是指行政主体在其职责、任务或其管辖的事项范围内，为了适用复杂多变的社会和经济发展需要，基于法律原则和国家政策，适时采取灵活的非强制性手段，旨在引导行政相对人自愿采取或不采取某种行为，以实现一定行政目的但不直接产生法律效果的行为。行政指导具有以下的特征：

（一）行政指导是行政主体管理社会的行为。只有具备行政主体资格的国家机关和法律、法规授权的组织才能实施行政指导行为。

（二）行政指导是一种具有行政活动性质的行为。行政指导是依据法律和政策实施的行政管理活动。它是发生在行政管理活动中的行政相关行为。该行为的实施者是行政主体，承受者是行政相对人。所以，行政指导属于行政法的调整范畴，是一种具有行政性的行为。

（三）行政指导是一种不具有法律强制力并且不产生法律效果的行为。行政指导主要是以指导、建议、劝告和鼓励等柔性的行为来进行的，不具有法律强制力。尽管行政指导作用对象是行政相对人，但其因为不是基于法律规范而作的，不直接导致行政相对人的权益的增减，不产生法律效果。

（四）行政指导属于"积极行政"范畴的行为。行政主体根据情势的变化，即使没有法律规定，只要遵守法律原则和国家政策就可以实施行政指导。行政主体可以依据行政相对人的申请实施行政指导，也可以依据职权主动实施行政指导。

（五）行政指导一是种不可诉的行为。行政相对人对行政主体实施的行政指导不服的不可以提起行政诉讼。根据《最高人民法院关于执行〈行政诉讼法〉若干问题的解释》第1条的规定，公民、法人或者其他组织对不具有强制力的行政指导行为不服提起诉讼的，不属于人民法院行政诉讼的受案范围。

二、行政指导的原则

（一）正当性原则

正当性原则是指行政指导行为必须最大限度地保障行政相对人对行政指导的可接受

性。行政相对人接受行政指导是因为其能够产生对自己有利的法律效果。因而,行政指导能够在多大程度得到实现,取决于行政相对人对其的接受指导。正当性原则可以从这几方面来理解:(1)行政指导行为的正当性必须以合法性为前提,没有合法根据,行政指导的正当性就失去了根据。(2)正当性体现了行政指导是种以理服人的"软性"行政活动。也就是说行政指导是一个说理的过程。(3)正当性可以约束行政主体在实施行政指导过程中滥用自由裁量权。

(二) 自愿性原则

自愿性原则是指行政指导行为应为行政相对人认同和自愿接受。行政指导不是一种行政主体依职权实施的,不产生法律效果,对行政相对人不具有法律约束作用的行为。因此,行政指导能否被遵守取决于行政相对人的自愿与否。自愿性原则可以从这几方面来理解:(1)自愿性意味着行政相对人接受行政指导完全出于自己的真实意思表示,不能是在受他人意志支配下作出的"接受"。(2)自愿性意味着行政相对人对行政指导是否接受具有选择权。(3)自愿性意味着行政相对人接受对自己不利的后果只能归咎于自己而不是行政主体。

(三) 必要性原则

必要性原则是指行政主体采取行政指导行为比实施行政行为可能会产生更好的客观效果的一种主观认识。行政主体行使行政职权的基本目的在于维持正常的社会秩序,促进社会的全面进步。如果能通过非行政行为也能达到这一目的,或者可以降低行政成本,行政主体完全可以作出选择,采用非行政行为实现行政目的。因此,在行政指导中确立必要性原则,是基于行政效益理论得出的。在现代社会中,行政管理的资源是有限的,有的甚至是稀缺的。为了减轻社会负担,行政机关应当通过主观努力,将有限的行政管理资源最大化。

三、行政指导的种类

依据不同的标准,可以对行政指导做不同的分类。对行政指导的分类主要有以下几种:

(一) 以行政有无法律根据为标准,行政指导可分为有法律根据的行政指导和无法律根据的行政指导。有法律根据的行政指导是指法律、法规、规章明文规定的行政指导;无法律根据的行政指导是指没有法律明文规定的行政指导。

(二) 以指导层次为标准,行政指导可分为宏观行政指导和个别行政指导。宏观行政指导是指行政主体对不特定的行业和行政相对人进行的行政指导;个别行政指导是指行政主体对特定的行业、地区或特定的行政相对人进行的行政指导。

(三) 以行政指导的性质为标准,行政指导可分为促进性行政指导和限制性行政指导。促进性行政指导是指行政主体通过采取鼓励性措施和方式,促进行政相对人积极作为而进行的行政指导;限制性行政指导是指行政主体通过采取限制行政相对人行为的措施和方式而进行的行政指导。

(四) 以行政指导的功能为标准,行政指导可分为管制性行政指导、调整性行政指导和促进性行政指导。

1. 管制性行政指导是指以对妨害公共秩序或公益的行为加以预防或抑制为内容的行政指导,如为防止物价暴涨所实施的指导性价格;为了城市规划对意欲盲目建设的行为予以劝诫、建议等。

2. 调整性行政指导是指以对行政相对人之间发生的自行协商不成的争议进行调停为内容的行政指导。通常行政主体提出几条解决争议的原则，让当事人自己协商具体问题，或者由行政机关主持，形成一个会议纪要的形式，三方都签字。

3. 促进性行政合同是指行政主体为了促使行政相对人的行为合法化所采取的行政指导，如农业技术指导、职业训练、经营指导、保健指导等等。一般情况下，当行政相对人提出申请，要求给予助成性行政指导时，只要没有正当理由，行政主体不得拒绝。

此外，根据行政指导行业或部门管理领域不同，行政指导可以分为教育行政指导、科技行政指导等。

4. 行政指导的方法

《湖南省行政程序规定》(后称《湖南规定》)第一百零二条规定："行政指导采取以下方式实施：(一)制定和发布指导、诱导性的政策；(二)提供技术指导和帮助；(三)发布信息；(四)示范、引导、提醒；(五)建议、劝告、说服；(六)其他指导方式。"《江苏省行政程序规定》第八十五条规定："(一)制定和发布指导、引导性的意见；(二)提供技术指导和帮助；(三)发布信息；(四)示范、辅导、提醒；(五)建议、劝告、说服；(六)其他指导方式。"参照这些地方行政法规有关规定，行政指导的方法至少包括：

1. 说服。说服是行政主体通过陈述情理希望行政相对人接受行政指导的一种方式。说服是以行政主体说理为前提，虽然行政行为也要求行政主体说理，但行政行为总是与强制联系在一起的。由于行政指导没有以国家强制力为后盾，因此，使行政相对人接受行政指导的重要方式之一就是行政主体应当以理服人。

2. 建议。建议是行政主体根据行政管理目的的需要，将自己对实现行政管理目的方法、途径等形成的看法告诉给行政相对人，希望行政相对人响应其建议，从而有助于行政主体达成行政管理的目的。建议一般有具体的内容，行政相对人接受后具有可操作性。如果行政相对人在接受建议后需要行政主体帮助，行政主体应当给予满足。

3. 协商。协商是行政主体为了取得行政相对人的支持其实现某一行政管理目标，而与行政相对人就某一行政管理事项进行商讨，互相增进了解与沟通，谋求与行政相对人达成共识。

4. 奖励。奖励是行政主体通过给予行政相对人一定的物质和精神鼓励，引导行政相对人从事有助于行政主体达成行政管理目标的行为。物质鼓励是行政主体给予行政相对人一定数量的奖金或者奖品。精神鼓励是行政主体给予行政相对人一定的名誉。行政指导中的奖励方式是基于人从事社会活动具有谋利的本性。通过物质或者精神的刺激满足人的需要，可以使人从事某种特定的活动。

5. 帮助。帮助是行政主体通过为行政相对人提供某种便利的条件，引导行政相对人实施符合行政主体达成行政管理目标的活动。在现代社会中，行政主体因其所处的优越地位使其掌握许多政治、经济和文化发展的资讯，而行政相对人因处于被管理的地位，具有天然的被动性。如果行政主体在行政相对人从事各种活动时给予必要的帮助，必然可以引导行政相对人的行为朝行政主体确定的管理目标方向发展。

五、行政指导的作用

行政指导作为一种新的实现行政目标的方式，出现于第二次世界大战之后，特别是20世纪60年代以来，在实行市场经济的国家的行政管理中，行政指导得到了越来越广泛的应用，成为对传统行政法治的重要补充。这种新型的管理手段，在现代行政领域起着不可替代的作用，主要表现在以下几方面：

1. 行政指导是现代市场经济条件下行政管理方式的一种理性选择。在现代市场经济条件下，不可能完全取消政府对经济的干预，但此种干预又不能完全采用强制性的手段进行。市场经济必然要求灵活性而非僵硬性、民主性而非专制性的行政管理方式，以适应现代民主化潮流。行政指导以柔和的、富含民主的色彩，既体现了政府行为之目的性，又兼顾市场经济之自由性；既是现代行政法中合作、协商的民主精神发展的结果，也是现代市场经济发展过程中对市场调节失灵和政府干预失效双重缺陷的一种补救方法。为与市场经济发展的客观要求相适应，政府应采取积极灵活、注重效益、减少风险、适应时代发展要求的方式方法，来充分运用和合理配置其掌握的资源，并积极引导和影响社会资源的合理配置，以达到提高行政质量与效率、促进经济与社会发展的目的。因此，在现代市场经济条件下，政府在行政管理过程中积极采用具有柔性和灵活性特点的行政指导方式，就是面向现实和未来，适应市场经济和社会发展需要的一种理性的行为选择。

2. 行政指导是对行政法治的一种补充和配合。现代社会的飞速发展引起政府职能的扩张，行政越来越及于整个经济与社会生活领域。而立法因其周期、费用、知识等方面的局限，其滞后性、抽象性是难以避免的，法律空白始终存在，有时还存在法律低效区域，不可能完全满足现代行政的需求，难以为行政法治提供详尽、周全、有效的法律依据。同时，针对各种新出现的社会问题，又迫切需要政府有所作为，如果以传统的“无法律即无行政”的法治原则来限制政府，则有些行政管理领域可能陷入瘫痪状态；如果以“有行政必有法律”为由，一味地多多立法，以期用法律规范解决一切社会问题，则不但无法可依之处难以尽除，手段成本也难以支付。而采用成本较低的非强制性的行政指导手段，以其作为法律强制手段的补充和替代而用之于“法律空白”领域和“法律低效”地带，进行积极有效和灵活机动的干预和调节，乃是必要与明智之举。这样做，一方面可以降低行政成本，另一方面也能更好地满足现代公共行政的客观需求。

3. 行政指导是协调政府与公众关系的有效手段。传统的行政管理可简单地归结为行政命令，其强制色彩极其浓厚。现代化与法治化要求现代政府应该是民主高效的政府。“民主”是改善政府与公众关系的最好媒介。行政指导作为一种新型的行政手段因其具有的民主性、柔和性、非强制性，较大程度地代表了平等、独立、民主、责任、宽容的人文精神，它以其制定时的公民参与、官民协商，以及执行时的灵活、简捷、便利、柔和等特性，调动了官民双方的积极性，有助于减少摩擦、降低行政成本，有效地实现行政目标。正因如此，行政指导这种新型的行政手段，广泛运用于各个行政领域，是市场经济条件下政府施政的中心，在现代行政中有着重要地位①。

---

① 罗豪才、甘雯：《行政法的“平衡”及“平衡论”范畴》，《中国法学》1996年第4期。

第二节 行政调解

一、行政调解的概念与特征

调解是指一定的组织或者个人,依照法律和政策的规定,对发生纠纷的双方当事人进行排解疏导、说服教育,促使发生纠纷的双方当事人互相协商、互谅互让,依法自愿达成协议,由此而解决纠纷的一种活动。按照我国现有法律规定,我国调解制度包括司法调解、人民调解和行政调解三大调解制度体系,此外还有仲裁调解、律师调解等。这些调解互有联系、互有区别,构成了我国一套完整的调解体系。

行政调解是指具有调解纠纷职能的行政主体,根据国家政策、法律,以自愿为原则,在分清责任、明辨是非的基础上,通过说服教育,促使双方当事人互谅互让,从而达成协议解决纠纷的活动。行政调解具有以下特征:

1. 行政调解是行政主体所主持的解决争议、消除纷争的调解活动。调解主体是行政主体,这既不同于法院所主持的司法调解,也不同于人民调解委员会所主持的人民调解。

2. 行政调解具有自愿性。行政调解虽然由行政主体主持,却不具有行政权力的强制性。发生纠纷后,必须出于当事人自愿,同意通过行政主体来调解解决;调解中达成的协议,必须是双方当事人协商一致的意见;调解协议的履行,必须出于当事人的自愿。可见,从调解的开始、进行到最后达成或不能达成调解协议,争议双方当事人的意志完全处于自治状态,行政主体始终处于"居中第三人"的地位,不能强迫。

3. 行政调解具有专业性和综合性。行政调解的专业性是指行政主体及其工作人员,依照法律法规的规定,对其专业管理职权范围内的争议纠纷进行调解,与人民调解相比,应当说行政调解更具有专业性。行政调解的综合性是指随着社会的不断发展,社会纠纷涉及的内容也越来越复杂,纠纷的形式呈现出多样性,行政调解的纠纷往往是具有行政、民事和技术等综合特色的纠纷。

4. 行政调解不具有法律上的强制力。行政调解中达成的调解协议一般不具有强制执行力,是否为当事人履行,完全由当事人自主决定,行政主体不得强迫。调解协议的效力主要靠双方当事人的承诺、信用和社会舆论等道德力量来维护。在这点上,它不同于行政主体所实施的具有单方强制性质的行政行为,如行政裁决、行政命令等。

5. 行政调解的对象,既可由法律、法规规定,也可由行政相对人事先在合同或协议中约定;既可以是行政相对人之间发生的民事纠纷,也可以是行政主体与行政相对人之间发生的行政纠纷,如行政赔偿争议的调解。

6. 行政调解是一种诉讼外的调解。它不是行政仲裁或行政诉讼的必经程序,当事人经过行政调解仍能申请行政仲裁或提起行政诉讼。

二、行政调解与人民调解、司法调解的关系

在我国调解体系中,比较常用的三大调解制度即司法调解、人民调解和行政调解,它们

同属于调解活动，有许多共同点，但区别也是明显的。为了更好地理解行政调解，有必要理清它们之间的关系。

行政调解是指具有调解纠纷职能的国家行政机关，根据国家政策、法律，以自愿为原则，在分清责任、明辨是非的基础上，通过说服教育，促使双方当事人互谅互让，从而达成协议解决纠纷的活动。人民调解是指在人民调解委员会的主持下，以国家法律、法规、规章、政策和社会公德为依据，对民间纠纷当事人进行说服教育、规劝疏导，促使纠纷各方互谅互让，平等协商，自愿达成协议，消除纷争的一种群众性活动。司法调解又称法院调解、诉讼调解，是指法院在审理各类案件时，由法院主持，当事人平等协商，达成协议，从而解决纠纷的活动。

1. 三者的共同点：(1)都是通过第三方的调停、说和，解决当事人之间的争议或者纠纷的活动；(2)前提必须是事实清楚、责任明确；(3)都必须坚持自愿原则；(4)内容均不得违反国家法律和政策。

2. 三者的区别：

(1) 调解的主持人不同。行政调解的主持人是依法享有行政职权、代表国家进行行政管理的国家行政主体，主要是行政机关。人民调解的主持人是人民调解委员会，它是村民委员会、居民委员会或企事业单位下设的调解民间纠纷的群众性组织。而司法调解则是具有司法审判职能的人民法院在审理各类案件时主持的调解活动。

(2) 参与人的当事人不同。行政调解的参与当事人是在管理过程中的行政相对人、受相对人侵害的受害人或其他相关人，参与面比较特定。人民调解的参与当事人是涉及民事权利义务争议的相关当事人，参与面比较广泛。而司法调解的参与当事人则仅限于案件的当事人，参与当事人最少。

(3) 调解权的来源不同。行政调解的调解权是国家赋予行政主体在行政管理过程中解决民事纠纷和部分行政争议的一种手段。人民调解的调解权来源于一定范围内群众直接授予的民主自治权。而司法调解的调解权是国家赋予人民法院审判权的一种表现形式。

(4) 调解活动的性质不同。行政调解是行政主体适应市场经济发展需要，转变行为方式、改变工作作风、坚持以人为本的表现，是行政行为的补充。人民调解是不具有诉讼性质的诉讼外民间纠纷解决机制。而司法调解是人民法院审理民事案件、行政赔偿案件和刑事自诉案件的一种结案方式，属于诉讼活动。

(5) 调解的范围不同。行政调解的调解范围主要是民事争议和行政赔偿争议；人民调解委员会调解的民间纠纷包括一般纠纷、轻微刑事违法纠纷以及违反社会公德引起的纠纷；而在司法调解中，人民法院则可以通过调解方式处理民事纠纷、行政赔偿案件和法律规定的刑事自诉案件。

(6) 调解后的效力不同。就行政调解和人民调解而言，两类调解达成的协议对当事人基本上没有法律拘束力，任何机关和组织不能强迫当事人履行。但两者还是有区别的，即如果一方拒绝全部履行或部分履行约定的义务，或者履行后反悔的，在起诉到人民法院时，就会出现不同的结果。经过行政调解的诉讼案件，人民法院只对原纠纷进行审理，不涉及行政调解的结果；经过人民调解的诉讼案件，由于该调解协议具有民事合同性质，人民法院只审查经过签字后的人民调解协议书，一般不审理原纠纷，只要人民调解协议书符合法定有效条件，一般就认定原调解结果有效。而司法调解达成的协议书或形成的调解书是国家审判机关行使审判权所形成的司法文书，一旦生效，如同法院的判决，对双方都具有法律拘束力，一方不履行，另一方可申请人民法院强制执行。

三、行政调解的种类

就目前而言，我国行政主体依法可以调解的种类很多。但常见的主要有：

1. 基层人民政府的调解。调解民事纠纷一直是我国基层人民政府的一项职责，这项工作主要是由乡镇人民政府和街道办事处的司法助理员负责。司法助理员是基层人民政府的组成人员，也是司法行政工作人员。他们除了指导人民调解委员会的工作和法制宣传外，还要亲自调解大量的纠纷。

2. 公安机关的调解。我国《治安管理处罚法》第九条规定："对于因民间纠纷引起的打架斗殴或者损毁他人财物等违反治安管理的行为，情节较轻的，公安机关可以调解处理。经公安机关调解，当事人达成协议的，不予处罚。"此外，我国有关道路交通事故处理的法律文件也有相应的关于公安交通管理机关调解交通事故损失赔偿的规定。法律、法规授予公安机关调解的职权，有利于及时、妥善解决纠纷，促进当事人之间的谅解。

3. 知识产权管理机关的调解。包括著作权纠纷的行政调解、专利权纠纷的行政调解和商标权纠纷的行政调解。如《著作权法》第六十条规定："著作权纠纷可以调解。"无论是著作权侵权纠纷，还是著作权合同纠纷，当事人均可以通过调解解决。在调解过程中，著作权行政管理部门和其他部门通过说服教育，促使当事人双方自愿达成调解协议。再如《中华人民共和国专利法》第六十五条规定："未经专利权人许可，实施其专利，即侵犯其专利权，引起纠纷的，……也可以请求管理专利工作的部门处理。……进行处理的管理专利工作的部门应当事人的请求，可以就侵犯专利权的赔偿数额进行调解。"

此外，还有行政仲裁中对劳动争议、对农村土地承包经营纠纷的解决中，也可以适用行政调解。

四、行政调解的基本原则

行政调解的基本原则，是指从行政调解的法律法规和行政调解的实践中总结出来的、对行政调解工作具有普遍指导意义的行为准则。它贯穿行政调解活动的全过程，体现了行政调解工作的指导思想，表明了行政调解的性质和特点，是做好行政调解工作不可缺少的规则。根据有关法律法规和行政调解的经验总结，行政调解的基本原则有：

1. 平等原则。是指在行政调解中，双方当事人地位完全平等，不存在高低贵贱之分，都有自愿、充分、真实地表达自己的理由和意见的权利。负责调解的行政主体，必须坚持公正的立场，以平等的态度对待双方当事人，不能厚此薄彼，不得偏袒某一方。平等原则的另一方面是指当事人双方与调解人地位平等，不存在命令与服从、主动与被动的单向隶属关系。

2. 合理原则。是指行政主体在调解中，要从实际出发，实事求是地对待发生的纠纷，要考虑相关的因素，将行政调解建立在正当考虑的基础上。行政调解的内容应合乎情理，使享有权利的人得到应有的保护，负义务的人承担应负的责任。

3. 自愿原则。是指在进行行政调解时，要尊重双方当事人的意愿，如果当事人不愿经过调解，或者经过调解达不成协议，或者达成协议后又反悔的，一方或双方当事人都有权向人民法院起诉。这是法律赋予每个公民的诉讼权利。

4. 合法原则。(1)行政调解必须在法律规定的范围内进行。对法律规定不适用调解的，不得实施行政调解。(2)要依法调解。负责调解的行政主体要充分运用有关法律、法规，在查明事实、分清是非、明确责任的基础上，说服当事人互谅互让，依照法律、法规的规定，让双方当事人自愿达成协议解决争端，不能充当“和事佬”，不能无原则地“和稀泥”。(3)调解书的内容要符合法律规定。调解成功后，应制作调解书，调解书的内容不能违背法律法规的规定。

5. 效益原则。效益原则指行政调解既要讲求调解的效率，又要注重调解的实效，二者必须兼顾，不可偏废。

五、行政调解程序

1. 申请。一般情况下，行政调解需要由争议当事人一方或双方向特定的行政主体提出，可以是书面申请，也可以是口头申请。但有时纠纷发生时，在当事人未表示异议的情况下，行政主体也可主动介入调解，如治安管理处罚中的调解，就属于公安机关主动介入的情形。

2. 受理。行政主体的调解，都是根据法律法规的规定进行的，因此，所有行政主体的调解，都必须是在有明确法律法规规定的前提下，在各自管理权限范围内受理当事人的调解申请。比如基层人民政府的调解，是根据我国《土地管理法》与有关社会治安综合治理的规定等进行的；公安机关的调解，是根据《治安管理处罚法》等规定进行的。

3. 调查取证。在调解之前，行政主体必须以事实为依据，在进行调查取证工作的基础上才能进行调解。因此，受理纠纷后，行政主体必须与争议的双方当事人接触，向他们询问纠纷的事实和情节，了解双方调解要求和理由，以断定是否存在调解的基础；根据需要可以向有关单位和人员调查核实，收集证据并对证据进行审查；对于争执标的属于房屋、宅基、水利设施、山林等的纠纷，还要到现场进行实地调查。

4. 调解。调解纠纷应当依据法律、法规、规章、政策，在查明事实、分清责任的基础上，根据当事人的特点和纠纷的性质、难易程度、发展变化情况，采取灵活多样的调解方式和方法。在认真倾听当事人的意见、弄清案情的基础上，促使当事人达成调解协议。

5. 制作调解协议书。调解达成协议的，应当制作调解书，其内容一般包括：申请人的请求、查证事实、适用的法律条文和协议内容等。调解书由当事人双方签字。经调解未达成协议的，应告知当事人可以就双方的争议依法向人民法院提起诉讼或寻求其他救济途径。

6. 送达调解书。协议书制作完成后，行政主体应送达给双方当事人，当事人双方应当自觉履行。调解达成协议后又反悔的，不再调解，当事人可向人民法院起诉。

六、行政调解与行政救济

《行政复议法》第八条规定：“不服行政机关对民事纠纷作出的调解或者其他处理，依法申请仲裁或者向人民法院提起诉讼。”《最高人民法院关于执行〈中华人民共和国行政诉讼法〉若干问题的解释》第1条也明确规定，行政调解不属行政诉讼的受案范围。可见，当事人对行政调解不服的，不适用行政复议和行政诉讼。原因在于，行政调解虽然属于行政组织的一种行政管理行为，但不属于具体行政行为，不在行政复议和行政诉讼的受案范围之内。

第五章 行政程序论

第一节 行政法程序概述

一、行政程序的概念和特征

行政程序是指行政主体行使行政职权或履行行政职责、实施行政管理和提供服务过程中所遵循的方式、方法、步骤、时限等的规则。行政程序有广义和狭义之分。广义的行政程序包括行政活动程序、当事人参与程序和监督行政的程序。狭义的程序是指行政活动的程序。本书所指的行政程序是指狭义的行政程序。

行政程序有以下的特征：

（一）行政程序的法定性。行政程序的法定性是指规范行政行为的程序一般应通过预设的立法程序法律化，使其具有控制行政行为合法、正当运作的强制力量。行政程序法定性表明：(1)并非所有的行政程序都必须法定化。需要法定化的是那些能对行政行为产生控制功能的程序。(2)行政程序的法定性意味着无论是行政主体还是行政相对人在进行行政法律活动时都必须遵守事先设定的行政程序。任何违反法定行政程序的行为，都将产生对行为人不利的法律后果。尤其对行政主体来说，遵守法定行政程序更具有法治意义。

（二）行政程序的多样性。行政程序的多样性是指因行政行为在性质上存在差异导致所遵守的行政程序呈现多种多样并各自调整行政行为的格局。行政程序多样性在客观上增加了指定行政程序法的难度，从而对立法技术等提出了更高要求。

（三）行政程序的分散性。行政程序的分散性是指因通过多种法律形式规定行政程序，从而使得行政程序分散于众多不同效力等级的法律文件之中。在制定了统 ·行政程序法典的国家，仍有不少行政程序散落于各个具体的行政实体法律文件中；在没有制定同一行政法典的国家，行政程序的分散性体现得更为明显。

二、行政程序的分类

从不同的角度可以对行政程序作不同的分类。常见的分类主要有以下几种：

（一）以行政主体遵守行政程序是否具有一定的自主选择权为标准，行政程序可以分为强制性程序和任意性程序。强制性程序是指行政主体在实施行政行为时没有自主选择的余地，必须严格遵守，不得增加或减少行政行为的方法、步骤、时限，也不得颠倒顺序的程序。

任意性程序是指行政主体在实施行政行为时法律规定了其可以根据具体情况酌情使用何种程序。

（二）以行政程序规范行政行为涉及的对象和范围为标准，行政程序可以分为内部程序和外部程序。内部程序是指行政主体对内部事务实施行政行为时所应当遵守的程序。如行政公务员的任免程序、公文处理程序等。外部程序是指行政主体对外部事务实施行政行为时应当遵守的程序。如行政处罚程序、行政许可程序、行政强制程序等。

（三）以行政程序适用的时间顺序为标准，行政程序可分为事前程序和事后程序。事前程序是指行政行为实施前或实施过程中应遵循的程序。如行政处罚过程中的告知与听证程序。事后行政程序是指行政行为实施后，为确定该行政行为的合法性与适当性以及纠正违法、不当行政行为而适用的程序。

（四）以行政程序所规范的行政行为是具体的还是抽象的为标准，行政程序可以分为具体行政程序和抽象行政程序。具体行政程序是指为规范具体行政行为而设置的程序；抽象行政程序是指为规范抽象行政行为而设置的程序。

（五）以行政程序对行政相对人的影响是否具有实质性为标准，行政程序可分为主要行政程序和次要行政程序。主要行政程序是指行政主体若不遵守该程序可能对行政相对人的合法权益产生实质影响的行政程序。如行政处罚程序中的告知程序、表明身份程序和听证程序等。主要行政程序欠缺，将直接影响行政行为的合法性。因此，对违反主要行政程序的行政行为，有权机关应当予以撤销。次要行政程序是指行政主体不遵守该程序并不会对行政相对人的合法权益产生实质影响的行政程序。次要行政程序欠缺，只需行政主体补正即可，而不会导致行政行为被撤销的法律后果。

三、行政程序的价值

1. 开辟公民直接参与行政权行使的新途径。

20 世纪以后，随着行政权的扩张，西方国家权力重心由议会转到了政府，人们普遍感到了传统的民主政治已产生了危机。行政程序的内容之一，就是要求事先监督与事后监督并举，预防性监督与追惩性监督并重。在这个过程中，公民权可以成为约束行政权合法、正当行使的一种外在规范力量，并随时可以对行政权的行使是否合法、正当，在法律范围内提出抗辩，为行政机关行使职权提供一个反思的机制。这种合作与协商正是现代行政法治精神的体现。

2. 使行政相对人权利保障具体化。

首先，行政程序侧重于将宪法、法律中所规定的公民权利转化为含有具体应用内容的可实际操作的权利，无疑是行政相对人在受制于行政管理之际取得主动、予以抗争的有力武器。其次，在行政程序法律关系中，行政相对人一般由实体法中所规定的义务承担者转化为程序方面权利的主体。例如，纳税人按行政实体法规定有纳税义务，同时也意味着依照行政程序享有对纳税额不服，提出要求减免或抗辩申诉的程序性权利。因此，通过程序权利的行使，行政相对人可维护其实体权利不受行政行为侵害，同时防止其实体义务的非法增加。

3. 提高行政效率。

行政行为的效率取决于多方面的因素，而行为方式的适当选择、环节的合理安排、过程的科学组合等都在很大程度上影响着行政效率。法定的行政程序是立法者为行政主体选择的尽可能科学合理的程序，除去了不必要的繁文缛节，减少了不必要的人力、物力和时间的耗费。同时，行政程序通过引导行政相对人依法行事、鼓励他们自觉地参与和配合行政管理行为，可以释放行政相对人因不理解而产生的怨气，减少行政行为的阻力和障碍，促进行政相对人对行政行为的认同和自觉履行，从而有效地提高行政效率。

4. 监督行政主体依法行使职权。

首先，行政程序为行政权力的合法运行规定了法定程序，意味着行政主体必须做和如何做，否则须由其承担某种否定性法律后果。其次，行政程序可以对行政自由裁量权实施可行性的监控。由于行政程序要求行政主体不得偏袒一方当事人或者不得谋求自身利益，并且有一整套公开的相关性程序制度，因而可以有效地监督和制约行政自由裁量权，并引导行政权趋于正当、合理。

第二节　行政程序的基本原则与基本制度

一、行政程序的基本原则

行政程序的基本原则是指对行政程序立法和行政主体在实施行政行为的过程中具有指导意义并且贯穿整个行政程序规范之中的基本准则。由于人们对行政程序理论和实践的认识不同，导致对行政程序基本原则的认识有所差异。概括起来，主要有以下几种代表性的观点：

第一，有的学者主张，因为各国的行政程序制度与现代民主相联系，从而体现和反映出行政程序一些共同的基本原则，主要是公开原则、公正原则、行为有据原则和效率原则。

第二，有的学者根据现代各国行政程序法的发展趋势并结合我国的国情，提出行政程序应包括公正原则、公开原则、听证原则、顺序原则和效率原则。

第三，有的学者主张，我国行政法学所确立的行政程序原则应当充分体现社会主义的民主性、真实性和效能性，其内容应包括程序法定、相对方参与、公正、顺序和时效。

第四，有的学者主张，不同时代的行政程序原则是不一样的，现代行政程序的基本原则包括：依法行政原则、民主原则、基本人权原则、公正原则和效率原则。

第五，有的学者主张，行政程序的基本原则是合法原则、合理原则、参与原则、顺序原则和效率原则。

上述的观点都有一定的道理，但有的将行政程序的基本原则和行政程序的基本制度混为一谈，有的将整个行政法领域的基本原则同行政程序的基本原则混为一谈。参照和借鉴上述观点的合理之处，本书认为行政程序的基本原则是程序法定原则、参与原则、效率原则和公正原则。

（一）程序法定原则

程序法定原则是指行政机关必须根据法律、法规、规章，在法定权限内，依照法定的程序行使行政职权。程序法定原则是行政合法性原则的具体体现，它要求：(1)行政主体实施行政行为必须依法律预设的方式、步骤、顺序和时限进行，例如《江苏省行政程序规定》第三条规定："行政机关应当根据法律、法规、规章，在法定权限内按照法定程序行使行政职权。"(2)行政主体实施行政行为如果违法了法定的行政程序，就应当承担法律责任，例如《湖南省行政程序规定》第一百六十八条规定，行政机关在实施行政决策、行政执法和其他行政行为过程中，因工作人员故意或者重大过失，导致行政行为违法且产生危害后果，有违反程序制定和发布规范性文件、订立行政合同违反法定程序、违反法定程序实施行政裁决等情形的，对行政机关及其工作人员应当追究责任。

（二）参与原则

参与原则是指行政主体在作出行政行为时，在程序上要保障公民的了解权与参与权。《江苏省行政程序规定》(以下简称《江苏规定》)第六条、第二十五条分别规定，公民、法人或者其他组织有权依法参与行政管理，在行政程序中，依法享有参与权、陈述权、申辩权等权利。由此可见，参与原则的内容主要通过行政相对人行使以下行政程序权利来体现：(1)参与听证权。即行政主体作出影响行政相对人合法权益的行政行为之前，行政相对人有参与到行政行为的程序中表达自己意见的权利。通过听证，确保行政相对人充分地发表意见，从而保护自己的合法权益。(2)陈述、申辩权。陈述权是指行政相对人就所知悉的事实向行政主体陈述的权利；申辩权是指行政相对人针对不利的指控，根据事实和法律进行反驳的权利。陈述、申辩权是行政相对人在行政程序中不可缺少的正当防卫权，它是行政程序控制行政权，防止其被滥用的一项重要制度。

（三）效率原则

效率原则是指行政程序应当适应行政发展的需要，通过简便、迅捷和经济的方式来保证行政行为顺利施行。例如《江苏规定》第八条规定："行政机关行使行政职权，应当遵守法定期限或者承诺期限，积极履行法定职责，为公民、法人和其他组织提供高效、优质服务。"行政效率是行政权的生命，没有基本的行政效率，行政权维护社会秩序的功能就不可能实现。因此，为了快速地保证社会公共利益的实现，行政程序必然要将有利于提高行政效率作为其原则和目的。当然，坚持行政程序的效率原则，必须是在保障行政相对人合法权益和不违反公平原则的前提下进行。

（四）公正原则

公正原则是指行政主体在实施行政行为时应合理地处理社会公共利益和个人合法利益的关系，在程序上公平地对待行政相对人，公正原则是行政法合法性原则和合理性原则的内在要求，它要求：(1)平等地对待所有行政相对人，例如《江苏规定》第五条规定："行政机关应当公正行使行政职权，平等对待公民、法人和其他组织。"(2)社会公共利益的实现和保障个人合法权益要尽可能地兼顾；(3)作出对行政相对人权利和义务有影响的行政决定要排除偏见；(4)行政主体公正地查明与行政行为有关的一切事实真相。

二、行政程序的基本制度

行政程序的基本制度是行政主体在行政活动过程中必须遵守的重要的程序制度，主要有表明身份制度、告知制度、调查制度、听证制度、说明理由制度、辩论制度、回避制度、审裁分离制度、信息获取制度、证据制度、不单方接触制度和时效制度。

（一）表明身份制度

表明身份制度是指行政主体在进行调查或作出行政决定之前必须向当事人表明其身份，证明其有权从事该项活动的制度。《江苏规定》第五十一条第二款规定："行政机关调查取证时，行政执法人员应当向当事人或者有关人员主动出示行政执法证件，说明调查事项和依据，否则当事人或者有关人员有权拒绝接受调查和提供证据。"由此可见，表明身份是防止假冒、欺诈活动，从而维护和提升行政主体的威信，防止行政主体及其工作人员滥用职权的有力举措。

（二）告知制度

告知制度是指行政主体在作出行政行为时将有关应该让行政相对人知晓的事项予以告知的制度。《江苏规定》第四十六条规定："行政机关在行政执法过程中应当依法及时告知当事人、利害关系人相关的执法事实、理由、依据、法定权利和义务"；第五十条第一款规定，行政机关对当事人提出的申请事项依法不属于本行政机关职权范围的，应当即时作出不予受理的决定，并书面告知当事人向有关行政机关申请；第五十三条第一款规定："行政机关在作出行政执法决定前，应当告知当事人、利害关系人享有陈述、申辩的权利，并听取其陈述和申辩。"由此可知，告知的内容主要是告知与行政执法有关的事项，如执法事实、理由、依据等；告知决定，如告知受理或不受理等；告知权利，如告知行政相对人有陈述、申辩的权利等；告知其他事项，如告知申诉的期限和受理申诉的机关等。

（三）调查制度

调查制度是指行政主体在作出行政决定之前，必须查明事实真相、收集相关证据的制度。调查的具体方式有：询问证人、查账、勘验、鉴定等。《行政处罚法》第五十四条规定，除依法规定可以当场作出的行政处罚外，行政机关发现公民、法人或者其他组织有依法应当给予行政处罚的行为的，必须全面、客观、公正地调查，收集有关证据；必要时，依照法律、法规的规定，可以进行检查。《江苏规定》第五十一条规定："行政执法程序启动后，行政机关应当核实材料，收集证据，查明事实。"

（四）听证制度

听证制度是指行政主体在实施行政行为时尤其是作出对行政相对人不利的决定之前，应当听取行政相对人意见的制度。我国《行政处罚法》《行政许可法》《江苏规定》等法律、法规设立了行政听证程序。

《行政处罚法》规定，行政机关作出责令停产停业、吊销许可证或者执照、较大数额罚款等行政处罚决定之前，应当告知当事人有要求举行听证的权利；当事人要求听证的，行政机关应当组织听证。《行政许可法》规定，法律、法规、规章规定实施行政许可应当听证的事项，或者行政机关认为需要听证的其他涉及公共利益的重大行政许可事项，行政机关应当向社会公告，并举行听证。《江苏省行政程序规定》第三十二条、第五十四条分别规定，"除法律、法规、规章规定应当举行听证的外，重大行政决策事项涉及公众重大利益以及公众对决策方案草案有重大分歧的，也应当举行听证"和"有下列情形之一的，行政机关在作出行政执法决定前应当举行听证：(1)法律、法规、规章规定应当举行听证的；(2)行政机关依法告知听证权利后，当事人、利害关系人申请听证的；(3)行政机关认为有必要举行听证的其他情形"。

参照《山东省行政程序规定》与《湖南省行政程序规定》的有关规定，听证的程序主要是：(1)听证记录人查明听证参加人到场情况，宣布听证会纪律；(2)听证主持人宣布听证会开始，介绍听证主持人、听证记录人，宣布听证会内容；(3)决策事项承办单位工作人员陈述；(4)听证参加人发表意见；(5)围绕听证事项进行辩论。此外，应当制作笔录，并交听证参加人签字或者盖章。

(五) 说明理由制度

说明理由制度是指行政主体在作出影响行政相对人权利、义务的行政决定时，除非法律另有规定外，必须向行政相对人说明为何作出该决定的事实根据和法律依据的制度。行政主体要说明理由的内容包括事实根据和法律依据。《湖南省行政程序规定》(以下简称《湖南规定》)第七十八条规定："行政执法决定文书应当充分说明决定的理由，说明理由包括证据采信理由、依据选择理由和决定裁量理由。行政执法决定文书不说明理由，仅简要记载当事人的行为事实和引用执法依据的，当事人有权要求行政机关予以说明。"

(六) 辩论制度

辩论制度是指行政主体在裁决当事人之间的争议时，应当通知当事人到场在其主持下就有关事实问题和法律问题进行辩论的制度。辩论的目的是通过当事人之间的相互质证，澄清有关事实和法律问题。辩论制度给予了当事人充分陈述自己观点和理由的机会，有利于防止行政主体在进行裁决时偏听偏信，也有利于行政相对人接受和自觉履行行政决定。《湖南省行政程序规定》第一百三十七条与一百四十二条分别规定："听证会参加人之间、听证会参加人与决策承办单位工作人员之间围绕听证事项进行辩论"和"调查人员、当事人、利害关系人对争议的事实进行辩论"。

(七) 回避制度

回避制度是指行政主体在决定和处理其有权管辖的各种事项或裁决相应争议时，与所处理的事项或裁决的争议有利害关系的人员应当自行回避或应当事人的申请而回避的制度。设置回避制度就是为了保证行政主体能够公正处理或裁决。回避的事由主要有行政机关工作人员与当事人有利害关系、近亲属关系或者其他可能影响公正执行公务的关系。一般来说，行政机关工作人员的回避由该行政机关主要负责人决定。行政机关主要负责人的回避由本级人民政府或者上一级行政机关决定。《江苏规定》第十八条规定："行政机关工作人员执行公务时，有下列情形之一的，行政机关工作人员应当自行申请回避，公民、法人和其他组织也可以提出回避申请：(一)与本人有利害关系的；(二)与本人有夫妻关系、直系血亲关系、三代以内旁系血亲关系以及近姻亲关系的亲属有利害关系的；(三)可能影响公正执行公务的。行政机关工作人员的回避，由该行政机关主要负责人或者分管负责人决定。行政机关主要负责人的回避由本级人民政府或者其上一级行政机关决定。"

(八) 职能分离制度

职能分离制度是将行政机关的某些相互联系的职能加以分离，使之分属于不同的机关或不同的工作人员掌管和行使的制度。如行政机关在对违法相对人实施行政处罚时，其调查、控告职能就与作出处罚决定的职能分离，将这两种职能分属于不同的机构或不同的工作人员。这样做可以加强对行政权力的制约，防止行政机关及其工作人员以权谋私和滥用权力、侵犯行政相对人的合法权益。

（九）信息公开制度

信息公开或称情报公开、情报自由，是指凡是涉及行政相对人权利、义务的行政信息资料，除法律规定应予保密的以外，有关机构均应依法向社会公开，任何公民或组织均可依法查阅、复制。信息公开是公民行使法定权利、履行法定义务的重要条件，是行政相对人防止行政机关在行使职权时侵犯其合法权益的保障，也是公民知政、参政的重要途径。对此，《中华人民共和国政府信息公开条例》①对政府信息公开的主体、公开的范围、公开的方式与程序以及监督与保障措施等都作了明确的规定。此外，如《湖南规定》等行政法规也对前述内容政府信息公开做了明确的规定②。

（十）不单方接触制度

不单方接触制度是指行政主体在处理涉及两个或两个以上具有利益排斥的行政相对人案件时，不得在一方不在场的情况下单独接触另一方行政相对人的制度。不单方接触制度的设置目的是为了防止行政主体同一方当事人私下进行交易而导致腐败和防止行政主体先入为主作出对另一方不公正的行政决定。《湖南规定》第 134 条第 2 款与《山东省行政程序规定》第 79 条第 2 款规定，听证主持人不得与当事人、利害关系人及其他听证参与人单方接触。

（十一）时效制度

时效制度是指行政活动及其各个阶段要受到法定时限限制的制度。时效制度要求行政主体在实施行政行为，特别是直接涉及行政相对人合法权益的行为时，法律明确其时间限制。如行政主体对行政相对人申请许可的审查期限、决定时限、送达时限，行政主体实施行政处罚时作出处罚决定时限、送达处罚决定书的时限、执行的时限等。行政主体的行政行为（包括作为和不作为）超过一定时间，就得承担行政不作为的法律责任。时效制度对行政相对人也意味着不在时效内申请复议或提起行政诉讼，就丧失了获得相应救济的权利。《江苏规定》第六十三条与第六十六条规定："法律、法规、规章对行政执法事项有明确期限规定的，行政机关必须在法定期限内办结。行政机关对行政执法事项的办理期限作出明确承诺的，应当在承诺期限内办结。""行政机关在法定期限内，非因法定或者正当事由未依职权或者未依申请启动行政执法程序的，属于不履行法定职责。行政机关在法定期限或者承诺期限内，非因法定或者正当事由，虽然启动行政执法程序但是未及时作出行政执法决定的，属于拖延履行法定职责。"

第三节　行政程序法治化的趋势

行政程序法治化是指把行政程序纳入现代法治建设的轨道，以现代法治精神来规范与整合多样化的行政程序，从而有效地实现行政目的，更好地保障行政相对人的合法权益。

一、世界各国行政程序法治化的概况

行政程序法的产生和发展是 20 世纪行政法发展的重要内容之一，而行政程序法治化的

① 该《条例》于 2007 年 1 月 17 日国务院第 165 次常务会议通过，自 2008 年 5 月 1 日起施行。

② 具体内容见《湖南省行政程序规定》第七章"行政公开"。

最突出标志是行政程序法的法典化。以行政程序法的法典化为标准,行政程序法的兴起和发展经历了三次高潮:第一次高潮是在20世纪的20年代和30年代。西班牙是最早以法典形式规定行政程序法的国家之一,它在1889年就制定了《行政程序法》。但内容完整、影响较大的是稍后的奥地利,1925年奥地利颁布《普通行政程序法》,并以此为中心制定了《行政处罚法》《行政处罚程序法》《行政执行法》等各类行政程序法。这次高潮以规范行政权力、提高行政效率为主要目的。第二次高潮是在20世纪40至60年代,以美国为代表,很多国家制定了行政程序法,其中以美国1946年制定的《联邦行政程序法》最为完备。这次高潮以保障公民在行政权力运行中的权利为中心。第三次高潮是在20世纪90年代,以意大利、日本的行政程序立法为代表,其中又以日本的影响最大。其主题仍然是保证行政的公开、透明,保护公民在行政程序中的权利。总之,行政程序法典化已呈现为一种国际趋势。有学者甚至指出:"21世纪法律的发展,以程序法的发展为主要特色,其中行政程序法的发展必将成为先导。"①

二、我国行政程序法治化的概况

新中国建立后,我国制定了一些包含一定行政程序的法律规范,如20世纪50年代初,国家在《关于劳动争议解决程序的规定》《政务院关于处理人民来信和接见人民工作的决定》等法律文件中,开始规定有关行政程序,但绝大部分行政行为仍然处于没有法定程序规范的状态中。十一届三中全会以后,随着社会主义法制建设的发展,不少法律、法规中规定了有关行政程序的法律规范,如有关规定行政执法程序的《治安管理处罚条例》(1986年颁布,1994年修订,被2006年实施的《治安管理处罚法》所取代)、《税收征收管理法》(1992年颁布,1995年、2001修订)、《土地管理法》(1986年颁布,2019最新修改)、《国营企业劳动争议处理暂行规定》(1987年颁布,现已失效)、《行政复议条例》(1990年颁布,被1999年的《行政复议法》取代)。特别是1989年《行政诉讼法》的颁布,对我国行政程序立法起到了巨大的推动作用,《行政诉讼法》规定,行政机关违反法定程序构成人民法院撤销具体行政行为的理由。1996年颁布的《行政处罚法》对行政处罚程序作了较完备的规定,尤其是首次规定了听证程序,标志着我国行政程序立法在向现代化的方向迈进。2003年颁布的《行政许可法》对行政许可的程序作了较为明确具体的规定,并对违反行政许可程序的法律责任作了相应的规定。而2012年1月1日生效的《行政强制法》,对行政强制措施、行政强制执行等程序作了更为详细地规定。这些规定对我国推进依法行政具有重要的意义。当然,《行政处罚法》《行政许可法》《行政强制法》所规定的程序还只限于行政处罚、行政许可、行政强制领域,对于其他众多的行政行为来说,程序问题还有待进一步完善。

从已有的法律、法规的规定来看,我国行政程序立法在总体上还比较落后,还存在着较多的问题,主要有:许多行政行为还缺乏行政程序法规范,大部分行政程序尚未法律化;行政程序法所规定的程序内容过于概括、简单;有些行政程序侧重于赋予行政主体程序上的权利,而缺少行政义务和违反程序的法律后果与责任的规定;行政程序中缺乏保障公民合法权益的民主公正的制度,缺乏公开性和参与性;行政程序立法不统一,没有一部统一的行政程

① 应松年:《行政法学新论》,中国方正出版社,1999,第499页。

序法典。借鉴国外行政程序立法的经验，结合我国的实际情况，建议在制定单行的行政程序法的同时，积极着手起草制定一部统一的行政程序法典等，以适应建立社会主义市场经济体制和民主与法治建设的需要，推进我国的行政法治进程。

就在中国行政程序法典化举步维艰之时，2008 年 4 月 9 日通过、2008 年 10 月 1 日实施的《湖南规定》却率先以地方立法的形式作出了第一步系统性的探索，填补了中国行政程序立法空白。该规定共十章 178 条，以"公民享有更多程序权利，政府承担更多权利义务"为立法思路，内容涉及行政程序中的主体、行政决策程序、行政执法程序、特别行为程序和应急程序、行政听证、行政公开、行政监督、责任追究等诸多方面。而无论是涉及行政决策、执法，还是行政听证、指导、监督检查等，公众均享有参与权。公开原则和公众参与贯彻始终。这部规章的出台，能极大地规范该省的行政行为，让行政相对人享受到法治的阳光和程序的正义，对整个中国行政程序法的制定，都将产生很好的示范作用。

在《湖南规定》示范作用与法治中国、法治政府建设实践要求下，汕头市等地方政府先后制定并实施了 10 余部行政程序法规。除《湖南规定》外，它们分别是《汕头市行政程序规定》(2011 年 5 月 1 日实施，2016 年 12 月 3 日进行了修改)、《山东省行政程序规定》(2012 年 1 月 1 日实施)、《西安市行政程序规定》(2013 年 5 月 1 日实施)、《海口市行政程序规定》(2013 年 8 月 1 日实施)、《江苏省行政程序规定》(2015 年 3 月 1 日实施)、《宁夏回族自治区行政程序规定》(2015 年 3 月 1 日实施)、《兰州市行政程序规定》(2015 年 3 月 1 日实施)、《浙江省行政程序办法》(2017 年 1 月 1 日施行)、《蚌埠市行政程序规定》(2018 年 1 月 1 日实施)。此外，江西省等地方人民政府制定了规范重大行政决策程序的行政法规。这些地方行政法规的制定与实施无疑为将来制定备制定统一的行政程序法典奠定了基础与积累了经验。

三、我国行政程序法治化的模式

行政程序法治化模式可以分为目标模式和法体模式。

1. 行政程序法治化的目标模式。

行政程序法治化的目标模式是指行政程序法根据所需要达到的目标而形成的总体特征。从世界范围来看，行政程序法的目标模式主要有两种：一是效率模式。此种模式的行政程序法主要以提高行政效率为目标，在此基础上进行行政程序设计，形成相应的程序体系。效率模式的主要特点是：行政官员的自由裁量权大；行政行为的过程、步骤紧凑，简便易行；为了实现行政的高效率，在程序制度上特别注重时效制度、简易程序制度、紧急处置制度、申诉不停止执行制度等①。二是权利模式。此种模式的行政程序法主要以控制行政权的滥用、保护公民的合法权益为目标，在此基础上进行行政程序设计，形成相应的程序体系。其主要特点是：注重对影响公民权利和义务的行政行为的程序控制；注重行政职权行使中对公民权利的程序保障；注重行政相对人对行政行为的参与；重视行政救济程序；特别重视回避制度、听证制度、辩论制度、告知制度、职能分离制度、代理制度、救济制度等制度建设。

公正模式和效率模式反映了各国对行政程序法的立法宗旨与基本功能的态度。从现代

---

① 杨海坤、黄学贤：《中国行政程序法典化——从比较法角度研究》，法律出版社，1999，第 80 页。

各国的行政程序立法来看，纯粹选择一种模式的比较少见，多数国家都是以一种模式为主兼采另一种模式的优点。

就我国而言，由于我国长期受封建传统文化影响，人治观念根深蒂固。特别是在市场经济发展过程中，社会不公正问题和权力寻租现象较为严重，侵害公民权益的问题比较突出。在这种情况下，如果以效率取代权利在行政程序立法模式中的优先地位，不仅对我国的行政程序立法而且对我国整个法治建设和社会进步将产生不利影响。选择以公民权利保护为主、兼顾效率作为我国行政程序立法的目标模式，既可以保护行政相对人的合法权益，保障其监督国家行政机关及其工作人员依法行政，从而真正体现人民当家作主的宪法原则，又可以通过行政机关及其工作人员合法、公正行使职权，来减少行政机关与行政相对人之间的摩擦，促进行政效率的提高。同时也顺应了日益重视保护行政相对人合法权益的现代行政程序法的发展趋势。

2. 行政程序法治化的法体模式。

行政程序法治化的法体模式是指一国行政程序法律规范的载体所表现出来的总体特征。从各国立法情况来看，行政程序法的法体模式主要有两种：一是统一式，即一国制定一部统一的、适用于所有行政领域的、规范各部门、各类别行政行为基本程序的行政程序法典。二是分散式，即一国行政程序法规范分散规定于各单行法律、法规之中，不制定统一适用于各行政领域、各部门、各类别行政行为基本程序的专门行政程序法典。随着现代民主、法治的发展，目前世界上越来越多的国家都已制定或准备制定统一的行政程序法典，走统一式的行政程序立法道路。

《中共中央关于全面推进依法治国若干重大问题的决定》《法治政府建设实施纲要(2015—2020年)》等文件均提出了行政程序法律制度。于是，就我国而言，行政程序立法亟待统一和规范，制定统一的行政程序法典是我国行政程序发展的必然趋势，是行政法治的基本要求。目前，湖南省等地方政府已经在行政程序法典化方面做了较好的尝试，我们应积极总结经验，加强对全国统一行政程序立法的研究和起草工作，努力制定出一部统一的行政程序法典。

第四编

行政救济篇

第一章
行政复议论

第一节　行政复议概述

一、行政复议的概念与特征

《中华人民共和国行政复议法》(以下简称《行政复议法》)第二条规定:“公民、法人或者其他组织认为具体行政行为侵犯其合法权益,向行政机关提出行政复议申请,行政机关受理行政复议申请、作出行政复议决定,适用本法。”据此,行政复议可以定义为:公民、法人或者其他组织认为具体行政行为侵犯其合法权益,依法向规定的行政机关提出行政复议申请,受理的机关依据特定程序对原具体行政行为的合法性和适当性进行复查并作出裁决的活动和制度。行政复议具有以下特征:

1. 行政复议的申请人是行政相对人,被申请人是行政主体。行政复议这一特征表明:首先,行政复议是应行政相对人申请而引起的,采取“不告不理”的原则。作为行政相对人的公民、法人和其他组织,认为行政机关的具体行政行为侵犯其合法权益,从而与具体行政行为发生利害关系。如果行政机关依照职权主动对原具体行政行为进行复查,则不是行政复议。其次,行政复议的被申请人是行政主体,即作出具体行政行为的行政机关或法律法规授权的组织。其他国家机关,社会团体及公民个人均不能作为被申请人。

2. 行政复议是以引起争议的具体行政行为为主要审理对象。行政主体作出的行政行为可以分为具体行政行为和抽象行政行为。根据《行政复议法》的规定,行政复议是以具体行政行为为审查对象;抽象行政行为只能在对具体行政行为时要求附带审查,且附带审查的对象只能是某些特定的规范性文件,而不是全部的抽象行政行为。

3. 行政复议以书面审理为主要审查方式。这也是行政复议制度不同于司法审查制度的显著特征。所谓书面审理方式,是指行政复议机关通过对申请人提出的申请书和被申请人提交的答辩书以及有关材料进行审查认定,在此基础上依法作出复议裁决。行政复议采用书面审理方式的目的,在于确保行政复议的效率。当然,行政复议并不排除在某些特殊情况下采取开庭审理的方式。如果行政案件的案情比较复杂,需要经过双方当事人的互辩才能弄清楚有关事实,则可以开庭审理。

二、行政复议的性质

在我国，对行政复议的性质有不同的观点。概括地讲有三种：一是“行政说”，主张行政复议是一种具体行政行为；二是“司法说”，主张从行政复议内容来看，它是一种司法活动；三是“行政司法说”或“准司法说”，主张行政复议兼有行政和司法的特征。[①] 我们认为，行政复议的性质是多元的，不仅具有行政行为和司法行为性质，还具有救济和监督的特性。因此，行政复议的性质应从行政性、司法性、救济性和监督性来理解。

（一）行政性。行政复议的行政性体现在两个方面：其一，行政复议是行政机关主持的行政活动，整个行政复议活动都是由行政机关所主导，行政复议主体、内容和程序无不体现出行政行为的属性；其二，行政复议主管机关一般都是原具体行政行为机关的上级机关，因而在本质上，行政复议是一种行政机关的内部监督活动，是行政机关行使职权的表现。

（二）司法性。行政复议的司法性主要体现在三个方面：其一，行政复议是由行政相对人提起的，行政相对人没有申请，行政机关不会主动启动行政复议程序。这一点不同于一般行政行为，但与司法活动相似。其二，行政复议是由第三方（一般是作出具体行政行为主体的上一级机关）对申请人与被申请人之间的行政争议作出裁决的活动。从形式上看，行政复议与司法活动是一样的，即由第三方居中对争议进行是非裁判。其三，行政复议是依照特定程序进行的活动，所适用的程序非常规范、严格，相当接近司法程序。

（三）监督性。行政复议是由行政系统内部的行政机关对下级或其所属的行政机关作出的违法或者不当的具体行政行为实施的一种监督和纠错行为。行政复议机关可以根据法定程序对行政主体作出的行政行为的合法性进行审查，并对违法的行政行为予以撤销，对不当的行政行为予以变更，对行政主体不履行法定职责的还可以责令其履行法定职责。因此，作为行政机关内部纠错机制环节的行政复议，兼顾了效率和公正，达到了监督行政主体依法行政的目的。

（四）救济性。我国《行政复议法》第一条就开宗明义指出立法目的是“为了防止和纠正违法的或者不当的具体行政行为，保护公民、法人和其他组织的合法权益，保障和监督行政机关依法行使职权”。通过行政复议可以撤销违法行政行为，变更不当行政行为，从而起到消灭违法、不当行政行为的作用，使其不再影响相对人的合法权益，最终达到切实保护相对人合法权益的目的。此外，在行政复议中被确认是违法的侵权行为，如果造成了相对人的实际损害，相对人可以据此请求国家赔偿。因此，从根本上说，行政复议是行政救济制度的重要组成部分，属于国家行政救济机制的重要环节。

三、行政复议的基本原则

行政复议基本原则是指贯穿于行政复议活动，是行政机关在解决行政争议过程时必须遵循的基本准则。行政复议基本原则是《行政复议法》精神的集中体现和行政复议本质特征的突出表达。它在帮助人们正确理解行政复议的本质和特点，了解行政复议和行政诉讼的联系和区别，指导行政复议工作的顺利进行等方面发挥着重要的作用。

---

① 参见江必新、李江：《行政复议法释评——兼与行政复议条例之比较》，中国人民公安大学出版社 1999 年版，第 27-28 页。

根据我国《行政复议法》第四条规定："行政复议机关履行行政复议职责，应当遵循合法、公正、公开、及时、便民的原则，坚持有错必纠，保障法律、法规的正确实施。"因此，我国行政复议的基本原则中包含了以下既相互独立又相互联系的内容：

（一）合法原则。合法原则要求行政复议机关及其工作人员应按照法定的权限和程序，对申请复议的具体行政行为和有关的抽象行政行为进行审查，并严格依照法律规定作出复议决定。包含三层意思：(1)行政复议机关及其职权应当合法。复议机关必须是依法成立并具有行政复议职权的行政机关，其复议活动必须严格依据法定的复议权限，否则就构成超越职权。(2)行政复议的依据应当合法。行政复议机关不仅要以现行有效的实体法作为复议根据，而且必须严格按照行政复议法或有关法律规定的程序和方式实施复议活动。(3)行政复议机关及其工作人员在复议活动中有违法行为的，应当严格依法追究其法律责任。

（二）公正原则。公正原则就是要求行政复议机关在行政复议过程中要以中立的立场来处理申请人与被申请人之间的行政争议，不得偏袒任何一方。公正原则是合法原则的必要补充。如果说合法原则是对行政复议机关履行行政复议职责的本质要求，那么公正原则就是对行政复议机关高质量地履行行政复议职责的具体要求。

（三）公开原则。公开原则就是要求行政复议从受理、调查、审理和决定等每一环节都公开进行，并且应尽可能地向当事人和社会公开，使人们知晓复议活动的基本情况。行政复议活动公开进行，既保障了当事人尤其是申请人的知情权利，又监督了行政复议机关，避免暗箱操作甚至腐败。

（四）及时原则。及时原则就是要求及时受理行政复议申请，在法定的审理期限内审结行政复议案件并及时作出行政复议决定以及及时处理当事人不履行行政复议问题。"迟来的正义为非正义"，如果对行政争议不及时予以处理，行政复议所体现的正义势必会"堕落"为非正义，也损害了行政复议制度的权威性和严肃性。

（五）便民原则。便民原则要求行政复议机关在"施便于民"的工作宗旨指导下，因地制宜地采取实用、经济有效的救济手段来解决行政争议，从而确保当事人行政复议目的的实现。在具体的行政复议活动中，行政复议机关要尽量方便行政相对人，使其不因行政复议活动而增加过大的负担，最大限度地节省他们所耗费的时间、精力和费用。

（六）有错必纠与保障法律、法规正确实施原则。行政机关违法或不适当地实施具体行政行为，在侵害了行政相对人合法权益的同时也导致了法律、法规的错误适用或不当适用，无法实现法律、法规所追求的价值。因此，有错必纠与保证法律、法规正确实施在价值取向上是一致的。我国《行政复议法》分则至少用两个条款来体现这一原则：一是第二十七条，即"行政复议机关在对被申请人作出的具体行政行为进行审查时，认为其依据不合法，本机关有权处理的，应当在三十日内依法处理；无权处理的，应当在七日内按照法定程序转送有权处理的国家机关依法处理。处理期间，中止对具体行政行为的审查"。二是第二十九条第二款，即"申请人在申请行政复议时没有提出行政赔偿请求的，行政复议机关在依法决定撤销或者变更罚款，撤销违法集资、没收财物、征收财物、摊派费用以及对财产的查封、扣押、冻结等具体行政行为时，应当同时责令被申请人返还财产，解除对财产的查封、扣押、冻结措施，或者赔偿相应的价款"。

四、中国行政复议法律制度的沿革

我国现代意义上行政复议制度始于辛亥革命以后的行政诉愿制度。新中国的行政复议制度发端于20世纪50年代初。纵观新中国行政复议制度的发展史，可以大致分为三个阶段：

（一）行政复议制度的初步发展阶段。20世纪50年代是我国行政复议制度的初步发展阶段，主要体现在颁行了一些相应的法律、法规。

1950年10月12日，中央人民政府政务院批准公布实施了《中央人民政府财政部设置财政检查机构办法》，其中第六条规定："被检查部门，对检查机构之措施，认为不当时，得备具理由，向其上级检查机构，声请复核处理。"这条虽然没有用"行政复议"这一术语，但"复核处理"实际上就是行政复议。1950年12月15日，当时政务院批准实施的《税务复议委员会组织通则》和《印花税暂行条例》，首次使用了"复议"一词。例如《税务复议委员会组织通则》第1条规定："为各大城市人民政府贯彻国家公平合理的税收政策，调整税务工作中的公私关系，本集体协商共同负责精神，得视实际需要，依本通则组织税务复议委员会。"1951年4月18日政务院公布《暂行海关法》，行政复议制度从税务领域扩大到了海关领域。

进入50年代中后期，行政复议的范围和领域进一步扩大。这一时期规定了行政复议内容的法律、法规主要有：1954年颁行的《国营企业内部劳动规则纲要》、1955年颁行的《农村粮食统购统销暂行办法》、1957年颁行的《国务院关于国家行政机关工作人员的奖惩暂行规定》《中华人民共和国治安管理处罚条例》和《中华人民共和国国境卫生检疫条例》、1958年颁行的《中华人民共和国农业税条例》等。这些法律、法规的出台和实施，极大地推动了我国行政复议制度的完善和发展。

（二）行政复议制度遭受破坏阶段。20世纪60年代到70年代末，受极"左"思想和法律虚无主义的影响，行政复议制度几乎被废止。在这将近20年内，仅有1971年交通部发布的《海损事故调查和处理规则（试行）》第十三条、第十四条涉及行政复议。

（三）行政复议制度恢复和蓬勃发展时期。20世纪80年代，随着民主法制化的全面建设，行政复议制度恢复并蓬勃发展。越来越多的法律、法规规定了行政复议内容，并且将行政复议设置为行政诉讼的前置阶段。例如，1987年9月17日国务院发布《投机倒把行政处罚暂行条例》，其中第11条规定："被处罚人对工商行政管理机关的处罚决定不服的，可以在收到处罚通知之日起15日内向上一级工商行政管理机关申请复议。上一级工商行政管理机关应当在收到复议申请之日起30日内作出复议决定。"

1989年4月4日颁布《中华人民共和国行政诉讼法》之后，为了配合行政诉讼法中关于行政复议条款的施行，国务院于1990年12月通过《行政复议条例》，并于1991年1月1起日施行，这标志着我国完整的行政复议制度得以建立。该条例比较系统规定了行政复议制度，并且根据社会形势的发展于1994年10月9日进行了一次较为完善的修订。《行政复议条例》施行8年之后，在总结我国行政复议制度实践经验的基础上，1999年4月29日第九届全国人民代表大会常务委员会第九次会议通过了《行政复议法》，该法于1999年10月1日起施行。行政复议法以法律的形式确立行政复议制度，强化了其在防止和纠正违法者不当的具体行政行为，保护公民、法人和其他组织的合法权益，保障和监督行政机关依法行使职权方面的作用，并在内容规定上比原行政复议条例更为全面、科学、合理，从而使我国的行政复议制度得到了进一步的发展和完善，也标志着我国行政复议制度已发展到了一个新的阶段。

第二节　行政复议的范围

行政复议的范围是指行政复议法律规范规定的行政复议机关可受理行政争议案件的范围，可简称为受案范围。纵观我国行政复议法律规范，不仅规定了可以申请行政复议的范围，还规定了排除行政复议的范围。

一、行政复议范围的确定方式

现代世界各国的立法体制在确定行政复议范围时，一般有三种方式，即概括式、列举式和混合式。

1. 概括式。概括式是由统一的行政复议法对复议范围作原则性的概括规定，通常规定为：公民、法人或者其他组织认为行政机关的违法或不当行政行为侵犯自己的合法权益时，有权向复议机关申请行政复议。这种确定方式的优点在于其复议范围简单、全面，不致发生遗漏，但其缺陷是过于宽泛和不易具体掌握。

2. 列举式。列举式是由法律逐一列举，明确规定复议机关受理行政复议案件的类型，凡是列举到的行政争议都可以提起行政复议。列举式有肯定的列举和否定的列举两种方法。肯定的列举是由行政复议法对属于行政复议范围的行政案件逐个列举，凡列举的都在行政复议范围之内；否定的列举也称排除式列举，是对不属于行政复议范围的事项加以逐个列举，凡列举的都不在行政复议范围之内，未作排除列举的则都是行政复议的范围。列举式这种确立方式的优点在于范围明确、具体，可以复议或不能复议的界限分明，易于掌握。其缺陷是复议范围难以列举穷尽。

3. 混合式。混合式是既有法律规定概括的标准，又有明确列举复议机关受理行政案件的类型，同时还列举复议机关不能受理行政案件的若干事项。这种确立方式是吸取了前两种方式的优点，避开其缺陷，不失为确定行政复议范围的较好方式。

我国在确定复议范围上采取的就是这种混合式的方式。首先是以概括的方式确立行政复议范围的基本界限，如第二条规定，“公民、法人或者其他组织认为具体行政行为侵犯其合法权益，向行政机关提出行政复议申请，行政机关受理行政复议申请、作出行政复议决定，适用本法。”接着以肯定列举的方式列出属于行政复议范围的各种具体行政案件，如《行政复议法》第六条第一项至第十项具体列举的各种行政案件。同时，还对一些目前难以列举全面，且今后将可能逐步纳入行政复议范围的行政案件，又运用概括的方式作为补充，如《行政复议法》第六条第十一项概括规定的其他行政争议案件。最后以否定列举的方式对不属于行政复议范围的事项作了排除的规定，如《行政复议法》第八条对两种不受理事项的规定等。

二、可以申请行政复议的肯定范围

可以申请行政复议的事项包括两类：一类是可以申请复议的具体行政行为；一类是特定

的规范性文件。

(一) 可以申请行政复议的具体行政行为

根据我国《行政复议法》第六条的规定,可以申请行政复议的具体行政行为有以下几类:

1. 行政处罚所引发的争议。《行政复议法》第六条第一款规定:"对行政机关作出的警告、罚款、没收违法所得、没收非法财物、责令停产停业、暂扣或者吊销许可证、暂扣或者吊销执照、行政拘留等行政处罚决定不服的",行政相对人可以申请行政复议。根据《行政处罚法》的规定,行政处罚形式除了上述条款列举的8种外,还包括法律、法规的其他处罚形式。如果行政相对人对法律、法规的其他处罚不服的,也同样可以申请行政复议。

2. 行政强制措施所引发的行政争议。《行政复议法》第六条第二款规定:"对行政机关作出的限制人身自由或者查封、扣押、冻结财产等行政强制措施决定不服的",行政相对人可以申请行政复议。

3. 行政主体变更、中止、撤销许可证、执照、资质证、资格证等证书引发的行政争议。持有许可证等证书在法律上的意义是可以从事某种职业或活动或者获得某种资格。许可证等证书的变更、中止或撤销对行政相对人的利益势必产生一定的影响,因此《行政复议法》第六条第三款规定:"对行政机关作出的有关许可证、执照、资质证、资格证等证书变更、中止、撤销的决定不服的",可以申请行政复议。

4. 行政主体确认行为所引发的争议。所谓行政机关确认行为是指行政机关依法对行政相对人之间的关于所有权或使用权归属争议予以裁决的行为。《行政复议法》第六条第四款规定:"对行政机关作出的关于确认土地、矿藏、水流、森林、山岭、草原、荒地、滩涂、海域等自然资源的所有权或者使用权的决定不服的",行政相对人可以申请复议。

5. 行政主体侵犯合法经营自主权引发的争议。经营自主权是指公民、法人或其他组织对其经营事项和行为享有自主调整不被他人干涉的权利。《行政复议法》第六条第五款规定:"认为行政机关侵犯合法的经营自主权的",行政相对人可以申请行政复议。

6. 行政主体变更或废止农业承包合同引发的争议。农业承包合同是以行政机关或集体经济组织为发包方与以农民为承包方签订的有关农业生产的合同,它规定了承包方与发包方的权利和义务。变更或废止农业承包合同无疑会导致农民权利的减损,于是《行政复议法》第六条第六款规定:"认为行政机关变更或者废止农业承包合同,侵犯其合法权益的",可以申请行政复议。

7. 行政主体违法集资、征收、摊派或要求履行义务引发的争议。保护公民的合法权益不受侵害,是行政主体的宗旨。显然违法集资、征收财物、摊派费用或者要求履行义务有违这一宗旨。于是《行政复议法》第六条第七款规定:"认为行政机关违法集资、征收财物、摊派费用或者违法要求履行其他义务的",行政相对人可以申请行政复议。

8. 行政主体不予行政许可的争议。行政相对人符合法律规定的行政许可条件,向有关行政机关申请行政许可,行政机关应该予以受理、审批。因而,《行政复议法》第六条第八款规定:"认为符合法定条件,申请行政机关颁发许可证、执照、资质证、资格证等证书,或者申请行政机关审批、登记有关事项,行政机关没有依法办理的",行政相对人可以申请行政复议。

9. 行政主体没有依法履行法定职责引发的争议。这里的"法定职责"是指依法履行保护公民人身权、受教育权和公民、法人或其他组织的财产权。如果行政主体没有履行其法定职责就是失职，要承担相应的法律责任。于是《行政复议法》第六条第九款规定："申请行政机关履行保护人身权利、财产权利、受教育权利的法定职责，行政机关没有依法履行的"，行政相对人可以申请行政复议。

10. 行政主体没有依法履行行政给付引发的争议。行政给付又称行政物质帮助，一般是指在公民年老疾病或丧失劳动能力等情况下，行政主体依照法律规范赋予其一定物质权益或与物质有关的权益的具体行政行为。在我国，行政给付有抚恤金、社会保障金、最低生活保障费等。为此，《行政复议法》第六条第十款规定："申请行政机关依法发放抚恤金、社会保险金或者最低生活保障费，行政机关没有依法发放的"，行政相对人可以申请行政复议。

11. 行政主体其他行政行为侵犯公民合法权益引发的争议。《行政复议法》第六条第十一款规定："认为行政机关的其他具体行政行为侵犯其合法权益的"，行政相对人可以申请行政复议。这是一个兜底条款，指出除了上述十类具体行政行为外的其他具体行政行为，是为了防止上述规定列举不足而作出的补充，是为行政复议今后进一步扩大复议范围留下余地。

（二）可以请求审查的行政规范性文件

根据《行政复议法》第七条的规定，公民、法人或者其他组织认为行政机关的具体行政行为所依据的下列规定不合法，在对具体行政行为申请行政复议时，可以一并向行政复议机关提出对该规定的审查，申请该具体行政行为所依据的行政性规范性文件，即国务院部门的规定、县级以上地方各级人民政府及其工作部门的规定以及乡、镇人民政府的规定。这一规定是一个很大的进步，而且近年来也有成功实践，例如，国务院法制办对公安部(公复字〔2001〕4号)行政规范性文件的审查。但应当明确，这一规定并不是将行政规范性文件纳入行政复议的范围，更不是初步建立了抽象行政行为复议制度。理由是：(1)对行政规范性文件的审查不能单独提出，而要与具体行政行为一并提出。(2)在行政复议中，对具体行政行为所适用的审查，并不限于对行政规范性文件的审查，还包括对法律、法规和规章的审查，按照新法优于旧法、上位法优于下位法、特别法优于普通法的法律适用规则，以及《立法法》等有关法律规定审查其有限性。但这并不意味着法律、法规和规章也是行政复议的范围。(3)复议机关对一并请求审查的行政规范性文件，以及具体行政行为所适用的其他依据只能进行一定的审查，并在其权限范围内作出处理；无权处理的，智能转送有权机关处理。(4)对属于行政复议范围的争议行为，行政复议机关必须作出复议决定，而对行政规范性文件则不可能作出复议决定。①

三、排除行政复议的范围

排除行政复议的范围是指不允许行政相对人申请行政复议的事项。根据《行政复议法》第八条规定，不能申请行政复议的事项有两类：

（一）对行政机关作出的行政处分或者其他人事处理决定不服的。《行政复议法》第八条第一款规定："不服行政机关作出的行政处分或者其他人事处理决定的，依照有关法律、行政法规的规定提出申诉。"依照本条规定，相对人不仅对行政处分不能申请复议，而且对其他人事处理决定也不能提起行政复议。

---

① 应松年：《行政法与行政诉讼法学》(第二版)，高等教育出版社2018年版，第281页。

1. 关于行政处分。《公务员法》第五十六条规定,行政处分分为警告、记过、记大过、降级、撤职、开除。对于行政处罚,《中华人民共和国行政监察法》第三十八条、第三十九条和第四十一条分别规定:“国家行政机关公务员和国家行政机关任命的其他人员对主管行政机关作出的处分决定不服的,可以自收到处分决定之日起三十日内向监察机关提出申诉,监察机关应当自收到申诉之日起三十日内作出复查决定;对复查决定仍不服的,可以自收到复查决定之日起三十日内向上一级监察机关申请复核,上一级监察机关应当自收到复核申请之日起六十日内作出复核决定”“监察机关对受理的不服主管行政机关处分决定的申诉,经复查认为原决定不适当的,可以建议原决定机关予以变更或者撤销;监察机关在职权范围内,也可以直接作出变更或者撤销的决定”“上一级监察机关认为下一级监察机关的监察决定不适当的,可以责成下一级监察机关予以变更或者撤销,必要时也可以直接作出变更或者撤销的决定。”

2. 关于其他人事处理。其他人事处理决定是指行政机关依法对特定公务员的权利义务所作的单方、要式人事行政行为。根据《公务员法》的规定,其他人事处理决定包括:确定公务员级别方面的决定、录用公务员方面的决定、考核与奖励的决定;职务升降与职务任免方面的决定;交流方面的决定;回避方面的决定;工资保险福利方面的决定;辞职辞退和退休方面的决定等。相对人对其他人事处理决定不服的,可以依照有关法律、法规的规定提出申诉,而不能通过复议程序解决。

(二)对行政机关对民事纠纷作出的调解或者其他处理不服的。《行政复议法》第八条第二款规定:“不服行政机关对民事纠纷作出的调解或者其他处理,依法申请仲裁或者向人民法院提起诉讼。”行政机关对民事纠纷的调解或者处理行为,是一类特殊的具体行政行为。它们都是由行政机关以第三者的身份,居中调解或处理民事纠纷。这与行政机关管理行政相对人的行为,在性质上是不同的。当事人对行政机关的调解和处理不服,只是意味着原来的民事纠纷尚未得到解决,并不标志着民事纠纷已经转化为行政纠纷。因此,相对人不服行政机关对民事纠纷作出的调解或者其他处理,不能申请行政复议,但可以依法申请仲裁或者向人民法院提起诉讼。

根据《上海市第二中级人民法院行政判决书(2006)沪二中行终字第 58 号》与最高人民法院于 2016 年 9 月 19 日发布的指导案例 69 号《王明德诉乐山市人力资源和社会保障局工伤认定案》的司法实践,重复处置等其他未构成具体行政行为的争议,不属于行政复议的受案范围。此外,外交、国防等国家行为因为涉及国家秘密等以及很难具体操作,虽然《行政复议法》没有作具体规定,我们认为也应当不能行政复议。纵观世界各国,这类行政行为都不将其纳入司法审查和行政复议范围。

第三节　行政复议参加人、行政复议机关与管辖

一、行政复议参加人

行政复议参加人包括以自己名义参加复议活动并保护自己合法权益的人和以他人名义参加复议活动、代他人参加复议活动并保护其合法权益的人。具体来说,行政复议参加人包

括行政复议申请人、被申请人、第三人和行政复议代理人。

（一）行政复议申请人

行政复议申请人又称为申请人，是指认为行政主体侵犯其合法权益，以自己的名义向行政复议机关提起行政复议申请，要求对特定的具体行政行为进行审查的公民、法人或其他组织。依照相关法律、法规规定，行政复议申请人应当具备以下的条件：

1. 行政复议申请人是行政相对人。包括公民、法人或其他组织。公民是指自然人，包括中国公民、外国公民和无国籍人。法人是指依照法定条件成立的具有民事权利能力和民事行为权利能力，享有民事权利和独立承担民事义务的组织。其他组织是指不具备法人条件、没有法人资格的组织。如合伙组织、处于筹备中的企事业单位或群众团体、外国在我国设立的从事一定经营活动和社会活动而未取得我国法人资格的组织等。行政机关作为行政管理的主体，不享有行政复议申请人的资格。

2. 行政复议申请人是认为其合法权益受到行政主体作出的具体行政行为侵犯的公民、法人或其他组织。对此，可从两方面来理解：首先，申请人必须是与具体行政行为有利害关系的人。这里的“利害关系”人不仅仅限于受具体行政行为直接影响的相对人，也可以包括受具体行政行为间接影响的相对人。其次，“认为”是行政复议申请人的主观判断，即具体行政行为的损害可以是实际发生的，可以是可能发生的，也可以是根本不可能发生的，但只要申请人主观判断其合法权益遭受侵犯就可以依法向行政复议机关申请行政复议。

3. 行政复议申请人是以自己的名义提起行政复议申请的公民、法人或其他组织。如果不是以自己的名义提起行政复议的，则他们可能是复议代理人或法定代表人，而不是复议申请人。

一般情况下，提起行政复议的申请人是具体行政行为侵害的当事人。在特殊情况下，行政复议申请人的资格也可能发生变化。根据《行政复议法》第十条的规定，行政复议申请人资格转移的情况有：(1)有权申请行政复议的公民死亡的，其近亲属可以申请行政复议，此时，近亲属便取得了申请人资格，享有行政复议权。根据法律规定，公民的近亲属包括其配偶、父母、子女、兄弟姐妹、祖父母、外祖父母、孙子女、外孙子女等。(2)有权申请行政复议的法人或者其他组织终止的，承受其权利的法人或者其他组织可以申请行政复议。

（二）被申请人

被申请人是指在申请人提起行政复议后，被行政复议机关通知参加行政复议活动的行政主体。根据《行政复议法》和《中华人民共和国行政复议法实施条例》(以下简称《行政复议法实施条例》)的规定，被申请人有以下几类：

1. 作出具体行政行为的行政机关和法律、法规授权组织。《行政复议法》第十条第四款规定：“公民、法人或者其他组织对行政机关的具体行政行为不服申请行政复议的，作出具体行政行为的行政机关是被申请人。”《行政复议法实施条例》第十一条规定：“公民、法人或者其他组织对行政机关的具体行政行为不服，依照行政复议法和本条例的规定申请行政复议的，作出该具体行政行为的行政机关为被申请人。”

2. 以共同的名义作出具体行政行为的行政机关与法律、法规授权的组织。《行政复议法实施条例》第十二条规定：“行政机关与法律、法规授权的组织以共同的名义作出具体行政行为的，行政机关和法律、法规授权的组织为共同被申请人。行政机关与其他组织以共同名义作出具体行政行为的，行政机关为被申请人。”

3. 下级行政机关依照法律、法规、规章规定，批准其作出具体行政行为的上级行政机关。《行政复议法实施条例》第十三条规定：“下级行政机关依照法律、法规、规章规定，经上级行政机关批准作出具体行政行为的，批准机关为被申请人。”

4. 派出机构、内设机构或者其他组织，未经法律、法规授权，对外以自己名义作出具体行政行为的派出机构等的设立行政机关。《行政复议法实施条例》第十四条规定：“行政机关设立的派出机构、内设机构或者其他组织，未经法律、法规授权，对外以自己名义作出具体行政行为的，该行政机关为被申请人。”但如果按照有关法律、法规规定，该派出机构以自己名义作出具体行政行为的，该派出机构是被申请人。

5. 行政机关委托的组织作出具体行政行为的，委托的行政机关是被申请人。行政委托与授权不同，受委托只能依据行政机关的委托代表行政机关行使部分行政职权，它不具有行政主体资格，其法律责任必须由委托的行政机关承担。因此，对依委托的组织作出的具体行政行为不服而提起的行政复议，被申请人是委托的行政机关，而不是受委托的组织。

6. 作出具体行政行为的行政主体被撤销的，继续行使其职权的行政主体或撤销该行政机关的行政机关是被申请人。即如果作出具体行政行为的行政主体被撤销的，则由继续行使其职权的行政主体充当被申请人；如果行政主体被撤销后，没有继续行使其职权的行政主体，则由决定撤销该行政机关的行政机关充当被申请人。

（三）行政复议第三人

行政复议第三人是指与行政复议的具体行政行为有利害关系，经行政复议机关批准参加行政复议活动的公民、法人或其他组织。《行政复议法》第十条第三款规定：“同申请行政复议的具体行政行为有利害关系的其他公民、法人或者其他组织，可以作为第三人参加行政复议。”行政复议第三人必须具备四项条件：第一，必须是与被申请的具体行政行为有利害关系；第二，必须是维护自身合法权益的公民、法人或其他组织；第三，必须是在行政复议过程中参与行政复议活动的公民、法人或其他组织；第四，必须是经过行政复议机关批准而参与行政复议活动的公民、法人或其他组织。

行政复议第三人参见行政复议活动的方式，既可以是被通知参见，也可以自己申请后被批准参见。根据《行政复议法实施条例》第九条规定，行政复议期间，行政复议机构认为申请人以外的公民、法人或者其他组织与被审查的具体行政行为有利害关系的，可以通知其作为第三人参加行政复议。行政复议期间，申请人以外的公民、法人或者其他组织与被审查的具体行政行为有利害关系的，可以向行政复议机构申请作为第三人参加行政复议。

（四）行政复议代理人

行政复议代理人是指在行政复议活动中，行政机关或行政相对人委托或者依据法律规定或行政复议机关指定的在代理权限范围之内为被代理人行使代理权的人。一般而言，行政复议代理分为法定代理、指定代理和委托代理。因此，行政复议代理人可分为法定代理人、指定代理人和委托代理人三类。

1. 法定代理人。法定代理人是指依据《行政复议法》的规定，代理无民事行为能力或限制民事行为能力人的申请人或行政复议第三人进行行政复议活动的人。《行政复议法》第十条规定：“有权申请行政复议的公民为无民事行为能力人或者限制民事行为能力人的，其法定代理人可以代为申请行政复议。”其中，自然人的行为能力与其年龄和精神状况有关，根据《中华人民共和国民法典》(以下简称《民法典》)第二十条、第二十一条规定，不满八周岁的未成年人人和不能辨认自己行为的成年人为无民事行为能力人；第十九条、第二十二条规定，八周岁以上的未成年人和不能完全辨认自己行为的成年人为限制民事行为能力人。

2. 指定代理人。指定代理人是指根据行政复议机关的指定，代理无民事行为能力或限制民事行为能力人的申请人或行政复议第三人进行行政复议活动的人。产生指定代理权的前提条件是作为当事人的公民无行为能力或限制行为能力，并且无法定代理人或法定代理人不能行使代理权。

3. 委托代理人。委托代理人是指受行政复议申请人、被申请人或第三人的委托，代理其进行行政复议活动的人。《行政复议法实施条例》第十条规定：“申请人、第三人可以委托1至2名代理人参加行政复议。申请人、第三人委托代理人的，应当向行政复议机构提交授权委托书。授权委托书应当载明委托事项、权限和期限。公民在特殊情况下无法书面委托的，可以口头委托。口头委托的，行政复议机构应当核实并记录在卷。申请人、第三人解除或者变更委托的，应当书面报告行政复议机构。”

二、行政复议机关

(一)行政复议机关概念与分类

行政复议机关是指有权对行政争议事项的合法性和适当性依法进行审查的行政机关。行政复议机关是行政复议活动的核心，起主导作用。行政复议机关成立必须具备三个条件：第一，必须是行政机关，法律法规授权的其他组织不能成为行政复议机关。第二，必须是依法享有行政复议职权的行政机关。《行政复议法》第三条规定：“依照本法履行行政复议职责的行政机关是行政复议机关。”这意味着并不是所有的行政机关都能成为行政复议机关。例如，乡、镇人民政府因为《行政复议法》没有对其授行政复议职权，因而不能成为行政复议机关。第三，必须是以自己的名义行使行政复议权的行政机关。这意味着行政复议机关不能将其行政复议权交由他人代理。

按照不同的标准，可以对行政复议机关作不同的划分。根据《行政复议法》和其他相关法律规范规定，我国行政复议机关主要有以下类型：

1. 作出原具体行政行为机关的上一级行政机关。如果作出具体行政行为的是省级以下的地方政府，则由该政府的上一级政府作为行政复议机关；如果作出具体行政行为的是省级以下政府的工作部门，则作为行政复议机关的“上一级”行政机关有两种情况：一是指作出具体行政行为的行政机关的同级政府；二是指作出具体行政行为的行政机关的上一级主管部门。我国大多数行政复议案件都是由作出原具体行政行为机关的上一级行政机关作为复议机关的。这种复议制度的设计，有利于保证行政复议结果的公正性，也符合行政系统的层级监督原则。

2. 行政复议机关是作出原具体行政行为的行政机关。如《行政复议法》第十四条规定，对国务院部门或者省、自治区、直辖市人民政府的具体行政行为不服的，由作出具体行政行为的国务院部门或省、自治区、直辖市的政府作为行政复议机关自行审查。这样规定的理由主要是为了减轻国务院的工作负担。由作出原具体行政行为的行政机关作为复议机关，具有一定的优势，如复议决定快，省时省力，也便利双方当事人进行复议，有利于提高行政效率。但它的缺陷则在于:这实际上是自己审理自己的案件,难以保证复议的公正性。

(二)行政复议机构

行政复议机构是指享有行政复议权的行政机关内部设置的专门负责处理行政复议案件的机构。从这一定义来看,行政复议机构有如下特征:

1. 行政复议机构是行政复议机关内部设立的机构。《行政复议法》第三条规定,行政复议机关负责法制工作的机构就是行政复议机构。

2. 行政复议机构是专门负责行政复议争议案件处理的机构。根据《行政复议法》第三条的规定,行政复议机构履行这些职责:(1)受理行政复议申请;(2)向有关组织和人员调查取证,查阅文件和资料;(3)审查申请行政复议的具体行政行为是否合法与适当,拟订行政复议决定;(4)处理或者转送对可以附带申请复议的特定规范性文件的审查申请;(5)对行政机关违反《行政复议法》的行为依照规定的权限和程序提出处理建议;(6)办理因不服行政复议决定提起行政诉讼的应诉事项;(7)法律、法规规定的其他职责。

3. 各行政复议机构只对其所在的行政复议机关负责。可从两个方面来理解:一是行政复议机构只是行政复议机关的一个内部工作机构,一个组成部分,不具有独立的行政主体地位,不能以自己的名义作出任何行政行为,也不能对外承担法律责任;二是上下级行政复议机关的行政复议机构之间不存在直接领导和监督关系,它们各自对所属的行政复议机关负责。

三、行政复议的管辖

行政复议的管辖是指不同行政复议机关之间受理行政复议案件的分工与权限。确立行政复议管辖,一方面明确了行政复议机关对行政复议案件的分工与权限,可以避免行政复议机关利用管辖不明确相互推诿;另一方面便于行政相对人申请行政复议,维护其合法权益。

(一)确定行政复议管辖的原则

确定行政复议管辖,应当要综合考虑多方面因素。具体说来,这些因素主要有:

1. 便于行政相对人申请行政复议。行政复议的最终目的就是要维护行政相对人的合法权益。要想这一目的的实现,首先要便于行政相对人申请行政复议,尽量避免行政相对人耗费大量的人力、物力。

2. 便于上级行政机关对下级行政机关的监督。从某种意义上说,行政复议就是种监督活动。行政复议可以促使行政机关符合法律规范来行政,并且也可以促使上级行政机关对下级行政机关的监督,从而使行政复议活动能够有效地保证行政机关依法行政,实现行政复议的立法目的。

3. 便于行政复议机关高效地处理行政复议案件。行政复议机关高效地处理行政复议案件,首先要充分考虑不同行政复议机关承担处理行政案件的合理性和可能性。这就需要通过管辖来实现。

4. 原则性与灵活性相结合的原则。由于行政复议案件的复杂性和我国行政管理体制的现状,决定了确立行政复议管辖在坚持原则性的同时,应赋予行政复议机关一定的机动性和灵活性,如在复议管辖权不明确或者管辖发生争议时,应采取指定和移送管辖来解决这种问题,以适应复杂多变的实际情况。

(二)行政复议管辖的种类

根据《行政复议法》的规定,行政复议的管辖可分为以下几种:

1. 对政府工作部门的具体行政行为不服的管辖。《行政诉讼法》第十二条规定："对县级以上地方各级人民政府工作部门的具体行政行为不服的，由申请人选择，可以向该部门的本级人民政府申请行政复议，也可以向上一级主管部门申请行政复议。对海关、金融、国税、外汇管理等实行垂直领导的行政机关和国家安全机关的具体行政行为不服的，向上一级主管部门申请行政复议。"这包括三种情形：其一是因对县级以上地方各级人民政府工作部门的具体行政行为不服引发的行政复议管辖；其二是因对海关、金融、国税、外汇管理等实行垂直领导的行政机关的具体行政行为不服引发的行政复议管辖；其三是因对国家安全机关的具体行政行为不服引发的行政复议管辖。

2. 对地方各级人民政府及其派出机构的具体行政行为不服的管辖。《行政复议法》第十三条规定："对地方各级人民政府的具体行政行为不服的，向上一级地方人民政府申请行政复议。对省、自治区人民政府依法设立的派出机关所属的县级地方人民政府的具体行政行为不服的，向该派出机关申请行政复议。"这里的"省、自治区人民政府依法设立的派出机关所属的县级地方人民政府"主要是指尚未实行"地改市"的县级人民政府。

3. 对国务院部门或者省、自治区、直辖市人民政府的具体行政行为不服的的管辖。《行政复议法》第十四条规定："对国务院部门或者省、自治区、直辖市人民政府的具体行政行为不服的，向作出该具体行政行为的国务院部门或者省、自治区、直辖市人民政府申请行政复议。对行政复议决定不服的，可以向人民法院提起行政诉讼；也可以向国务院申请裁决，国务院依照本法的规定作出最终裁决。"这类管辖分为三种情况：其一是对省部级行政机关作出的具体行政行为不服的，必须先向原级行政机关申请行政复议；其二是对省部级行政机关作出的行政复议决定不服的，申请人有权提起行政诉讼；其三，国务院作出的行政复议决定是最终裁决，申请人不得再向法院提起诉讼。

4. 对县级以上地方人民政府依法设立的派出机关的具体行政行为不服的管辖。《行政复议法》第十五条第1款第1项规定："对县级以上地方人民政府依法设立的派出机关的具体行政行为不服的，向设立该派出机关的人民政府申请行政复议"。《中华人民共和国地方各级人民代表大会和地方各级人民政府组织法》第六十八条规定："省、自治区的人民政府在必要的时候，经国务院批准，可以设立若干派出机关。县、自治县的人民政府在必要的时候，经省、自治区、直辖市的人民政府批准，可以设立若干区公所，作为它的派出机关。市辖区、不设区的市的人民政府，经上一级人民政府批准，可以设立若干街道办事处，作为它的派出机关。"

5. 对政府工作部门依法设立的派出机构以自己的名义作出的具体行政行为不服的管辖。《行政复议法》第十五条第一款第二项规定："对政府工作部门依法设立的派出机构依照法律、法规或者规章规定，以自己的名义作出的具体行政行为不服的，向设立该派出机构的部门或者该部门的本级地方人民政府申请行政复议。"这一规定表明，在这些派出机构中，只有依法设立并依照法律、法规或者规章规定，以自己的名义作出具体行政行为的派出机构，才可以成为行政复议的被申请人。申请人对该派出机构作出的具体行政行为不服的，可以选择向设立派出机构的部门申请复议，也可以选择该部门的本级地方人民政府申请复议。

6. 对法律、法规授权的组织的具体行政行为不服的管辖。《行政复议法》第十五条第一款第三项规定："对法律、法规授权的组织的具体行政行为不服的，分别向直接管理该组织的地方人民政府、地方人民政府工作部门或者国务院部门申请行政复议。"被授权的组织因为是以自己的名义独立实施的行政行为，当然要独立承担法律后果。根据谁直接管理谁负责的原则，地方人民政府、地方人民政府工作部门或者国务院部门直接管理的授权组织，则分别由他们各自来管辖行政复议案件。

7. 对两个或者两个以上行政机关以共同的名义作出的具体行政行为不服的管辖。《行政复议法》第十五条第一款第四项规定："对两个或者两个以上行政机关以共同的名义作出的具体行政行为不服的，向其共同上一级行政机关申请行政复议。"包括四种情形：其一，对同一政府所属两个或两个以上行政机关以共同的名义作出的具体行政行为不服提起行政复议的，则由行政机关所属的政府管辖；其二，对不同级别两个或两个以上行政机关以共同的名义作出的具体行政行为不服提起行政复议的，则由行政机关共同上一级行政机关管辖；其三，对两个或两个以上政府以共同的名义作出的具体行政行为不服提起行政复议的，则由政府的共同上一级政府管辖；其四，行政机关与被授权组织以共同的名义作出的具体行政行为不服提起行政复议的，则由它们共同领导或主管的行政机关管辖。

8. 对被撤销的行政机关在撤销前所作出的具体行政行为不服的管辖。《行政复议法》第十五条第一款第五项规定："对被撤销的行政机关在撤销前所作出的具体行政行为不服的，向继续行使其职权的行政机关的上一级行政机关申请行政复议。"这里的"上一级行政机关"是指与继续行使职权的行政机关有领导或指导关系的上一级行政机关。

9. 行政复议的转送管辖。转送管辖是指行政复议机关在受理行政复议申请后发现其没有管辖权而依法转送有管辖权的行政复议机关管辖。《行政复议法》第十八条规定："依照本法第十五条第二款的规定接受行政复议申请的县级地方人民政府，对依照本法第十五条第一款的规定属于其他行政复议机关受理的行政复议申请，应当自接到该行政复议申请之日起七日内，转送有关行政复议机关，并告知申请人。接受转送的行政复议机关应当依照本法第十七条的规定办理。"其中第十五条第二款规定："有前款所列情形之一的，申请人也可以向具体行政行为发生地的县级地方人民政府提出行政复议申请，由接受申请的县级地方人民政府依照本法第十八条的规定办理。"第十七条规定："行政复议机关收到行政复议申请后，应当在五日内进行审查，对不符合本法规定的行政复议申请，决定不予受理，并书面告知申请人；对符合本法规定，但是不属于本机关受理的行政复议申请，应当告知申请人向有关行政复议机关提出。"从实质上讲，转送管辖是无管辖权的复议机关，在受理了不属于自己管辖的案件后，采取的一种纠正措施，而不是管辖权的转移。转送管辖一般需要具备三个条件：第一，转送的复议机关对被转送的复议申请没有管辖权；第二，转送管辖的复议申请必须是转送的复议机关已经受理的复议案件；第三，受转送的复议机关必须对复议申请有管辖权。

第四节　行政复议的程序

行政复议程序是指关于通过行政复议活动来处理行政争议的步骤、方式和时限的总和。"任何法律制度，如果没有良好的实施程序，其所蕴涵的法律精神也就难以实现。"①行政复

① 皮纯协：《行政复议法论》，中国法制出版社1999年版，第201页。

议程序既保证了行政复议法维护行政相对人合法权益的精神的实现，又保证了行政复议活动合法、高效地进行。根据我国《行政复议法》的规定，行政复议程序分为行政复议申请、行政复议受理、行政复议审理、行政复议决定和行政复议执行五阶段。此外，《行政复议法实施条例》对行政复议的调解做了相应规定。

一、行政复议的申请

行政复议的申请是行政复议的启动程序，它是指行政相对人认为行政主体作出的具体行政行为侵犯了其合法权益，向行政复议机关申请对该具体行政行为进行审查以维护其合法权益的意思表示。《行政复议法》和《行政复议法实施条例》对行政复议申请条件、期限和方式都作了明确的规定。

（一）行政复议申请的条件

行政复议申请人申请行政复议必须符合以下条件：(1)必须是认为行政主体作出的具体行政行为侵犯了其合法权益的公民、法人或其他组织；(2)必须有明确的被申请人；(3)必须有具体的事实依据和复议要求；(4)必须是属于行政复议法律规范规定的可以申请行政复议的范围；(5)必须属于受理复议机关的管辖范围；(6)必须符合法定的申请期限；(7)符合法律、法规的其他规定，如行政相对人没有向法院提起行政诉讼且被受理的案件，如果相对人已向人民法院提起行政诉讼，人民法院已经依法受理的，则不得申请行政复议。

（二）行政复议申请的期限

行政复议申请的期限是指行政复议法律规范规定的申请人向行政复议机关申请行政复议的法定有效期限。《行政复议法》第九条第一款规定："公民、法人或者其他组织认为具体行政行为侵犯其合法权益的，可以自知道该具体行政行为之日起六十日内提出行政复议申请；但是法律规定的申请期限超过六十日的除外。"

可见，行政复议的一般期限是 60 天，关于这一期限的计算，《行政复议法实施条例》第十五条做了细致明确的规定。该第十五条规定的期限有：(1)当场作出具体行政行为的，自具体行政行为作出之日起计算。(2)载明具体行政行为的法律文书直接送达的，自受送达人签收之日起计算。(3)载明具体行政行为的法律文书邮寄送达的，自受送达人在邮件签收单上签收之日起计算；没有邮件签收单的，自受送达人在送达回执上签名之日起计算。(4)具体行政行为依法通过公告形式告知受送达人的，自公告规定的期限届满之日起计算。(5)行政机关作出具体行政行为时未告知公民、法人或者其他组织，事后补充告知的，自该公民、法人或者其他组织收到行政机关补充告知的通知之日起计算。(6)被申请人能够证明公民、法人或者其他组织知道具体行政行为的，自证据材料证明其知道具体行政行为之日起计算。

需要注意，如果是对行政主体不予行政许可的争议、行政主体没有依法履行法定职责的争议或者行政主体没有依法履行行政给付的争议，行政相对人提出申请的期限，《行政复议法实施条例》第十六条规定，如果有履行期限规定的，自履行期限届满之日起计算；如果没有履行期限规定的，自行政机关收到申请满 60 日起计算；公民、法人或者其他组织在紧急情况下请求行政机关履行保护人身权、财产权的法定职责，行政机关不履行的，行政复议申请期限不受上述规定的限制。

此外，《行政复议法》第九条第二款规定："因不可抗力或者其他正当理由耽误法定申请期限的,申请期限自障碍消除之日起继续计算。"

(三)行政复议申请的方式

行政复议申请的方式是指行政相对人表达其复议意愿的具体表现形式。

1. 申请方式可以是书面的、口头的或其他形式。根据《行政法复议法》第十一条的规定,申请人申请行政复议,可以书面申请,也可以口头申请;口头申请的,行政复议机关应当当场记录申请人的基本情况、行政复议请求、申请行政复议的主要事实、理由和时间。根据《行政复议法实施条例》第18、19、20条的规定,申请人书面申请行政复议的,可以采取当面递交、邮寄或者传真等方式提出行政复议申请。有条件的行政复议机构可以接受以电子邮件形式提出的行政复议申请。

2. 申请书应载明的事项。申请人书面申请行政复议的,应当在行政复议申请书中载明下列事项:(1)申请人的基本情况,包括:公民的姓名、性别、年龄、身份证号码、工作单位、住所、邮政编码;法人或者其他组织的名称、住所、邮政编码和法定代表人或者主要负责人的姓名、职务;(2)被申请人的名称;(3)行政复议请求、申请行政复议的主要事实和理由;(4)申请人的签名或者盖章;(5)申请行政复议的日期。

3. 申请时应提供的证明。根据《行政复议法实施条例》第二十一条的规定,有下列情形之一的,申请人应当提供证明材料:认为被申请人不履行法定职责的,提供曾经要求被申请人履行法定职责而被申请人未履行的证明材料;申请行政复议时一并提出行政赔偿请求的,提供受具体行政行为侵害而造成损害的证明材料;法律、法规规定需要申请人提供证据材料的其他情形。

二、行政复议的受理

行政复议受理是指受理是指复议机关对符合条件的复议申请决定立案的程序。根据《行政复议法实施条例》第二十八条的规定,行政复议申请符合下列规定的,应当予以受理:(1)有明确的申请人和符合规定的被申请人;(2)申请人与具体行政行为有利害关系;(3)有具体的行政复议请求和理由;(4)在法定申请期限内提出;(5)属于行政复议法规定的行政复议范围;(6)属于收到行政复议申请的行政复议机构的职责范围;(7)其他行政复议机关尚未受理同一行政复议申请,人民法院尚未受理同一主体就同一事实提起的行政诉讼。

根据《行政复议法》第十七条的规定,行政复议机关收到行政复议申请后,应当在5日内进行审查,对不符合本法规定的行政复议申请,决定不予受理,并书面告知申请人;对符合规定但不属于本机关受理的行政复议申请,应当告知申请人向有关行政复议机关提出。除此规定外,行政复议申请自行政复议机关负责法制工作的机构收到之日起即为受理。此外,根据《行政复议法》第二十条和《行政复议法实施条例》第三十一条的规定,公民、法人或者其他组织依法提出行政复议申请,行政复议机关无正当理由不予受理的,上级行政机关应当责令其受理;经督促仍不受理的,应当责令其限期受理,必要时也可以直接受理;认为行政复议申请不符合法定受理条件的,应当告知申请人。

对于行政复议申请材料不齐或者表述不清楚以及申请人向两个或两个以上有复议管辖权的机关申请行政复议的情况,《行政复议法实施条例》第二十九条、第三十条作了详细的规定。对行政复议申请材料不齐全或者表述不清楚的,行政复议机构可以自收到该行政复议申请之日起5日内书面通知申请人补正。补正通知应当载明需要补正的事项和合理的补正期限。无正当理由逾期不补正的，视为申请人放弃行政复议申请。补正申请材料所用时间不计入行政复议审理期限。申请人就同一事项向两个或者两个以上有权受理的行政机关申请行政复议的，由最先收到行政复议申请的行政机关受理；同时收到行政复议申请的，由收到行政复议申请的行政机关在10日内协商确定；协商不成的，由其共同上一级行政机关在10日内指定受理机关。协商确定或者指定受理机关所用时间不计入行政复议审理期限。

三、行政复议的审理

行政复议的审理是指行政复议机关受理行政相对人提出的行政复议申请后，对争议的具体行政行为进行全面审查的活动。《行政复议法》和《行政复议法实施条例》就审前准备、审理方式、申请的撤回、复议期间具体行政行为是否停止执行、行政复议的中止和终止等做了明确具体的规定。

（一）审前准备

行政复议审理之前的准备工作主要为送达行政复议文书和收集有关证据。根据《行政复议法》第二十三条的规定，行政复议机关负责法制工作的机构应当自行政复议申请受理之日起7日内，将行政复议申请书副本或者行政复议申请笔录复印件发送被申请人。被申请人应当自收到申请书副本或者申请笔录复印件之日起10日内，提出书面答复，并提交当初作出具体行政行为的证据、依据和其他有关材料。申请人、第三人可以查阅被申请人提出的书面答复、作出具体行政行为的证据、依据和其他有关材料，除涉及国家秘密、商业秘密或者个人隐私外，行政复议机关不得拒绝。行政复议受理后，应组织2名以上的行政复议人员参加行政复议活动。在必要时，组织2名以上的行政复议人员实施调查核准证据。对行政复议材料进行审阅，发现行政复议申请人或被申请人不符合条件的需要及时更换，需要增加第三人应及时通知其参加复议活动。此外，还要确定行政复议的审理方式、时间、地点和其他有关事项。

（二）行政复议的审理方式

行政复议的审理方式是指复议机构审理行政争议案件所适用的具体审理形式。《行政复议法》第二十二条规定：“行政复议原则上采取书面审查的办法，但是申请人提出要求或者行政复议机关负责法制工作的机构认为有必要时，可以向有关组织和人员调查情况，听取申请人、被申请人和第三人的意见。”而所谓的书面审理是指复议机关通过书面案卷而直接审理复议案件的审理方式。这种方式无须复议双方当事人到庭陈述辩论，而由复议机关直接对复议申请人的申请书和被申请人提出的答辩书以及案件材料、证据进行审查，并视具体情况依法直接作出复议决定。

（三）行政复议申请的撤回

行政复议申请的撤回是指行政复议申请人在复议机构受理后、行政复议决定作出前，经行政复议机关同意而撤回其行政复议申请，终止行政复议审理的制度。根据《行政复议法》和《行政复议法实施条例》的规定：申请人在行政复议决定作出前自愿撤回行政复议申请的，经行政复议机构同意，可以撤回。可见，复议申请的撤回不是申请人随意的行为，需要具备的条件是：申请人撤回申请必须出于自愿；撤回复议申请必须在复议决定作出以前；申请撤回复议申请必须说明理并经行政复议机构同意。行政复议申请撤回的法律后果是:其一,程序上的后果。行政复议关机同意撤回复议申请后,行政复议程序即告终结,除能够证明撤回系违背真实意识表示外,申请人不得以同一事实和理由再次申请行政复议,只能以新的事实与理由再次申请行政复议。如果复议并非行政诉讼的法定前置程序,在撤回复议申请后,可以依法提起行政诉讼。如果撤回后被申请人作出新的决定,可以就该新的决定申请行政复议或者提起诉讼。其二,实体上的后果。对于依法不能再申请复议、不能像法院提起诉讼的复议案件,复议申请一旦撤回,具体行政行为即发生最终效力,但被申请人承诺重新处理而撤回的不受此限制。①

(四)行政复议期间具体行政行为是否停止执行的问题

一般而言,为了保障行政主体作出的具体行政行为有效性,在行政复议期间具体行政行为不停止执行。但是在行政复议期间有特殊的情形,可以停止执行。《行政复议法》第二十一条规定,行政复议期间有下列情形之一的,可以停止执行:(1)被申请人认为需要停止执行的;(2)行政复议机关认为需要停止执行的;(3)申请人申请停止执行,行政复议机关认为其要求合理,决定停止执行的;(4)法律规定停止执行的。

我国有些法律、法规规定,当事人对具体行政行为申请复议或提起行政诉讼后,相应的具体行为应当停止执行,如《治安管理处罚法》第四十条规定:"被处罚人不服行政拘留处罚决定,申请行政复议、提起行政诉讼的,可以向公安机关提出暂缓执行行政拘留的申请。公安机关认为暂缓执行行政拘留不致发生社会危险的,由被处罚人或者其近亲属提出符合本法第一百零八条规定条件的担保人,或者按每日行政拘留二百元的标准交纳保证金,行政拘留的处罚决定暂缓执行。"

(五)行政复议的中止和终止

行政复议的中止是指在审理行政复议案件期间由于出现了特殊原因,影响案件的审理,从而暂时停止行政复议案件审理的情形。根据《行政复议法实施条例》第四十一条的规定,行政复议期间有下列情形之一,影响行政复议案件审理的,行政复议中止:(1)作为申请人的自然人死亡,其近亲属尚未确定是否参加行政复议的;(2)作为申请人的自然人丧失参加行政复议的能力,尚未确定法定代理人参加行政复议的;(3)作为申请人的法人或者其他组织终止,尚未确定权利义务承受人的;(4)作为申请人的自然人下落不明或者被宣告失踪的;(5)申请人、被申请人因不可抗力,不能参加行政复议的;(6)案件涉及法律适用问题,需要有权机关作出解释或者确认的;(7)案件审理需要以其他案件的审理结果为依据,而其他案件尚未审结的;(8)其他需要中止行政复议的情形。行政复议中止的原因消除后,应当及时恢复行政复议案件的审理。行政复议机构中止、恢复行政复议案件的审理,应当告知有关当事人。

行政复议终止是指在审理行政复议案件期间由于出现了特殊原因,导致失去了审理行政复议案件的必要性,从而终止行政复议案件审理的情形。根据《行政复议法实施条例》四十二条的规定,行政复议期间有下列情形之一的,行政复议终止:(1)申请人要求撤回行政复议申请,行政复议机构准予撤回的;(2)作为申请人的自然人死亡,没有近亲属或者其近亲属放弃行政复议权利的;(3)作为申请人的法人或者其他组织终止,其权利义务的承受人放弃

① 应松年:《行政法与行政诉讼法学》(第二版),高等教育出版社2018年版,第291页。

行政复议权利的;(4)申请人与被申请人依照本条例第四十条的规定,经行政复议机构准许达成和解的;(5)申请人对行政拘留或者限制人身自由的行政强制措施不服申请行政复议后,因申请人同一违法行为涉嫌犯罪,该行政拘留或者限制人身自由的行政强制措施变更为刑事拘留的。(6)上述中止情形中按照第1、2、3项规定中止行政复议,满60日行政复议中止的原因仍未消除的,行政复议终止。

四、行政复议的决定

行政复议的决定是指行政复议机关审理行政复议案件后作出的具有法律效力的裁决。根据《行政复议法》与《行政复议法实施条例》的规定,行政复议决定情况可以分为决定维持决定,限期履行决定,撤销、变更或确认决定,驳回决定和责令赔偿决定。

1. 维持决定。维持决定是指复议机关所作的维持被复议的具体行政行为,使被复议的具体行政行为继续发生效力的决定。维持决定应当同时符合以下条件:具体行政行为适用法律、法规、规章和具有普遍约束力的决定和命令正确;具体行政行为依据的事实清楚、证据确凿;具体行政行为程序合法;具体行政行为内容适当。

2. 限期履行决定。限期履行决定是复议机关认为被申请人有法律、法规和规章规定的职责,但被申请人拒不履行或拖延履行职责,而对其作出的复议决定。在有法定期限的情况下,应当责令其在法定期限内履行职责;如果没有法定期限的,也应当责令其在一个合理的期限里履行职责。

3. 撤销、变更或确认决定。具体行政行为具有以下情况之一的,复议机关可以作出撤销、变更或确认该具体行政行为违法的决定:(1)具体行政行为主要事实不清、证据不足的;(2)具体行政行为适用法律、法规、规章和具有普遍约束力的决定、命令错误的;(3)具体行政行为违反法定程序的;(4)具体行政行为超越或者滥用职权的;(5)具体行政行为明显不当的。由于以上原因撤销或确认具体行政行为违法的,复议机关可以责令被申请人在一定期限内重新作出具体行政行为。复议机关责令被申请人在一定期限内重新作出具体行政行为的,被申请人不得以同一事实和理由作出与原具体行政行为相同或基本相同的具体行政行为。

此外,根据《行政复议法》第二十八条第四项的规定,被申请人自收到申请书副本或申请笔录复印件之日起10日内不提出书面答复、提交当初作出具体行政行为的证据、依据或其他有关材料的,视为该具体行政行为没有证据、依据,复议机关可以决定撤销该具体行政行为。

4. 驳回决定。根据《行政复议法实施条例》第四十八条的规定,有下列情形之一的,行政复议机关应当决定驳回行政复议申请:(1)申请人认为行政机关不履行法定职责申请行政复议,行政复议机关受理后发现该行政机关没有相应法定职责或者在受理前已经履行法定职责的;(2)受理行政复议申请后,发现该行政复议申请不符合行政复议法和本条例规定的受理条件的。上级行政机关认为行政复议机关驳回行政复议申请的理由不成立的,应当责令其恢复审理。

5. 责令赔偿决定。具体行政行为经复议审查被确认为违法并且造成了申请人合法权益实际损害的,复议机关应作出责令被申请人赔偿损失的复议决定。根据《行政复议法》和《中华人民共和国国家赔偿法》规定,公民、法人或者其他组织申请行政赔偿的,可以在提起行政复议或行政诉讼时一并提出赔偿申请(也可以单独就赔偿问题提出申请)。如果申请人在申请复议时一并提出行政赔偿的申请，复议机关对具体行政行为审查后确认具体行政行为违法并已造成了申请人的实际损害的，就应作出责令申请人赔偿损失的复议决定。申请人在申请行政复议时没有提出行政赔偿请求的，行政复议机关在依法决定撤销或者变更罚款，撤销违法集资、没收财物、征收财物、摊派费用以及对财产的查封、扣押、冻结等具体行政行为时，应当同时责令被申请人返还财产，解除对财产的查封、扣押、冻结措施，或者赔偿相应的价款。

行政复议机关应当自受理申请之日起 60 日内作出行政复议决定；但是法律规定的行政复议期限少于 60 日的除外。情况复杂，不能在规定期限内作出行政复议决定的，经行政复议机关的负责人批准，可以适当延长，并告知申请人和被申请人；但是延长期限最多不超过 30 日。行政复议机关作出行政复议决定，应当制作行政复议决定书，并加盖印章。行政复议决定书一经送达，即发生法律效力。

6. 行政复议和解与调解

行政复议和解是指行政复议申请人与被申请人就争议达成解决协议的一种活动。公民、法人或者其他组织对行政机关行使法律、法规规定的行政裁量权作出的具体行政行为不服申请复议，申请人与被申请人在复议决定作出前自愿达成和解的，应当向应当向行政复议机构提交书面和解协议；和解内容不损害社会公共利益和他人合法权益的，行政复议机构应当准许。

行政复议调解是指在行政复议过程中，行政复议机关按照自愿、合法原则对行政争议事项达成解决协议的一种活动。根据《行政复议法实施条例》第五十条的规定，有下列情形之一的，行政复议机关可以按照自愿、合法的原则进行调解：(1)公民、法人或者其他组织对行政机关行使法律、法规规定的自由裁量权作出的具体行政行为不服申请行政复议的；(2)当事人之间的行政赔偿或者行政补偿纠纷。当事人经调解达成协议的，行政复议机关应当制作行政复议调解书。调解书应当载明行政复议请求、事实、理由和调解结果，并加盖行政复议机关印章。行政复议调解书经双方当事人签字，即具有法律效力。调解未达成协议或者调解书生效前一方反悔的，行政复议机关应当及时作出行政复议决定。

六、行政复议的执行

行政复议的执行是指行政复议当事人在行政复议机关作出行政复议决定或双方达成行政复议的调解协议后，对决定或协议的具体内容予以执行的行为。《行政复议法》第三十二条规定："被申请人应当履行行政复议决定。被申请人不履行或者无正当理由拖延履行行政复议决定的，行政复议机关或者有关上级行政机关应当责令其限期履行。"

可见，就行政复议决定实现的途径来讲，可分为两种：一是被申请人自觉履行行政复议决定；二是对行政复议决定的强制执行，即国家行政机关、人民法院为了保障行政权的合法有效行使和行政管理活动的正常进行，对不履行行政复议决定的当事人所采取的一种强制手段，其目的是迫使当事人履行义务或达到与履行义务相同的状态。根据《行政复议法》第 33 条的规定，申请人逾期不起诉又不履行行政复议决定的，或者不履行最终裁决的行政复议决定的，按照下列规定分别处理：(1)维持具体行政行为的行政复议决定，由作出具体行政行为的行政机关依法强制执行，或者申请人民法院强制执行；(2)变更具体行政行为的行政复议决定，由行政复议机关依法强制执行，或者申请人民法院强制执行。

第二章
行政诉讼论

第一节　行政诉讼概述

一、行政诉讼的概念与特征

在英国,没有"行政诉讼"的概念。法院对行政行为的审查被称为"司法救济"。① 由于传统不同,英国的司法救济与我国的行政诉讼在诉讼理念和诉讼制度上都有较大不同。在美国,没有"行政诉讼"概念,只有"司法审查"概念。而司法审查包括两个方面:法院对行政机关行政行为的审查;法院对国会制定的法律是否符合宪法的审查。前者可以看作是行政诉讼,后者可以看作是宪法诉讼。可见,司法审查不能等同于行政诉讼。在日本,也没有"行政诉讼"概念,与之相接近的概念是"行政争讼",即关于行政上法律关系的争论。但是日本的行政争讼与我国的行政诉讼的含义不完全相同,至少有两点区别:一是日本的行政争讼解决的争议不限于公权力行使产生的争议,还包括对等当事人之间的争议;而我国只限于公权力的行使产生的争议。二是日本的行政争讼的审理机关,原则上由法院承担,但是有时出于迅速、简易以及专门性判断的必要性,也可以由行政机关承担;而我国的行政诉讼只能由法院作为审理机关。② 在法国,行政诉讼是法院对行政活动的监督,这种监督依当事人申请而进行,是当事人不服行政机关行为的一种救济手段。③

据有的学者介绍,在我国《行政诉讼法》没有出台之前,行政法学界关于行政诉讼的定义至少有 14 种。④ 因为学者研究的角度不同,导致对行政诉讼有不同的认识。《行政诉讼法》第二条规定:"公民、法人或者其他组织认为行政机关和行政机关工作人员的行政行为侵犯其合法权益,有权依照本法向人民法院提起诉讼。前款所称行政行为,包括依照法律、法规、规章授权的组织作出的行政行为。"既然我国已用立法的形式确定了行政诉讼的内涵,我们应当以此来理解行政诉讼。据此,行政诉讼可以界定为:公民、法人或其他组织认为行政机关、法律法规授权组织及其工作人员的行政行为侵犯其合法权益依法向法院提起诉讼、由法院对具体行政行为进行审理并作出裁决的诉讼制度。

---

① 参见张越:《英国行政法》,中国政法大学出版社 2004 年版,第 652 页。

② 参见[日]盐野宏:《行政法》,杨建顺译,法律出版社 1999 年版,第 254-255 页。

③ 王名扬:《法国行政法》,中国政法大学出版社 1988 年版,第 549 页。

④ 参见杨解君等:《行政法与行政诉讼法》(下),清华大学出版社 2009 年版,第 52 页。

行政诉讼与刑事诉讼、民事诉讼一起，构成我国三大基本诉讼制度，他们同为诉讼制度，因而具有一些共性，如都由人民法院主持进行，都是为了处理、解决案件，在具体程序上有一些相同之处等。但是，行政诉讼作为一项独立的诉讼制度，有其自己的特征。

1. 行政诉讼中的原告、被告具有恒定性。行政诉讼是公民、法人和其他组织认为行政机关的具体行政行为违法并侵犯了自己的合法权益而提起的，为此，行政诉讼中能够成为原告、享有起诉权的，只能是作为相对一方当事人的公民、法人或其他组织，作出具体行政行为的行政机关没有起诉权，也没有反诉权，只能作为被告应诉。原告和被告的这种身份和地位是恒定而不能变换的。这是行政诉讼在原、被告上的重要特点，它与民事诉讼和刑事诉讼很不相同。

2. 行政诉讼的内容是解决一定范围的行政争议。解决行政争议这是行政诉讼区别于民事诉讼和刑事诉讼的基本特征。所谓“行政争议”是指行政法律关系双方当事人之间的争议，但是，行政诉讼也并不能解决所有行政争议，它所解决的行政争议限于一定范围之内，通常是指行政管理相对人和行政主体之间的外部行政争议，而行政主体相互之间的和行政主体与其构成单位或工作人员之间的内部行政争议在我国不通过行政诉讼途径解决，不属于行政诉讼的范畴。行政争议的存在是行政诉讼的前提，没有相对人对行政主体具体行政行为的不服和向人民法院提起异议，就不可能发生行政诉讼。

3. 行政诉讼的核心是审查具体行政行为的合法性。行政诉讼直接审查的对象是具体行政行为，而不是其他行政行为，且对具体行政行为的审查限于合法性范围，一般不对具体行政行为的合理性或适当性进行审查。

二、行政诉讼的基本原则

行政诉讼基本原则是指贯穿于整个行政诉讼活动或主要环节、指导整个行政诉讼活动的基本准则。根据《行政诉讼法》第四条至第十一条规定，我国行政诉讼的基本原则可概括为：法院依法独立行使行政诉讼审判权原则；以事实为根据，以法律为准绳原则；合议、回避、公开审判和两审终审原则；当事人诉讼地位平等原则；使用本民族语言、文字进行行政诉讼原则；辩论原则；人民检察院法律监督原则等。由于这些原则与民事诉讼、刑事诉讼原则是一致的，可以说是我国诉讼的一般性基本原则。因而，反映不出行政诉讼与民事诉讼、刑事诉讼的区别。我们认为，行政诉讼的基本原则应该是行政诉讼所独有的、能够反映其特性的原则。概括地讲，有如下几项：

（一）人民法院对行政行为的合法性审查原则。《行政诉讼法》第六条规定：“人民法院审理行政案件，对行政行为是否合法进行审查。”这一原则包含了两项内容：其一，人民法院的司法审查权仅限于行政行为；其二，行政诉讼中人民法院只审查行政行为的合法性，而不审查行政行为的合理性。

行政诉讼中人民法院之所以只审查行政行为的合法性而不审查行政行为的合理性、适当性，这是因为：(1)从法律赋予的职权来看。根据我国宪法，人民法院依法行使审判权，行政机关依法行使行政权。裁定行政行为是否合法的争议属于审判权的范围。确定行政行为在法律范围内如何进行更为适当、更为合理，是行政权的范围。两者不能互相代替。(2)从各自的工作擅长来看。人民法院长期进行审判活动，对适用法律最有经验，对法律问题最能作出正确评价。而行政机关长期进行行政活动，对行政管理最为熟悉和最具有行政管理专门知识，对在法律范围内如何实施行政行为方更为适当、更为合理只有经验。因此，合法性问题应交由人民法院解决，适当性问题留给行政机关解决。

（二）行政诉讼期间不停止执行行政行为原则。《行政诉讼法》第五十六条明确规定，诉讼期间，不停止行政行为的执行。行政行为不因原告提起诉讼而停止执行，这既是行政行为公定力的体现，也是由现代行政管理的特性决定的。如果具体行政行为一经当事人起诉就予以停止执行，势必破坏行政管理的效率性和连续性，使法律秩序处于不稳定状态。如果遇到起诉情况较多时，甚至会导致行政管理陷入瘫痪，危害社会和公众的利益。

当然，不停止执行原则也不是绝对的。根据《行政诉讼法》第五十六条的规定，有下列情形之一的，停止具体行政行为的执行：(1)被告认为需要停止执行的；(2)原告或者利害关系人申请停止执行，人民法院认为该行政行为的执行会造成难以弥补的损失，并且停止执行不损害国家利益、社会公共利益的；(3)人民法院认为该行政行为的执行会给国家利益、社会公共利益造成重大损害的；(4)法律、法规规定停止执行的。当事人对停止执行或者不停止执行的裁定不服的，可以申请复议一次。

（三）不适用调解原则。人民法院在审理行政诉讼案件时，不能适用调解以及用调解方式结案。《行政诉讼法》第六十条明确规定："人民法院审理行政案件，不适用调解。"之所以规定审理行政案件不适用调解，是由行政诉讼中针对的法律关系的性质所决定的。行政案件所反映的法律关系是一种管理与被管理的行政关系，而非平等主体之间的民事关系，这种法律关系的性质决定了行政诉讼中的当事人都不能处分自己的实体权利和义务。

当然，行政诉讼也不是绝对地排除调解，行政赔偿、补偿以及行政机关行使法律、法规规定的自由裁量权的案件可以调解，但应当遵循自愿、合法原则，不得损害国家利益、社会公共利益和他人合法权益。此外，不适用调解原则并不意味着在诉讼过程中人民法院不能做协调的工作。

（四）举证责任倒置原则。举证责任倒置原则是指作为行政诉讼被告的行政机关负有

提供其作出具体行政行为的证据和所依据的规范性文件的责任。《行政诉讼法》第三十四条规定："被告对作出的行政行为负有举证责任，应当提供作出该行政行为的证据和所依据的规范性文件。被告不提供或者无正当理由逾期提供证据，视为没有相应证据。但是，被诉行政行为涉及第三人合法权益，第三人提供证据的除外。"举证责任倒置是由行政管理活动的特殊性决定的。由于行政诉讼的客体是具体行政行为，作为被告的行政机关是具体行政行为的主体，它最清楚其作出具体行政行为的事实与法律依据；相反，行政相对方不易了解具体行政行为的依据。因此，被告具有较强的举证能力，应承担主要举证责任。

（五）依法保障公民行政诉权原则。《行政诉讼法》第三条第一款和第二款规定："人民法院应当保障公民、法人和其他组织的起诉权利，对应当受理的行政案件依法受理。行政机关及其工作人员不得干预、阻碍人民法院受理行政案件。"这一条对于行政诉讼而言非常有必要，也是经过多年实践后总结的经验。多年来，行政诉讼立案难的问题一直是令人头疼的事情，行政纠纷产生后，当事人敢告或不愿告，法院不敢或不愿受理，这主要来源于行政机关及其工作人员的过多干预，导致法院不敢立案，不愿立案，也使得行政相对人告状无门，转而寻求信访渠道，也出现了公民"信访不信法"的不正常现象。《行政诉讼法》增加此条，从法律

上对行政机关的干预行为说“不”，有利于促进保护行政相对人行政诉权氛围的形成；也从法律上彻底消除某些行政机关常以“稳定大局”“政府中心工作”等各种借口和名义干预和阻挠法院受理行政案件现象的发生。

三、行政诉讼与行政复议

行政复议是指公民、法人或者其他组织认为行政行为侵犯其合法权益，依法向规定的行政机关提出行政复议申请，受理的机关依据特定程序对原行政行为的合法性和适当性进行复查并作出裁决的活动和制度。行政复议与行政诉讼在本质上是一致的，即对被行政行为侵犯或可能侵犯的公民、法人或者其他组织的合法权益给予救济。

（一）行政诉讼与行政复议的相同点

1. 都是由行政纠纷引起的。而行政纠纷是自然人或者组织与行政主体之间，甚至行政主体之间或者行政主体与其公务人员之间，在行政权力的运行中发生的争执。当然，目前行政诉讼与行政复议并不能解决所有的行政纠纷。

2. 提起行政诉讼和行政复议的一方只能是作为行政管理的相对人或利害关系人，即提起者，只能是“民”不能是“官”。《行政复议法》明确规定必须是认为行政主体作出的行政行为侵犯了其合法的公民、法人或其他组织是行政复议申请人，此为申请行政复议所必须符合的条件。《行政诉讼法》也明确规定，认为行政主体作出的行政行为侵犯了其合法的公民、法人或其他组织是行政诉讼的原告。

3. 被提起者只能是行政主体，即享有国家行政权，能以自己的名义行使行政权，并能独立承担由此而产生的相应法律责任的组织。

4. 行政行为的合法性是被审查的重点。行政复议程序的设立，旨在在公民合法权益被行政机关作出的行政行为所侵害时予以救济。该种救济主要是通过对行政相对人申请复议所涉及的行政行为的合法性与适当性进行审查来予以实现的。《行政诉讼法》明确规定，人民法院审理行政案件，是对行政行为是否合法进行审查。

5. 在诉讼或复议期间，被告或被申请人都不得自行向原告或申请人和其他有关组织或者个人收集证据。《行政诉讼法》第三十五条规定：“在诉讼过程中，被告及其诉讼代理人不得自行向原告、第三人和证人收集证据。”《行政复议法》第二十四条规定：“在行政复议过程中，被申请人不得自行向申请人和其他有关组织或者个人收集证据。”

6. 在诉讼或复议期间，原则上都不停止具体行政行为的执行。《行政诉讼法》第五十六条规定，诉讼期间，不停止行政行为的执行；《行政复议法》二十一条规定，行政复议期间具体行政行为不停止执行。

（二）行政诉讼与行政复议的区别

行政诉讼与行政复议是行政救济制度的重要组成部分，两者的目的和功能是一致的，即都是通过纠正违法的具体行政行为以维护行政相对人的合法权益，都是依照法定程序审查具体行政行为的合法性以及特定规范性文件的制度。但两者有着明显的区别：

1. 受理机关不同。行政诉讼的受理机关是有管辖权的人民法院，而行政复议的受理机关是有管辖权的行政复议机关。

2. 适用程序不同。行政诉讼适用严格的司法程序，行政复议适用的则是“准司法程序”。

3. 审查范围不同。行政诉讼只对具体行政行为的合法性进行审查，而行政复议不但审查具体行政行为的合法性，还审查其合理性、适当性。

4. 受案范围不同。行政诉讼只受理《行政诉讼法》和其他单行法规定的对具体行政行为不服而提起的诉讼请求。而行政复议受案范围明显宽于行政诉讼，不但受理《行政复议法》和其他单行法规定的具体行为，还受理在申请对具体行政行为复议时一并提出的对特定规范性文件的行政复议请求。

5. 处理权限不同。主要体现在：(1)人民法院只能对行政处罚显失公平的具体行政行为作出变更判决，而行政复议还可以对明显不当的具体行政行为作出变更决定。(2)人民法院的裁决具有终局裁决的效力，而行政复议机关作出的行政复议决定，除了行政复议法律规范规定的特殊情况外，申请人对行政复议决定不服的，还可以向人民法院提起行政诉讼。

6. 审理方式不同。行政复议原则上采用书面审查的方式；行政诉讼一般采用开庭审理方式(一审必须开庭审理)。

此外，行政复议与行政诉讼在当事人称谓、法定期限、受案范围等方面也有所不同。

(三) 行政诉讼与行政复议的衔接

根据《行政诉讼法》和《行政复议法》等法律规范的规定，行政诉讼与行政复议的衔接关系体现在：

1. 由当事人自由选择。《行政诉讼法》第四十四条第一款规定："对属于人民法院受案范围的行政案件，公民、法人或者其他组织可以先向行政机关申请复议，对复议决定不服的，再向人民法院提起诉讼；也可以直接向人民法院提起诉讼。"也就是说，除了法律明文规定的特殊情况，行政复议并不是诉讼的必经阶段。当事人对行政机关作出的具体行政行为不服的，既可以先向复议机关申请复议，也可以直接向人民法院提起诉讼，由当事人自主选择。当然，一旦当事人作出了选择，而且复议机关或人民法院已经受理的，当事人就不能再改变。例如，当事人已经选择了行政复议，在复议期间就不得另行提起行政诉讼；如选择了行政诉讼，根据司法最终原则，当事人也不可能再回到行政复议程序，此所谓"单项选择"。

2. 行政复议是行政诉讼的前置程序。《行政诉讼法》第四十四条第二款规定："法律、法规规定应当先向行政机关申请复议，对复议决定不服再向人民法院提起诉讼的，依照法律、法规的规定。"行政复议是行政诉讼的前置程序必须由法律规定明确规定，例如《行政复议法》第三十条第一款规定："公民、法人或者其他组织认为行政机关的具体行政行为侵犯其已经依法取得的土地、矿藏、水流、森林、山岭、草原、荒地、滩涂、海域等自然资源的所有权或者使用权的，应当先申请行政复议；对行政复议决定不服的，可以依法向人民法院提起行政诉讼。"

3. 行政复议为终局裁决的不得提起行政诉讼。当事人即使不服行政复议机关的裁决，也不得提起行政诉讼。例如，《行政复议法》第十四条规定，对国务院部门或者省、自治区、直辖市人民政府的具体行政行为不服的，向作出该具体行政行为的国务院部门或者省、自治区、直辖市人民政府申请行政复议。对行政复议决定不服的，可以向人民法院提起行政诉讼；也可以向国务院申请裁决，国务院依照本法的规定作出最终裁决。《行政复议法》第三十条第二款规定："根据国务院或者省、自治区、直辖市人民政府对行政区划的勘定、调整或者征收土地的决定，省、自治区、直辖市人民政府确认土地、矿藏、水流、森林、山岭、草原、荒地、滩涂、海域等自然资源的所有权或者使用权的行政复议决定为最终裁决。”

四、新中国行政诉讼制度的历史沿革与行政诉讼法的修改

（一）新中国行政诉讼制度的历史沿革

我国行政诉讼制度发端于《中华民国临时约法》第四十九条，该条规定：“法院依法律审判民事诉讼及刑事诉讼，但关于行政诉讼及其他特别诉讼，别以法律定之。”但真正独立的行政诉讼制度建立于20世纪80年代。具体说来，新中国成立后，行政诉讼制度的沿革主要有三个阶段：

第一阶段是1949年至1982年。1954年宪法第九十七条规定：“中华人民共和国公民对于任何违法失职的国家机关工作人员，有向各级国家机关提出书面控告或者口头控告的权利。由于国家机关工作人员侵犯公民权利而受到损失的人，有取得赔偿的权利。”但由于客观原因以及主观方面的原因，这时期只是由宪法做了原则性的规定，没有制定具体行政诉讼程序法律规范。

第二阶段是1982年至1989年。1982年宪法第四十一条明确规定建立行政诉讼制度和国家赔偿制度。在1982年3月全国人大常委会公布的《中华人民共和国民事诉讼法（试行）》第三条第二款规定：“法律规定由人民法院审理的行政案件，适用本法规定。”这一规定确立了我国的行政诉讼制度，初步解决了人民法院审理行政案件程序上的法律依据问题。之后，最高人民法院根据实践中出现的问题，对该款发布一些重要的司法解释，为我国进一步制定行政诉讼法积累了经验。

第三阶段是1989年至今。1989年4月4日第七届全国人民代表大会第二次会议通过《行政诉讼法》，并于1990年10月1日起施行。《行政诉讼法》的颁行，标志着我国全面建立了行政诉讼制度。

（二）行政诉讼法的修改

《行政诉讼法》实施20多年来，对于促进我国的民主法制建设，保护公民、法人和其他组织的合法权益，监督行政机关依法行政起到了重要作用。但现行的行政诉讼制度在实践中也暴露出一些问题，如行政案件数量少、撤诉率高、审判难，行政判决执行难等。产生这些问题的原因在于观念上滞后，制度上不足，执法环境不尽如人意等。

2014年10月23日，中国共产党第十八届中央委员会第四次全体会议通过的《中共中央关于全面推进依法治国若干重大问题的决定》明确指出，“各级政府必须坚持在党的领导下、在法治轨道上开展工作，创新执法体制，完善执法程序，推进综合执法，严格执法责任，建立权责统一、权威高效的依法行政体制，加快建设职能科学、权责法定、执法严明、公开公正、廉洁高效、守法诚信的法治政府”“完善行政组织和行政程序法律制度，推进机构、职能、权限、程序、责任法定化。行政机关要坚持法定职责必须为、法无授权不可为，勇于负责、敢于担当，坚决纠正不作为、乱作为，坚决克服懒政、怠政，坚决惩处失职、渎职。行政机关不得法外设定权力，没有法律法规依据不得作出减损公民、法人和其他组织合法权益或者增加其义务的决定。”行政诉讼法对于制约与监督行政权力，保障公民、法人和其他社会组织合法权益有着重要的作用，行政诉讼法的完善对于实现依法治国、依法行政有着至关重要的意义。

2014年11月1日全国人民代表大会常务委员会正式通过了关于修改《中华人民共和

国行政诉讼法》的决定。修改后的《中华人民共和国行政诉讼法》自 2015 年 5 月 1 日起施行。相较于旧《行政诉讼法》而言，修改后的《中华人民共和国行政诉讼法》更加强调保障当事人的诉讼权利、对规范性文件进行附带审查、改革完善管辖制度、完善诉讼参加人制度、完善证据制度、完善民事争议和行政争议交叉的处理机制、完善判决形式、增加简易程序、加强人民检察院对行政诉讼的监督、进一步明确行政机关不执行法院判决的责任。因此，修改后的《中华人民共和国行政诉讼法》被光明日报形象地称为"民告官"进入了 2.0 时代，并且认为存在着十大亮点。① 这十大亮点分别是：(1)"扩大受案范围"，即将对征收、征用及其补偿决定不服的，与行政机关滥用行政权力排除或者限制竞争的，等等均纳入受案范围。(2)"行政机关不得干预、阻碍法院立案"，即行政机关及其工作人员不得干预、阻碍人民法院受理行政案件。(3)"应当登记立案"，即法院在接到起诉状时，对符合法律规定的起诉条件的，应当登记立案，如果不能当场判定的，应接收起诉状，出具书面凭证，七日内决定是否立案。(4)"起诉期限延长到六个月"，即直接向法院提起诉讼的，应当自知道或者应当知道作出行政行为之日起六个月内提出。涉及不动产的可延长至二十年。(5)"增加调解制度"，即行政赔偿、补偿以及行政机关行使法律、法规规定的自由裁量权的案件可以调解。(6)"完善审判监督"，即人民检察院对行政诉讼案件的受理、审理、执行等问题要参照民事诉讼法的规定，人民检察院对于行政诉讼合同的监督，检察院适用民事诉讼法的相关规定。(7)"行政首长应当出庭应诉"，即被诉行政机关负责人应当出庭应诉，不能出庭的，应当委托行政机关相应的工作人员出庭。(8)"可跨区域管辖"，即经最高人民法院批准，高级人民法院可以根据审判工作的实际情况，确定若干人民法院跨行政区域管辖行政案件。(9)"复议机关是共同被告"，即经复议的案件，复议机关决定维持原行政行为的，作出原行政行为的行政机关和复议机关是共同被告，复议机关改变原行政行为的，复议机关是被告。(10)"可拘留拒不执行的行政机关直接责任人"，即行政机关拒绝履行判决、裁定、调解书的，造成社会影响恶劣的，可以对该行政机关直接负责的主管人员和其他直接责任人员予以拘留。

而随着检察机关提起行政公益诉讼试点的结束，2017 年 6 月 27 日，第十二届全国人民代表大会常务委员会第二十八次会议对行政诉讼法进行了第二次修订，在《行政诉讼法》第二十五条增加了一款作为第四款，即"人民检察院在履行职责中发现生态环境和资源保护、食品药品安全、国有财产保护、国有土地使用权出让等领域负有监督管理职责的行政机关违法行使职权或者不作为，致使国家利益或者社会公共利益受到侵害的，应当向行政机关提出检察建议，督促其依法履行职责。行政机关不依法履行职责的，人民检察院依法向人民法院提起诉讼"。该修订内容已于 2017 年 7 月 1 日施行。

第二节　行政诉讼受案范围

行政诉讼受案范围是指行政诉讼法律规范规定的人民法院受理行政诉讼案件的范围。

① 参见《"民告官"迈入 2.0 时代——解读新修改的行政诉讼法十大亮点》，http://theory.people.com.cn/n/2014/1106/c40531-25985012.html.

行政诉讼受案范围涉及到司法权、行政权和行政相对人诉权三者之间的关系：对人民法院而言，受案范围可称为“法院的主管范围”，只有在行政诉讼受案范围内的行政行为，人民法院才有权对其进行直接监督；对行政主体而言，行政诉讼受案范围实质上是行政行为接受法院的司法审查和监督的范围，在行政诉讼范围内的行政行为，行政主体有义务接受审查，反之则可以予以拒绝；对行政相对人而言，受案范围可称为“可起诉范围”，它决定着相对人行使行政诉权的范围，只有对属于受案范围内的行政行为，相对人才享有起诉权而获得司法救济。

一、受案范围的确定方式

目前，世界各国对行政诉讼受案范围的确定方式主要可分为概括式、列举式和混合式等几种。概括式是由统一的行政诉讼法典对受案范围作原则性、概括性的规定。概括式的优点是简单、全面、不致发生遗漏，但可能出现规定过于宽泛和不易具体掌握的问题。列举式有肯定的列举和否定的列举两种方法。肯定的列举是由行政诉讼法和其他单项法律、法规对属于行政诉讼受案范围的行政案件加以逐个列举，凡列举的都在行政诉讼的受案范围之内；否定的列举也称排除式，是对不属于行政诉讼受案范围的事项加以逐个列举，凡列举的都被排除在行政诉讼的受案范围之外，未作排除列举的则都是行政诉讼的受案范围。列举式的优点是具体、细致，受案或不受案的界限分明，易于掌握，但却有烦琐且又难以列举全面的弱点。混合式是将上述两种方式混合使用，以发挥各种方式的长处，避免各自的不足，相互弥补。

我国行政诉讼在确定受案范围上基本采取混合的方式。

1. 以概括的方式确立行政诉讼受案的基本界限，即我国《行政诉讼法》第二条规定：“公民、法人或者其他组织认为行政机关和行政机关工作人员的行政行为侵犯其合法权益，有权依照本法向人民法院提起诉讼。”该条划定了行政诉讼的基本范围。

2. 以肯定列举的方式列出了具体行政案件，即《行政诉讼法》第十二条第一款具体列出的具有典型性的十二种行政案件。但这十二种案件并不意味着能穷尽行政诉讼受案范围的规定，为此，《行政诉讼法》第十二条第二款又概括性地规定：除前款规定外，人民法院受理法律、法规规定可以提起诉讼的其他行政案件。

3. 以否定列举的方式排除了不属于行政诉讼受案范围的事项。《行政诉讼法》第十三条规定，人民法院不受理公民、法人或者其他组织对下列事项提起的诉讼：(1)国防、外交等国家行为；(2)行政法规、规章或者行政机关制定、发布的具有普遍约束力的决定、命令；(3)行政机关对行政机关工作人员的奖惩、任免等决定；(4)法律规定由行政机关最终裁决的行政行为。

二、肯定的受案范围

根据《行政诉讼法》第十二条，人民法院受理公民、法人或者其他组织提起的下列诉讼：

1. 侵犯人身权财产权的案件

根据《行政诉讼法》第十二条第一款的规定，公民、法人或其他组织对下列行政行为不服提起诉讼的，人民法院应当受理：(1)对行政拘留、暂扣或者吊销许可证和执照、责令停产停业、没收违法所得、没收非法财物、罚款、警告等行政处罚不服的；(2)对限制人身自由或者对财产的查封、扣押、冻结等行政强制措施和行政强制执行不服的;(3)申请行政许可,行政机关拒绝或者在法定期限内不予答复,或者对行政机关作出的有关行政许可的其他决定不服的;(4)对行政机关作出的关于确认土地、矿藏、水流、森林、山岭、草原、荒地、滩涂、海域等自然资源的所有权或者使用权的决定不服的;(5)对征收、征用决定及其补偿决定不服的;(6)申请行政机关履行保护人身权、财产权等合法权益的法定职责,行政机关拒绝履行或者不予答复的;(7)认为行政机关侵犯其经营自主权或者农村土地承包经营权、农村土地经营权的;(8)认为行政机关滥用行政权力排除或者限制竞争的;(9)认为行政机关违法集资、摊派费用或者违法要求履行其他义务的;(10)认为行政机关没有依法支付抚恤金、最低生活保障待遇或者社会保险待遇的;(11)认为行政机关不依法履行、未按照约定履行或者违法变更、解除政府特许经营协议、土地房屋征收补偿协议等协议的;(12)认为行政机关侵犯其他人身权、财产权等合法权益的。

2. 法律法规规定可以起诉的其他行政案件

《行政诉讼法》第十二条第二款规定:"除前款规定外,人民法院受理法律、法规规定可以提起诉讼的其他行政案件。"这就是说,对于其他超出《行政诉讼法》规定之外的行政案件,只要其他法律、法规规定可以起诉的,也都属于人民法院的受案范围。这是一个概括性的规定,对此,我们可以从以下几个方面来理解:这里的"法律法规",仅限于狭义的"法律、法规",不包括"规章";既包括《行政诉讼法》实施之前已有的"法律法规",也包括在《行政诉讼法》实施后颁布的,还包括将来可能会颁布的有关法律文件。这些法律法规规定的其他可以起诉的案件,是指《行政诉讼法》未列举的行政案件,即上述项之外的行政案件。这些案件不限于只涉及公民、法人或其他组织的人身权、财产权,还可以是其他的合法权益,如公民的政治权利和自由、其他社会权利。

三、否定的受案范围

根据《行政诉讼法》第十三条的规定,人民法院不受理公民、法人或者其他组织对下列事项提起的诉讼。

1. 国防、外交等国家行为

根据《行政诉讼法》第十三条第一款规定,国防、外交等国家行为不属于行政诉讼的受案范围。国家行为是指国务院、中央军事委员会、国防部、外交部等根据宪法和法律的授权,以国家的名义实施的有关国防和外交事务的行为,以及经宪法和法律授权的国家机关宣布紧急状态、实施戒严和总动员等行为。国防、外交等国家行为不能被提起行政诉讼,这是各国行政诉讼制度的通例。我国行政诉讼将其排除在行政诉讼的受案范围之外,主要原因在于:(1)国家行为不是行政行为,它不是行政机关以自己的名义对单个、特定对象实施的行政管理行为,而是宪法、法律授权的特定主体,代表整个国家,以国家的名义实施的行为;(2)由于是以国家的名义实施,体现的是国家主权的行为,因而不属于人民法院的司法审查范围;(3)国防、外交等国家行为关系到国家和民族的整体利益,即使这种行为会影响某些公民、法人或者其他组织的利益,公民、法人或者其他组织的个别利益也要服从国家的整体利益。

2. 具有普遍约束力的抽象行政行为

根据《行政诉讼法》第十三条第二款规定,行政法规、规章或者行政机关制定、发布的具有普遍约束力的决定、命令不属于行政诉讼的受案范围。这里所称的“具有普遍约束力的决定、命令”，是指行政机关针对不特定对象发布的能反复适用的行政规范性文件。被学术界统称为“抽象行政行为”。抽象行政行为目前不能被提起诉讼的原因在于：(1)依照宪法和有关组织法的规定以及我国人民代表大会的政治制度，确认行政机关抽象行政行为是否正确合法并予以撤销、改变的权力，只能是属于国家权力机关或上级行政机关。由此，行政诉讼法没有赋予人民法院对其审查、撤销和改变的权力。(2)行政机关抽象行政行为通常针对的都是大范围内、不确定的对象，如果抽象行政行为造成了侵犯后，由一个个对象单独提起诉讼的方式来解决似显烦琐，在如何能及时、彻底地解决所有对象合法权益的救济问题上也有一些技术上的困难，由国家权力机关和上级行政机关撤销或改变抽象行政行为，进行一次性的全面解决也不失为一个合适的方式。

判断一个行为是否是抽象行政行为，可以综合考虑以下几个标准：(1)普遍约束力标准，即对效力范围所及的所有公民、法人或者其他法人组织都具有约束力和强制适用性；(2)对象不特定性标准，即针对的行政相对人是不特定的；(3)反复适用性标准，即在生效时间内，对调整对象具有反复的适用性。

3. 行政机关对其工作人员的奖惩、任免等决定

根据《行政法诉讼法》第十三条第三款规定，行政机关对行政机关工作人员的奖惩、任免等决定不属于行政诉讼受案范围。行政机关对其工作人员的奖惩、任免等决定并不仅指奖惩、任免这两类决定，而是统称行政机关作出的涉及该行政机关公务员权利义务的各类决定。这些决定涉及的是行政机关的内部人事管理关系，属于内部人事管理活动。由此导致的行政纠纷可由行政机关自己处理解决，人民法院不予干预。同时，这类行政行为由于不涉及社会上公民、法人或者其他组织的合法权益问题，公民、法人或者其他组织当然无权就此提起行政诉讼。

4. 法律规定的由行政机关最终裁决的行政行为

根据《行政诉讼法》第十三条第四款规定，法律规定由行政机关最终裁决的行政行为不属于行政诉讼的受案范围。这里所称的“法律”，只限于全国人民代表大会及其常务委员会制定、通过的规范性文件，不包括国务院制定的法规、国务院各部门制定的规章和各省制定的地方性法规，也不包括最高人民法院的司法解释。

5. 刑事司法行为

公安、国家安全等机关依照刑事诉讼法的明确授权实施的行为。

公安、国家安全等机关依照刑事诉讼法的明确授权实施的行为，不属于人民法院行政诉讼的受案范围，公民、法人或者其他组织不服不得提起行政诉讼。在我国，公安、国家安全等国家机关具有双重的职权身份：既是实施刑事案件侦查等刑事司法活动的机关，又是从事公安、国家安全等方面管理的行政机关；既可对刑事犯罪嫌疑人实施刑事侦查措施等刑事司法行为，又可对一般违反行政法的相对人实施行政处罚、行政强制措施等具体行政行为。这一规定对公安、国家安全等机关的刑事司法行为与其具体行政行为作了区分，人民法院不得受理因不服公安、国家安全等机关依照刑事诉讼法明确授权实施的行为而提起的行政诉讼。依我国《刑事诉讼法》的授权，公安、国家安全等机关实施的刑事司法行为主要包括：讯问刑事犯罪嫌疑人、询问证人、检查、搜查、扣押物品(物证、书证)、冻结存款汇款、通缉、拘传、取

保候审、保外就医、监视居住、刑事拘留、执行逮捕等。

6. 行政机关的调解行为以及法律规定的仲裁行为

行政机关实施调解，需纠纷当事人的自愿申请，不具强制性，调解的最终结果是纠纷当事人之间自己自愿达成调解协议，其间并不掺杂行政机关自身的意志，不具行政职权的强制性，对当事人也不具有必然的约束力。基于此，行政机关的调解行为具有不可诉性，不在人民法院行政诉讼的受案范围之内。而这里所称的"法律规定的仲裁行为"，仅指全国人大及其常委会制定的法律所规定的仲裁。这类法律规定的仲裁主要是劳动争议仲裁。当事人对仲裁结果不服的，我国《民事诉讼法》已将其纳入了民事诉讼的范围，并形成了固定地解决仲裁纠纷的制度，为此，法律不再将此类仲裁纳入行政诉讼的受案范围。但是，对于全国人大及其常委会通过的法律之外的其他行政法规、地方性法规、规章所规定的仲裁，当事人对其仲裁决定不服的，则仍可以向人民法院提起行政诉讼。

7. 不具有强制力的行政指导行为

行政指导往往以倡导、示范、建议、咨询等为其行为方式，以此来引导行政相对人自愿作出行动，其不具有强制性，行政相对人对行政机关的行政指导行为可以遵从，也可以不响应，完全取决于行政相对人自己的意愿，行政相对人对行政指导不响应的，也不承担任何法律后果。正因为行政指导行为对行政相对人不具有强制性和法律约束力，行政诉讼法未将其纳入行政诉讼的受案范围。需要说明的是，如果行政主体名义上是行政指导，但实质上却是以各种方式强迫行政相对人必须服从，此时就超出了行政指导的性质。对此类具体行政行为不服的，公民、法人或其他组织可以向人民法院提起行政诉讼，人民法院应当受案。

8. 驳回当事人对行政行为提起申诉的重复处理行为

重复处理行为通常表现为当事人对行政机关过去作出的、已超过诉讼期间的行政行为不服，向行政机关或者有关部门提出申诉，行政机关经过复查，决定或者表示维持原有的行政行为，驳回当事人的申诉。重复处理行为的主要特征是：(1)重复处理行为是对原行政处理行为的复查处理。(2)不是依法定救济程序作出的行为。这主要是为了与行政复议程序中复议裁决维持原具体行政行为的情形相区别，复议程序中维持原行政行为和驳回申请人的请求不属于重复处理行为。(3)未形成新的行政法律关系，对当事人的权利义务不产生新的影响。重复处理行为实质上是对原行政处理行为的认可或者重申，并没有改变原有的行政法律关系，也没有对当事人的权利义务产生新的影响，或者说没有作出新的具体行政行为。根据《最高人民法院关于执行〈中华人民共和国行政诉讼〉若干问题的解释》第一条第二款第五项规定：公民、法人或其他组织对"驳回当事人对行政行为提起申诉的重复处理行为"不服提起诉讼的，不属于人民法院行政诉讼的受案范围。

9. 对公民、法人或者其他组织权力、义务不产生实际影响的行为

此类行为主要是指尚未最终发生法律效力的行政行为、尚未成立的具体行政行为、正在行政机关内部运作的行为、未向当事人送达或者虽已送达又很快被撤销或者被收回的行为、与公民、法人或者其他组织没有形成直接利害关系的行为等。此类行为的主要特征：(1)没有实际改变当事人的权利义务关系，没有对当事人产生现实的法律后果；(2)对当事人没有实际造成不利影响，没有或者尚未给当事人的合法权益造成实际的损害；(3)与当事人没有直接的法律上的利害关系。

第三节　行政诉讼的管辖

行政诉讼的管辖是指关于人民法院受理第一审行政案件的分工与权限的制度。行政诉讼管辖制度的建立既明确了各级人民法院尤其是同级人民法院审理行政诉讼案件的具体分工，又明确了行政相对人在行政纠纷发生后向何法院提起行政诉讼来维护自身的合法权益。

一、确立行政诉讼管辖的原则

1. 便于当事人尤其是原告参加诉讼原则

行政诉讼管辖的确定要方便当事人参加诉讼活动，便于当事人依法行使其诉讼权利，减轻当事人的负担，特别是要充分保障原告的诉权实现。如《行政诉讼法》规定大量一般性的第一审行政案件都由基层人民法院管辖，由于基层人民法院辖区往往是当事人所在地，这一规定就便于当事人进行诉讼活动。

2. 便于人民法院办案原则

在行政诉讼过程中，人民法院处于主动地位，法律必须为人民法院办理行政案件提供便利，如《行政诉讼法》规定，因不动产提起的行政诉讼由不动产所在地法院管辖，就考虑了不动产的案件能就地审判，便于法院对案件事实的查证、认定以及便于执行的因素。

3. 均衡人民法院之间负担的原则

行政诉讼在确定管辖时，既要考虑同级人民法院之间审判工作量的合理分工，又要考虑上下级人民法院之间审判力量和审判工作量上的合理分工，使各级人民法院对行政审判工作均衡负担，避免某一级法院负担过重，保证案件及时审理，提高办案质量。如《行政诉讼法》对不同性质、不同种类的一审行政案件，分别规定由不同级别法院管辖，就是这一原则的体现。

4. 原则性和灵活性相结合的原则

行政诉讼法在确定管辖时应当明确、具体，便于人民法院实际操作，在坚持这一原则的前提下，根据行政案件的复杂情况，人民法院灵活地调整有利于行政纠纷解决的管辖。如我国行政诉讼法在管辖的具体方式上，既有级别管辖、地域管辖，又有裁定管辖、管辖权转移等规定，就体现了这一原则的法律精神。

二、行政诉讼管辖的种类

根据《行政诉讼法》的规定，行政诉讼管辖分为法定管辖与裁定管辖两类。法定管辖是指行政诉讼法律明确规定第一审行政案件由哪一个人民法院管辖的权限划分。根据人民法院对行政案件管辖的纵横关系不同，法定管辖又可分为级别管辖和地域管辖两类。裁定管辖是指根据人民法院作出的裁定所确定的管辖，裁定管辖可分为移送管辖、指定管辖和管辖权转移三类。

（一）级别管辖

级别管辖是指不同级别的法院之间第一审行政案件管辖权的划分。它仅指各级普通法院在受理第一审行政案件上的分工，不包括专门法院。由于我国人民法院分为基层人民法院、中级人民法院、高级人民法院和最高人民法院。根据《行政诉讼法》的规定：

1. 基层人民法院的管辖

《行政诉讼法》第十四条规定："基层人民法院管辖第一审行政案件。"这一规定表明，除上级人民法院管辖的第一审行政案件外，一般行政案件均由基层人民法院作为一审法院。这种"以基层人民法院管辖为原则，以上级人民法院管辖为例外"原则的确立。这主要基于以下原因：基层人民法院作为我国的基层法院，它分布于全国各地，数量众多，能承担大量的一般性行政案件的审判工作；基层人民法院所在地一般位于或接近于当事人所在地、行政行为发生地或行政争议的发生地，便于当事人起诉、应诉，也便于人民法院进行调查取证、传唤当事人等诉讼活动，以及执行生效的判决、裁定等；由基层人民法院以一审程序审理大多数行政案件，也可以对广大社会民众与行政机关执法人员进行生动的法制教育。

2. 中级人民法院的管辖

根据《行政诉讼法》第十五条和最高人民法院相关的司法解释，中级人民法院管辖下列第一审行政案件：

（1）对国务院部门或者县级以上地方人民政府所作的行政行为提起诉讼的案件。这里的"国务院各部门"是指国务院的部、委和直属机构；这里的"县级以上地方人民政府"，不包括人民政府的职能部门，只是针对县政府、不设区的市政府、市辖区政府，以及县级以上的市政府等。由于国务院各部门或者县级以上人民政府级别较高，所作的具体行政行为影响较大，涉及面较广，有较强的政策性，由基层法院审理此类案件有一定困难，因而规定由中级人民法院管辖。

（2）海关处理的案件。海关处理的案件，主要有由海关处理的纳税案件和有关海关处罚、行政强制措施的行政案件等。规定海关案件由中级人民法院管辖的主要理由是：海关处理的案件不仅具有较强的专业技术性，而且往往具有涉外因素，政策性较强；海关的设置与分布，大多在全国各大中城市，其职权范围大多与中级法院的辖区相吻合。由中级人民法院管辖，有利于保证办案质量。

（3）本辖区内重大、复杂的案件。所谓复杂案件是指案情复杂、处理难度较大的案件。根据《最高人民法院关于行政案件管辖若干问题的规定》的有关规定，本辖区内重大、复杂的案件是指以下四种案件：被告为县级以上人民政府的案件，但以县级人民政府名义办理不动产物权登记的案件可以除外；社会影响重大的共同诉讼、集团诉讼案件；重大涉外或者涉及我国香港特别行政区、澳门特别行政区、台湾地区的案件；其他重大、复杂的案件。

（4）其他法律规定由中级人民法院管辖的案件。全国人大及其常委会可以根据实际需要，在制定法律时，在法律中规定中级人民法院对行政案件的管辖。

3. 高级人民法院的管辖

《行政诉讼法》第十六条规定："高级人民法院管辖本辖区内重大、复杂的第一审行政案件。"高级人民法院是地方各级人民法院中最高一级的审判机关，它的主要任务是对地方法院的审判工作进行指导、监督，以及审理不服中级人民法院一审判决、裁定案件。根据法律规定，高级人民法院不宜过多地管辖第一审行政案件，只能对发生在本辖区内的重大、复杂的行政案件行使管辖权。

4. 最高人民法院的管辖

《行政诉讼法》第十七条规定："最高人民法院管辖全国范围内重大、复杂的第一审行政案件。"最高人民法院是我国最高审判机关，主要负责对全国各级人民法院的审判工作进行指导和监督，并对审判中的法律适用问题进行司法解释，以及审理不服高级人民法院裁判提起的上诉案件。只有在全国范围内有重大影响的第一审行政案件，才由最高人民法院管辖。"全国范围重大、复杂"主要指对全国政治民主生活、社会经济生活有重大影响的、情况十分复杂的行政案件；有必要作出司法解释或法律类推的案件；影响很大的涉外案件等。[①]

（二）地域管辖

行政诉讼的地域管辖，也称"属地管辖"或"区域管辖"。它是按照人民法院的辖区和当事人住所地来划分同级人民法院之间审理第一审行政案件的分工和权限。根据《行政诉讼法》规定，地域管辖分为一般地域管辖、特殊地域管辖和共同地域管辖。

1. 一般地域管辖

一般地域管辖是指以最初作出行政行为的行政主体所在地为标准来确定管辖的人民法院。简单地说，就是行政案件由作为被告的行政主体所在地的人民法院管辖。

《行政诉讼法》第十八条第一款规定："行政案件由最初作出行政行为的行政机关所在地人民法院管辖。经复议的案件，也可以由复议机关所在地人民法院管辖。"因此，一般地域管辖包括"行政相对人对未经行政复议的案件提起行政诉讼的，由最初作出行政行为的行政机关所在地人民法院管辖"与"行政相对人对经过行政复议的案件提起行政诉讼的，可以由最初作出行政行为的行政机关所在地人民法院管辖"两种情形。除了这两种情形，《行政诉讼法》还增加了一条规定："经最高人民法院批准，高级人民法院可以根据审判工作的实际情况，确定若干人民法院跨行政区域管辖行政案件。"

2. 特殊地域管辖

特殊地域管辖就是有法律特别规定的管辖，是一般地域管辖的例外。《行政诉讼法》第十九条、第二十条规定了两种特殊地域管辖。

（1）对限制人身自由的行政强制措施不服提起的诉讼，由被告所在地或者原告所在地人民法院管辖。原告所在地一般指原告户籍所在地、经常居住地和被限制人身自由所在地。所谓经常居住地，是指公民在其户籍所在地之外最后连续居住满1年以上的地方。所谓被限制人身自由地，是指被告行政机关对原告实施收容、拘禁、强制治疗、强制戒毒等被限制人身自由的场所所在地。如果行政机关基于同一事实既对人身又对财产实施行政处罚或者采取行政强制措施的，被限制人身自由的公民、被扣押或者没收财产的公民、法人或者其他组织对上述行为均不服的，既可以向被告所在地人民法院提起行政诉讼，也可以向原告所在地人民法院提起行政诉讼，受诉人民法院可以一并管辖。

（2）因不动产提起的行政诉讼，由不动产所在地人民法院管辖。"不动产"主要是指滩涂、草原、山岭、荒地以及土地上的附着物，如建筑物、山林、水流等。规定这类行政案件由不

---

① 王春业：《新编行政诉讼法》，中国政法大学出版社2017年版，第67页。

动产所在地人民法院管辖，既便于人民法院在审理案件过程中对现场进行调查、勘验、收集证据，做到及时、正确地处理案件，也便于人民法院判决、裁定的执行。

3. 共同地域管辖

共同地域管辖是指两个或两个以上人民法院对同一行政案件都有管辖权，由原告选择具体管辖法院的管辖。共同地域管辖是由一般地域管辖和特殊地域管辖派生的一种管辖方式，是对上述两种管辖的有效补充。根据《行政诉讼法》第21条的规定，两个以上人民法院都有管辖权的案件，原告可以选择其中一个人民法院提起诉讼。原告向两个以上有管辖权的人民法院提起诉讼的，由最先立案的人民法院管辖。出现共同地域管辖的情形有：

(1) 经过复议的行政案件，复议机关改变原具体行政行为决定的，由最初作出具体行政行为的行政机关所在地人民法院或复议机关所在地人民法院管辖，如果复议机关与最初作出具体行政行为的行政机关不在同一行政区域的，两地人民法院都有管辖权，原告可以自由选择其中一个更方便的人民法院提起诉讼。

(2) 对行政机关限制人身自由的行政强制措施不服而提起的诉讼，既可以由被告所在地人民法院管辖，也可以由原告所在地人民法院管辖。

(3) 分属不同区域的两个以上行政机关共同对原告作出行政处理决定，造成两个以上行政机关所在地的人民法院都有管辖权。

(4) 争议所涉不动产跨越两个以上法院辖区而提起的行政诉讼，造成两个以上法院对该行政案件都有管辖权。

对于同一个行政案件，两个以上的人民法院都有管辖权时，有管辖权的人民法院不可能同时或联合行使管辖权而同时受理、审判。所以，对于两个以上人民法院都有管辖权的行政案件，原告可以选择其中一个法院提起诉讼。如果原告同时向两个或多个法院起诉，则由最先收到起诉状的人民法院管辖。

(三) 裁定管辖

裁定管辖是指在某些特殊情况下人民法院以裁定或决定的方式来确定行政案件管辖的一种制度。根据《行政诉讼法》的规定，裁定管辖分为移送管辖、指定管辖和管辖权转移。

1. 移送管辖

移送管辖是指人民法院发现受理的案件不属于自己管辖时，而移送有管辖权的人民法院审理的一种管辖形式。《行政诉讼法》第二十二条对此作了规定，即人民法院发现受理的案件不属于本院管辖的，应当移送有管辖权的人民法院，受移送的人民法院应当受理。受移送的人民法院认为受移送的案件按照规定不属于本院管辖的，应当报请上级人民法院指定管辖，不得再自行移送。移送管辖一般应具备以下几个条件：(1)移送案件的人民法院已经立案受理了行政案件；(2)移送案件的人民法院认为自己对该案件没有管辖权；(3)接受移送的人民法院对该案件有管辖权；(4)受移送的法院应当进行审理。

移转管辖与移送管辖很相似，它们的区别是：首先，移送管辖一般是在同级人民法院之间进行的，它是地域管辖的一种补充形式，其目的是将没有管辖权的法院已受理的行政案件，移送给有管辖权的人民法院；而移转管辖是发生在上、下级法院之间，它是级别管辖的一种变通形式，其目的是为了调整不同级别法院对行政案件的管辖权。其次，移送管辖是受案法院认为自己对某一行政案件没有管辖权而移送给有管辖权的法院审理；移转管辖是有管辖权的法院经上级法院决定或同意，将其受理的行政案件移交给无管辖权的法院，从而使无权管辖的法院取得了管辖权。由于移转管辖重新确定管辖权，因此，必须经由上级人民法院的决定或同意才能移转，否则不得移转。

2. 指定管辖

指定管辖是指有管辖权的人民法院由于特殊原因不能行使管辖权或人民法院对管辖权发生争议而又协商不成的，由它们的共同上级人民法院以裁定的方式确定管辖的一种形式。《行政诉讼法》第二十三条对此作了规定，即有管辖权的人民法院由于特殊原因不能行使管辖权的，由上级人民法院指定管辖；人民法院对管辖权发生争议，由争议双方协商解决。协商不成的，报它们的共同上级人民法院指定管辖。指定管辖有以下两种情形：

（1）由于特殊原因，有管辖权的人民法院不能行使管辖权的，由上级人民法院指定管辖。这里的“特殊原因”主要有事实原因和法定原因。事实原因，如发生地震、水灾、火灾等自然灾害或事故等不可抗力的原因，使得有管辖权的人民法院客观上无法行使管辖权。法定原因，如人民法院遇到当事人申请全体审判人员回避而无法组成合议庭，不能行使管辖权。当出现由于特殊原因不能行使管辖权的，则由上级人民法院指定管辖。

（2）人民法院对管辖权发生争议而又协商不成的由它们共同上级人民法院指定管辖。《行政诉讼法》第二十三条第二款规定，人民法院对管辖权发生争议，由争议双方协商解决，协商不成的，报它们的共同上级人民法院指定管辖。管辖权发生争议有两种情况：都认为自己有管辖权，双方对案件争管辖权；都认为不属于自己管辖。在协商不成的情况下，应报请双方共同上一级人民法院来指定由哪一个人民法院受理该案件。所谓“共同上级人民法院”是指对发生管辖权争议的各个人民法院都有指导、监督关系的上级人民法院。

3. 管辖权转移

管辖权转移是指经上级人民法院决定或同意，上级人民法院将行政案件管辖权交移给下级人民法院行使或者下级人民法院将行政案件管辖权交移给上级人民法院行使的法律制度。《行政诉讼法》第二十四条规定：“上级人民法院有权审理下级人民法院管辖的第一审行政案件。下级人民法院对其管辖的第一审行政案件，认为需要由上级人民法院审理或者指定管辖的，可以报请上级人民法院决定。”由此可知，管辖权转移有这样几种情形：其一，上级人民法院有权审理下级人民法院管辖的第一审行政案件；其二，下级人民法院对其管辖的第一审行政案件，认为需要由上级人民法院审理，报请上级人民法院决定。

第四节　行政诉讼的参加人

行政诉讼参加人是指依法参与行政诉讼活动，享有诉讼权利和承担诉讼义务或者与诉讼争议或结果有利害关系的人。行政诉讼参加人包括当事人和类似于当事人地位的诉讼代理人。当事人包括原告、被告和第三人。诉讼代理人包括法定代理人、指定代理人和委托代理人。当事人与案件有直接的利害关系，是法院裁判结果的权利义务承担者，因而是行政诉讼的核心参加人员。在行政诉讼活动中，除了诉讼参加人外，还有证人、鉴定人、翻译人、勘验人等，称为行政诉讼参与人。行政诉讼参与人与行政诉讼参加人不同，他们在诉讼当中享有一定的诉讼权利，并承担一定的诉讼义务，但他们参加诉讼的目的不是为了保护自身的合法权益，而是为协助人民法院查明案件事实真相，与案件本身没有利害关系。

一、行政诉讼的原告

行政诉讼的原告是指认为行政主体及其公务人员作出的具体行政行为侵犯了其合法权益，依法向人民法院提起行政诉讼的公民、法人或其他组织。理解这个定义首先要注意，原告必须是行政管理关系中处于被管理者地位的公民、法人或其他组织，决不能是其他。这也就决定了行政机关和其他国家机关不能成为原告。但由于《行政诉讼法》第二十五条第四款确定了检察机关提起公益诉讼制度，从而检察机关可以成为行政诉讼的原告。

（一）原告资格的认定

由于原告是行政诉讼的启动者，于是“究竟拥有何种权益的主体、与行政行为具备何种关联才有资格和能力向法院提起行政诉讼，是行政诉讼程序中的关键问题之一”①。所谓的原告资格是指能够限制那些并无诉求的利益而滥用和可能滥用行政诉讼资源的“原告”进入诉讼。根据这一定义，以及《行政诉讼法》第二条和第二十五条之规定，在行政诉讼中，享有原告主体资格的法定条件有三：

1. 以自己的名义向人民法院提起行政诉讼的公民、法人或者其他组织

如果不是以自己的名义而是以他人的名义提起诉讼的，不能取得原告资格，而只是代理人。严格地讲，这里所指的公民必须具有中华人民共和国国籍的自然人。但根据《行政诉讼法》第九十八条的规定，外国人、无国籍人、外国组织在中华人民共和国进行行政诉讼，适用本法。因而，这里的公民应该做广义的理解。法人是指依法成立，能够独立享有民事权利和承担民事义务的组织。其他组织指的是合法成立，具有一定的组织机构和财产，但又不具备法人资格的组织，包括：①依法登记领取营业执照的私营独资企业、合伙组织；②依法登记领取营业执照的合伙型联营企业；③依法登记领取我国营业执照的中外合作经营企业、外资企业；④经民政部门核准登记领取社会团体登记证的社会团体；⑤法人依法设立并领取营业执照的分支机构；⑥中国人民银行、各专业银行设在各地的分支机构；⑦中国人民保险公司设在各地的分支机构；⑧经核准登记领取营业执照的乡镇、街道、村办企业等。

2. 与被诉的具体行政行为具有法律上的利害关系

这种利害关系，实际上表现为“认为”行政机关的具体行政行为侵犯了其合法权益，具体而言，包括非法利益不受保护、权益必须有法律上的依据以及只要是权利或者（和）利益受到损害时公民、法人和其他组织就可以请求法院予以保护等三方面的内容。“认为”，仅是行为人的一种主观认识，合法权益是否真的受到了侵犯，要待人民法院通过审理后才能作出认定，但作为原告，必须是基于这种认识，然后通过诉状的形式向人民法院提出请求，才能取得原告的资格。换言之，“认为”包含这样两层含义：其一，公民、法人或其他组织的权益是否遭受实际损害不影响其原告资格；其二，起诉者只有保护自己的权益而起诉才能具有原告资格。

3. 具有法定诉讼权利能力和行为能力

公民的诉讼权利能力自出生到死亡为止都有，但行为能力可能由于年龄或精神状态而

---

① 应松年：《行政法与行政诉讼法学》（第二版），法律出版社2009年版，第480页。

有所差异，缺乏完全行为能力的人不能亲自参加诉讼，只能由其法定代理人代为进行。法人或组织，诉讼权利能力和行为能力相一致，一般情况下参加诉讼没什么问题，但当其内部的组织或机构充当原告时，就会出现缺乏权利能力和行为能力的情况，这时就只能由可以独立对外的法人或组织充当原告。不具备法人资格的其他组织向人民法院提起诉讼的，由该组织的主要负责人作诉讼代表人；如果没有主要负责人的，可以由推选的负责人作诉讼代表人。

（二）原告资格的转移

一般而言，行政诉讼中的原告资格是法律赋予给特定的人的资格，故而原告资格是不能转移的。但是，出于保护享有原告资格的公民、法人和其他组织以外其他人的合法权益的目的，行政诉讼法对原告资格转移条件做出了规定。所谓的原告资格转移是指有权提起诉讼的公民、法人或者其他组织死亡或终止，其原告资格依法转移给特定的公民、法人或其他组织的情形。我国《行政诉讼法》第二十五条对原告资格的转移制度作了规定。

1. 原告资格转移的情形

根据《行政诉讼法》第二十五条和《行政诉讼法司法解释》的有关规定，行政诉讼原告资格发生转移的情形主要有以下两种：

（1）有权提起诉讼的公民死亡，其近亲属可以提起诉讼。即具有原告资格的公民死亡后，其原告资格可转移给近亲属。公民死亡包括自然死亡和宣告死亡。近亲属的范围，具体包括：配偶、父母、子女、兄弟姐妹、祖父母、外祖父母、孙子女、外孙子女和其他具有抚养、赡养关系的亲属。需要注意的是，在这些近亲属当中，不分先后亲疏，都可承受原告资格。近亲属承受原告资格后，可以自己的名义向法院起诉而不是作为死者的代理人。当然，近亲属也可以拒绝承受原告资格，放弃诉讼权利。承受原告资格的近亲属提起诉讼的，胜诉时可享受死者应享有的权利，败诉时则应履行死者应履行的义务，但对死亡公民的人身处罚以及人身强制措施不能对近亲属执行。

（2）有权提起诉讼的法人或者其他组织终止，承受其权利的法人或组织可以提起行政诉讼。法人或其他组织终止是指法人或其他组织解散、分立或合并等。包括两种情况：一种是自行终止，另一种是因行政决定而终止。自行终止的，原告资格转移到承受其权利的法人或其他组织；因行政决定终止的，原法人或其他组织仍具有原告资格，该法人或组织有权以自己的名义提起行政诉讼。

2. 原告资格的转移效果

原告资格的转移意味着原告资格的承受主体享有诉权，从而他可以按照自己的意志自由处分诉权。也就是说，原告资格的承受主体可以以自己的名义起诉，也可以不起诉；可以申请撤诉，也可以继续诉讼活动。如果原告资格转移发生于诉讼阶段，此前的原原告的诉讼行为对原告资格的承受主体具有拘束力。于是，公民因被限制人身自由而不能提出诉讼的，其近亲属依其口头或者书面的委托，以该公民的名义提起诉讼的情形，不发生原告资格的转移。

（三）特殊情况下原告资格的确认

在现实中，确定行政诉讼的原告十分复杂，主要是需要对行政相对人之外的其他利害相关人做出准确的判定。这些情况有以下几种：

1. 相邻权案件的原告

相邻权是指两个以上相互毗邻的不动产所有人或者使用人，在行使不动产的占有、使用、收益和处分权时，相互之间应当给予便利或者接受限制而发生的权利义务关系。相邻关系属于民事法律关系，但民事主体侵犯他人相邻权的行为很多情况下与行政机关的具体行政行为有关。如果一方民事主体的行为是经行政机关批准或者许可后实施的，拥有相邻权的另一方就无法通过单纯的民事手段来解决，因而可以行政机关的批准或许可行为侵犯其合法权益为由，向人民法院提起行政诉讼。

2. 公平竞争权案件的原告

公平竞争权案件，是指具体行政行为损害当事人公平竞争权的案件，其诉讼标的是行政垄断行为。在此类案件中，公平竞争权受到损害的人很有可能是行政相对人，在招标投标中，公民、法人或其他组织都有公平竞争的权利，如果行政机关规定投标的某个条件明显偏向一方当事人，则显然不利于其他投标者。在公平竞争案件中，行政相对人受具体行政行为效力的影响，他们可以提起行政诉讼。但是，如果具体行政行为是基于“竞争中立”立场作出的，即便是对既存的经营者的经济利益产生了影响，也不能认为该行为侵犯了公平竞争权，该经营者不能提出行政诉讼。

3. 与被诉的行政复议决定有法律上利害关系或者在复议程序中被追加为第三人的

这种情况比较特殊，当事人不是在普通的行政法律关系中出现，而是在复议程序中出现的。因复议机关也是行政机关，其在复议程序中认定的某种法律事实与某相对人有关，或者决定把某相对人追加为复议第三人，也是一种具体行政行为，其行为同样会影响到这些相对人的合法权益，因而他们不服时也可以提起行政诉讼。

4. 受害人的原告资格

在某些案件主要是行政处罚案件中，存在着一个“受害人”的角色。在此种案件中，加害人可以对行政机关的处罚不服提起行政诉讼，受害人可以对行政机关对加害人处罚存在违法提起诉讼。加害人之诉体现为主张减轻或免除处罚，而受害人之诉体现为加重对加害人的处罚，两者的主张是相互对立的。于是，如果加害人和受害人同时提起诉讼，法院应该将其作为两个不同的诉讼对待，但可以合并审理。此时，加害人与受害人在行政诉讼中的地位都是原告，但不是共同原告。

5. 信赖利益人的原告资格

信赖利益人是指在行政机关撤销或变更其已经生效的的具体行政行为导致因为信赖该行为而利益受到损害的人。信赖利益人一般包括具体行政行为的直接相对人和因信赖该具体行政行为而采取了相应行动并因此产生一定利益的人。无论是何种信赖利益人，都因具体行政行为被撤销或者变更导致法理上的利益受到损害，从而可以提起行政诉讼。申言之，行政机关作出具体行政行为后，相关公民、法人或者其他组织是具体行政行为的受益者或者权益得到保护，而行政机关将该具体行政行为撤销或变更后，反而使他们的利益受到损害。利益受到损害的相对人对此不服的，可以提起行政诉讼。

6. 合伙企业与合伙组织以及不具备法人资格的其他组织的起诉问题

合伙企业与合伙组织提起行政诉讼时，原告资格的确定分为两种情况：(1)合伙企业向人民法院提起诉讼的，以核准登记的字号为原告，由执行合伙企业事务的合伙人作诉讼代表人;(2)其他合伙组织提起诉讼的,合伙人为共同原告。不具备法人资格的其他组织向人民法院提起诉讼的,由该组织的主要负责人作诉讼代表人;没有主要负责人的,可以由推选的负责人作诉讼代表人。

7. 联营企业、中外合资或者合作企业的联营、合资、合作各方的起诉问题

具体有以下几种情况:

(1) 具体行政行为直接针对联营、合资、合作各方作出的,作为该具体行政行为的直接相对人,联营、合资、合作各方当然可以提出行政诉讼。

(2) 具体行政行为针对的是企业而不是联营、合资、合作各方作出的,如果利益受到损害的投资人拥有企业代表权,当然可以以企业名义诉讼。

(3) 具体行政行为针对企业作出,而利益受损的联营、合资、合作各方并不拥有该企业的代表权,法律应该赋予联营、合资、合作各方以自己的名义提出起诉。这是因为对于联营企业、中外合资、中外合作企业这类组织,都是由两个组合体构成,而行政机关的行为,有时侵犯的是企业的整体利益,有时侵犯的却是企业中的一方而不是整个企业的利益。此时,如果受害者以整个企业的名义起诉,其内部便首先产生矛盾,作为权益没有受到损害的一方可能不愿意起诉。

8. 农村土地承包人的原告资格

行政机关作出的具体行政行为侵犯了农村土地承包人的承包经营权,承包人自然可以以自己的名义提起行政诉讼。如果该具体行政行为侵犯的农村土地承包人的其他的农村土地权益,作为该土地所有权人的农村经济组织当然以自己的名义提起行政诉讼,而承包人作为土地的使用权人也可以提起行政诉讼。

9. 非国有企业的起诉问题

非国有企业被行政机关注销、撤销合并等,导致该企业失去权利能力和行为能力,不能对外实施具有法律意义的行为,但在诉讼上,法律仍是承认其诉讼权利能力与诉讼行为能力的,即该企业或者其法定代表人可以提起诉讼。这样就出现了企业主体资格与原告资格分离的特殊情况。这种案件中,企业的法定代表人要么以企业的名义,要么以自己的名义提出诉讼。在现实中,非国有企业被行政机关注销、撤销等,企业的印鉴被行政机关等占有了,从而无法证明自己代表企业的资格,于是法律应该规定其享有诉权。

10. 股份制企业的起诉问题

股份制企业的经营自主权受到行政机关具体行政行为的侵犯,企业的法定代表人一般会以企业的名义提起行政诉讼,但在某些情况下,企业的法定代表人不愿行使诉权,以致股东的权益受损。此时,企业的内部机构,包括股东大会、股东代表大会、董事会等,可以以企业名义提起诉讼。

二、行政诉讼的被告

(一) 行政诉讼被告的概念与条件

行政诉讼的被告是指原告控告其行政行为侵犯了原告合法权益而被人民法院通知应诉的行政主体。具体来说,应诉的行政主体包括应诉的行政机关和应诉的法律、法规、规章授权的组织两大类。

根据《行政诉讼法》的规定，被告必须具备三个条件：

1. 必须是行政主体

主要是行政机关或者法律法规授权的组织。行政机关是指行使国家行政职能、依法独立享有与行使行政职权的国家机关，包括乡级人民政府至国务院的各级人民政府及其职能工作部门。由于乡政府一般不设职能部门，故在这一级只能以乡政府为被告。根据《行政诉讼法》第二条之规定，法律、法规授权的组织也具有行政诉讼权利能力，可以成为行政诉讼的被告。

2. 必须是原告认为所作出的具体行政行为侵犯了其合法权益的行政主体

只有对特定的行政相对人作出具体行政行为的行政机关或法律、法规授权的组织，才能成为行政诉讼的被告。此处的具体行政行为既包括原处理决定，也包括经复议后改变原处理决定的复议决定。

3. 必须是被人民法院通知应诉的主体

行政机关或法律、法规授权的组织能否成为被告，最终仍需要由人民法院确认。人民法院经过审查，确认被指控的行政机关或法律、法规授权的组织具备上述两个条件，并通知其参加诉讼活动者，才能成为被告。

（二）行政诉讼被告的一般情形

《行政诉讼法》第二十六条规定了确定行政诉讼被告的六种情形：

1. 公民、法人或者其他组织直接向人民法院提起诉讼的，作出行政行为的行政机关是被告。行政诉讼案件有两类：一类是经过行政复议以后再向人民法院起诉的，称为经复议的诉讼案件；另一类是不经过行政复议程序当事人直接向人民法院起诉的，称为直接诉讼案件。无论是何种类型的案件，只要是直接起诉的，被告都是作出行政行为的行政机关。

2. 经复议的案件，复议机关决定维持原行政行为的，作出原行政行为的行政机关和复议机关是共同被告；复议机关改变原行政行为的，复议机关是被告。经过行政复议的案件，是指经过行政复议程序之后，复议申请人对复议结果不服，继而向人民法院提起行政诉讼的案件。

3. 复议机关在法定期限内未作出复议决定，公民、法人或者其他组织起诉原行政行为的，作出原行政行为的行政机关是被告；起诉复议机关不作为的，复议机关是被告。

4. 两个以上行政机关作出同一行政行为的，共同作出行政行为的行政机关是共同被告。关于共同行为的认定，实践中通常按照是否以行政机关的共同名义签署（即以公章为准）为判断，如果只有一个行政机关签署，而其他行政机关虽然实质参与但没有签署，则只能认定为签署行政机关的行为。另外，共同被告的构成必须是作出同一具体行政行为的组织都是行政主体，非行政主体不能与行政主体组成共同被告。

5. 行政机关委托的组织所作的行政行为，委托的行政机关是被告。按照一般的委托代理理论，受委托人以委托人的名义进行活动，其行为的后果由委托人承担。这一理论同样适用于行政活动。行政机关在没有法律、法规或合法有效规章规定的情况下，授权某机构或所属职能部门行使行政职权，应视为委托。

6. 行政机关被撤销或者职权变更的，继续行使其职权的行政机关是被告。

除了《行政诉讼法》的规定外，《最高人民法院关于审理政府信息公开行政案件若干问题的规定》第四条对人民法院在审理政府信息公开行政案件中确定被告的不同情形作了明确的规定：

(1) 公民、法人或者其他组织对国务院部门、地方各级人民政府及县级以上地方人民政府部门依申请公开政府信息行政行为不服提起诉讼的，以作出答复的机关为被告；逾期未作出答复的，以受理申请的机关为被告。

(2) 公民、法人或者其他组织对主动公开政府信息行政行为不服提起诉讼的，以公开该政府信息的机关为被告。

(3) 公民、法人或者其他组织对法律、法规授权的具有管理公共事务职能的组织公开政府信息的行为不服提起诉讼的，以该组织为被告。

(4) 有“政府信息公开与否的答复依法报经有权机关批准的”、“政府信息是否可以公开系由国家保密行政管理部门或者省、自治区、直辖市保密行政管理部门确定的”和“行政机关在公开政府信息前与有关行政机关进行沟通、确认的”情形之一的，应当以在对外发生法律效力的文书上署名的机关为被告。

(三) 特殊情况下被告资格的确认

1. 新组建机构的被告资格

一般而言，新组建的机构主要有三种类型：(1)不具有独立职权；(2)合法赋予了独立职权；(3)违法“赋予”了独立职权。第一种类型的新组建机构由于不具有行政主体的资格，自然不能作为被告；第二种类型的新组建机构由于合法赋予了独立职权，成为了行政主体，从而可以作为被告；第三种类型的新组建机构的独立职权是“违法”赋予的，因而不能获得行政主体资格，不具有独立承担法律责任的能力，从而不能作为被告，应当以组建该机构的行政机关为被告。

2. 派出机构与内设机构的被告资格

行政机关的派出机构与内设机构在职权上有两种可能：其一，没有独立职权；其二，具有独立职权。第一种情形，派出机构与内设机构自然不能成为行政诉讼的被告，它们对外作出的行政行为应当视为所在行政机关对它们的委托，从而被告是它们所在的行政机关；第二种情形，理论上讲，派出机构与内设机构有成为行政诉讼被告的可能，能否真正成为被告要视情况而定。具体来说有三种具体情况：(1)它们是在授权范围内实施行政活动，当事人提起诉讼的，它们自然是被告；(2)它们实施行政职权时，超越了法定授权的幅度，即“幅度越权”，“‘幅度越权’时，仍以作出行政行为的该机构为被告”[①]；(3)它们在实施行政职权时，“行使”了某类法律、法规、规章根本没有赋予它的职权，此时它们没有资格成为行政诉讼的被告，从而被告是其所在的行政机关。

3. 经批准行政行为的被告

在实践中，有些行政行为是经过上级行政机关批准后，由下级行政机关具体实施的。当事人提起行政诉讼的，应当以对外发生法律效力的文书上署名的行政机关为被告。但是需要注意，如果是行政许可案件，对于下级行政机关根据上级机关作出的(不予)许可决定，当事人不服的，可以单独起诉该决定，也可以一并起诉上级机关的(不予)批准行为。如果是单独起诉(不予)许可决定的，被告是作出该决定的下级机关；如果是一并起诉(不予)许可决定

① 林鸿潮：《行政法与行政诉讼法》，北京大学出版社 2015 年版，第 285 页。

和(不予)批准行为的,应当以两级机关为共同被告。

4. 村(居)民委员会的被告资格

《行政诉讼法》对村(居)民委员会的被告资格没有作明确的规定,目前在学界主要有两种不同的意见。一种意见认为,村(居)民委员会在性质上属于群众自治组织,不是行政机关,因此不具备行政诉讼被告的资格;另一种意见则认为,村(居)民委员会尽管不是行政机关,但是根据法律、法规的规定,享有一定的行政管理职权,由此可以将其视为法律、法规授权的组织,从而具有行政诉讼被告的资格。

5. 公立学校的被告资格

《中华人民共和国教育法》和《中华人民共和国学位条例》通过授权的方式,明确规定学校对学生具有行政管理职权。由此,在我国行政诉讼司法实践中,如北京大学博士刘燕文状告北京大学、要求颁发毕业证和学位证案,北京科技大学本科生田永状告北京科技大学、要求颁发毕业证案,以及财政部财政科学研究所博士生韩某状告财政部财政科学研究所勒令退学案,均显示公立学校具有行政诉讼的被告资格。

三、行政诉讼的共同诉讼人

共同诉讼人指的是共同诉讼案件的当事人。其中原告一方为两个或两个以上的公民、法人或者其他组织的,称之为共同原告;被告一方为两个以上的行政机关或被授权组织的,称之为共同被告。据此可知,共同诉讼人的前提是共同诉讼的存在。共同诉讼的成立条件有:(1)当事人双方至少有一方为两人或两人以上;(2)必须有相互独立的诉讼存在;(3)各个诉讼之间或诉讼标的是同一个具体行政行为,或者是同一类具体行政行为;(4)各个诉讼均属于人民法院主管与同一个人民法院管辖;(5)在法律程序上,人民法院进行合并审理。

《行政诉讼法》第二十七条规定:"当事人一方或者双方为两人以上,因同一行政行为发生的行政案件,或者因同类行政行为发生的行政案件、人民法院认为可以合并审理并经当事人同意的,为共同诉讼。"该条规定了必要的共同诉讼和普通的共同诉讼。

(一) 必要的共同诉讼

必要的共同诉讼是指当事人一方或者双方为两人以上,诉讼标的是同一具体行政行为的诉讼。这种共同诉讼中的当事人即为必要共同诉讼人。

必要的共同诉讼发生的条件主要有:

1. 当事人一方或者双方各为两人以上

可能是原告或被告一方为两人以上,也可能原被告双方各为两人以上。在行政诉讼中,原告为两人以上的,通常是两人以上的行政相对人共同实施违法行为,行政机关对之作出具体行政行为,行政相对人不服,提起行政诉讼。被告为两人以上的,往往是同一具体行政行为是由两个以上行政机关联合或共同作出的,作为行政相对人的公民、法人或其他组织不服,向人民法院提起诉讼,联合或共同作出具体行政行为的行政机关是本案的共同被告。双方当事人各为两人以上的,往往是两个以上的行政相对人实施的违法行为,涉及两个以上行政机关的职权范围,该两个以上行政机关联合或共同作出具体行政行为,两个以上行政相对人不服提起的诉讼,是双方当事人各为两人以上的共同诉讼。实践中,必要的共同诉讼人主要有以下几种情形:行政诉讼中的共同被处罚的人,成为共同原告;侵权案件中的致害人和受害人均对给予致害人的行政处罚不服，提起诉讼，致害人和受害人是共同原告，尽管两者的诉讼请求相反；其他具体行政行为的共同受害人，均对具体行政行为不服提起诉讼，为共同原告；被指控违法的具体行政行为由两个以上行政机关作出，参与作出的行政机关为共同被告。

2. 必要共同诉讼的标准是诉讼标的同一，即因同一具体行政行为发生的行政案件

同一具体行政行为，是指行政法律关系的主体虽然是复数，而引起行政法律关系发生、变更、消灭的行政行为是同一的，双方当事人争议的具体行政行为是共同的，不是相类似的。如果行政机关对每一行政相对人作出具体行政行为，即使其内容相同，也不是同一具体行政行为，不能作为必要的共同诉讼。可见，必要的共同诉讼的标准是行政行为本身，即必须是一个独立、完整的具体行政行为，该行为或者是由两个以上行政机关共同作出，或者是一个具体行政行为处理两个以上公民、法人或者其他组织。

3. 共同诉讼的原告、被告为复数时，必须一同起诉或一同被诉

没有一同起诉或一同被诉，人民法院可基于当事人一方的申请或者以职权通知应当参加诉讼的当事人参加诉讼。对必要共同原告，法院有义务通知来起诉的其他共同原告参加诉讼，但如果有原告资格的人不愿起诉，法院不得强行追加，可以通知他们作为第三人参加诉讼。对于必要共同被告，必须共同参加诉讼，原告起诉中有遗漏的，人民法院有权在征求原告同意的基础上追加被告，并通知被告应诉，被追加的被告无权拒绝应诉。

必要共同诉讼是当事人因同一具体行政行为发生争议，不可分离，因而必须实行诉讼主体的合并。必要共同诉讼人中一人的诉讼行为，经全体共同诉讼人同意，对全体发生效力；未经全体同意，只对作出诉讼行为的人发生效力，其他共同诉讼人不受影响，因为共同诉讼人都是独立的法律主体，有独立的诉讼法律地位，一个人的行为对其他共同诉讼人没有法律上的约束力。他们各自以自己的名义参加诉讼，并对各自的行为负责，各自可以提出自己的诉讼请求。

在实践中，比较典型的必要共同诉讼人主要有以下两种情况：

(1) 同一个具体行政行为(包括共同行为)，涉及两个或两个以上利害关系人，两个或两个以上利害关系人均提起了行政诉讼。

(2) 具体行政行为是几个行政主体的共同行为，两个或两个以上行政主体被指控的，被指控的行政主体是共同被告。如果没有被指控的，人民法院应该通知其以第三人身份参加行政诉讼。

由于必要共同诉讼的诉讼标的是同一个具体行政行为，各诉讼之间具有不可分割性，因而为了避免出现判决相互不一致，也为了节约司法资源，人民法院对必要共同诉讼必须合并审理，同时还负有对于原告遗漏被告人的告知义务。

(二) 普通的共同诉讼

普通的共同诉讼是指当事人一方或者双方为两人以上，因行政诉讼标的是同类的具体行政行为，由人民法院认为合并审理并经当事人同意的行政诉讼。这种共同诉讼的当事人即是普通共同诉讼人。

所谓“同类的具体行政行为”，首先，在行政法律关系中，不是一个具体行政行为而是两个或两个以上行政行为，实质上这是几个案件而非一个案件；其次，共同诉讼人之间在事实

上或法律上并无当然的不可分割的联系，仅仅因为诉讼标的属于同一种类，即被诉具体行政行为有相同、相类似的性质，所以在程序上被统一起来。这种行政行为的同种类主要有：行政行为的基本事实同类，如均因偷税案件被处罚；或者是处理的法律依据同类，如因在一条拆迁道路上拒不搬迁或违章建筑，均根据同样的拆迁条例而被处罚或强制；或者是具体行政行为的种类、处理手段同类，如均被吊销执照等。

从理论上讲，普通的共同诉讼是可分之诉，因此，普通的共同诉讼并不必然引起合并审理，法院既可以分别审理，也可以合并审理，是否合并审理，取决于合并审理的成本及人民法院的裁量权。一般而言，法院要考虑的因素有：一是合并审理条件的具体行政行为必须是同样的具体行政行为，不是同样的具体行政行为不能合并审理；二是合并审理的案件相互之间有联系，或者在事实上、适用法律上有联系，或者是诉讼主体之间有联系，没有任何联系的案件，不能合并审理；三是合并审理更经济，有利于减少案件，简化诉讼程序，避免对同一行政机关作出的两个以上的具体行政行为作出相互矛盾的裁判。根据《行政诉讼法》第二十七条规定，普通的共同诉讼引起合并审理必须同时具备人民法院认为可以合并审理与当事人同意这两个条件。

四、诉讼代表人

《行政诉讼法》第二十八条规定，无论是必要的共同诉讼还是普通的共同诉讼，只要是当事人一方人数众多的共同诉讼，可以由当事人推选代表人进行诉讼。所谓代表人诉讼指的是，在原告方（或被告方）人数众多的情况下，有一人或者数人作为诉讼代表进行诉讼，而其他人则可不参加诉讼，但人民法院作出的有效法律裁判及于全体的诉讼形式。代表全体进行诉讼的当事人称之为诉讼代表人。

诉讼代表人主要有以下两种类型：

（1）不具有法人资格的诉讼代表人。合伙企业向人民法院提起诉讼的，应当以核准登记的字号为原告，由执行合伙企业事务的合伙人作诉讼代表人；其他合伙组织提起诉讼的，合伙人为共同原告。不具备法人资格的其他组织向人民法院提起诉讼的，由该组织的主要负责人作诉讼代表人；没有主要负责人的，可以由推选的负责人作诉讼代表人。

（2）集团诉讼的诉讼代表人。如果同案原告为 5 人以上，应当推选 1 至 5 名诉讼代表人参加诉讼；在指定期限内未选定的，人民法院可以依职权指定。

代表人的诉讼行为对其所代表的当事人发生效力，但代表人变更、放弃诉讼请求或者承认对方当事人的诉讼请求，应当经被代表的当事人同意。

五、其他参与人

（一）行政诉讼的第三人

《行政诉讼法》第二十九条第一款规定："公民、法人或者其他组织同被诉行政行为有利害关系但没有提起诉讼，或者同案件处理结果有利害关系的，可以作为第三人申请参加诉讼，或者由人民法院通知参加诉讼。"根据这一规定，学术界一般认为，所谓行政诉讼第三人，是指同提起行政诉讼的行政行为或者同案件处理结果有利害关系的，并可能受到行政诉讼审理结果影响，依本人申请并经批准或由人民法院通知参加诉讼的公民、法人或者其他组织。

行政诉讼第三人一般具有以下特征：

1. 行政诉讼第三人是原、被告以外的公民、法人或者其他组织。第三人既不是原告，也不是被告，而是在原告起诉之后，申请或者根据人民法院通知而参加到已经开始的诉讼中来的公民、法人或者其他组织。

2. 第三人必须是与被诉的行政行为或者同案件处理结果有利害关系。这是第三人参加行政诉讼的根本原因，这里的利害关系是指被诉具体行政行为在客观上已经影响到第三人的权利义务。

3. 第三人在法律上具有独立的诉讼地位。第三人既不同于原告，也不同于被告，其地位可以类似于原告或被告。第三人参加诉讼的主要目的是为了维护自己的合法权益，基于这个原因，其诉讼地位是独立的，也享有各种诉讼权利。虽然他无权处分原告和被告之间的实体权利和诉讼权利，不能作出放弃或者变更诉讼请求、撤诉等只有原告或者被告才有权进行的诉讼行为，但是，他可以提出与案件有关的诉讼请求，也可以发言、辩论。《行政诉讼法》第二十九条第二款规定："人民法院判决第三人承担义务或者减损第三人权益的，第三人有权依法提起上诉。"可见，第三人对人民法院的判决不服，也有权提起上诉。

4. 第三人参加的是他人已经开始的、尚未结束的诉讼。第三人参加诉讼必须以原告、被告之间的诉讼正在进行为前提。如果原告、被告之间的诉讼尚未开始，或者原告、被告之间的诉讼已经审理完结，都不可能存在第三人。

5. 行政诉讼第三人参加诉讼的程序是法定的。根据《行政诉讼法》第二十九条的规定，行政诉讼第三人参加诉讼的法定方式有两种：一是申请参加诉讼。即第三人主动申请参加诉讼，由人民法院决定。如果人民法院准许，则以书面形式通知第三人；如果未获准许，人民法院则以裁定形式予以驳回申请。二是人民法院依职权通知其参加诉讼。由于第三人与被诉行政行为或者同案件处理结果有利害关系，第三人未申请参加诉讼的，人民法院有通知其参加诉讼的职责。如果第三人拒不参加，法院不能强求，必须尊重该第三人的权利与选择。

行政诉讼法规定第三人参加诉讼，不仅有利于人民法院查明案情，保护第三人的合法权益，还有利于简化诉讼程序，提高办案效率。

（二）行政诉讼第三人的情形

根据行政诉讼的宗旨和特点，可以将行政诉讼第三人分为以下几类情形：

1. 原告起诉时遗漏了被告或者有意不告，人民法院应当通知原告追加被告，如原告不同意追加被告的，人民法院应当通知应追加的被告以第三人的身份参加诉讼。

2. 行政机关的同一具体行政行为涉及两个以上利害关系人，一部分利害关系人对具体行政行为不服提起诉讼的，人民法院应当通知没有起诉的其他利害关系人作为第三人参加诉讼。从行政诉讼的实践来看，此类行政诉讼第三人主要有以下几种情形：

（1）行政处罚案件中的受害人或被处罚人。被处罚人对行政处罚不服起诉的，受害人可作为第三人参加诉讼；受害人对行政处罚不服起诉的，被处罚人可作为第三人参加诉讼

（2）行政处罚案件中的共同被处罚人。在同一行政处罚案件中，行政机关处罚了两个以上的违法行为人。其中，一部分被处罚人向人民法院起诉，而另一部分没有起诉的被处罚人，可作为第三人参加诉讼。

(3) 行政裁决案件中民事争议的当事人。行政裁决是行政机关依法解决有关民事争议的活动,行政裁决的结果通常对一方有利,对另一方不利。其中,不利一方当事人对行政机关有关民事争议所作的处理或者裁决不服提起诉讼,争议另一方当事人未起诉,在这种情况下,人民法院应通知另一方当事人作为第三人参加诉讼。

(4) 在行政确认案中,主张权利的一方可能成为行政诉讼第三人。此种情形除了存在于涉及土地、草原、森林、滩涂、水面等自然资源的确权案件之中外,还存在于专利确权行政案件等案件之中。在这些行政案件中,不论有关行政机关将权利赋予了何方行政相对人,主张权利的人与该行政确权行为都有利害关系,从而都可能成为参加诉讼的第三人。

(5) 行政许可案中的被许可人或许可争议人。未获许可的一部分申请人不服行政许可行为而向人民法院起诉的,其他申请人包括被许可人可以成为行政诉讼第三人。

(6) 当两个以上行政机关作出相互矛盾的具体行政行为时,其中的一个行政机关成为被告,另外的行政机关可以作为第三人;有些具体行政行为由行政机关和非行政主体共同署名作出,在这种情况下,非行政主体的组织因不具备行政诉讼主体资格,不能成为被告,如果相对人不服,提起行政诉讼,应以行政机关为被告,人民法院应通知非行政主体的组织作为第三人参加诉讼。

(三) 行政诉讼的代理人

1. 行政诉讼代理人的概念与特征

行政诉讼的代理人,是指在代理权限内,以当事人的名义进行行政诉讼活动的人。行政诉讼代理人既可能基于法律规定而产生,也可能是由当事人委托而成立。设立行政诉讼代理人制度,是为了协助或帮助当事人进行诉讼,确保其诉讼权利得以实现,维护其合法权益。

行政诉讼代理人具有以下特征:

(1) 行政诉讼代理人只能以被代理人的名义进行诉讼活动。如果代理人以自己的名义在行政诉讼中作出行为,那么他就成了诉讼当事人而不是代理人。同时,代理人只能代理一方当事人,不能同时代理双方当事人。因为双方当事人的利益是矛盾和冲突的,代理人必须为维护和实现一方当事人的利益而活动。

(2) 行政诉讼代理人在代理权限内的诉讼行为,其法律后果归属于被代理人。这由代理行为的性质所决定。代理行为是帮助他人所实施的行为,不是为了代理人自己的利益,因此,代理人行为的法律后果要由被代理人承担。当然,如果代理行为越权,代理人要承担相应的责任。

(3) 行政诉讼代理人必须具有诉讼行为能力。这是能够成为诉讼代理人、为被代理人提供帮助的首要条件。不具有诉讼行为能力的人,不能成为诉讼代理人。如果诉讼代理人在诉讼过程中丧失诉讼行为能力,就不能继续担当代理人。

诉讼代理人不同于诉讼代表人,两者具有如下的区别:

① 诉讼代表人是本案的当事人,与本案的诉讼标的有法律上的利害关系;而诉讼代理人不是本案的当事人,从而与本案的诉讼标的没有法律上的利害关系。

② 诉讼代表人参加诉讼的目的是为了保护自己的权益,并且受人民法院判决的约束;而诉讼代理人参加诉讼的目的是为了保护他人的权益,从而不受民法院判决的约束。

③ 与法定代表人相比,诉讼代理人是由法律规定或由推选产生的,如果放弃或者变更

诉讼请求，则需要经过被代表的当事人同意。

（四）行政诉讼代理人的种类

理论上讲，行政诉讼代理人按其代理权产生依据的不同可以分为法定代理人、指定代理人和委托代理人三类。但是，根据《行政诉讼法》的规定，行政诉讼代理人分为法定代理人和委托代理人两类。

所谓的指定代理人，是指基于法院指定而享有代理权，代替无诉讼行为能力人进行行政诉讼的人。指定代理人制度同样是为无诉讼行为能力的人设定的，是对法定代理人制度的补充。但指定代理不是基于监护权，也不是基于当事人委托而产生，而是基于人民法院的职权指定。指定代理人一旦被法院指定即发生法律效力，而不论被代理人是否同意。指定代理人代理权限的大小，依其与被代理人的关系而定：如果指定代理人属于法定代理人范畴的话，则指定代理人可以行使被代理人的所有权利，即全权代理；如果指定代理人不属于法定代理人范畴的话，则指定代理人的代理权限由法院确定。指定代理人的代理权因下列情形而归于消灭：(1)诉讼代理事项完成，诉讼结束；(2)被代理人产生或恢复诉讼行为能力；(3)法定代理人可以行使代理权等。

1. 法定代理人

行政诉讼的法定代理人，是指根据法律的直接规定而享有代理权，代替无诉讼行为能力人进行行政诉讼的人。根据《行政诉讼法》第三十条的规定，没有诉讼行为能力的公民，由其法定代理人代为诉讼。在行政诉讼中，法定代理人只适用于代理未成年人、精神病人等无诉讼行为能力的原告或第三人的个人进行诉讼，而不适用于法人、其他组织作为被告的行政主体。法定代理人一般都是对被代理人负有保护和监督责任的监护人，法定代理人和被代理人之间存在着亲权或监护关系，如父母、配偶、子女、兄弟姐妹等。如果被代理人没有作为监护人的亲属，则由未成年人父母所在单位或精神病人所在单位，或者他们住所地的居民委员会、村民委员会作为法定代理人。在行政诉讼中，公民可以成为原告或第三人，因此，当原告或者第三人为无诉讼行为能力者时，因为不能以自己的行为参加诉讼并维护自己的合法权益，因而就由诉讼代理人的代理行为来维护他们的合法权益。

法定代理为特别代理，法定代理人具有和当事人基本相同的地位。法定代理人可以处分实体权利和诉讼权利，其实施的一切诉讼行为视同当事人的行为。当然，法定代理人不等同于当事人，其诉讼地位也有所区别。如法院确定管辖时是以当事人的住所地为准，而不考虑法定代理人的住所地等。但在日常生活中，存在着法定代理人相互推诿代理责任的现象，为此，法律又规定由人民法院指定其中一人代为诉讼。当被代理人具有了或者恢复了诉讼行为能力，法定代理人也就丧失了代理资格。

法定代理人的代理权因下列情况而归于消灭：(1)被代理的未成年人成年。(2)精神病人恢复正常。(3)代理人死亡或丧失诉讼行为能力。(4)被代理人和代理人之间的收养关系被合法解除。(5)其他法律事实。例如，代理人恶意损害被代理人的合法权益，法院变更代理人。

2. 委托代理人

行政诉讼的委托代理人，是指受当事人、法定代理人的委托，代理其进行行政诉讼活动的人。《行政诉讼法》第三十一条第一款规定："当事人、法定代理人，可以委托一至两人作为诉讼代理人。”在行政诉讼中，委托诉讼代理是使用最为普遍的一种代理方式。委托代理人是基于当事人、法定代理人的委托而产生的。委托代理人的代理权是委托人授予的，因此，其代理权仅限于委托人在授权委托书中所确定的授权范围。在司法实践中，委托人的授权可分为一般授权和特别授权。一般授权即只在委托书上证明代理人仅有权代为进行诉讼的行为；特别授权则委托代理人不仅有权代为进行诉讼行为，而且还可以代为处分当事人的某些实体权利。

根据《行政诉讼法》第三十一条第二款的规定，可作为委托代理人的范围有：(1)律师、基层法律服务工作者；(2)提起诉讼的公民的近亲属；(3)当事人的工作人员，如当事人的同事、领导、老师等；(4)当事人所在社区、单位以及有关社会团体推荐的公民。

当事人、法定代理人委托代理的人数是一至两人。当事人委托诉讼代理人，应当向人民法院提交由委托人签名或者盖章的授权委托书。委托书应载明委托事项和具体权限。公民在特殊情况下无法书面委托的，也可以口头委托。口头委托的，人民法院应当核实并记录在卷；被诉机关或者其他有义务协助的机关拒绝人民法院向被限制人身自由的公民核实的，视为委托成立。当事人解除委托或者变更委托的，应当书面报告人民法院，由人民法院通知其他当事人。

委托代理权可以因下列情况而归于消灭：(1)诉讼代理事项完成，诉讼结束；(2)委托人解除委托；(3)受委托人辞却委托；(4)受委托人死亡或者丧失诉讼行为能力。

第五节　行政诉讼的证据规则

一、行政诉讼证据的概念与特征

行政诉讼的证据是指在行政诉讼过程中，用来证明案件真实情况的一切材料或手段。行政诉讼的证据包括书证、物证、视听资料、电子数据、证人证言、当事人的陈述、鉴定意见、勘验笔录、现场笔录。证据多由当事人提供，必须经过法院审查属实之后才能作为定案的根据。行政诉讼证据和其他诉讼一样，具有客观性、相关性与合法性的特征。

1. 客观性

客观性是指行政诉讼证据本身必须是客观的、真实的，而不是想象的、虚构的、捏造的。一种违法行为是在诉讼之前，在一定时间、空间和条件下发生的，必然作用于外界事物并引起相应的客观变化，反映这种特定现象的事物或信息就成为揭示案件真相的证据。这些反映客观真实的事物或信息，可能是以实物形式而存在，也可能是以证人、鉴定人的思维反映而存在。不论反映形式如何，其内容都必须是真实的。任何依人们主观想象、猜测、假设的情况都不能成为证据。伪造的、歪曲真实的材料更不能作为诉讼证据。

2. 相关性

相关性又称“关联性”，是指诉讼证据必须与待证的案件事实存在一定的联系。表现在两个方面：(1)与有争议的行政行为有联系；(2)同作出行政行为所依据的事实有联系。只要同待证事实存在着联系，无论是哪一种形式的联系，都符合关联性的要求。因此，判断有无相关性的标准应当是是否由于证据的存在，使得待证事实的真实或虚假变得更为清晰，从而有助于证明待证事实的真伪。

3. 合法性

合法性是指证据必须按照法定程序收集和提供证据且符合法律规定的条件，才能够作为诉讼证据。合法性包括：收集证据的合法性，主要是指当事人、诉讼代理人和人民法院在收集证据时应符合法律的要求，不得违反法律的规定；证据形式的合法性，必须以法律规定的存在形式表现出来。

二、行政诉讼证据的种类

根据《行政诉讼法》第三十三条的规定，我国行政诉讼证据的种类有八种。

1. 书证

以文字、符号、图表等记载人的思想和行为，或者对物体作描述、记述，其内容能够证明案件真实情况的物品，被称为书证。在形式上是书面，其内容能够反映案件的真实情况，可以证明当事人主张的事实。日常生活中接触到的具有书证性质的物品，如图书、文件、票据、货单、证件等，这些物品只有与某个行政案件具体地发生联系，就具有书证的价值。由于书证具有一定的思想性，既在形式，又在内容上反映案件的事实，作为“白纸黑字”的证明度较高，所以在行政诉讼中常被大量使用。

2. 物证

物证是指以其形状、质量、规格、受损坏的程度等来证明案件事实的物品。物证和书证虽然部属于以实物形态表现出来的证据，但二者有明显的不同，主要区别在于：(1)物证是以其存在、外形、特征证明案件事实，书证则是以文书或物品所记载的思想内容证明案件事实。(2)法律对物证无形式上的特定要求，只要能以其存在、外形、特征证明案件事实，就可以作为物证；对书证则不同，法律有时规定必须具备特定形式才具有证据效力。当然，也存在某一实物证据既是书证又是物证的情形，当以刻在该物品上的文字所反映的思想内容证明案件事实时，它是书证；当以该物品的外部特征证明案件事实时，它又是物证。

3. 视听资料

视听资料是指利用录音、录像、数据来证明案件事实的证据。一般包括录音录像、电脑储存资料和电视监视资料三大类。录音录像资料，例如，运用录音和录像、摄像、制作电影、电视剧、VCD等技术录制的能够在电视、电脑、放音机等机器上将音像反映出来的资料；电脑储存资料，是通过计算机的软件和程序，以计算机语言编制出来的数据资料，通过利用计算机可以将这些资料解析和掌握；电视监视资料，如银行的闭路监视电视自动摄像录下的图像。

视听资料是实物证据的一种，它与同属于实物证据的书证、物证虽然有一定的关系，但有着明显的区别。例如，视听资料与书证的相同之处在于它们都以一定的思想内容来证明案件事实，但视听资料是以音响、图像、数据反映的内容，而不以文字、符号表达的内容证明案件事实，视听资料是以动态而不是静态方式证明案件事实。而视听资料与物证的区别是显而易见的，物证以其外部特征证明案件事实，而视听资料则是以资料中的内容发挥证明作用。

4. 证人证言

证人是指应当事人的要求和人民法院的传唤到法庭作证的人，证言是证人就案件事实向人民法院所作的陈述。下列人员不得作为证人：(1)不能正确表达意志的人。(2)诉讼代理人。在同一案件，诉讼代理人的身份与证人的身份是相互冲突的，因而不能既担任诉讼代理人又作为证人。(3)办理本案的审判人员、书记员、鉴定人、翻译人员和检察人员。

5. 当事人的陈述

当事人的陈述，是指当事人在诉讼中就与本案有关的事实，尤其是作为诉讼请求根据或反驳诉讼请求根据的事实，向人民法院所作的陈述。在诉讼中，当事人向人民法院所作的陈述往往包含多方面的内容，但可能成为诉讼证据的，只是当事人关于案件事实的陈述。

当事人对案件事实陈述的情况不同，证据效力也有所不同，一般可分为以下三种情形：(1)当事人如在诉讼中以承认对方当事人所主张的事实的方式作出了不利于自己的陈述，该陈述一般具有免除对方当事人证明的效力。(2)当事人所作的对自己有利的陈述，经其他证据证明为真实后，人民法院可以把当事人的陈述作为认定案件事实的根据之一。(3)当事人所作的有利于己的陈述，如果未得到其他证据证实，人民法院不得将该陈述作为认定案件事实的根据，该陈述也就无任何证据效力。

6. 鉴定意见

鉴定意见是指鉴定人运用自己的专业知识，根据案件事实的材料，对某些专门性问题进行分析鉴定所得出的意见。行政诉讼中的鉴定，通常有医学鉴定、文书鉴定、会计签定、技术鉴定、产品质量鉴定、行为能力鉴定等。鉴定人有两种，一种是法定鉴定部门的专职鉴定人员；另一种是司法机关指定的鉴定部门的专职鉴定人。不论是属于哪一种，都是在接受聘请或指派后，才能以鉴定人身份进行鉴定。

7. 勘验笔录

勘验笔录是指审判人员在诉讼过程中对与争议有关的现场、物品进行查验、测量、拍照后制作的笔录，是通过勘验、检查等方法形成的证据。行政诉讼中的勘验笔录主要包括物证勘验笔录和人身检查笔录。在行政诉讼中，勘验笔录既是一种独立的证据，也是一种固定和保全证据的方法。

勘验笔录与物证、书证虽有相似之处，但有着明显的区别。

与物证的区别。勘验笔录是审判人员以查看、检验等方式亲自认知现场、物品等，并将认知结果记录下来后形成的证据。这一特点使它既不同于物证，又不同于书证。勘验的对象可能是物品，勘验过程中也要对物证进行拍照，但照片是作为笔录的一部分发挥证明作用的。它既不是物证本身，也不是物证的复制品。

与书证的区别。虽然都是用文字、图表等记载的内容证明案件事实的，但勘验笔录与书证的区别在于：一是制作的时间不同。书证形成于诉讼前，而勘验笔录一般是进入诉讼后才制作。二是制作的主体不同。书证一般由审判人员以外的人制作，而勘验笔录则由审判人员制作或在审判人员的参与、指导下制作。三是反映的内容不同。书证的内容可以反映制作人的主观意志，而勘验笔录则必须是对勘验对象的客观记载，不得掺入勘验人的主观意志。四是能否重新制作不同。书证一旦提交法庭后，即使制作当初内容有遗漏，或者某些重要的问题表述得不清楚，也不存在重新制作的问题；勘验笔录则不同，在必要时可以根据当事人提出的申请或者由人民法院依职权重新勘验并制作新的勘验笔录。

8. 电子数据

电子数据是指基于计算机应用、通信和现代管理技术等电子化技术手段形成包括文字、图形符号、数字、字母等的客观资料，包括电子邮件、电子数据交换、网上聊天记录、博客、微博客、微信、手机短信、电子签名、域名等等。目前行政诉讼制度尚未对电子数据作具体界定，但根据 2012 年 11 月 5 日由最高人民法院审判委员会第 1559 次会议通过的《最高人民法院关于适用〈中华人民共和国刑事诉讼法〉的解释》第九十三条的规定，对电子邮件、电子数据交换、网上聊天记录、博客、微博客、手机短信、电子签名、域名等电子数据，应当着重审查以下内容：(1)是否随原始存储介质移送；在原始存储介质无法封存、不便移动或者依法应当由有关部门保管、处理、返还时，提取、复制电子数据是否由两人以上进行，是否足以保证电子数据的完整性，有无提取、复制过程及原始存储介质存放地点的文字说明和签名。(2)收集程序、方式是否符合法律及有关技术规范；经勘验、检查、搜查等侦查活动收集的电子数据，是否附有笔录、清单，并经侦查人员、电子数据持有人、见证人签名；没有持有人签名的，是否注明原因；远程调取境外或者异地的电子数据的，是否注明相关情况；对电子数据的规格、类别、文件格式等注明是否清楚。(3)电子数据内容是否真实，有无删除、修改、增加等情形。(4)电子数据与案件事实有无关联。(5)与案件事实有关联的电子数据是否全面收集。对电子数据有疑问的，应当进行鉴定或者检验。

三、行政诉讼的举证责任分配与举证期限

举证责任是指对于有待证明的事实向人民法院提出证据加以证明的责任。举证责任是由法律预先规定，承担该责任的当事人必须提供证据证明特定的案件事实，否则承担败诉风险及不利后果的证据制度。举证期限是指行政诉讼法律规范规定的向法庭提供证据的期限。人民法院向当事人送达受理案件通知书或者应诉通知书时，应当告知其举证范围、举证期限和逾期提供证据的法律后果，并告知因正当事由不能按期提供证据时应当提出延期提供证据的申请。当事人在法定期限内，可以向人民法院提供证据。

（一）被告的举证责任与举证期限

1. 被告承担主要的举证责任

《行政诉讼法》第三十四条规定："被告对作出的行政行为负有举证责任，应当提供作出该行政行为的证据和所依据的规范性文件。"可从三方面来理解：(1)行政行为是否合法应由被告承担举证责任，行政主体应当举出证据证明自己作出的行政行为具有合法性；(2)被告既要对作出的行政行为的事实依据举证，又要对作出行政行为的法律依据举证；(3)如果被告不能在举证期限内提供作出行政行为的事实证据和法律依据来证明其行为的合法性，将承担败诉的法律后果。由被告承担主要举证责任，一方面是出于保护原告的诉权；另一方面是被告相对于原告而言在举证方面具有优势，让其负举证责任有利于促进行政主体依法行政。

2. 被告延期或补充证据

原则上讲，被告必须在规定的时间内举证，否则视为无证据，但《行政诉讼法》第三十六条增加了两种被告可以延期或补充举证的情形：

(1) 被告在作出行政行为时已经收集了证据，但因不可抗力等正当事由不能提供的，可以延期提供。这个规定说明，被告已经按照规定的时间收集了证据，只是因不可抗力等正当

理由不能提供而已，过错责任不在于被告方。例如，因发洪水而导致原有的证据灭失，经法院准许，被告可以延期提供证据。当然，这里有一个限制性要求，即如果有不可抗力等正当理由的，被告应提前向法院提出申请且需得到法院的准许，相反，如果被告申请且未得到法院准许的，仍需按照被告举证不能来对待。

（2）原告或者第三人提出了其在行政处理程序中没有提出的理由或者证据的，经人民法院允许可以延期提供。举证只是为了证明自己的主张，被告举证就是针对原告或第三人的主张举证，而如果原告或第三人当初在行政处理程序中没有提出，而在行政诉讼过程中又新提出的，被告只能在新的主张提出后再来举证证明行政行为合法性，这样，举证自然就比规定的时间要滞后，从而经法院准许，被告可以补充证据。

3. 被告的举证期限

在行政诉讼中，被告对其作出的行政行为承担举证责任。被告不提供或者无正当理由逾期提供证据，视为没有相应证据。但是，被诉行政行为涉及第三人合法权益，第三人提供证据的除外。被告应当在收到起诉状副本之日起 10 日内提交答辩状，并提供作出行政行为时的证据、依据；被告不提供或者无正当理由逾期提供的，应当认定该行政行为没有证据、依据。被告因不可抗力或者客观上不能控制的其他正当事由，不能在规定的期限内提供证据的，应当在收到起诉状副本之日起 10 日内向人民法院提出延期提供证据的书面申请。人民法院准许延期提供的，被告应当在正当事由消除后 10 日内提供证据。逾期提供的，视为被诉行政行为没有相应的证据。有下列情形之一的，被告经人民法院准许可以补充相关的证据：被告在作出行政行为时已经收集证据，但因不可抗力等正当事由不能提供的；原告或者第三人在诉讼过程中，提出了其在被告实施行政行为过程中没有提出的反驳理由或者证据的。

（二）原告的举证及举证期限

《行政诉讼法》规定了原告的两种提供证据[①]的情形，一种是权利性提供证据，即可提供可不提供的；二是义务性提供，即应当提供的。

1. 原告权利性提供证据

《行政诉讼法》第三十七条规定，对被告行政行为的违法性，原告可以举证证明。“可以”两字重在给予原告自由选择权，可以提供也可以不提供。有证据则可以证明违法，增加胜诉可能性。换言之，原告享有的是一种提供证据的权利，而非举证责任或义务，没有提供证据的，原告也不承担任何不利的法律后果。同时不违反举证责任倒置规则，原告的提供证据不能免除被告应有的举证责任，更不能因为原告提供证据没能证明被告的违法而免除了被告的举证义务，被告依然对被诉行政行为承担举证不能的败诉风险。原告可以提供证明行政行为违法的证据，扩大了行政相对人受保护的权利，以防止被告举证的避重就轻，通过对其违法性的举证，以进一步保护自己的合法权益。

2. 原告的义务性提供证据

根据《行政诉讼法》第三十八条规定，对于义务性提供证据，原告如果不能及时提供证据，将承担不利的法律后果。原告应当提供证据情况有以下两种：

---

① 值得注意的是，对被告使用的是“举证”，而对原告使用的是“提供证据”，有人认为这两者有细微的差别。举证责任往往意味着法律风险，举证不能将承当不利后果；而提供证据则属于中性词，不具有类似的后果。

第一种情况是原告在起诉被告不作为行为时的举证责任。这个证据就是自己曾向被告提出过申请的证据。一般是发生在以下情形：行政机关具有法律明确规定的职责；属于相对人依申请的行为；在相对人申请的情况下行政机关在法定期限内仍不履行。

第二种情况是在涉及补偿或赔偿案件中，原告要对自己的损害事实，尤其是损害的具体数额进行举证，比如，财产损坏的购买时的票据、受损时的医疗票据等。当然，也包括遭到殴打时的殴打证据、财产被没收时的没收清单等。换言之，除了证明行政行为合法性的证据需要被告举证外，其他的证据原则上仍遵循着“谁主张谁举证”原则，只不过根据行政诉讼的特点，在许多情况下这种举证责任由于被告的原因而转移给了被告而已。

3. 原告或第三人的举证期限

《关于行政诉讼证据若干问题的规定》(以下简称《证据若干问题的规定》)第七条规定：“原告或者第三人应当在开庭审理前或者法院指定的交换证据之日提供证据。因正当事由申请延期提供证据的，经法院准许，可以在法庭调查中提供。逾期提供证据的，视为放弃举证权利。”同时，该条第 2 款规定：“原告或者第三人在第一审程序中无正当事由未提供而在第二审程序中提供的证据，法院不予接纳。”对比原告与被告的举证期限从中可以看出，被告的举证期限比原告或第三人的举证期限要短得多，在很大程度上就是为了强化行政主体“先取证、后裁决”的程序规则。

四、人民法院证据的调取与保全规则

(一) 人民法院证据的调取

在行政诉讼过程中，证据的来源除了有原被告方提供外，在特定的情况下可以由法院调取、收集。关于法院调取证据分为依职权调取证据和依申请调取证据等两种情形：(1)人民法院依职权调取证据。《行政诉讼法》第四十条规定，人民法院有权向有关行政机关以及其他组织、公民调取证据。(2)法院依申请调取证据。《行政诉讼法》第 41 条规定，与本案有关的下列证据，原告或者第三人不能自行收集的，可以申请人民法院调取：(1)由国家机关保存而须由人民法院调取的证据；(2)涉及国家秘密、商业秘密和个人隐私的证据；(3)确因客观原因不能自行收集的其他证据。

人民法院对当事人调取证据的申请，经审查符合调取证据条件的，应当及时决定调取；不符合调取证据条件的，应当向当事人或者其诉讼代理人送达通知书，说明不准许调取的理由。当事人及其诉讼代理人可以在收到通知书之日起 3 日内向受理申请的人民法院书面申请复议一次。人民法院应当在收到复议申请之日起 5 日内作出答复。人民法院根据当事人申请，经调取未能取得相应证据的，应当告知申请人并说明原因。人民法院需要调取的证据在异地的，可以书面委托证据所在地人民法院调取。受托人民法院应当在收到委托书后，按照委托要求及时完成调取证据工作，送交委托人民法院。受托人民法院不能完成委托内容的，应当告知委托的人民法院并说明原因。

(二) 证据的保全

证据保全是指在证据有可能灭失或者以后难以获取的情况下，人民法院在诉讼参加人的要求或主动依职权采取措施对证据予以确定和保护的制度。行政诉讼保全制度对于保证行政诉讼顺利进行有着积极的作用。据此，证据保全需要具备以下的条件：

第一，必须存在可能灭失或者以后难以取得的情况。并不是所有的证据都需要进行证据保全，事实上，大多数证据不需要进行证据保存。也就是说，只有对那些存在可能灭失或者以后难以取得的证据才进行证据保全。

第二，证据必须对案情有较重要的证明作用。即使有些证据存在可能灭失或者以后难以取得的情况，但并不是都要进行证据保全，只有那些对案情有较重要的证明作用的证据才进行证据保全。

在证据可能灭失或者以后难以取得的情况下，诉讼参加人可以向人民法院申请保全证据，人民法院也可以主动采取保全措施。当事人按照法律规定向人民法院申请保全证据的，应当在举证期限届满前以书面形式提出，并说明证据的名称和地点、保全的内容和范围、申请保全的理由等事项。当事人申请保全证据的，人民法院可以要求其提供相应的担保。法律、司法解释规定诉前保全证据的，依照其规定办理。人民法院，可以根据具体情况，采取查封、扣押、拍照、录音、录像、复制、鉴定、勘验、制作询问笔录等保全措施。人民法院保全证据时，可以要求当事人或者其诉讼代理人到场。

五、行政诉讼证据的质证与认定规则

（一）行政诉讼证据的质证

《行政诉讼法》第四十三条第一款规定："证据应当在法庭上出示，并由当事人互相质证。对涉及国家秘密、商业秘密和个人隐私的证据，不得在公开开庭时出示。"在行政诉讼中，对证据进行出示与质证是审查认定证据能否被采信以及证明力如何的必经步骤。所谓质证，是指在法庭审判过程中由当事人及其代理人对双方提供给法庭的证据、有争议和疑问的材料，通过询问、辨认、质疑、说明、解释、辩驳等方式，查明、核实证据能否作为定案根据的活动，[①]是在人民法院的主持下，当事人及其代理人对证据的合法性、真实性、关联性、有无证明力以及证明力的大小进行辩论的活动。虽然证据可由当事人收集与提交，也可由法院依职权调取，但这些证据往往真假难辩。质证的目的在于查明案件真相。只有质证才能达到去伪存真的目的，从而可以帮助法院查明案件真相，做到以事实为依据，以法律为准绳作出正确的裁判。所有的证据要当庭出示并经过对方质证，不当庭出示、没有对方质证的，不管多么重要，都不能作为定案的依据，即使对于涉及国家秘密、商业秘密和个人隐私的证据，也要经过这个程序，只不过这样的证据在出示和质证时不对外公开而已。涉及国家秘密的证据，如有些走私行政案件，证据涉及走私行为发现的线索，可能会暴露举报人等秘密；商业秘密的构成要件之一就是秘密性，即构成商业秘密的技术信息或经营信息能够不被权利人以外的公众知悉，因此，应当在行政诉讼活动中对其加以保护。个人隐私涉及当事人的名誉、信用等，公开其隐私将影响其个人声誉，因此当证据涉及个人隐私时，也不得在法庭上公开质证。

在质证过程中，对各类证据要求是不一样的。

1. 对书证、物证和视听资料的质证。《证据若干问题的规定》第四十条规定，对书证、物证和视听资料进行质证时，当事人应当出示证据的原件或者原物。但有下列情况之一的除外：(1)出示原件或者原物确有困难并经法庭准许可以出示复制件或者复制品；(2)原件或者

---

① 引自孙彩虹：《证据法学》，中国政法大学出版社2008年版，第125页。

原物已不存在，可以出示证明复制件、复制品与原件、原物一致的其他证据；(3)视听资料应当当庭播放或者显示，并由当事人进行质证。

2. 对证人证言的质证。《证据若干问题的规定》第四十一条至第四十六条对证人出庭作证制度做了详细的规定。凡是知道案件事实的人，都有出庭作证的义务。有下列情形之一的，经人民法院准许，当事人可以提交书面证言：(1)当事人在行政程序或者庭前证据交换中对证人证言无异议的；(2)证人因年迈体弱或者行动不便无法出庭的；(3)证人因路途遥远、交通不便无法出庭的；(4)证人因自然灾害等不可抗力无法出庭的；(5)证人因其他特殊原因确实无法出庭的。不能正确表达意志的人不能作证。根据当事人申请，人民法院可以就证人能否正确表达意志进行审查或者交由有关部门鉴定。必要时，人民法院也可以依职权交由有关部门鉴定。当事人申请证人出庭作证的，应当在举证期限届满前提出，并经人民法院许可。人民法院准许证人出庭作证的，应当在开庭审理前通知证人出庭作证。当事人在庭审过程中要求证人出庭作证的，法庭可以根据审理案件的具体情况，决定是否准许以及是否延期审理。有下列情形之一的，原告或者第三人可以要求相关行政执法人员作为证人出庭作证：(1)对现场笔录的合法性或者真实性有异议的；(2)对扣押财产的品种或者数量有异议的；(3)对检验的物品取样或者保管有异议的；(4)对行政执法人员的身份的合法性有异议的；(5)需要出庭作证的其他情形。证人出庭作证时，应当出示证明其身份的证件。法庭应当告知其诚实作证的法律义务和作伪证的法律责任。出庭作证的证人不得旁听案件的审理。法庭询问证人时，其他证人不得在场，但组织证人对质的除外。证人应当陈述其亲历的具体事实。证人根据其经历所作的判断、推测或者评论，不能作为定案的依据。

3. 对鉴定意见的质证

《证据若干问题的规定》第四十七条规定，当事人要求鉴定人出庭接受询问的，鉴定人应当出庭。鉴定人因正当事由不能出庭的，经法庭准许，可以不出庭，由当事人对其书面鉴定结论进行质证。鉴定人不能出庭的正当事由，参照本规定第41条的规定。对于出庭接受询问的鉴定人，法庭应当核实其身份、与当事人及案件的关系，并告知鉴定人如实说明鉴定情况的法律义务和故意作虚假说明的法律责任。

4. 对专门性问题的质证

《证据若干问题的规定》第四十八条规定，对被诉行政行为涉及的专门性问题，当事人可以向法庭申请由专业人员出庭进行说明，法庭也可以通知专业人员出庭说明。必要时，法庭可以组织专业人员进行对质。当事人对出庭的专业人员是否具备相应专业知识、学历、资历等专业资格等有异议的，可以进行询问。由法庭决定其是否可以作为专业人员出庭。专业人员可以对鉴定人进行询问。

5. 对电子数据的质证

鉴于电子数据的特殊性，除了遵循传统的证据质证要求外，还涉及到新型收集手段合法性、原件的特殊性要求等，这些都需要司法解释对其作出明确规定。

（二）行政诉讼证据的审核认定规则

《行政诉讼法》第四十三条第二款规定："人民法院应当按照法定程序，全面、客观地审查核实证据。对未采纳的证据应当在裁判文书中说明理由。"这就要求法院要对当事人质证后的证据是否具备法定的证据资格、证明力的大小等进行审核。也就是说，法庭应当对经过庭审质证的证据和无须质证的证据进行逐一审查和对全部证据综合审查，遵循法官职业道德，运用逻辑推理和生活经验，进行全面、客观和公正地分析判断，确定证据材料与案件事实之间的证明关系，排除不具有关联性的证据材料，准确认定案件事实。"客观"，包括对证据的来源、证据的真实性、证据与所证明事实的关系等。"全面"是对所有证据及其相关的材料进行逐一审查。"全面"体现了审查的范围，"客观"体现了审查的态度。

1. 对证据的审查的内容

对证据的审查包括对证据的合法性审查和真实性审查两个方面。法庭应当从以下方面审查证据的合法性：(1)证据是否符合法定形式；(2)证据的取得是否符合法律、法规、司法解释等的要求；(3)是否有影响证据效力的其他违法情形。法庭应当从以下方面审查证据的真实性：(1)证据形成的原因；(2)发现证据时的客观环境；(3)证据是否为原件、原物，复制件、复制品与原件、原物是否相符；(4)提供证据的人或者证人与当事人是否具有利害关系；(5)影响证据真实性的其他因素。

2. 不能作为定案依据的证据材料

《行政诉讼法》第四十三条第三款规定，以非法手段取得的证据，不得作为认定案件事实的根据。司法实践中，不能作为认定案件事实的根据的证据有：(1)严重违反法定程序收集的证据材料；(2)以偷拍、偷录、窃听等手段获取侵害他人合法权益的证据材料；(3)以利诱、欺诈、胁迫、暴力等不正当手段获取的证据材料；(4)当事人无正当事由超出举证期限提供的证据材料；(5)在中华人民共和国领域以外或者在中华人民共和国香港特别行政区、澳门特别行政区和台湾地区形成的未办理法定证明手续的证据材料；(6)当事人无正当理由拒不提供原件、原物，又无其他证据印证，且对方当事人不予认可的证据的复制件或者复制品；(7)被当事人或者他人进行技术处理而无法辨明真伪的证据材料；(8)不能正确表达意志的证人提供的证言；(9)不具备合法性和真实性的其他证据材料。此外，以违反法律禁止性规定或者侵犯他人合法权益的方法取得的证据，不能作为认定案件事实的依据。被告在行政程序中依照法定程序要求原告提供证据，原告依法应当提供而拒不提供，在诉讼程序中提供的证据，人民法院一般不予采纳。

不能作为认定被诉行政行为合法依据的证据：(1)被告及其诉讼代理人在作出行政行为后或者在诉讼程序中自行收集的证据；(2)被告在行政程序中非法剥夺公民、法人或者其他组织依法享有的陈述、申辩或者听证权利所采用的证据；(3)原告或者第三人在诉讼程序中提供的、被告在行政程序中未作为行政行为依据的证据。

复议机关在复议程序中收集和补充的证据，或者作出原行政行为的行政机关在复议程序中未向复议机关提交的证据，不能作为人民法院认定原行政行为合法的依据。

对被告在行政程序中采纳的鉴定意见，原告或者第三人提出证据证明有下列情形之一的，人民法院不予采纳：(1)鉴定人不具备鉴定资格；(2)鉴定程序严重违法；(3)鉴定意见错误、不明确或者内容不完整。

3. 对一事实有数个证据的，其证明效力认定方法

如果证明同一事实有数个证据的，其证明效力一般可以按照下列情形分别认定：(1)国家机关以及其他职能部门依职权制作的公文文书优于其他书证；(2)鉴定意见、现场笔录、勘验笔录、档案材料以及经过公证或者登记的书证优于其他书证、视听资料和证人证言；(3)原

件、原物优于复制件、复制品；(4)法定鉴定部门的鉴定意见优于其他鉴定部门的鉴定意见；(5)法庭主持勘验所制作的勘验笔录优于其他部门主持勘验所制作的勘验笔录；(6)原始证据优于传来证据；(7)其他证人证言优于与当事人有亲属关系或者其他密切关系的证人提供的对该当事人有利的证言；(8)出庭作证的证人证言优于未出庭作证的证人证言；(9)数个种类不同、内容一致的证据优于一个孤立的证据。此外，以有形载体固定或者显示的电子数据交换、电子邮件以及其他数据资料，其制作情况和真实性经对方当事人确认，或者以公证等其他有效方式予以证明的，与原件具有同等的证明效力。

4. 经法院认定后可以采信的证据情形

在以下这些情形中的证据，经法院认定后可以采信：(1)在庭审中一方当事人或者其代理人在代理权限范围内对另一方当事人陈述的案件事实明确表示认可的，人民法院可以对该事实予以认定。但有相反证据足以推翻的除外。(2)在行政赔偿诉讼中，人民法院主持调解时当事人为达成调解协议而对案件事实的认可，不得在其后的诉讼中作为对其不利的证据。(3)在不受外力影响的情况下，一方当事人提供的证据，对方当事人明确表示认可的，可以认定该证据的证明效力；对方当事人予以否认，但不能提供充分的证据进行反驳的，可以综合全案情况审查认定该证据的证明效力。(4)众所周知的事实、自然规律及定理、按照法律规定推定的事实、已经依法证明的事实和根据日常生活经验法则推定的事实，法庭可以直接认定。(5)原告确有证据证明被告持有的证据对原告有利，被告无正当事由拒不提供的，可以推定原告的主张成立。(6)生效的人民法院裁判文书或者仲裁机构裁决文书确认的事实，可以作为定案依据。但是如果发现裁判文书或者裁决文书认定的事实有重大问题的，应当中止诉讼，通过法定程序予以纠正后恢复诉讼。

经过法庭审核，下列证据不能单独作为定案的依据：(1)未成年人所作的与其年龄和智力状况不相适应的证言；(2)与一方当事人有亲属关系或者其他密切关系的证人所作的对该当事人有利的证言，或者与一方当事人有不利关系的证人所作的对该当事人不利的证言；(3)应当出庭作证而无正当理由不出庭作证的证人证言；(4)难以识别是否经过修改的视听资料；(5)无法与原件、原物核对的复制件或者复制品；(6)经一方当事人或者他人改动，对方当事人不予认可的证据材料；(7)其他不能单独作为定案依据的证据材料。

庭审中经过质证的证据，能够当庭认定的，应当当庭认定；不能当庭认定的，应当在合议庭合议时认定。人民法院应当在裁判文书中阐明证据是否采纳的理由。法庭发现当庭认定的证据有误，可以按照下列方式纠正：(1)庭审结束前发现错误的，应当重新进行认定；(2)庭审结束后宣判前发现错误的，在裁判文书中予以更正并说明理由，也可以再次开庭予以认定；(3)有新的证据材料可能推翻已认定的证据的，应当再次开庭予以认定。

第六节　行政诉讼程序

一、行政诉讼程序的概念

行政诉讼的程序是指人民法院审理行政诉讼案件所遵守的步骤、方式和期限的总和，由第一审程序、第二审程序和审判监督程序构成。行政诉讼程序以行政审判活动为内容，与行政审判活动相联系，是为审理行政争议案件而设立的诉讼程序，目的是为了保证审理结果的公正、合理、正确。

这里要注意行政诉讼程序与行政程序的区别，行政程序是指行政主体实施行政行为时必须遵守的方式、步骤、空间、时限，行政程序反映了行政权的运行过程。行政程序与行政诉讼程序是两种不同性质的程序，内容、目的、适用对象、表现形式、违反相应程序的后果都不同；而且行政程序比行政诉讼程序更简便易行，行政程序可能在行政诉讼程序中成为被审查的对象和内容。

与民事诉讼程序、刑事诉讼程序相比，行政诉讼程序具有如下特征：

1. 行政诉讼程序的中心任务是审查行政行为的合法性。人民法院在审理行政案件的过程中，始终围绕行政行为是否合法而展开。民事诉讼程序或刑事诉讼程序则解决行政诉讼当事人之间实体上的权益纠纷。

2. 人民法院审理行政案件必须遵循特定的原则。行政诉讼实行合议制，不适用民事诉讼所特有的独任制，而且行政诉讼程序只包括普通程序，无简易程序或特别程序等特殊程序。此外，在行政诉讼中不适用调解。

3. 人民法院审查行政案件、解决行政争议采取特殊的法律适用规则。人民法院审理行政案件，以法律和行政法规、地方性法规为依据。地方性法规适用于本行政区域内发生的行政案件。审理民族自治地方的行政案件，以该民族自治地方的自治条例和单行条例为依据。同时，在审理中还可以参照国务院部、委根据法律和国务院的行政法规、决定、命令制定、发布的规章以及省、自治区、直辖市和设区的市、自治州的人民政府根据法律和国务院的行政法规制定、发布的规章。当人民法院认为地方人民政府制定、发布的规章与国务院部、委制定、发布的规章不一致的，以及国务院部、委制定并发布的规章之间不一致的，由最高人民法院送请国务院作出解释或者裁决。

二、第一审程序

第一审程序是指人民法院从受理行政案件到作出第一审裁判的诉讼程序。与其他程序相比，第一审程序是人民法院解决行政案件的必经程序，也是行政诉讼程序中内容最丰富、体系最完整的审理程序，二审以及再审程序都是在此基础上进行设计的。第一审程序主要由起诉、立案、审理和裁判四个环节组成。

（一）行政诉讼的起诉

起诉是诉讼活动的起点，因为司法活动采取的是不告不理的原则，如果没有人起诉，那么法院就不能主动立案。但是起诉是原告的单方行为，要引起法院对所起诉的案件进行立案必须符合一定的条件。只有经法院审查与立案后，才能启动相应的诉讼程序。由此，起诉与立案是诉讼的初始阶段。所谓行政诉讼的起诉是指公民、法人或其他组织认为行政主体作出的行政行为侵犯其合法权益的，向有管辖权的人民法院提起行政诉讼，要求人民法院对该行政行为的合法性进行审查的活动。

（二）起诉的一般条件

所谓一般条件指无论提起何种诉讼、提出何种诉讼请求，都应当具备的条件。根据《行政诉讼法》第四十九条的规定，提起行政诉讼必须具备以下一般条件：

1. 原告适格。所谓原告适格是指提起行政诉讼之人必须符合原告资格，即必须是《行政诉讼法》第二十五条规定的公民、法人或其他社会组织。《行政诉讼法》第二十五条规定："行政行为的相对人以及其他与行政行为有利害关系的公民、法人或者其他组织，有权提起诉讼。有权提起诉讼的公民死亡，其近亲属可以提起诉讼。有权提起诉讼的法人或者其他组织终止，承受其权利的法人或者其他组织可以提起诉讼。"

2. 有明确的被告。被告是法律责任的承担者，是行政诉讼不可或缺的。明确的被告指的是公民、法人或者其他社会组织起诉时需要明确指出实施行政行为的行政机关、授权组织的名称。如果没有明确的被告，就会出现无人应诉的情况发生，法院也无法通过行使国家司法审判权对公民、法人和其他社会组织合法权益给予保护和救济，这样的起诉也就变得毫无意义。

3. 有具体的诉讼请求和事实根据。所谓诉讼请求指的是原告向人民法院提出的，并且希望获得人民法院司法保护和救济的实体性权利的主张。这一主张的提出，需要原告以一定的事实根据来支撑。如果原告没有提出明确的诉讼请求，人民法院将无法进行审理。这里的"有具体的诉讼请求"，2015 年的《最高人民法院关于适用〈中华人民共和国行政诉讼法〉若干问题的解释》（以下简称为《2015 年若干解释》）第二条专门作了规定，包括九种情形，即"请求判决撤销或者变更行政行为""请求判决行政机关履行法定职责或者给付义务""请求判决确认行政行为违法""请求判决确认行政行为无效""请求判决行政机关予以赔偿或者补偿""请求解决行政协议争议""请求一并审查规章以下规范性文件""请求一并解决相关民事争议""其他诉讼请求"等。同时，还规定，如果"当事人未能正确表达诉讼请求的，人民法院应当予以释明"。

4. 属于人民法院受案范围和受诉人民法院管辖。属于人民法院受案范围指的是原告请求人民法院通过行使审判权给予保护与救济权益的范围，是人民法院审判权的作用领域。受案范围决定了公民、法人和其他社会组织的诉权行使范围。属于受诉人民法院管辖指的是原告起诉的行政案件依法属于接受起诉状的人民法院管辖。根据我国行政诉讼法的规定，只有有管辖权的人民法院才能接受原告的起诉状，启动相应的行政诉讼程序。

（三）起诉的时间条件

起诉的时间条件，即起诉期限，是指不服行政行为的当事人可以向法院提起行政诉讼的法定期限，超过法定期限相对人将丧失行政诉权。通过起诉期限的规定，可以促使相对人及时行使行政诉权，及时解决行政争议。由于行政行为的复杂性，行政诉讼起诉期限也较为复杂。起诉期限包括以下内容：

1. 直接起诉的期限。《行政诉讼法》第四十六条第一款规定，公民、法人或者其他组织直接向人民法院提起诉讼的，应当自知道或者应当知道作出行政行为之日起六个月内提出。法律另有规定的除外。

2. 特殊期限。特殊期限指的是单行法律、法规规定的，适用于特定案件的起诉期限。由于行政活动以及行政诉讼比较复杂，如果严格按照上述规定计算诉讼时效会给当事人带来不公平的结果。为了克服这一缺陷，《行政诉讼法》对特殊情况下起诉期限作了相应的规定。根据《行政诉讼法》第四十六条第二款的规定，对不动产的起诉期限最长不超过 20 年，对其他案件最长不超过5年，起算时间都是从行政行为作出之日起计算。这个“起算”应当是以当事人不知道或不应当知道为前提的，即行政机关没有告知相对人起诉期限或诉权，没有证据证明当事人知道或应当知道的情形。但如果知道或应当知道，则仍按照6个月的期限来计算。这里分两种情形，一是对不动产的起诉，其期限为20年，二是其他行政行为的期限则最多为5年。

3. 对行政机关不作为行为的起诉期限。《行政诉讼法》第四十七条规定：“公民、法人或者其他组织申请行政机关履行保护其人身权、财产权等合法权益的法定职责，行政机关在接到申请之日起两个月内不履行的，公民、法人或者其他组织可以向人民法院提起诉讼。法律、法规对行政机关履行职责的期限另有规定的，从其规定。公民、法人或者其他组织在紧急情况下请求行政机关履行保护其人身权、财产权等合法权益的法定职责，行政机关不履行的，提起诉讼不受前款规定期限的限制。”由此可知，对行政机关不作为行为的起诉期限分为一般情况与紧急情况两种。

一般情况下是2个月，是指行政机关具有法定的保护相对人人身权、财产权的职责而行政机关在相对人申请后不履行的，起诉的起算点是从“行政机关在接到申请之日起两个月内”，即2个月后的第二天就可以起诉，但最长不得超过6个月。因为根据《行政诉讼法》的司法解释《2015年若干解释》第四条规定，“对行政机关不履行法定职责提起诉讼的，应当在行政机关履行法定职责期限届满之日起六个月内提出”。

4. 对于经过行政复议的案件，仍然遵循以往的期限，即在收到复议决定书或复议机关不作为时的复议期限届满之日起的15日内提起诉讼。

5. 起诉期限的中止与延长的情形。中止是因特殊原因而暂时停止期限的计算，待特殊原因结束后继续计算。《行政诉讼法》第四十八条第一款规定，公民、法人或者其他组织因不可抗力或者其他不属于其自身的原因耽误起诉期限的，被耽误的时间不计算在起诉期限内。由此可见，中止期限有两种情形：第一种情形是有不可抗力，对不可抗力，相关法律已经作了解释；第二种情形是其他不属于当事人自身的原因。《行政诉讼法》第四十八条第二款规定，公民、法人或者其他组织因前款规定以外的其他特殊情况耽误起诉期限的，在障碍消除后十日内，可以申请延长期限，是否准许由人民法院决定。由此可以看出，要延长起诉期限，必须符合三个条件：一是起算期限耽误的原因是“不可抗力或者其他不属于其自身的原因”以外的其他特殊情况；二是申请延长期限必须在障碍消除后十日内作出；三是期限的延长应由人民法院决定。

（四）起诉方式

1. 书面方式

《行政诉讼法》第五十条第一款规定，起诉应当向人民法院递交起诉状，并按照被告人数提出副本。面起诉就是向法院递交起诉状。行政诉讼起诉状是公民、法人或者其他组织不服行政机关的行政行为而向人民法院提起诉讼的书面请求。起诉状可以清楚地表述原告的诉讼请求、详细叙述具体案情，有利于法院清晰地了解行政纠纷的详情。因此，递交起诉状是行政诉讼起诉的主要方式。

2. 特殊情况下的口头方式

《行政诉讼法》第五十条第二款规定，书写起诉状确有困难的，可以口头起诉，由人民法院记入笔录，出具注明日期的书面凭证，并告知对方当事人。在起诉方式上，除了按照传统的向法院递交诉状外，还允许当事人以口头方式起诉。对于书写起诉状有困难的当事人，可以口头起诉，有法院记入笔录，同时要出具注明日期的书面凭证。当案件受理之后，法院要将口头起诉的记录内容要点告知被告，告知被告的方式既可以是书面的也可以是口头的。

三、行政诉讼的立案

行政诉讼有立案难、审理难和执行难的“三难”问题，其中的首要之难在于起诉难，“起诉难显然不只是一方行为的结果状态，它更多地是当事人和法院之间相互作用发生的结果状态。起诉作为一种当事人向法院递交起诉状的单方行为，如果没有法院的相应反应和作用是不会发生所谓难易问题的”。[①] 针对现实中“起诉难”现象，《行政诉讼法》第五十条规定了如下制度：

1. 实行登记立案制度。《行政诉讼法》第五十一条第一款规定，人民法院在接到起诉状时对符合本法规定的起诉条件的，应当登记立案。在行政诉讼领域，如何破解立案难问题一直是理论界与实务界关注的问题。中共十八届四中全会通过的《中共中央关于全面推进依法治国若干重大问题的决定》明确提出，要“改革法院案件受理制度，变立案审查制为立案登记制，对人民法院依法应该受理的案件，做到有案必立、有诉必理，保障当事人诉权”，明确提出了“立案登记制”。所谓登记立案是与现行的“审查立案制”相对而言的。审查立案制是指法院在立案时要对起诉者的起诉条件不仅进行形式审查，也要进行实体审查，审查原告是否适格，包括：是否具备诉讼权利能力与行为能力、是否具有诉的利益、诉的利益是否具有合法性。[②] 这种审查的结果，“最主要的问题是实体审理前移的问题”，[③]未审先判，使得立案阶段几乎变成了一审，在这种审查制下，法院常以各种借口，拒绝受理由公民、法人或其他组织提出的行政案件诉状，而实际上是法院出于自身利害或因外界干预尤其是党政干预的考虑而拒绝受理，将不少案件在立案阶段就拒之门外。“立案登记制”则取消所有实质性或实体性的审查，使所有符合法定条件的起诉都可以立即获得法院的正式接受，排除任何实质性或实体性条件，且简化了程序。在起诉这个环节上，法院审查的是起诉材料“是否有”的问题，而不是“是否正确”问题。当这些基本形式要件符合后，就应当给予登记并立案。至于诉讼请求是否合理、证据是否充分、是否需要追究被告等，留待立案后再进行审查。即首先将案件先纳入司法程序之中，给当事人一个充分的说理的地方，从而降低当事人行政诉讼的门槛，很容易就启动行政诉讼程序，将更多的行政争议纳入行政诉讼程序。

2. 法院在接到起诉状时要“接收起诉状”，并“出具注明收到日期的书面凭证”制度。《行政诉讼法》第五十一条第二款规定，“对当场不能判定是否符合本法规定的起诉条件的，应当接收起诉状，出具注明收到日期的书面凭证，并在七日内决定是否立案。不符合起诉条件的，作出不予立案的裁定。裁定书应当载明不予立案的理由。原告对裁定不服的，可以提起上诉。”这个“出具”行为是法院的主动行为，不是应要求而出具的行为，法院不得以当事人没有要求为借口而不出具书面凭证。就是说，法院如果不予当场接受、如果不出具书面凭证

---

① 张卫平：《起诉难：一个中国问题的思索》，载《法学研究》2009 年第 6 期。

② 李中和：《人民法院立案审判工作理论与实务》，人民法院出版社 2006 年版，第 78 页。

③ 张卫平：《司法改革：分析与展开》，法律出版社 2003 年版，第 222 页。

或书面凭证上没有注明日期或注明日期不正确，都是违法行为，都要依法承担相应的法律责任。如果当场能判定符合起诉条件的，法院应当场立案；对当场不能判定是否符合起诉条件的，要在7日内决定是否立案；对于不予立案的裁定，要求法院要在裁定书上载明不予立案的理由。

3. 对于起诉状存在的“内容欠缺”或者“有其他错误”的，法院有义务进行“指导和释明”，并一次性告知补正制度。《行政诉讼法》第五十一条第三款规定，起诉状内容欠缺或者有其他错误的，应当给予指导和释明，并一次性告知当事人需要补正的内容。不得未经指导和释明即以起诉不符合条件为由不接收起诉状。“指导和释明”是指“在当事人的主张不正确、有矛盾，或者不清楚、不充分，或者当事人误以为自己提出的证据已经足够时，法官依据职权向当事人提出关于事实及法律上的质问或指示，让当事人把不正确和有矛盾的主张予以排除，把不清楚的主张予以澄清，把不充足的证据予以补充的权能”。①

4. 规定了相应的法律责任。《行政诉讼法》第五十一条第四款规定，对于不接收起诉状、接收起诉状后不出具书面凭证，以及不一次性告知当事人需要补正的起诉状内容的，当事人可以向上级人民法院投诉，上级人民法院应当责令改正，并对直接负责的主管人员和其他直接责任人员依法给予处分。当事人向上级法院投诉，上级法院在责令改正之后，仍要对“对直接负责的主管人员和其他直接责任人员依法给予处分”，并不因改正了就不处分了。这里规定的是“上级法院”而非“上一级法院”，意味着当事人可以越级投诉，体现了对上述行为的监督。

四、行政诉讼的审理

（一）审理前的准备

1. 送达起诉状。《行政诉讼法》第六十七条规定，人民法院应当在立案之日起五日内，将起诉状副本发送被告。被告应当在收到起诉状副本之日起十五日内向人民法院提交作出行政行为的证据和所依据的规范性文件，并提出答辩状。人民法院应当在收到答辩状之日起五日内，将答辩状副本发送原告。被告不提出答辩状的，不影响人民法院审理。一般说来，在审理期间不停止行政行为的执行，但有下列情形的，停止行政行为的执行：(1)被告认为需要停止执行的；(2)原告申请停止执行，人民法院认为该行政行为的执行会造成难以弥补的损失，并且停止执行不损害社会公共利益，因而裁定停止执行的；(3)人民法院认为该行政行为的执行会给国家利益、社会公共利益造成重大损害的；(4)法律、法规规定停止执行的。当事人对停止执行或者不停止执行的裁定不服的，可以申请复议一次。

2. 财产保全。人民法院对于因一方当事人的行为或者其他原因，可能使行政行为或者人民法院生效裁判不能或者难以执行的案件，可以根据对方当事人的申请作出财产保全的裁定；当事人没有提出申请的，人民法院在必要时也可以依法采取财产保全措施。《行政诉讼法》中没有专门的财产保全规定的条款，只是在第一百零一条中指出可适用民事诉讼法的规定，而民事诉讼法关于财产保全的规定适用于行政诉讼的主要是第一百条，即人民法院对于可能因当事人一方的行为或者其他原因，使判决难以执行或者造成当事人其他损害的案

① 杨钧、秦嫣：《论释明制度》，《法学》2003年第9期。

件，根据对方当事人的申请，可以裁定对其财产进行保全、责令其作出一定行为或者禁止其作出一定行为；当事人没有提出申请的，人民法院在必要时也可以裁定采取保全措施。人民法院采取保全措施，可以责令申请人提供担保，申请人不提供担保的，裁定驳回申请。人民法院接受申请后，对情况紧急的，必须在四十八小时内作出裁定；裁定采取保全措施的，应当立即开始执行。当事人对财产保全的裁定不服的，可以向作出裁定的人民法院申请复议一次。

3. 先予执行。先予执行，是指在受理案件后终审判决作出前，为了权利人生活或生产经营的急需，法院裁定义务人预先履行义务的制度。《行政诉讼法》第五十七条规定，人民法院对起诉行政机关没有依法支付抚恤金、最低生活保障金和工伤、医疗社会保险金的案件，权利义务关系明确、不先予执行将严重影响原告生活的，可以根据原告的申请，裁定先予执行。当事人对先予执行的裁定不服的，可以申请复议一次。该条可从以下几个方面来理解：

首先，先予执行有其特定的对象。行政诉讼的先予执行适用对象是抚恤金、最低生活保障金和支付工伤、医疗社会保险金等发放争议的案件，具有行政给付性质。

其次，先予执行必须符合一定条件。先予执行的前提条件，一是权利义务关系明确，即在立案后基本可以判断出结果，原告方必然胜诉。若有权利义务关系存在严重争议，则不适用。二是先予执行情况的紧急性，即不先予执行将严重影响原告生活，使得原告的生活几乎无法维持下去，到了一种非常紧急的程度，体现了对原告合法权益保护的及时性。因此，法院在先予执行时，也只能以解决原告的生活迫切需要为准，而不能超出这个范围，否则，就形成先执行后审判的司法悖论。

再次，先予执行是依申请而作出的。原告必须向法院提出申请，法院只有在原告提出申请的情况下，才能裁定先予执行，而不能依职权裁定先予执行；而且，只有原告才有提起的权利，其他利害关系人则无此权利。

最后，对先予执行裁定不服的救济。当事人对先予执行裁定不服的，可以申请复议一次。这里可能是原告对不予先予执行的裁定或被告对先予执行的裁定不服的，可以向法院申请复议一次，但复议期间不停止裁定的执行。由于不是上诉，因此，只能向作出裁定的法院申请复议，而不是向上级法院申请。

（二）开庭审理

一般来说，人民法院公开审理行政案件，但涉及国家秘密、个人隐私和法律另有规定的除外。涉及商业秘密的案件，当事人申请不公开审理的，可以不公开审理。开庭审理前由书记员查明当事人和其他诉讼参与人是否到庭，并宣布法庭纪律。

1. 宣布开庭。开庭审理时，首先由审判长宣布开庭；然后依次核对当事人，宣布案由，宣布审理人员、书记员名单，告知当事人有关诉讼权利义务，询问当事人是否提出回避申请。一般而言，人民法院审理行政案件，由审判员组成合议庭，或者由审判员、陪审员组成合议庭。合议庭的成员，应当是三人以上的单数。根据《行政诉讼法》第五十五条规定，当事人认为审判人员、书记员、翻译人员、鉴定人、勘验人与本案有利害关系或者有其他关系可能影响公正审判，有权申请审判人员、书记员、翻译人员、鉴定人、勘验人回避。审判人员、书记员、翻译人员、鉴定人、勘验人认为自己与本案有利害关系或者有其他关系，应当申请回避。院长担任审判长时的回避，由审判委员会决定；审判人员的回避，由院长决定；其他人员的回避，由审判长决定。当事人对决定不服的，可以申请复议一次。

2. 法庭调查。法庭调查是开庭审理的中心环节，具体任务是通过核对各种证据材料，审查证据的证明效力以便认定案件事实。《行政诉讼法》第一百零一条规定，对于开庭审理的规定，行政诉讼法中没有规定的，可适用民事诉讼法的规定。根据《中华人民共和国民事诉讼法》(2012 年修正版)第一百三十八条规定，法庭调查按照下列顺序进行：第一，当事人陈述。法庭依次是依原告、被告、第三人及他们各自的诉讼代理人的顺序陈述；第二，告知证人的权利义务、证人作证、宣读未到庭证人的证言；第三，出示书证、物证、视听资料和电子数据；第四，宣读鉴定意见。当事人及法定代理人经审判长许可，可以向鉴定人发问；第五，宣读勘验笔录、现场笔录。

3. 法庭辩论。法庭辩论是开庭审理的重要阶段，是在审判人员主持下，当事人根据案件已经查明的事实和根据，用口头辩论方式陈述各自对诉讼争议和事实的看法、理由以及依据，以明确是非和责任。行政诉讼适用民事诉讼法的要求，根据开庭审理可以适用民事诉讼法的规定，行政诉讼法庭辩论的一般顺序为：先由原告及其诉讼代理人发表辩论意见，再由被告及其代理人、第三人及其代理人发表辩论意见，接着各方相互辩论。法庭辩论终结，由审判长按照原告、被告、第三人的先后顺序征询各方最后意见。审判长宣布法庭辩论结束。

4. 合议庭评议。合议庭评议案件时，首先应确定案件事实是否全部查清，在此基础上再进一步判明被告所作行政行为是否合法有效。合议庭评议实行少数服从多数的原则。

5. 宣判。《行政诉讼法》第八十条规定，人民法院对公开审理和不公开审理的案件，一律公开宣告判决。当庭宣判的，应当在十日内发送判决书；定期宣判的，宣判后立即发给判决书。宣告判决时，必须告知当事人上诉权利、上诉期限和上诉的人民法院。可作如下理解：(1)一律公开宣判原则。法院审理案件可分为公开审理和不公开审理等两种形式，其中，以公开审理为原则，以少数不公开审理为例外，对涉及国家秘密、个人隐私的案件，不公开审理；对涉及商业秘密的，应当事人的申请，也可以不公开审理。但无论是公开审理还是不公开审理的案件，在宣判时要一律公开，没有任何例外。这个公开是向所有人公开，没有范围的限制。(2)发放判决书的时间。宣判后，根据不同情形发送判决书：当庭宣判的，10 日内发送判决书；定期宣判的，宣判后立即发判决书。(3)必须告知当事人的相关事项。《行政诉讼法》还要求在宣判时，要及时告知当事人三项内容："当事人上诉权利""上诉期限""上诉的法院"。从条文表述来看，不仅要在判决书中写明，还要口头告知当事人这三项内容。

(三) 审理中几种情况的处理

1. 撤诉。行政诉讼中的撤诉分为申请撤诉和视为撤诉两种情况。

申请撤诉。根据《行政诉讼法》第六十二条的规定，人民法院对行政案件宣告判决或者裁定前，原告申请撤诉的，或者被告改变其所作的行政行为，原告同意并申请撤诉的，是否准许，由人民法院裁定。

按照撤诉处理。《行政诉讼法》第五十八条规定，经人民法院传票传唤，原告无正当理由拒不到庭，或者未经法庭许可中途退庭的，可以按照撤诉处理；此外，原告在法定期限内未交诉讼费，又不提出缓交申请的可按自动撤诉处理。

不论是原告申请撤诉还是按照撤诉处理，一旦经人民法院裁定批准，均产生一定的法律后果。在实体法上产生的法律后果是诉讼请求不能实现；在程序法上产生的法律后果是终结诉讼程序，使诉讼法律关系归于消灭。人民法院裁定准许原告撤诉，原告再起诉的，人民法院不予受理；原告在法定期限内未预交诉讼费按自动撤回起诉处理的，原告在起诉期间内再次起诉，人民法院应予受理。

2. 缺席判决。缺席判决原则上适用于被告，根据《行政诉讼法》第五十八条的规定，被告无正当理由拒不到庭，或者未经法庭许可中途退庭的，可以缺席判决。根据最高人民法院的有关规定，人民法院裁定不准许原告撤诉，如果原告仍拒不到庭的，人民法院也可以作出缺席判决。缺席判决只能在案件事实已经全部查清的情况下才能依法作出。

3. 诉讼中止。诉讼中止是指在行政诉讼进行过程中，由于存在和发生了某种无法克服或难以避免的特殊情况，致使诉讼无法继续进行而暂时停止的一种法律制度。《行政诉讼法》第六十一条第二款规定，在行政诉讼中，人民法院认为行政案件的审理需以民事诉讼的裁判为依据的，可以裁定中止行政诉讼。对诉讼中止的其他情形，适用于民事诉讼法的相关规定。根据民事诉讼法的规定，结合行政诉讼的特点，行政诉讼应当中止的情形包括：原告死亡，需要等待其近亲属表明是否参加诉讼的；原告丧失诉讼行为能力，尚未确定法定代理人的；作为一方当事人的行政机关、法人或者其他组织终止，尚未确定权利义务承受人的；一方当事人因不可抗力的事由不能参加诉讼的；案件涉及法律适用问题，需要送请有关机关作出解释或者确认的；案件的审判须以相关民事、刑事或者其他行政案件的审理结果为依据，而相关案件尚未审结的；其他应当中止诉讼的情形。中止诉讼时人民法院应当作出裁定。中止诉讼的原因消除后，应恢复诉讼程序。

4. 诉讼终结。诉讼终结是指在行政诉讼进行期间，因存在和发生了某种特殊情况，使诉讼无法进行或者继续进行已无实际意义，从而结束正在进行的行政诉讼程序的一种法律制度。诉讼终结与诉讼中止的区别在于：前者是完全结束对案件的审理，以后不再恢复诉讼程序；后者只是诉讼程序的暂时中断，待障碍消除后还要恢复诉讼程序。对诉讼终结的情形，适用于民事诉讼法的相关规定。根据民事诉讼法的规定，结合行政诉讼的特点，终结诉讼包括以下情形：原告死亡，没有近亲属或者近亲属放弃诉讼权利；作为原告的自然人丧失诉讼行为能力，无法确定法定代理人，无人继续诉讼的；作为原告的法人或者其他组织终止后，其权利义务的承受人放弃诉讼权利，无人继续诉讼的。诉讼终结时，人民法院应当制作裁定书，裁定书一经送达即发生法律效力，当事人不得提出上诉，终结诉讼的法律后果是人民法院不再对该案进行审理，原告不得就同一事实和理由就同一诉讼标的再行起诉。

5. 行政诉讼附带民事诉讼。行政诉讼附带民事诉讼，是指在行政诉讼过程中，人民法院根据当事人或利害关系人的请求，受理与被诉行政行为密切相关的民事权益争议，将两种性质不同的争议并案审理，在解决行政争议的同时，附带解决民事争议的活动。[①] 在行政争议中，有很大一部分与民事争议交织在一起，解决行政争议成为解决民事争议的前提条件。法院通过行政诉讼处理行政争议时，有可能也有必要一并解决与此相关的民事争议，从而节约司法成本，减少当事人的诉累，也避免分开裁决可能产生的结果矛盾与冲突问题。

根据《行政诉讼法》第六十一条的规定，在涉及行政许可、登记、征收、征用和行政机关对民事争议所作的裁决的行政诉讼中，当事人申请一并解决相关民事争议的，人民法院可以一

① 王保礼、刘德生：《行政诉讼附带民事诉讼问题探讨》，《法商研究》（中南政法学院学报）1996年第6期。

并审理。在行政诉讼中,人民法院认为行政案件的审理需以民事诉讼的裁判为依据的,可以裁定中止行政诉讼。由此可见,行政附带民事诉讼可分为两种情况:

(1) 在涉及行政许可、登记、征收、征用、行政机关对民事争议所作的裁决的行政诉讼中附带的民事诉讼。如果当事人在提起行政诉讼的同时一并申请解决相关民事争议,法院可以一并审理。行政许可是指行政机关根据公民、法人或者其他组织的申请,经依法审查,准予其从事特定活动的行为。如果受该行政许可行为影响的民事权利义务关系存在争议,当事人在提起行政诉讼的同时,可以一并提出解决民事争议的申请。行政登记是指行政主体根据行政相对人的申请,在行政管理部门的相关登记账簿中记载其某种事实状况,以此确认其法律地位的行为。如工商企业登记、纳税登记、房屋产权登记、户口登记等。如果受该行政登记行为影响的民事权利义务关系存在争议,当事人在对行政登记行为提起行政诉讼的同时,可以一并提出解决民事争议的申请。行政征收①是指行政主体依据法律规定,以强制的方式无偿取得行政相对方财产的具体行政行为。如果受该行政征收行为影响的民事权利义务关系存在争议,当事人在对该行政征收行为提起行政诉讼的同时,可以一并提出解决民事争议的申请。行政征用是行政主体基于公共利益的需要,依法定程序强制性使用行政相对方财产或劳务的具体行政行为。如果受该行政征用行为影响的民事权利义务关系存在争议,当事人在对该行政征用行为提起行政诉讼的同时,可以一并提出解决民事争议的申请。行政裁决是指行政机关以第三者身份,依法对平等主体之间发生的民事纠纷进行审查并作出具有强制力处理的行政行为。根据我国有关法律的规定,行政裁决主要有以下几类:①损害赔偿裁决,这种纠纷广泛存在于食品卫生、环境保护、药品管理、产品质量、医疗卫生、社会福利等领域,当事人可以依法要求行政机关进行裁决,确认损害赔偿责任和赔偿数额;②补偿纠纷的裁决,主要存在于房屋拆迁、土地征用、知识产权使用等领域,双方当事人可以依法请求有关行政机关进行裁决,作出强制性补偿决定;③权利归属纠纷裁决,例如因土地、草原、矿产、水面、滩涂等自然资源的权属争议和房产权属争议等,双方当事人可以依法向有关行政机关请求确认,并作出裁决。如果当事人不服此类行政裁决的,可以在提起行政诉讼的同时一并申请解决民事争议,法院可以一并审理。

可见,能够与行政诉讼一并提出的民事诉讼,都要求民事争议与行政争议有着非常密切的关系。而附带提出的主体,既可以是原告,也可以是第三人,以他们主动申请为前提,法院不能依职权进行合并。当事人提出的时机是在一审程序中,由行政审判庭负责审理。按照《行政诉讼法》规定,人民法院一旦决定一并审理的,当事人不得对该民事争议再提起民事诉讼。

(2) 先民事诉讼后行政诉讼的情形。即在行政诉讼中,如果该行政诉讼的进行要以民事诉讼的裁判结果为依据时,法院就要裁定先中止行政诉讼,待民事诉讼裁判结果出来后再继续进行行政诉讼。一般发生在某一行政行为的作出需要以某民事争议的解决为基础或前

① 行政征收与行政征用的区别在于:(1)适用范围不同。行政征收的内容一般只限于相对人的财产权益;而行政征用的内容既包括相对人的财产权益,也包括相对人提供劳务或行为上的作用。(2)适用情形不同。行政征收是在正常情况下适用的,具有固定性、延续性,一般不能随意变更;而行政征用则具有临时性、应急性,是在特殊紧急情况下适用的。(3)法律后果不同。行政征收的结果是将相对人的财产权益因征收而转归国家所有,所有权发生根本改变;而行政征用的财产是行政机关为了应急所用,只是暂时取得财产的使用权,并不发生财产所有权的转移。

提的情况下，而在民事争议解决前，当事人向法院对某一行政行为提起行政诉讼时，法院应告知先解决民事争议，待民事争议解决后再进行行政诉讼；已经受理的行政诉讼，也要暂时中止，待民事争议解决后再予以恢复。

6. 被告在一审期间改变被诉行政行为的处理。在现实中，行政诉讼一审过程中，经常发生被告改变行政行为的行为。《行政诉讼法》第六十二条规定，人民法院对行政案件宣告判决或者裁定前，被告改变其所作的行政行为，原告同意并申请撤诉的，是否准许，由人民法院裁定。由此可见，对于原告和第三人来说，如果对改变后的行政行为满意，一般会引起撤诉，此时由人民法院裁定是否准许；如果原告不申请撤诉，人民法院仍应审查原行政行为。

7. 对复议决定一并作出裁决。《行政诉讼法》第七十九条规定，复议机关与作出原行政行为的行政机关为共同被告的案件，人民法院应当对复议决定和原行政行为一并作出裁判。该规定仅适用于复议机关作出维持原行政行为的案件。根据《行政诉讼法》，经过行政复议的行政案件，可能有三种结果，一是复议机关维持原行政行为；二是复议机关改变原行政行为；三是复议机关不作为。在这三种情况下，只有第一种情况即复议机关维持原行政行为的案件，复议机关与原行政行为的作出机关是共同被告。此时，法院在审理此类案件时，要对复议决定和原行政行为一并作出裁判。

（四）审结期限

根据《行政诉讼法》第八十一条、第八十八条的规定，第一、二审行政案件的审结期限不同。对于第一审行政案件，“人民法院应当在立案之日起六个月内作出第一审判决。有特殊情况需要延长的，由高级人民法院批准，高级人民法院审理第一审案件需要延长的，由最高人民法院批准。”所谓特殊情况，一般是指案件事实比较复杂，短期内不易查清，或者当事人有特殊原因无法出庭等情况。对于第二审行政案件，人民法院审理上诉案件，应当在收到上诉状之日起三个月内作出终审判决。有特殊情况需要延长的，由高级人民法院批准，高级人民法院审理上诉案件需要延长的，由最高人民法院批准。

五、简易程序

简易程序是指第一审人民法院审理简单行政案件所适用的简便易行的诉讼程序。与普通程序相比，简易程序是在起诉、审理组织的构成、审理步骤、审理期限等方面都有所简化的一种程序，可以有效地降低司法成本、节约司法资源、提供审判效率。

（一）简易程序的适用条件

根据《行政诉讼法》第八十二条的规定，适用简易程序的基本条件有三个，一是事实清楚；二是权利义务关系明确；三是争议不大。关于简易程序中的“事实清楚”“权利义务关系明确”“争议不大”的含义，民事诉讼法中有专门的解释。“所谓‘事实清楚’，是指双方当事人对案件事实陈述基本一致，并能提供可靠的证据予以证明；所谓‘权利义务关系明确’，是指对于权利的享有者是谁、享有什么权利，义务的承担者是谁、承担什么义务，比较明确；所谓‘争议不大’，是指当事人对诉讼请求、事实和证据没有大的争议”。[①] 行政诉讼法简易程序中这些词的含义也应当作如是解释。

① 江伟：《民事诉讼法》（第5版），中国人民大学出版社2011年版，第263-264页。

当然，适用简易程序的行政案件仅限于第一审行政案件，不适用第二审行政案件，不适用发回重审以及按照审判监督程序再审的案件，因为，此类案件本身就是因为争议较大，不符合简易程序的适用条件。

适用简易程序的案件主要有四类：(1)被诉行政行为是依法当场作出的；(2)案件涉及款额一千元以下的；(3)属于政府信息公开案件的；(4)当事人各方同意适用简易程序的行政案件。

（二）简易程序行政案件的审理方式

《行政诉讼法》第八十三条规定，适用简易程序审理的行政案件，由审判员一人独任审理，并应当在立案之日起四十五日内审结。

1. 简易程序的审判组织。简易程序的审判组织实行独任制，由审判员一人独任审理，无须组成合议庭。这与普通程序所采取的由三人以上的审判员或审判员、陪审员组成的合议庭有区别，体现了简易的特点。明确要求是“审判员”独任，陪审员不能独任。可见，对简易程序的独任条件，规定了较高的标准，已确保审判质量。按照人民法院组织法的规定，“审判员”需要地方人大常委会任命，才能履行职务，而助理审判员由其所在的法院院长任命。这里的“审判员”应当既包括地方人大常委会任命的“审判员”，也包括法院院长任命的助理审判员。

2. 简易程序的审结期限。简易程序的审结期限一般是 45 日，从立案之日起计算，而且不存在期限延长的情形。与普通程序的 6 个月以及特殊情况还可再延长的期限相比，简易程序的审结期限较短，而且，比民事诉讼简易程序三个月的审结期限也短。然而，本书认为，这个审结期限还是显得略长些，对行政诉讼而言，适用简易程序的案件要更为简单，可以将 45 日改为 30 日，同时，还要对诉讼各环节从立案、送达、提交证据、庭审程序等进行精简并对时间进行压缩，进一步体现其“简易性”。

（三）简易程序转化为普通程序

尽管适用简易程序审理的行政案件具有审理组织形式简单与审理期限较短的优势，但是如果人民法院在审理过程中，发现案件不宜适用简易程序的，应裁定转为普通程序。为此，《行政诉讼法》第八十四条规定，人民法院在审理过程中，发现案件不宜适用简易程序的，裁定转为普通程序。

1. 简易转普通程序的标准问题。即不符合简易程序的标准，有四种情形：一是不符合“事实清楚、权利义务关系明确、争议不大”的特点；二是在第八十二条所列举的行政案件范围内，即不属于“被诉行政行为是依法当场作出”“案件涉及款额二千元以下”“政府信息公开案件”；三是在当事人同意的条件中，发现遗漏了某个当事人而该当事人并不同意简易程序的情形；四是发现属于发回重审的案件，或按照审判监督程序再审的案件等。

2. 简易程序转化的主体。从该条规定来看，由法院来发现而无须当事人启动；由法院依职权转化为普通程序，无须征求当事人的意见，无须获得当事人的同意。

3. 简易程序转化的时间。“人民法院在审理过程中”，表明转化的时间是在简易程序审结期限届满之前，如果审结期限已经届满，应当不能再转化为普通程序。

4. 转化所采用的形式：适用裁定的方式。由于在转化的过程中没有当事人的因素，因此，该裁定应当是终局裁定，对裁定也就不存在不服而申诉或上诉的问题了。

六、第二审程序

行政诉讼第二审程序，又称上诉审程序，是指上一级人民法院依照法律规定，根据当事人对第一审人民法院作出的裁判或判决不服，而在法定期限内向一审法院的上一级人民法院提起的上诉，对一审的人民法院作出的尚未生效的判决或裁定重新进行审理，并作出裁判的程序。在我国，人民法院审理行政案件实行的是两审终审制度，除了最高人民法院所作的第一审判决、裁定是终审判决与裁定外，当事人不服地方各级人民法院所作的第一审判决、裁定，均有权依法向上一级人民法院提起上诉，从而启动第二审程序。

（一）第二审程序的特点

1. 第二审程序由当事人上诉而引起

第二审程序是一种独立的审判程序，但并非是每一个行政诉讼案件都必须经过的程序。只有当事人不服一审判决、裁定，在法定期限内，以合法的形式提出上诉的案件，才经过第二审程序。无论是作为原告的公民、法人或者其他组织，还是作为被告的行政机关均可引起第二审程序；而且，一审程序中作为与被诉行政行为有直接利害关系的第三人，也可以上诉从而引起第二审程序。第二审程序的基础是行政诉讼法律关系中当事人的上诉权，这与第一审程序不同，第一审程序是基于公民、法人或者其他组织合法的起诉而发生，因而只有作为行政相对人的公民、法人或者其他组织的起诉行为才可能引起第一审程序，而作为管理者的行政主体不能引起一审程序的发生。此外，上诉必须是针对尚未发生法律效力的第一审判决、裁定。如果第一审判决、裁定已经生效，则当事人无权上诉，即使上诉也不会引起第二审程序的发生。

2. 第二审程序由第一审人民法院的上一级人民法院适用

对上诉案件适用第二审程序进行审判的，只能是第一审人民法院的上一级人民法院。上级人民法院适用第二审程序审判上诉案件，是上级人民法院对下级人民法院行使监督权的具体表现。与第一审不同的是，适用第一审程序的审判机关是对第一审行政案件具有管辖权的人民法院，人民法院适用第一审程序审判行政案件，是各级人民法院对行政案件行使管辖权的具体体现。

3. 适用第二审程序所作的判决、裁定，是终审判决、裁定，不得再提起上诉

第二审人民法院适用二审程序所作的判决、裁定，是终审判决、裁定，一经作出，即发生法律效力，当事人即应执行，否则将可能导致人民法院的强制执行。对二审判决与裁定尽管可以提起申诉，但不能停止执行。而第一审人民法院适用第一审程序所作的判决、裁定，在法定期间是不发生执行力的，其法律后果在于超过法定期限后即对当事人产生拘束力，而在法定期限内当事人提出上诉，不发生任何法律效力。

（二）第二审程序的具体环节

1. 上诉的提起

《行政诉讼法》第八十五条规定，当事人不服人民法院第一审判决的，有权在判决书送达之日起十五日内向上一级人民法院提起上诉。当事人不服人民法院第一审裁定的，有权在裁定书送达之日起十日内向上一级人民法院提起上诉。逾期不提起上诉的，人民法院的第一审判决或者裁定发生法律效力。当事人均提起上诉的，上诉各方均为上诉人；诉讼当事人

中的一部分人提出上诉，没有提出上诉的对方当事人为被上诉人，其他当事人依原审诉讼地位列明。当事人提出上诉，应当按照其他当事人或者诉讼代表人的人数提出上诉状副本。当事人上诉，可以直接向原审人民法院提出，也可以向第二审人民法院即原审法院的上一级法院提出。直接向二审法院提出的，二审法院应当在5日内将收到的上诉状交原审法院。

2. 上诉的受理和撤回

上诉的受理。二审法院收到上诉状后，通过法定程序对上诉条件进行审查，诉讼主体合格，符合上诉条件的，应当予以受理，并在5日内将上诉状副本送达被上诉人，被上诉人应在收到上诉状副本后15日内提出答辩状。

如果通过原审人民法院上诉的，原审人民法院收到上诉状，应当在5日内将上诉状副本送达其他当事人，对方当事人应当在收到上诉状副本之日起15日内提出答辩状。原审人民法院应当在收到答辩状之日起5日内将副本送达当事人。原审人民法院收到上诉状、答辩状，应当在5日内连同全部案卷和证据，报送第二审人民法院。已经预收诉讼费用的，一并报送。

上诉的撤回。二审法院自受理上诉案件至作出二审裁判之前，上诉人可以向二审法院申请撤回上诉。撤回上诉应提交撤诉状。撤回上诉是否准许，应由二审法院决定。经审查，法院认为上诉人撤回上诉没有规避法律和损害国家、社会、集体和他人利益，符合撤诉条件的，应当准许撤诉。

不准许撤回上诉的情形有：(1)发现行政机关对上诉人有胁迫的情况或者行政机关为了息事宁人，对上诉人做了违法让步的；(2)第二审程序中，行政机关改变原具体行政行为，而上诉人因行政机关改变原行政行为而申请撤回上诉的；(3)双方当事人都提出上诉，而只有一方当事人提出撤回上诉的；(4)原审人民法院的裁判确有错误，应予以纠正或发回重审的。

3. 上诉的审理方式

《行政诉讼法》第八十六条规定，人民法院对上诉案件，应当组成合议庭，开庭审理。经过阅卷、调查和询问当事人，对没有提出新的事实、证据或者理由，合议庭认为不需要开庭审理的，也可以不开庭审理。这是对二审审理方式的规定，体现了以开庭审理为原则，以不开庭审理为例外的特点。所谓书面审理，是指人民法院在受理上诉案件后，不进行实地调查，也不传唤当事人和诉讼参与人，不当面听取各方当事人的陈述和辩论，只对当事人所提出的上诉状、答辩状、原审法院的案卷以及其他书面材料及证据进行审查，不开庭而进行审理和裁判的一种特殊方式。①

4. 上诉的审查范围

《行政诉讼法》第八十七条规定，人民法院审理上诉案件，应当对原审人民法院的判决、裁定和被诉行政行为进行全面审查。“全面”是指法院应当全面审查一审法院的判决或裁定认定的事实是否清楚，适用法律是否正确，诉讼程序是否合法；另外对被诉的行政行为的合法性作全面审查，不受上诉人在诉状中列举范围和上诉内容的限制。② 不仅要对原审法院的裁判是否合法进行审查，还要对被诉具体行政行为的合法性进行审查；不仅对上诉范围内

① 胡建淼：《行政诉讼法学》，复旦大学出版社2003年版，第214页。

② 杨临宏：《行政诉讼法：原理与制度》，云南大学出版社2011年版，第262页。

的事项进行审查,还要对上诉范围外的相关事项进行审查。

5. 上诉的审限

审限,是指人民法院审理各类案件的法定期限,具体是指从立案到结案的时间限制。对审限作出明确规定,有利于诉讼的快捷、有序运行,有利于及时、有效地保护当事人的合法权益。《行政诉讼法》第八十八条规定,人民法院审理上诉案件,应当在收到上诉状之日起三个月内作出终审判决。有特殊情况需要延长的,由高级人民法院批准,高级人民法院审理上诉案件需要延长的,由最高人民法院批准。

二审法院作出的裁判是终审裁判,当事人不得上诉。如果法院对已发生法律效力的裁判依法进行再次审理则属于审判监督程序。

七、审判监督程序

审判监督程序,又称为再审程序,是指人民法院对已发生法律效力的裁判决和裁定,认为在认定事实或者适用法律上确有错误,依法对原案件进行再次审理的程序。由于行政诉讼实行的是二审终审制度,因而审判监督程序并不是每个行政诉讼案件必经的程序,只是对已经发生法律效力的违反法律、法规的裁判确实需要再审时所适用的一种特殊行政诉讼程序。设立审判监督程序,其目的是为了保证人民法院所作出的裁判是公正、正确的。

(一) 审判监督程序与二审程序的关系

两者的共同点,都是以人民法院已经作出的裁判为基础,都是对人民法院的审判工作进行监督、保证办案质量的程序。两者的区别在于:

1. 提起的主体不同

提起审判监督程序的主体必须是法律明文规定的各类主体,包括各级人民法院院长与该院审判委员会,上级人民法院、最高人民法院,上级人民检察院等,当事人也可以申请再审。而提起上诉的主体,则是享有上诉权的当事人,并且当事人的上诉必然引起第二审程序的发生。

2. 提起的法定理由不同

提起审判监督程序必须具有法定理由,即人民法院已经发生法律效力的判决、裁定存在着行政诉讼法规定的特定情形,有关主体才能提起审判监督程序,且提起该程序不受期限的限制。当然,当事人申请再审是有期限要求的。《行政诉讼法》对再审不同主体提起再审的事由有不同的规定。而提起二审程序的法定理由是当事人不服地方各级人民法院所作的第一审判决、裁定。只要是当事人不服一审人民法院的判决、裁定,即可在法定期限内提起上诉,它并不以一审判决、裁定违反法律、法规为前提。

3. 审理的对象不同

审判监督程序审理的对象是已经生效的判决、裁定。特定情况下,行政赔偿调解书也可以成为提起审判监督程序的对象。《行政诉讼法》第九十二条规定,各级人民法院院长发现调解违反自愿原则或者调解书内容违法,认为需要再审的,应当提交审判委员会讨论决定;最高人民法院发现地方各级人民法院的调解违反自愿原则或者调解书内容违法的,有权提审或者指令下级人民法院再审等。而第二审程序审理的对象则是尚未生效的第一审判决、裁定。

4. 审理的主体不同

适用审判监督程序审理的行政案件，既可以由原审人民法院审理，也可以由原审人民法院的上级人民法院审理。而适用第二审程序审理的行政案件，只能由第一审人民法院的上一级人民法院审理。

（二）当事人的申请再审

1. 申请再审的提起。《行政诉讼法》第九十条规定，当事人对已经发生法律效力的判决、裁定，认为确有错误的，可以向上一级人民法院申请再审，但判决、裁定不停止执行。人民法院接到当事人的再审申请后，经审查，符合再审条件的，应当立案并及时通知各方当事人；不符合再审条件的，予以驳回。

2. 申请再审事由。《行政诉讼法》第九十一条规定，符合以下条件之一的，法院应当再审：(1)不予立案或者驳回起诉确有错误的；(2)有新的证据，足以推翻原判决、裁定的；(3)原判决、裁定认定事实的主要证据不足、未经质证或者系伪造的；(4)原判决、裁定适用法律、法规确有错误的；(5)违反法律规定的诉讼程序，可能影响公正审判的；(6)原判决、裁定遗漏诉讼请求的；(7)据以作出原判决、裁定的法律文书被撤销或者变更的；(8)审判人员在审理该案件时有贪污受贿、徇私舞弊、枉法裁判行为的。

（三）法院提起再审程序

法院依职权提起再审是指法院在没有当事人申请或检察机关抗诉的情况下，发现生效裁判存在着法律规定的再审情形而依法启动再审程序。《行政诉讼法》第九十二条规定："各级人民法院院长对本院已经发生法律效力的判决、裁定，发现有本法第九十一条规定情形之一，或者发现调解违反自愿原则或者调解书内容违法，认为需要再审的，应当提交审判委员会讨论决定。最高人民法院对地方各级人民法院已经发生法律效力的判决、裁定，上级人民法院对下级人民法院已经发生法律效力的判决、裁定，发现有本法第九十一条规定情形之一，或者发现调解违反自愿原则或者调解书内容违法的，有权提审或者指令下级人民法院再审。"

（四）检察机关提起再审程序

检察机关提起再审程序主要是通过抗诉方式来进行的。《行政诉讼法》第九十三条规定，"最高人民检察院对各级人民法院已经发生法律效力的判决、裁定，上级人民检察院对下级人民法院已经发生法律效力的判决、裁定，发现有本法第九十一条规定情形之一，或者发现调解书损害国家利益、社会公共利益的，应当提出抗诉。地方各级人民检察院对同级人民法院已经发生法律效力的判决、裁定，发现有本法第九十一条规定情形之一，或者发现调解书损害国家利益、社会公共利益的，可以向同级人民法院提出检察建议，并报上级人民检察院备案；也可以提请上级人民检察院向同级人民法院提出抗诉。各级人民检察院对审判监督程序以外的其他审判程序中审判人员的违法行为，有权向同级人民法院提出检察建议"。

（五）再审案件的审理程序

《行政诉讼法》没有对再审程序作出明确规定，根据司法实践，再审案件的审理应当遵循如下程序：

1. 人民法院审理再审案件，应当另行组成合议庭

按照审判监督程序决定再审的案件，应当裁定中止原判决的执行；裁定由院长署名，加

盖人民法院印章。上级人民法院决定提审或者指令下级人民法院再审的，应当作出裁定，裁定应当写明中止原判决的执行；情况紧急的，可以将中止执行的裁定口头通知负责执行的人民法院或者作出生效判决、裁定的人民法院，但应当在口头通知后10日内发出裁定书。

2. 人民法院应根据不同案件分别适用不同的程序予以审理

人民法院按照审判监督程序再审的案件，发生法律效力的判决、裁定是由第一审人民法院作出的，按照第一审程序审理，所作的判决、裁定，当事人可以上诉；发生法律效力的判决、裁定是由第二审人民法院作出的，按照第二审程序审理，所作的判决、裁定是发生法律效力的判决、裁定；上级人民法院按照审判监督程序提审的，按照第二审程序审理，所作的判决、裁定是发生法律效力的判决、裁定。根据法律规定，凡原审人民法院审理再审案件，必须另行组成合议庭。

八、对妨害行政诉讼行为的强制措施

妨害行政诉讼行为是指当事人、其他诉讼参与人或案外人在诉讼过程中故意实施的扰乱行政诉讼秩序、阻挠行政诉讼进程的行为。对妨害行政诉讼的实行强制措施，是法院为了保障行政诉讼活动顺利进行，对实施妨害行政诉讼行为的人或单位依法进行处理的行为。通过处罚，意在对当事人起到督促、威慑作用，有效维护正常的诉讼秩序和法律的尊严，保障人民法院正常行使审判权，保障当事人、其他诉讼参与人充分行使诉讼权利。

（一）妨害行政诉讼行为的构成

妨害行政诉讼行为，其构成要件主要有：

1. 必须是已经实施并在客观上妨害了行政诉讼的行为

这是构成妨害行政诉讼行为的客观要件。如果只是行为人主观上的一种打算而没有实际实施，或者尽管实施了但不足以妨害行政诉讼，都不是妨害行政诉讼的行为。妨害行政诉讼的行为，可以是作为，也可以是不作为，前者如伪造、隐藏、毁灭证据或者提供虚假证明材料等；后者如有义务协助调查、执行的人，无故推拖、拒绝或者妨碍调查、执行的，等等。如果行为人所实施的妨害行政诉讼行为十分严重，构成了犯罪，那么应当按照刑法的规定处以刑罚。

2. 必须是在诉讼过程中实施的行为

这是构成妨害行政诉讼行为的时间要件。妨害行政诉讼的行为以扰乱、阻碍行政诉讼的正常进行为目的，因此，妨害行政诉讼行为也必须是在行政诉讼过程中实施的行为。这里指的行政诉讼过程不仅包括审判过程，而且包括执行过程。也就是说，只要是行为人在立案后执行结束之前实施了妨害行政诉讼的行为，不管该行为是在法庭上实施的，还是在法庭外实施的，都构成妨害行政诉讼的行为。

3. 行为人在主观上必须出于故意

这是妨害行政诉讼行为的主观要件。如果某一行为的实施不是出于行为人的故意，而是出于其过失，即使这一行为在客观上可能给行政诉讼的正常进行造成一定程度的不便，也不能将这一行为认定为妨害行政诉讼的行为。此处所谓“故意”，是指行为人明知自己实施的行为会妨害行政诉讼程序，而且希望或者放纵这种情形的发生。

（二）妨碍行政诉讼行为的情形

《行政诉讼法》第 59 条规定了七种妨碍行政诉讼的情形：

1. 有义务协助调查、执行的人，对人民法院的协助调查决定、协助执行通知书，无故推拖、拒绝或者妨碍调查、执行的情形。

2. 伪造、隐藏、毁灭证据或者提供虚假证明材料，妨碍人民法院审理案件的情形。

3. 指使、贿买、胁迫他人作伪证或者威胁、阻止证人作证的情形。

4. 隐藏、转移、变卖、毁损已被查封、扣押、冻结的财产的情形。

5. 以欺骗、胁迫等非法手段使原告撤诉的情形。

6. 以暴力、威胁或者其他方法阻碍人民法院工作人员执行职务，或者以哄闹、冲击法庭等方法扰乱人民法院工作秩序的情形。

7. 对人民法院审判人员或者其他工作人员、诉讼参与人、协助调查和执行人恐吓、侮辱、诽谤、诬陷、殴打、围攻或者打击报复的情形。

人民法院对有上述规定的情形之一的单位，可以对其主要负责人或者直接责任人员依照前款规定予以罚款、拘留；构成犯罪的，依法追究刑事责任。罚款、拘留须经人民法院院长批准。当事人不服的，可以向上一级人民法院申请复议一次。复议期间不停止执行。

第七节　行政诉讼的法律适用

一、行政诉讼法律适用的概念

行政诉讼的法律适用是指人民法院针对审理的行政案件，依据法律、法规，参照规章，对行政行为的合法性进行审查、评价和作出裁判的活动。

行政诉讼法律适用主要解决人民法院对被诉行政行为合法性进行审查、判断的法律依据问题。我国没有统一的行政实体法，这就给行政审判法律适用带来了诸多困难，加之行政法律规范的制定主体呈现出多元化的趋势，行政法律规范等级和效力不一样，所以，这些行政法律规范是否都属于人民法院行政诉讼法律适用对象，它们对人民法院行政审判的约束力和效力如何认定等，都是行政诉讼过程中应当首先解决的问题。

与刑事诉讼、民事诉讼和行政机关在行政执法活动中的法律适用相比，行政诉讼法律适用具有以下四个特点：

1. 行政诉讼法律适用的主体只能是享有行政审判职权的人民法院

在行政诉讼中，人民法院依据行政法律、法规对行政案件作出裁判，而行政主体根据管理需要，具体运用行政法规范对行政管理事务作出处理，行政主体是法律适用的主体。行政诉讼法律适用与民事诉讼、刑事诉讼法律适用不同，表现在行政诉讼法律适用的主体只能是享有行政案件审判权的人民法院，而民事诉讼、刑事诉讼法律适用的主体既可以是普通人民法院，也可以是专门人民法院。

2. 行政诉讼法律适用是人民法院对行政案件的第二次法律适用

人民法院适用有关法律规范对行政行为的合法性进行审查，其实质是对行政机关适用法律、法规的情况进行监督。而民事诉讼和刑事诉讼的法律适用则不具有上述特点，人民法院直接适用民事法律规范或者刑事法律规范对当事人争议事项作出裁决。

3. 行政诉讼法律适用具有多样性

根据我国《行政诉讼法》的相关规定，行政诉讼法律适用有"依据"和"参照"两种形式。关于"依据"，该法规定，人民法院审理行政案件，以法律、行政法规、地方性法规、自治条例和单行条例为依据；关于"参照"，该法第六十三条规定，人民法院审理行政案件，参照行政规章；根据《行政诉讼法》第一百零一条规定，人民法院审理行政案件，关于期间、送达、财产保全、开庭审理、调解、中止诉讼、终结诉讼、简易程序、执行等，以及人民检察院对行政案件受理、审理、裁判、执行的监督，本法没有规定的，适用《中华人民共和国民事诉讼法》的相关规定。

4. 行政诉讼法律适用是对法律规范的最终适用，具有最终的法律效力

根据司法最终解决的原则，行政诉讼法律适用是对法律规范的最终适用，具有最终的法律效力。行政诉讼法律适用的效力不仅高于行政主体在行政执法中的法律适用，而且也高于行政复议机关在审理行政复议案件中的法律适用，所以行政诉讼法律适用的效力体现了司法审判最终解决行政争议的精神。

二、行政诉讼法律适用规则

按照《行政诉讼法》的规定，我国行政诉讼法律适用的依据是法律、法规，并参照规章。

一、法律、法规及自治条例、单行条例是行政审判的依据

行政审判的依据是指人民法院审理行政案件，对行政行为合法性进行审查和裁判的标准和尺度。作为审理依据的规范，人民法院审理行政案件时"必须遵循"，即"必须直接适用"，人民法院无权拒绝适用。如果人民法院认为"待适用的审理依据"不合法的，则只能送请有权机关作出解释或者确认，而无权自行判断该依据的合法性。[①]《行政诉讼法》第六十三条第一款、第二款规定："人民法院审理行政案件，以法律和行政法规、地方性法规为依据。地方性法规适用于本行政区域内发生的行政案件。人民法院审理民族自治地方的行政案件，并以该民族自治地方的自治条例和单行条例为依据。"因此，我国行政审判的依据是法律、法规，其中，法规包括行政法规、地方性法规；而自治条例、单行条例以及经济特区法规实际上也是一种特殊的地方性法规，都属于行政诉讼案件的审理依据。

人民法院审理行政案件必须以法律、法规为依据，这是由法律、法规的制定机关在我国国家机构体系中的地位决定的。除行政法规由国务院制定外，法律和其他法规都是由相应的人民代表大会或其常务委员会制定的。根据人民代表大会制度，国家审判机关由人民代表大会产生，对它负责，受它监督。因此，作为国家审判机关的人民法院不能自行否定由人民代表大会或者由其常务委员会制定的法律、法规的效力。既然人民法院不能自行否定地方性法规的效力，自然也不能自行否定效力高于地方性法规的行政法规。

2. 司法解释的直接适用

① 季宏：《万国学校授课精华 行政法与行政诉讼法》，知识产权出版社2010年版，第249页。

最高人民法院司法解释，即审判解释，是指最高人民法院根据法律和有关立法精神，结合审判工作实际需要，对于人民法院在审判过程中如何具体应用法律的问题所进行的具力普遍约束力的解释，它是对法律的具体化。最高人民法院的审判解释权，是根据 1981 年《全国人民代表大会常务委员会关于加强法律解释工作的决议》和《人民法院组织法》第 33 条获得的。司法解释是我国法律的重要组成部分，在当前调整社会关系、指导我国各级人民法院审判工作中，对于我国法律具体条文的补充与扩展，加强社会主义法制建设有着非常重要的作用。在法律存在着漏洞的情况下，司法解释具有填补漏洞的作用。作为法律授予最高人民法院的一项权力，司法解释虽然不属于创制性立法，但具有执行性立法的性质。因此，自然成为各级人民法院行政审判的法律依据。人民法院审理行政案件，适用最高人民法院司法解释的，应当在裁判文书中援引。

3. 规章的参照适用

《行政诉讼法》第六十三条第三款规定，人民法院审理行政案件，参照规章。所谓行政诉讼案件的案件审理参照，是指人民法院审理行政案件，对被诉行政行为的合法性进行审查和裁判时，在符合法定条件的情形下必须遵循的标准、尺度。作为审理参照的规范，人民法院并非无条件适用，而是有条件的适用。人民法院的审理参照是行政规章，包括部门规章和地方政府规章。部门规章，除国务院部委规章外，还包括国务院其他部门根据法律和国务院的行政法规、决定、命令而制定、发布的规章；地方政府规章包括省、自治区、直辖市和设区的市、自治州的人民政府制定的规章。

这里的“参照”与“依据”有着明显的不同：“依据”是指人民法院审理行政案件时，必须适用该规范，不能拒绝适用；“参照”则是指在某些情况下可以适用，在某些情况下也可以不予适用。如果行政机关的行政行为是根据不符合法律、行政法规的明确规定或原则精神的规章作出的，人民法院就可以不适用该规章。

规章不能作为审判依据而只能作为参照的原因：第一，行政机关制定规章并且执行规章，人民法院又将其作为行政审判法律适用的依据，实际上是人民法院在行政审判中以行政机关的抽象行政行为去判断其行政行为是否合法，结果导致行政机关为自己的行为制定人民法院进行司法审查的标准，这样行政机关既是“裁判员”，又是“运动员”，这是违背法理精神的。第二，制定规章主体的多层次性，必然导致规章质量的参差不齐。如果允许规章作为人民法院审判行政案件法律适用的依据，将不利于人民法院公正合理地审理行政案件。

但另一方面，行政审判还要对规章进行“参照”，离开了对规章的参照，行政审判往往难以进行。原因在于：目前规章数量众多，在我国行政管理中起着非常重要的作用，不少行政管理行为是依据规章的规定作出，适用频率很高，尤其在法律、法规对某一行政管理事项没有明确规定时，规章更是许多行政行为作出的主要依据。因此，人民法院离开了规章审理行政案件是很难对行政行为的合法性审查的。而且，规章毕竟是法定的国家行政机关依法制定的，是我国法律体系的组成部分。所以，行政审判对符合法律、法规规定的规章赋予“参照”地位是适宜的。

4. 其他规范性文件的参考适用

其他规范性文件是指规章以下的具有普遍约束力的行政决定、命令的总称。其他规范性文件不属于法的范畴，因此对法院没有强制约束力。但在实际中，很多规范性文件成为行政机关进行行政管理的重要依据，行政机关的大量行政行为是依照其他规范性文件作出的。因此，要审理这些行政行为的合法性，就必须以这些“其他规范性文件”为依据。所以，人民法院审理行政案件，可以在裁判文书中引用合法有效的规章及其他规范性文件。同时，《行政诉讼法》六十四条还规定，人民法院在审理行政案件中，经审查认为规范性文件不合法的，不但不作为认定行政行为合法的依据，还要向制定机关提出处理建议。

三、行政诉讼法律适用冲突的适用规则

行政诉讼法律适用冲突是指人民法院在审判行政案件的过程中，发现对同一法律事实或关系，有两个或两个以上的法律文件作出了并不相同的规定，法院适用不同的法律规定就会产生不同的裁判结果。

（一）行政诉讼法律适用冲突的主要冲突形式

1. 特别冲突

特别冲突是指特别法律规定与普通法律规定之间的冲突。如对港、澳、台同胞出入境管理的特别规定不同于对一般公民的普通规定。

2. 层级冲突

层级冲突是指不同效力等级的行政法律规范就同一法律事项的规定不一致而产生的法律适用冲突。具体包括：法律与宪法的冲突；行政法规与宪法、法律的冲突；地方性法规与法律的冲突；自治条例、单行条例与法律的冲突；地方性法规与行政法规的冲突；规章与法律、行政法规、地方性法规的冲突；不同层级地方性法规之间的冲突；不同层级规章之间的冲突等。

3. 平级冲突

平级冲突是指制定机关不同但效力等级相同的法律规范就同一法律事项规定不一致而产生的法律适用的冲突。具体包括：部门规章之间的冲突；部门规章与地方政府规章的冲突；同一层级地方政府规章之间的冲突；同一层级地方性法规之间的冲突；行政法规之间的冲突；法律之间的冲突等。

4. 新旧法冲突

新旧法冲突是指新的行政法律规范与旧的行政法律规范对同一法律事项的规定不一致而产生的法律适用冲突。新旧行政法律规范冲突常常发生在某一旧的行政法律规范被修订后的一段时间内。

5. 区际冲突

区际冲突是指不同行政区域的法律规范对同一法律事项有不同的规定而产生的法律适用冲突。区际冲突有两种情况：一是大陆行政法律规范与港、澳、台行政法律规范的适用冲突，这类冲突是由历史的特殊性形成的；二是不同行政区域的法律适用冲突，如省与直辖市之间行政法律规范的适用冲突等。

（二）冲突解决规则

按照相关法律规范的规定，选择法律适用一般应遵循下列原则：

1. 区际冲突适用“属地管辖”原则

当我国不同行政区域的行政法律规范发生适用冲突时，适用“属地管辖”原则。即发生在我国港、澳、台地区的行政案件，适用在港、澳、台地区施行的法律规范；发生在大陆的行政

案件，则适用当地施行的法律规范。此外，此类法律适用冲突还可以通过双方协议来解决。

2. 高层级法律文件的规范优于低层级法律文件的规范

即在低层级法律文件的规范与高层级法律文件的规范发生冲突的情况下，人民法院一般优先适用高层级法律文件的法律规范。

3. 新的法律文件的规范优于旧的法律文件的规范

在新旧法并存、新法与旧法不一致时，人民法院一般优先适用新法的法律规范。但如果特定事项发生在新法生效之前，原则上适用旧法，当然，新法明确规定有溯及力的除外。

4. 特别法的规范优于普通法的规范

在特别法律规范与普通法律规范发生冲突时，人民法院适用法律的一般原则是特别法优于普通法，即优先适用特别法的法律规范。应当注意的是，冲突的特别法与普通法必须处于同一效力层级上，如果特别法效力层级低于普通法，而特别法的特别规定又未经高层级法的授权，这种情况下人民法院应适用普通法。

第八节 行政诉讼的裁判与执行

一、行政裁判的概念

行政诉讼的裁判包括裁定与判决。行政诉讼的裁定是指人民法院在审理行政案件过程中就行政程序问题所作出的判定。行政诉讼判决是指人民法院对当事人之间行政争议的实体问题所作的决定，是人民法院行使国家审判权，对行政行为进行监督的集中体现，也是人民法院处理、解决行政争议的基本手段，更是人民法院审理行政案件和当事人参加行政诉讼的结果的表现方式。

行政裁定与行政判决相比，两者的区别在于：(1)裁定是人民法院解决程序问题的审判行为，是对程序问题作出的判定。所谓程序问题有两方面的内容，一是在人民法院主持下，人民法院指挥当事人和其他诉讼参与人按照法定程序进行诉讼活动中所发生的问题；二是人民法院依照法定程序审理行政案件中所发生的问题。而判决是人民法院审理案件终结时，就实体问题所作出的判定。(2)裁定在行政诉讼进行中的任何阶段都可以作出；而判决只能在案件审理终结时才能作出。(3)裁定所适用的法律依据是程序性规范，而判决所适用的法律依据主要是实体性规范。(4)裁定是一种不要式的审判行为。裁定在形式上既可以是书面的，也可以是记入笔录的口头形式；而判决则必须是符合特定格式的书面形式。(5)裁定作出后，如果当事人不服，除了对法律规定的不予受理、驳回起诉、管辖异议等少数一审裁定可以上诉外，一般不享有上诉权；而一审判决作出后，如果当事人不服，除了最高人民法院的一审判决外，一般都享有上诉权。

除了裁定、判决外，行政诉讼中还存在一种叫作“决定”的形式。行政诉讼决定是指人民法院为保证行政诉讼的顺利进行，依法对行政诉讼中发生的某些特殊事项所作的处理决定。与行政判决和行政裁定相比，行政诉讼决定具有以下特点：(1)行政诉讼决定所解决的是发生在行政诉讼中的某些特殊问题，它不同于行政判决所解决的是双方当事人争议的实体问题，也不同于行政裁定所解决的是诉讼过程中发生的程序问题。它所解决的问题是发生在行政诉讼中的某些特殊事项，这些事项往往具有紧迫性。(2)行政诉讼决定的作用是为了保证案件的正常审理和诉讼程序的正常进行，或者为案件审理和诉讼活动的正常进行创造必要的条件，而不是对案件的实体问题作最终的结论和处理。(3)行政诉讼决定不是对案件的审判行为，不能依上诉程序提起上诉，当事人对决定不服，只能申请复议。

二、一审裁判形式

1. 驳回诉讼请求判决

《行政诉讼法》第六十九条规定，“行政行为证据确凿，适用法律、法规正确，符合法定程序的，或者原告申请被告履行法定职责或者给付义务理由不成立的，人民法院判决驳回原告的诉讼请求”。

2. 撤销及重作判决

《行政诉讼法》第七十条的规定，对于行政行为有“主要证据不足”“适用法律、法规错误”“违反法定程序”“超越职权”“滥用职权”“明显不当”的情形，人民法院判决撤销或者部分撤销。撤销及重作判决指的是法院经审查认为被诉行政行为全部或部分违法的，全部或部分行政行为撤销并可责令被告重新作出行政行为的一种判决形式。撤销及重作判决是对行政行为的全部或部分效力的否定，一般针对具有可撤销内容的作为的行政行为，不适用于没有撤销内容或不作为的行政行为。

3. 履行判决

履行判决是指人民法院对被告不履行法定职责的作出责令其在一定期限内履行的判决。《行政诉讼法》第七十二条规定，人民法院经过审理，查明被告不履行法定职责的，判决被告在一定期限内履行。其适用履行判决必须具备以下条件：被告对行政相对人负有履行法定职责的义务；行政相对人向负有法定职责的行政机关提出了合法的申请；被告具有不履行法定职责的客观事实。

4. 给付判决

根据《行政诉讼法》第七十三条规定，被告对原告负有给付义务的，法院将“判决被告履行给付义务”。行政给付是行政机关赋予某些特殊群体或个人以一定物质权益或与物质有关的权益，可使相对人获得一定数额的金钱或实物，或为相对人提供与财物有关的其他利益等，所适用的对象是特定的公民或组织，如丧失劳动能力、无生活来源，难以进行正常生活的公民。

5. 确认违法判决

《行政诉讼法》第七十四条规定了五种可以确认行政行为违法的判决，又可以分为两种类型，一类是法定的不撤销的确认违法情形，另一类是不需要撤销或判决履行的情形。法定的不撤销又分为两种情况：(1)行政行为应当依法被判决撤销，但撤销该行政行为会给国家利益、社会公共利益造成重大损害的；(2)行政行为程序轻微违法，但对原告权利不产生实际影响的。不需要撤销或判决履行的情形有：(1)行政行为违法，但不具有可撤销内容的；(2)被告撤销或者变更原违法行政行为，原告不撤诉，仍要求对原行政行为的违法性作出确认的；(3)被告不履行或者拖延履行法定职责应当判决履行，但判决履行已没有意义的。

6. 确认无效判决

《行政诉讼法》第七十五条规定："行政行为有实施主体不具有行政主体资格或者没有依据等重大且明显违法情形，原告申请确认行政行为无效的，人民法院判决确认无效。"无效判决的条件有两个：第一个条件是，行政行为有重大且明显违法情形。这里的"重大且明显违法"的具体情形，一是实施主体不具有行政主体资格；二是行政行为没有依据。第二个条件是，原告有确认无效的申请。确认无效判决，必须以原告的申请为前提。与履行判决、撤销判决、确认违法判决不同的是，确认无效判决的申请不受行政诉讼时效期限的限制，对于无效行政行为，行政相对人可以在任何时候请求包括法院在内的有权国家机关宣布该行为无效。实际上，对于无效行政行为，行政相对人可以不受该行为拘束，可以不履行该行为所确定的任何义务，并且不履行该行为所确定的义务也不会引起任何法律责任。但之所以要提起确认无效判决的申请，往往与损害赔偿有关系。行政行为被宣布无效后，行政相对人因无效行政行为而受到的一切损害均应予以恢复。

7. 采取补救措施或赔偿补偿判决

尽管《行政诉讼法》将此类判决分为两个条款，即第七十六条和第七十八条，但由于这两条内容都涉及到责令被告采取补救措施或赔偿补偿判决，尽管所针对的原因有所区别，但判决形式几乎是相同的，为此，可以将这两条合并来理解，都归于"采取补救措施或赔偿补偿判决"。这种判决适用于以下情形：

(1) 行政行为被法院判决违法或无效。按照《行政诉讼法》第七十六条的规定，人民法院判决确认违法或者无效的，可以同时判决责令被告采取补救措施；给原告造成损失的，依法判决被告承担赔偿责任。

(2) 针对行政协议履行、变更和解除的情形。按照《行政诉讼法》第七十八条规定，政府特许经营协议、土地房屋征收补偿协议等协议，行政机关必须认真履行，如果被告有不依法履行、未按照约定履行或者违法变更、解除等情形的，法院可判决被告继续履行、采取补救措施或者赔偿损失等。若被告对上述协议的变更、解除是合法的行为，但给原告造成损失且未依法给予补偿的，法院也要进行补偿判决。

8. 变更判决

变更判决是指人民法院对于被告作出的明显不合理的行政行为，运用国家审判权直接予以改变的判决。其前提条件是，该行政行为已经存在，只是在合理性方面存在问题；相反，如果该行政行为本身不存在，法院不能通过变更的方式代行政机关作出某一行政行为。

三、二审裁判形式

根据《行政诉讼法》第八十九条规定，人民法院审理上诉案件，按照下列情形，分别处理：(1)原判决、裁定认定事实清楚，适用法律、法规正确的，判决或者裁定驳回上诉，维持原判决、裁定。(2)原判决、裁定认定事实错误或者适用法律、法规错误的，依法改判、撤销或者变更。(3)原判决认定基本事实不清、证据不足的，发回原审人民法院重审，或者查清事实后改判。(4)原判决遗漏当事人或者违法缺席判决等严重违反法定程序的，裁定撤销原判决，发回原审人民法院重审。原审人民法院对发回重审的案件作出判决后，当事人提起上诉的，第二审人民法院不得再次发回重审。人民法院审理上诉案件，需要改变原审判决的，应当同时

对被诉行政行为作出判决。可以对《行政诉讼法》规定的二审裁判形式分为以下几种情形:

1. 驳回上诉、维持原裁判

《行政诉讼法》第八十九条第一款第一项的规定,一审裁判认定事实清楚,适用法律、法规正确,而提起上诉理由不当的,应当依法驳回上诉,维持原裁判。

2. 依法改判

依法改判是二审法院直接改变原审法院对争议的行政行为合法性的判定,既意味着上级法院对下级法院裁判的全部否定,还意味着对争议的行政行为合法性的重新判定。改判着重对一审裁判结论进行改正。《行政诉讼法》第八十九条第一款第二、三项中都有关于改判的情形,为此,将其抽出,放在一起叙述。即对改判的适用有如下情形:判决、裁定认定事实错误或者适用法律、法规错误的;原判决认定基本事实不清、证据不足的。只要符合上述情形之一的,都可以改判。对于后一种情形中的"基本事实"主要是指当事人主体资格、行政法律关系的性质、法律责任等问题。改判意味着对事实重新进行认定,使之正确;用正确的法律、法规替代错误的法律法规的适用;对事实不清、证据不足的,要在查清事实的基础上进行改判。值得注意的是,该条第三款规定,法院在审理上诉案件时,如果需改变原审判决的,应同时对被诉具体行政行为作出判决。通过对被诉行政行为合法性的重新认定,使其合法性获得确定性。

3. 撤销的裁判

撤销的裁判是指二审法院撤销一审的裁定、判决,使其所作的判决归于无效的一种裁决形式。《行政诉讼法》第八十九条第一款第二、四项作了规定,适用的情况是:原判决、裁定认定事实错误或者适用法律、法规错误的;原判决遗漏当事人或者违法缺席判决等严重违反法定程序的。对于前一种情况,适合裁定与判决,一审裁判结论虽然正确,但事实认定或法律法规适用其中之一是有错误的,或事实认定和法律法规适用都有错误的情形;而后一种情况只适合对一审判决使用裁定的方式予以撤销,一般是针对一审的法定程序违法且可能影响案件公正判决的情形。

4. 变更的裁判

《行政诉讼法》第八十九条第一款第二项中的"原判决、裁定认定事实错误或者适用法律、法规错误的"情形,可以作为变更裁判的情形。

5. 发回重审的裁判

发回重审裁判的规定分布于《行政诉讼法》第八十九条第一款的第三和四项中,适用的情况是:原判决认定基本事实不清、证据不足的;原判决遗漏当事人或者违法缺席判决等严重违反法定程序的。对于后一种情形,遗漏的当事人主要是指原告、被告或第三人;违法缺席判决是指违反了新行政诉讼法对缺席判决适用的情形,即"被告无正当理由拒不到庭,或者未经法庭许可中途退庭的"情形。此外,还包括违反回避的要求、违反公开审理的规定等其他严重违反法定程序的情形。

四、裁定的其他运用与决定

(一) 再审程序的裁判形式

《行政诉讼法》没有对再审程序的裁判形式作出规定,根据司法实践,对再审程序的裁判通常分为以下几种情形：

1. 人民法院经过再审审理，认为原审判决认定事实清楚，适用法律、法规正确的，应当裁定撤销原中止执行的裁定，继续执行原判决。

2. 对原审法院受理、不予受理或者驳回起诉错误的处理。第一审人民法院作出实体判决后，第二审人民法院认为不应当受理的，在撤销第一审人民法院判决的同时，可以发回重审，也可以迳行驳回起诉；第二审人民法院维持第一审人民法院不予受理裁定错误的，再审法院应当撤销第一审、第二审人民法院裁定，指令第一审人民法院受理；第二审人民法院维持第一审人民法院驳回起诉裁定错误的，再审法院应当撤销第一审、第二审人民法院裁定，指令第一审人民法院审理。

3. 人民法院审理再审案件，发现生效裁判有下列情形之一的，应当裁定发回作出生效判决、裁定的人民法院重新审理：(1)审理本案的审判人员、书记员应当回避而未回避的；(2)依法应当开庭审理而未经开庭即作出判决的；(3)未经合法传唤当事人而缺席判决的；(4)遗漏必须参加诉讼的当事人的；(5)对与本案有关的诉讼请求未予裁判的；(6)其他违反法定程序可能影响案件正确裁判的。

4. 人民法院审理再审案件，认为原生效判决、裁定确有错误，在撤销原生效判决或者裁定的同时，可以对生效判决、裁定的内容作出相应裁判，也可以裁定撤销生效判决或者裁定，发回作出原生效判决、裁定的人民法院重新审判。

（二）行政诉讼其他裁定的运用

行政诉讼的裁定，除了在一审、二审和再审结案时使用外，在行政诉讼的其他程序中也有不少运用。根据《行政诉讼法》规定，主要有：

1. 不予立案的裁定

根据《行政诉讼法》第五十一条的规定，人民法院在接到起诉状时对符合本法规定的起诉条件的，应当登记立案。对当场不能判定是否符合本法规定的起诉条件的，应当接收起诉状，出具注明收到日期的书面凭证，并在七日内决定是否立案。不符合起诉条件的，作出不予立案的裁定。裁定书应当载明不予立案的理由。原告对裁定不服的，可以提起上诉。

2. 停止行政行为执行的裁定

《行政诉讼法》第五十六条规定，诉讼期间，不停止行政行为的执行。但有下列情形之一的，裁定停止执行：(1)被告认为需要停止执行的；(2)原告或者利害关系人申请停止执行，人民法院认为该行政行为的执行会造成难以弥补的损失，并且停止执行不损害国家利益、社会公共利益的；(3)人民法院认为该行政行为的执行会给国家利益、社会公共利益造成重大损害的；(4)法律、法规规定停止执行的。当事人对停止执行或者不停止执行的裁定不服的，可以申请复议一次。

3. 先予执行的裁定

《行政诉讼法》第五十七条规定，人民法院对起诉行政机关没有依法支付抚恤金、最低生活保障金和工伤、医疗社会保险金的案件，权利义务关系明确、不先予执行将严重影响原告生活的，可以根据原告的申请，裁定先予执行。

4. 中止行政诉讼的裁定

《行政诉讼法》第六十一条规定，在涉及行政许可、登记、征收、征用和行政机关对民事争议所作的裁决的行政诉讼中，当事人申请一并解决相关民事争议的，人民法院可以一并审理。在行政诉讼中，人民法院认为行政案件的审理需以民事诉讼的裁判为依据的，可以裁定中止行政诉讼。

5. 原告撤诉的裁定

《行政诉讼法》第六十二条规定，人民法院对行政案件宣告判决或者裁定前，原告申请撤诉的，或者被告改变其所作的行政行为，原告同意并申请撤诉的，是否准许，由人民法院裁定。

6. 简易程序转为普通程序的裁定

《行政诉讼法》第八十四条规定，人民法院在审理过程中，发现案件不宜适用简易程序的，裁定转为普通程序。

以上是《行政诉讼法》中对裁定形式的规定，此外，司法实践中还有：(1)管辖异议。被告有权在接到人民法院应诉通知之日起 10 日内以书面形式向人民法院提出管辖异议，经人民法院审查，认为异议成立的，裁定将案件移送有管辖权的人民法院，异议不成立的，裁定驳回异议。当事人对管辖异议裁定不服，可以向上一级人民法院提出上诉。(2)终结诉讼。由于终结诉讼都涉及诉讼程序的进程问题，因而要以裁定的形式作出。(3)移送或指定管辖。对于移送管辖和指定管辖，人民法院均应采用裁定的形式作出。(4)财产保全。财产保全是指人民法院为保障将来的行政诉讼判决得到执行，在诉讼过程中依当事人申请或者依职权采取的限制有关财产处分或者转移的强制措施。财产保全虽然与当事人的实体权益相关，但该行为本身并不是对具体行政行为合法性的判断，不影响行政诉讼实体问题的解决，因而不使用判决而使用裁定。(5)补正裁判文书中的笔误。裁判书中的笔误，是指裁判书内容中有错写、误算，或者正本与原本个别地方不符合，或者用词不当，致使裁判文书内容与其本意不符等情况，补正裁判文书的笔误是纠正文字上的失误，属于程序问题，适用裁定形式。(6)中止或者终结执行。中止或终结执行涉及的是执行程序，符合法律规定的中止或者终结执行条件的，人民法院应使用裁定中止执行或终结执行。(7)提审或者指令再审。根据《行政诉讼法》第 92 条第 2 款的规定，最高人民法院对地方各级人民法院已经发生法律效力的判决、裁定，上级人民法院对下级人民法院已经发生法律效力的判决、裁定，发现有本法第九十一条规定情形之一，或者发现调解违反自愿原则或者调解书内容违法的，有权提审或者指令下级人民法院再审。上级人民法院提审或者指令再审时，应使用裁定，等等。

（三）行政诉讼决定的运用

根据《行政诉讼法》的相关规定，决定主要有以下几种：

1. 管辖权移转的决定

《行政诉讼法》第二十四条规定，上级人民法院有权审理下级人民法院管辖的第一审行政案件。下级人民法院对其管辖的第一审行政案件，认为需要由上级人民法院审理或者指定管辖的，可以报请上级人民法院决定。

2. 起诉期限延长的决定

《行政诉讼法》第四十八条规定，公民、法人或者其他组织因不可抗力或者其他不属于自身的原因耽误起诉期限的，被耽误的时间不计算在起诉期限内。公民、法人或者其他组织因前款规定以外的其他特殊情况耽误起诉期限的，在障碍消除后十日内，可以申请延长期限，是否准许由人民法院决定。

3. 回避的决定

《行政诉讼法》第五十五条规定，当事人认为审判人员、书记员、翻译人员、鉴定人、勘验人与本案有利害关系或者有其他关系可能影响公正审判，有权申请其回避。审判人员、书记员、翻译人员、鉴定人、勘验人认为自己与本案有利害关系或者有其他关系，应当申请回避。院长担任审判长时的回避，由审判委员会决定；审判人员的回避，由院长决定；其他人员的回避，由审判长决定。人民法院以口头或者书面方式作出是否回避的决定，当事人对决定不服，可以申请复议一次，但不停止执行。

4. 法院启动再审的决定

《行政诉讼法》第九十二条规定，各级人民法院院长对本院已经发生法律效力的判决、裁定，发现有本法第九十一条规定情形之一，或者发现调解违反自愿原则或者调解书内容违法，认为需要再审的，应当提交审判委员会讨论决定。

此外，可以就如下事项作出决定：有关采取强制措施的决定；确定第三人的决定；指定法定代理人的决定；对重大、疑难行政案件的处理决定；对律师以外的当事人和其他诉讼代理人查阅底审庭审的决定；强制执行生效判决和裁定的决定；确定诉讼费用承担的决定；确定不公开审理决定等。

五、行政诉讼执行

（一）行政诉讼执行含义

行政诉讼执行是指法定有权机关对人民法院已经生效的行政判决、裁定或者调解书的执行。根据《行政诉讼法》第九十四条的规定，我国行政诉讼执行制度具有如下特征：

1. 行政诉讼执行依据是发生法律效力的人民法院的判决、裁定或者调解书。这有两层意思，一方面，人民法院判决、裁定或调解书以外的有法律效力的决定，不是行政诉讼执行的依据；另一方面，人民法院的判决、裁定或调解书，只有在发生法律效力以后才能成为行政诉讼执行依据。

2. 行政诉讼执行主体不仅包括人民法院，还包括具有行政强制执行权的相关行政机关。这一点与对未经行政诉讼却具有强制执行力的具体行政行为的执行相同。根据《行政诉讼法》第95条的规定，公民、法人或者其他组织拒绝履行判决、裁定、调解书的，行政机关或者第三人可以向第一审人民法院申请强制执行，或者由行政机关依法强制执行。

3. 行政诉讼执行对象不仅包括公民、法人和其他组织，还包括行政机关。既然行政诉讼执行是对人民法院行政判决、裁定或调解书的执行，自然就存在判定行政机关败诉或承担责任的情形。这样的行政法律文书生效后，行政机关在规定的期限内不履行判决义务，法院执行机构应对其采取相应强制执行措施，以促使行政机关履行判决义务。

4. 行政诉讼执行的目的是实现已经生效的行政判决、裁定、调解书所确定的义务。从根本上讲，行政诉讼执行本身就不具有对义务进行重新调整或者重新确定的功能，只不过是实现义务人本来应该自动履行的义务制方法。由此，行政诉讼执行只能以实现已经生效的行政判决、裁定、调解书所确定的义务为限度，绝不能也不允许超出这个限度。

（二）对公民、法人或其他组织不履行法律文书的执行

公民、法人或者其他组织拒绝履行判决、裁定、调解书的，行政机关或者第三人可以向第一审人民法院申请强制执行，或者由行政机关依法强制执行。行政机关拒绝履行判决、裁定、调解书的，第一审人民法院可以采取下列措施：(1)对应当归还的罚款或者应当给付的款额，通知银行从该行政机关的账户内划拨。(2)在规定期限内不履行的，从期满之日起，对该行政机关负责人按日处五十元至一百元的罚款。(3)将行政机关拒绝履行的情况予以公告；(4)向监察机关或者该行政机关的上一级行政机关提出司法建议。接受司法建议的机关，根据有关规定进行处理，并将处理情况告知人民法院。(5)拒不履行判决、裁定、调解书，社会影响恶劣的，可以对该行政机关直接负责的主管人员和其他直接责任人员予以拘留；情节严重，构成犯罪的，依法追究刑事责任。公民、法人或者其他组织对行政行为在法定期限内不提起诉讼又不履行的，行政机关可以申请人民法院强制执行，或者依法强制执行。

（三）执行的其他问题

1. 行政诉讼执行管辖

行政诉讼执行管辖所要解决的问题是，已经发生法律效力的行政判决、裁定或调解书，根据法律由何地何级别哪个机关来执行。行政诉讼执行管辖与行政诉讼管辖密切相关。在我国，对行政诉讼判决、裁定的执行机关，原则上是原行政案件的第一审人民法院。一审人民法院认为情况特殊需要由二审人民法院执行的，可以报请二审人民法院执行；二审人民法院可以决定由其执行，也可以决定由一审人民法院执行。

2. 行政诉讼执行时间

《行政诉讼法》第九十六条没有明确规定行政诉讼执行时间，仅规定："行政机关拒绝履行判决、裁定调解书的，第一审人民法院可以采取下列措施：……(二)在规定期限内不履行的，从期满之日起，对该行政机关负责人按日处五十元至一百元的罚款"。"规定期限"通常是人民法院在具体行政判决、裁定中确定的期限，且该执行措施仅适用于"行政机关拒绝履行判决、裁定"。

3. 非诉执行问题

《行政诉讼法》第九十七条规定，公民、法人或者其他组织对行政行为在法定期限的不提起诉讼又不履行的，行政机关可以申请人民法院强制执行，或者依法强制执行。

4. 行政诉讼执行的具体程序问题

《行政诉讼法》对此规定得较少，根据《行政诉讼法》第一百零一条的规定，对执行的内容，行政诉讼法中没有规定的，可以适用民事诉讼法的相关规定。根据民事诉讼法的规定，行政诉讼执行程序的内容，包括执行的申请和移送，执行的异议、执行中止和终结等，可适用民事诉讼法的相关条款。

第三章
行政赔偿论

第一节　行政赔偿概述

一、行政赔偿的概念

行政赔偿是国家行政机关和行政机关工作人员在违法行使职权对公民、法人或其他组织的合法权益造成损害时，由国家承担向受害人赔偿责任的法律制度。

（一）行政赔偿的特征

行政赔偿与其他赔偿制度相比，具有以下特点：

1. 行政赔偿因行政主体的行政行为而引起。只有行政主体才享有行政职权，才能实施行政行为，才能产生行政侵权，从而引起行政赔偿。没有行政主体，就不存在行政侵权，也就不能构成行政赔偿。如立法机关的立法行为、司法机关的司法行为、行政机关的民事行为及行政人员的个人行为等，均不引起行政赔偿。

2. 行政赔偿是行政主体违法行使职权侵犯公民、法人或其他组织的合法权益。行政赔偿以客观上行政行为违法为要件。只有违法行政的行为才能构成行政赔偿，合法行政行为不能构成行政赔偿。

3. 行政赔偿是由国家承担的赔偿。因为行政主体及其工作人员是以国家的名义行使行政职权，如果违法行使行政职权侵犯了公民、法人或其他组织的权益，理应由国家承担赔偿责任。虽然《中华人民共和国国家赔偿法》规定由行政主体作为行政赔偿的义务机关，但赔偿费用是由国家承担的，国家才是行政赔偿的主体。

（二）行政赔偿与相关概念的区别

1. 行政赔偿与民事赔偿

民事赔偿是由发生在平等民事法律主体之间的侵权行为引起的民事责任。与行政赔偿存在一定的区别，具体表现为：(1)赔偿主体不同。行政赔偿的责任主体是国家，民事赔偿的主体则是民事主体。(2)赔偿发生基础不同。行政赔偿是由行政权力的运作引起的，而民事赔偿则是由民事侵权行为引起的。(3)赔偿规责原则不同。行政赔偿的归责原则主要是违法原则，而民事赔偿的归责原则主要是过错原则，并以无过错责任原则与公平责任原则为补充。(4)赔偿程序不同。行政赔偿实行赔偿义务机关先行决定前置原则，不经该决定程序，法院不予受理；而民事赔偿中，受害人可直接向法院提出赔偿请求。(5)赔偿范围不同。行政赔偿主要限于物质损害的赔偿,精神损害原则上不予赔偿,物质损害赔偿以直接损失为限,不包括间接损失;而民事赔偿不仅包括物质损害赔偿,还包括精神损害赔偿,物质损害的赔偿除了直接损失外,还包括间接损失。(6)赔偿的方式不同。行政赔偿以支付赔偿金为主要赔偿方式;而民事赔偿可同时采取金钱赔偿方式以及恢复原状、返还财产等方式。

2. 行政赔偿与行政补偿

行政补偿是指国家对行政机关及其工作人员的合法行政造成相对人合法权益的损害而给予的补偿。行政赔偿与行政补偿虽然都是对在国家行政权力运作过程中受特别损害的相对人的补救,但两者有根本区别:(1)发生基础不同。行政赔偿是由国家行政机关及其工作人员的违法行为所引起;而行政补偿则由行政机关的合法行为所引起。(2)性质不同。行政赔偿是国家对其违法行为承担的一种法律责任,目的是恢复到合法行为所应有的状态;而行政补偿则是一种非违法责任,目的是为因国家、社会或公共利益而遭受特别损失的相对人提供补救。(3)发生时间不同。行政赔偿发生在损害产生之后;而行政补偿则可发生在损害产生之前。(4)补救的范围不同。行政赔偿虽然只赔偿直接损失且主要是物质损失,但仍比行政补偿范围要宽。

3. 行政赔偿与司法赔偿

司法赔偿是指国家司法机关及其工作人员违法行使职权,侵犯公民、法人或其他组织的合法权益并造成损害,由国家承担赔偿责任的制度。行政赔偿与司法赔偿同属于国家赔偿的组成部分,但两者仍存在着许多区别:(1)侵权行为主体不同。行政赔偿的侵权行为主体表现为国家行政机关及其工作人员;而在司法赔偿中,侵权行为主体表现为行使司法职能的国家公安机关、国家安全机关以及军队的保卫部门、国家检察机关、国家审判机关、监狱管理机关及在上述机关的工作人员。(2)发生基础不同。行政赔偿发生在行政管理活动中,而司法赔偿则是发生在司法活动中。(3)归责原则不尽相同。行政赔偿采取违法归责原则,而司法赔偿则在适用违法归责原则的同时,兼采结果责任原则。(4)追偿条件不同。行政赔偿中追偿的条件是行政工作人员或者受委托的组织、个人有故意、重大过失;而在司法赔偿中,追偿的条件是司法人员实施刑讯逼供、殴打或以其他暴力方式伤害公民身体,或违法使用武器、警械,或在审理案件中有贪污受贿、徇私舞弊、枉法裁判行为。(5)程序不同。行政赔偿最终可以通过诉讼途径解决,而司法赔偿则是通过非诉讼途径进行的。

4. 行政赔偿与行政诉讼。行政赔偿与行政诉讼都是对相对人的法律救济,但二者有着许多的不同:(1)标的和性质不同。行政诉讼的标的是具体行政行为自身,诉讼是围绕着行政行为的合法性展开;而行政赔偿的标的是侵权损害事实,赔偿程序围绕着侵权事实是否存在展开。(2)受案范围不同。总的来讲,行政赔偿范围要宽于行政诉讼的范围,行政诉讼的范围只限于行政行为,而行政赔偿的范围既包括行政行为,还包括事实行为。(3)适用程序不同。行政赔偿虽然在总体上适用行政诉讼程序,但也存在一些例外,例如行政赔偿诉讼可适用调解。

二、新中国行政赔偿制度的历史沿革

1949 年,新中国成立后,开始了社会主义的国家赔偿法律制度的建设。1954 年 1 月的《中华人民共和国海港管理暂行条例》第二十条规定:“港务局如无任何法令根据,擅自下令禁止船舶离港，船舶得向港务局要求赔偿由于禁止离港所受之直接损失，并得保留对港务局之起诉权。”同年，1954 年《宪法》第九十七条规定：“由于国家机关工作人员侵犯公民权利而受到损失的人，有权取得赔偿的权利。”

然而，1957 年后包括行政赔偿在内的国家赔偿制度被否定，1975 年和 1978 年《宪法》均没有规定公民、法人和其他组织有请求国家赔偿的权利方面的内容。1982 年《宪法》重申了包括行政赔偿在内的国家赔偿原则，第四十一条规定：“由于国家机关和国家工作人员侵犯公民权利而受到损失的人，有依照法律规定取得赔偿的权利。”1986 年《中华人民共和国民法通则》第一百二十一条规定：“国家机关或者国家机关工作人员在执行职务中，侵犯公民、法人的合法权益造成损害的，应当承担民事责任。”1989 年 4 月通过的《行政诉讼法》用专章（即第九章）规定了行政机关的侵权赔偿责任。

随着民主法治的进一步发展，1994 年 5 月 12 日第八届全国人民代表大会常务委员会第七次会议通过《中华人民共和国国家赔偿法》，对行政赔偿问题作了专门的规定。该法于 1995 年 1 月 1 日起施行，标志着我国国家赔偿制度正式全面建立。2010 年 4 月 29 日，第十一届全国人民代表大会常务委员会第十四次会议通过了《关于修改〈中华人民共和国国家赔偿法〉的决定》，对《中华人民共和国国家赔偿法》进行了修改，也丰富了行政赔偿的内容。

三、行政赔偿责任的归责原则与构成要件

（一）行政赔偿责任的归责原则

行政赔偿责任的归责原则是指国家承担行政赔偿责任的依据和标准。

关于侵权赔偿责任的归责原则有以下几种：

1. 过错原则

过错原则即行政主体及其工作人员在行使行政职权时故意或过失侵犯了公民、法人和其他组织合法权益造成损害时，国家承担行政赔偿责任。如果无过错，国家不予赔偿。

2. 无过错原则

无过错原则即不以行政主体及其工作人员在行使职权时是否存在过错为构成要件，只要侵犯了公民、法人和其他组织的合法权益造成损害的，国家就得承担行政赔偿责任。

3. 违法原则

违法原则即只要国家行政主体及其公务人员违法行使职权并造成损害，无论有无过错国家都必须负责赔偿。

此外，理论界还提出了“违法与明显不当原则”“公平原则”“违法与过错原则”等。

根据 1994 年《中华人民共和国国家赔偿法》第二条的规定：“国家机关和国家机关工作人员违法行使职权侵犯公民、法人和其他组织的合法权益造成损害的，受害人有依照本法取得国家赔偿的权利。”因此，我国行政赔偿制度采取的是违法原则。

这里的“违法原则”，应从以下几方面理解：(1)违法是指行为违法，而不是行为的结果违法，即具体行政行为违法。如果具体行政行为合法给公民、法人或者其他组织的合法权益造成损害，不存在国家赔偿问题，只存在依法“补偿”。(2)非职权性的行为由其他法律调整，所产生的损害后果不产生国家赔偿责任。如有关国有公共设施的管理、使用以及设置中的损害由民法调整，包括个人行为。(3)“违法行使职权”的行为不仅限于法律行为，也包括与行

使职权有关的事实行为。行为违法既包括积极的作为，也包括消极的不作为。(4)"违法行使职权"不仅限于履行公务过程中的行为，还应包括在履行公务过程之外的违法行使职权或与行使职权有关的违法行为。

(二) 行政赔偿责任的构成要件

行政赔偿责任构成要件是指国家承担行政赔偿责任应当具备的条件，所要解决的是国家在什么条件下承担行政赔偿的问题。行政赔偿责任的构成要件包括以下五个方面：

1. 主体必须是作出侵权行为的行政主体及其工作人员

包括经法律、法规授权的组织或行政机关委托的组织违法行使职权造成的损害，国家也必须承担赔偿责任。行政赔偿责任是行政主体违法行使行政职权所引发的，只有行政主体及其工作人员才依法享有行政权，非行政主体，即使其实施侵权行为，也只能承担民事责任或刑事责任等其他法律责任。

2. 必须是行使职权时造成的

所谓行使职权，是指行政主体或其工作人员行使职务上的权力所进行的活动。如果行政主体及其工作人员从事与职权无关的民事活动，或因个人行为造成的损害，国家不承担赔偿责任；因国有企业、事业单位对外的生产经营行为造成损害的，国家不负责赔偿；因道路、桥梁等公有设施致害的，国家也不负行政赔偿责任。

3. 执行职务行为必须是违法的

我国法律、法规将违法的具体行政行为归纳为：确认事实的主要证据不足；适用法律、法规错误；违反法定程序；超越职权；依法应当作为而不作为等。

4. 损害必须实际产生

损害事实是构成行政赔偿责任的首要条件和前提条件，没有损害事实的发生，赔偿问题也就无从谈起。行政侵权中的损害与民法上损害基本相同，是指行政侵害行为对公民、法人或其他组织合法权益造成的不利后果。这种不利后果，表现为受害人的死亡、身体伤害、财产损失、精神损害等。

5. 损害事实与侵权行为之间有因果关系

因果关系是指行政主体及其工作人员与特定损害之间的关系，是连接责任主体与损害事实的纽带。也就是说，如果相对人所受损害与违法行为没有因果关系，那么行政主体及工作人员就没有义务对损害负责，国家也不承担行政赔偿责任。

四、行政赔偿的范围

行政赔偿的范围是指国家承担行政赔偿责任的范围。从《国家赔偿法》的规定来看，行政赔偿范围包括国家应予赔偿的范围和国家不予赔偿的范围。

(一) 国家应予赔偿的范围

国家应予赔偿的范围所要界定的是国家应当对哪些情形予以行政赔偿的问题。根据《国家赔偿法》第三条、第四条规定，行政机关及其工作人员在行使行政职权时侵犯人身权，受害人有取得赔偿的权利。国家应予赔偿的范围包括侵犯公民人身权和侵犯公民、法人和其他组织合法财产权两大类。

1. 对侵犯人身权的行政赔偿

人身权包括人身自由权、人格权和身份权。人格权指生命健康权、姓名权、肖像权、名誉权等；身份权指荣誉权和婚姻自主权等。但《国家赔偿法》只列举了人身自由权和生命健康权侵犯的情形，这就意味着其他侵犯公民人身权的行为排除在行政赔偿范围之外，侵犯公民名誉、荣誉等人身权只能同通过赔礼道歉、恢复名誉、消除影响方式来承担侵权责任。

行政机关及其工作人员在行使行政职权时侵犯公民人身自由权和生命健康权的情形是指：违法拘留或者违法采取限制公民人身自由的行政强制措施的；非法拘禁或者以其他方法非法剥夺公民人身自由的；以殴打、虐待等行为或者唆使、放纵他人以殴打、虐待等行为造成公民身体伤害或者死亡的；违法使用武器、警械造成公民身体伤害或者死亡的；造成公民身体伤害或者死亡的其他违法行为。

2. 侵犯财产权的行政赔偿

财产权包括公民个人财产所有权、继承权、债权、土地使用权和承包经营权、采矿权、宅基地使用权、担保权、租赁权、专利权和著作权等。对法人而言，财产权包括不动产和动产所有权、土地使用权、采矿权、专利权、商标权、租赁权等。但《国家赔偿法》对侵犯财产权进行行政赔偿的情形只规定了四项：违法实施罚款、吊销许可证和执照、责令停产停业、没收财物等行政处罚的；违法对财产采取查封、扣押、冻结等行政强制措施的；违法征收、征用财产的；造成财产损害的其他违法行为。

（二）国家不予赔偿的范围

根据《国家赔偿法》第五条的规定，国家不承担赔偿责任的范围包括：

1. 行政机关工作人员与行使职权无关的个人行为

行政机关工作人员的行为包括职务行为和个人行为。个人行为是指行政机关工作人员实施的与职权无关的涉及个人感情、利益等因素的行为。因为这类行为不是行政行为，其实施的个人侵权行为，国家当然不承担赔偿责任。

2. 因公民、法人和其他组织自己的行为致使损害发生的

这类损害是由公民、法人和其他组织存在过错所导致的，与行政主体的行政行为没有因果关系，国家不承担行政赔偿责任。

3. 法律规定的其他情形

这是一个兜底条款，目前，该法律条款缺乏明确解释。这里所指的“法律”是狭义的法律，专指全国人民代表大会及其常委会制定的规范性文件，不包括法规和规章。

第二节　行政赔偿请求人与赔偿义务机关

在行政赔偿法律关系中有两方当事人，一方是行政赔偿请求人，另一方是赔偿义务机关。

一、行政赔偿请求人

行政赔偿请求人是指因行政主体及其工作人员违法行使职权侵犯了其合法权益并造成

损害,有权请求国家予以行政赔偿的公民、法人和其他组织。根据《国家赔偿法》的有关规定,行政赔偿请求人有以下几种情形:

1. 受害的公民、法人和其他组织。未成年人及不能辨认或不能完全辨认自己行为的精神病人属于无行为能力人或限制行为能力人,当他们权益遭到行政机关或其工作人员侵害时,他们的监护人(包括祖父母、外祖父母、父母、兄弟、姊妹、成年子女、配偶等)为法定代理人。但赔偿请求人仍为受到侵害的未成年人和精神病人。

2. 公民死亡,其继承人和其他有抚养关系的亲属有权要求赔偿。在通常情况下,行政赔偿请求人仅限于受害人本人,但受害的公民死亡的,请求人资格可发生转移。其继承人和其他有抚养关系的亲属取得行政赔偿请求人资格。需要指出,行政赔偿请求人资格转移制度不同于行政诉讼原告资格转移制度,具有行政诉讼原告资格的公民死亡的,其近亲属可以取得行政诉讼原告资格,近亲属的范围要比继承人和其他有抚养关系的亲属的范围大。

3. 受害的法人或者其他组织终止的,其权利承受人有权要求赔偿。但下列情形不发生赔偿请求权转移:(1)法人或其他组织被行政机关吊销许可证或执照,但该法人或组织仍有权以自己的名义提出赔偿请求,不发生请求权转移。(2)法人或其他组织破产,也不发生赔偿请求权转移,破产程序尚未终结时,破产企业仍有权就此前的行政侵权损害取得国家赔偿。(3)法人或其他组织被主管行政机关决定撤销,也不发生赔偿请求权转移。

二、行政赔偿义务机关

行政赔偿义务机关是指代表国家接受行政赔偿请求、支付行政赔偿费用、参与行政赔偿复议和行政赔偿诉讼的机关。根据《国家赔偿法规定》,行政机关是行政赔偿的义务机关,分为一般情况下的行政赔偿义务机关和特殊情况下的行政赔偿义务机关。

(一)一般情况下的行政赔偿义务机关

《国家赔偿法》第七条第一款规定:"行政机关及其工作人员行使行政职权侵犯公民、法人和其他组织的合法权益造成损害的,该行政机关为赔偿义务机关。"该款表明:谁实施了损害行为,谁就承担行政赔偿义务。通常有两种情况:一种是行政机关实施了损害行为,则该行政机关是行政赔偿义务机关;一种是行政机关的工作人员实施了损害行为,则该工作人员所在的行政机关是行政赔偿义务机关。所谓的"工作人员所在的行政机关"是指工作人员实施损害行为时,其职权所属的行政机关。

(二)特殊情况下的行政赔偿义务机关

1. 共同侵权时的赔偿义务机关。《国家赔偿法》第七条第二款规定:"两个以上行政机关共同行使行政职权时侵犯公民、法人和其他组织的合法权益造成损害的,共同行使行政职权的行政机关为共同赔偿义务机关。"从此款规定来看,共同侵权行政机关之间承担连带责任,受害人有权向其中一个行政机关请求行政赔偿。先予以行政赔偿的行政机关,有权要求其他行政机关承担其应当赔偿的部分。

2. 被授权组织在行使所授予行政权力时的赔偿义务机关。《国家赔偿法》第七条第三款规定:"法律、法规授权的组织在行使授予的行政权力时侵犯公民、法人和其他组织的合法权益造成损害的,被授权的组织为赔偿义务机关。"

3. 受行政机关委托的组织或者个人在行使受委托的行政权力时的赔偿义务机关。《国家赔偿法》第七条第四款规定："受行政机关委托的组织或者个人在行使受委托的行政权力时侵犯公民、法人和其他组织的合法权益造成损害的，委托的行政机关为赔偿义务机关。"因为受行政机关委托的组织或者个人与委托行政机关关系是代理与被代理的关系，自然由委托行政机关承担行政赔偿责任。

4. 赔偿机关被撤销时的赔偿义务机关。《国家赔偿法》第七条第五款规定："赔偿义务机关被撤销的，继续行使其职权的行政机关为赔偿义务机关；没有继续行使其职权的行政机关的，撤销该赔偿义务机关的行政机关为赔偿义务机关。"该款规定了两种情形：一种是被撤销了但有继续行使其职权的行政机关的，由继续行使其职权的行政机关承担行政赔偿义务；另一种是被撤销了但没有继续行使其职权的行政机关的，由撤销该赔偿义务机关的行政机关承担行政赔偿义务。

5. 经复议机关复议而造成侵权的赔偿义务机关。《国家赔偿法》第八条规定："经复议机关复议的，最初造成侵权行为的行政机关为赔偿义务机关，但复议机关的复议决定加重损害的，复议机关对加重的部分履行赔偿义务。"该条规定有两种情形：一种是经复议机关复议的但复议机关的复议决定不加重损害的，最初造成侵权行为的行政机关承担行政赔偿义务；另一种是经复议机关复议的但复议机关的复议决定加重损害的，最初造成侵权行为的行政机关和复议机关承担行政赔偿义务，其中复议机关只是对加重的部分承担赔偿义务。

第三节 行政赔偿程序

行政赔偿程序是指行政赔偿请求人提起行政赔偿请求，有关国家机关处理行政赔偿事务所要遵守的步骤、方式、方法和期限的总和。从广义上讲，行政赔偿程序包括行政赔偿请求程序、国家机关处理行政赔偿事务的程序和行政赔偿的内部追偿程序。

一、行政赔偿请求程序

行政赔偿请求是行政赔偿程序的前提，没有行政赔偿请求就不会有行政赔偿程序的启动。根据《行政诉讼法》《行政复议法》和《国家赔偿法》的规定，行政赔偿请求人提出行政赔偿请求的方式有两种：一种是单独式，另一种是附带式。单独式是指单独就行政赔偿向行政赔偿义务机关提起行政赔偿请求；附带式是指在申请行政复议或行政诉讼时一并提起行政赔偿的请求。

行政赔偿人提起行政赔偿请求必须具备一定的条件。概括地讲，主要有以下几方面：

1. 请求人必须享有行政赔偿请求权

行政赔偿请求权是指因合法权益受到行政主体及其工作人员违法实施的行政职权行为侵犯并造成损害的公民、法人和其他组织依法享有的请求赔偿义务机关对其所遭受的损害予以赔偿的权利。没有行政赔偿请求权当然不能提起行政赔偿请求。

2. 赔偿请求必须在《国家赔偿法》规定的可以请求行政赔偿的范围内

这就意味着法律没有规定的范围请求人不能享有行政赔偿请求权，自然也就不能向行政赔偿义务机关提起行政赔偿请求。

3. 赔偿请求必须在法定的期限范围内提出

法律对公民、法人和其他组织的合法权益的救济和保护不是永久的，而是有相应期限的。行政赔偿也概莫能外。所以，赔偿请求必须在法定期限内提出，超过了法定期限的赔偿请求就得不到法律的保护。我国《国家赔偿法》第三十九条规定，赔偿请求人请求国家赔偿的时效为两年，自其知道或者应当知道国家机关及其工作人员行使职权时的行为侵犯其人身权、财产权之日起计算，但被羁押等限制人身自由期间不计算在内。在申请行政复议或者提起行政诉讼时一并提出赔偿请求的，适用行政复议法、行政诉讼法有关时效的规定。赔偿请求人在赔偿请求时效的最后6个月内，因不可抗力或者其他障碍不能行使请求权的，时效中止。从中止时效的原因消除之日起，赔偿请求时效期间继续计算。

二、行政赔偿的处理程序

行政赔偿处理程序是指有关国家机关对行政相对人的赔偿请求进行处理的程序。国家机关处理行政赔偿事务的程序包括行政先行处理程序、行政赔偿复议程序和行政赔偿诉讼程序。

（一）行政先行处理程序

1989年《行政诉讼法》第六十七条第二款规定："公民、法人或者其他组织单独就损害赔偿提出请求，应当先由行政机关解决。"《国家赔偿法》也规定，赔偿请求人要求赔偿，应当先向赔偿义务机关提出。行政赔偿义务机关先行处理的程序包括：

1. 赔偿请求的提出

赔偿请求人根据受到的不同损害，可以同时提出数项赔偿要求。要求赔偿应当递交申请书，申请书应当载明下列事项：受害人的姓名、性别、年龄、工作单位和住所，法人或者其他组织的名称、住所和法定代表人或者主要负责人的姓名、职务；具体的要求、事实根据和理由；申请的年、月、日。赔偿请求人书写申请书确有困难的，可以委托他人代书；也可以口头申请，由赔偿义务机关记入笔录。赔偿请求人不是受害人本人的，应当说明与受害人的关系，并提供相应证明。

2. 赔偿请求的受理

赔偿请求人当面递交申请书的，赔偿义务机关应当当场出具加盖本行政机关专用印章并注明收讫日期的书面凭证。申请材料不齐全的，赔偿义务机关应当当场或者在5日内一次性告知赔偿请求人需要补正的全部内容。

3. 作出行政赔偿处理决定

赔偿义务机关应当自收到申请之日起2个月内，作出是否赔偿的决定。赔偿义务机关作出赔偿决定，应当充分听取赔偿请求人的意见，并可以与赔偿请求人就赔偿方式、赔偿项目和赔偿数额依法进行协商。赔偿义务机关决定赔偿的，应当制作赔偿决定书，并自作出决定之日起10日内送达赔偿请求人。赔偿义务机关决定不予赔偿的，应当自作出决定之日起10日内书面通知赔偿请求人，并说明不予赔偿的理由。

赔偿义务机关在规定期限内未作出是否赔偿的决定，赔偿请求人可以自期限届满之日起3个月内，向人民法院提起诉讼。赔偿请求人对赔偿的方式、项目、数额有异议的，或者赔偿义务机关作出不予赔偿决定的，赔偿请求人可以自赔偿义务机关作出赔偿或者不予赔偿决定之日起3个月内,向人民法院提起诉讼。

(二)行政赔偿复议程序

根据《国家赔偿法》第九条规定,赔偿请求人要求赔偿,应当先向赔偿义务机关提出,也可以在申请行政复议或者提起行政诉讼时一并提出。对此,《行政复议法》规定,申请人在申请行政复议时可以一并提出行政赔偿请求,行政复议机关对符合《国家赔偿法》的有关规定应当给予赔偿的,在决定撤销、变更具体行政行为或者确认具体行政行为违法时,应当同时决定被申请人依法给予赔偿。申请人在申请行政复议时没有提出行政赔偿请求的,行政复议机关在依法决定撤销或者变更罚款,撤销违法集资、没收财物、征收财物、摊派费用以及对财产的查封、扣押、冻结等具体行政行为时,应当同时责令被申请人返还财产,解除对财产的查封、扣押、冻结措施,或者赔偿相应的价款。

行政赔偿复议的程序和行政复议程序相同。

(三)行政赔偿诉讼程序

行政赔偿诉讼是指相对人认为行政主体及其工作人员违法行使职权侵犯其合法权益,而以行政赔偿义务机关为被告,向人民法院提出行政赔偿诉讼请求,人民法院依照行政诉讼程序,依法审理并作出裁判的活动。

行政赔偿案件经过行政赔偿义务机关先行处理后,赔偿请求人可以单独提起行政赔偿诉讼。公民、法人或其他组织在提起行政诉讼的同时,也可以一并提出行政赔偿请求。

赔偿请求人单独提起行政赔偿诉讼,应当符合下列条件:(1)原告具有行政赔偿请求人资格;(2)有明确的被告;(3)有具体的赔偿请求和受损害的事实根据;(4)加害行为为具体行政行为的,该行为已被确认为违法;(5)赔偿义务机关已先行处理或超过法定期限不予处理;(6)属于人民法院行政赔偿诉讼的受案范围和受诉人民法院管辖;(7)符合法律规定的起诉期限。

赔偿请求人单独提起行政赔偿诉讼,可以在向赔偿义务机关递交赔偿申请书后的2个月期限届满之日起3个月内提出。但是,赔偿义务机关作出赔偿决定时,未告知赔偿请求人的诉权或起诉期限,致使赔偿请求人逾期向人民法院起诉的,其起诉期限从赔偿请求人实际知道诉权或者起诉期限时计算,但逾期的期间自赔偿请求人收到赔偿决定书之日起不得超过1年。人民法院收到原告单独提起的行政赔偿起诉状,应当进行审查,并在7日内立案或者作出不予受理的裁定。在7日内不能确定是否可以受理的应当先予受理。审理中发现不符合受理条件的,裁定驳回起诉。当事人对裁定不服的,可以在裁定书送达之日起10日内向上一级人民法院提起上诉。

公民、法人或其他组织在提起行政诉讼的同时,一并提出行政赔偿请求的,其起诉期限按照行政诉讼起诉期限的规定执行。行政诉讼案件的原告可以在提起行政诉讼后至人民法院一审庭审结束前,提出行政赔偿请求。人民法院对当事人在提起行政诉讼的同时一并提出的行政赔偿请求,应当分别立案,根据情况可以合并审理,也可以单独审理。

人民法院审理行政赔偿案件,也适用公开审理(涉及国家秘密、个人隐私和法律另有规定的除外)、合议制度、回避原则、两审终审制度等。人民法院审理行政赔偿案件在坚持合法、自愿的前提下,可以就赔偿范围、方式和数额进行调解。调解成立的,应当制作行政赔偿调解书。调解书与判决书具有同等的法律效力。在一审判决前,原告申请撤诉的,人民法院应当依法予以审查并裁定是否准许。

人民法院审理行政赔偿案件，赔偿请求人和赔偿义务机关对自己提出的主张，应当提供证据。赔偿义务机关采取行政拘留或者限制人身自由的强制措施期间，被限制人身自由的人死亡或者丧失行为能力的，赔偿义务机关的行为与被限制人身自由的人的死亡或者丧失行为能力是否存在因果关系，赔偿义务机关应当提供证据。原告在行政赔偿诉讼中对自己的主张承担举证责任，被告有权提供不予赔偿或减少赔偿数额方面的证据。被告的具体行政行为违法，但尚未对原告的合法权益造成损害的，或者原告的请求没有事实根据或法律根据的，人民法院应当判决驳回原告的赔偿请求。

三、行政追偿程序

行政追偿是指行政赔偿义务机关在向相对人支付了赔偿费用后，对因故意或重大过失而造成国家重大损失的工作人员或者受委托的组织或个人，责令其承担部分或全部赔偿费用的法律制度。《国家赔偿法》第 16 条第 1 款规定，赔偿义务机关赔偿损失后，应当责令有故意或者重大过失的工作人员或者受委托的组织或者个人承担部分或者全部赔偿费用。建立行政追偿制度有利于对在行使行政职权过程中存在故意或重大过失的工作人员进行惩戒，从而杜绝其违法侵权行为，以切实维护公民、法人和其他组织的合法权益。

行政追偿必须具备两个条件：

1. 行政赔偿义务机关已对受害人支付了赔偿费用。这是行政追偿的前提，即只有在行政赔偿义务机关支付了受害人的行政赔偿费用，将请求人的行政赔偿请求权消灭后，才能对存在故意或重大过失的工作人员进行追偿。在行政赔偿义务机关履行赔偿义务之前，追偿权是一种抽象的权利，国家不能行使。

2. 直接实施行政职权行为的工作人员主观上有故意或重大过失。工作人员实施行政职权行为时不可能避免存在正当的风险。只有在工作人员存在主观上故意或重大过失时国家才享有追偿权，这是因为其违反了谨慎实施职权行为和一般的注意义务。

此外，《国家赔偿法》第十六条第二款规定，对有故意或者重大过失的责任人员，有关机关应当依法给予处分；构成犯罪的，应当依法追究刑事责任。

第四节　行政赔偿的方式、标准与费用

一、行政赔偿的方式

行政赔偿的方式是指法律规定的国家（行政机关）对自己的侵权行为承担赔偿责任的各种形式。根据《国家赔偿法》的规定，行政赔偿方式分为财产赔偿方式和非财产赔偿方式两类。

（一）财产赔偿方式

财产赔偿方式是指为弥补受害人遭受的财产方面的损失所设置的赔偿方法，分为金钱赔偿、返还财产和恢复原状三种形式。

1. 金钱赔偿

金钱赔偿是指行政赔偿义务机关以支付货币的形式向受害人履行赔偿义务，弥补受害人财产损失的方法。根据《国家赔偿法》第三十二条第一款的规定，国家赔偿以支付赔偿金为主要方式。在人身损害赔偿中，金钱赔偿是唯一的财产赔偿方式。

2. 返还财产

返还财产是指行政赔偿义务机关将违法取得的财产返还给受害人的方法。根据《国家赔偿法》第三十二条第二款的规定，能够返还财产的，予以返还财产。

3. 恢复原状

恢复原状是指行政赔偿义务机关对受害人的财产进行修复，使之恢复到原有的形状和性能的方法。根据《国家赔偿法》第三十二条第二款的规定，能够恢复原状的，予以恢复原状。

（二）非财产赔偿方式

根据《国家赔偿法》的规定，非财产赔偿方式包括消除影响、恢复名誉和赔礼道歉三种形式。这是为了弥补受害人非财产损害而设立的，是行政赔偿方式中辅助适用的赔偿方式。

消除影响是指行政赔偿义务机关在特定的范围内消除给受害人带来的不良影响。恢复名誉是指行政赔偿义务机关恢复受害人受损的名誉和荣誉。消除影响和恢复名誉两者在实践中常常合并适用。赔礼道歉是指行政赔偿义务机关通过公开的方式向受害人承认过错，表示悔改的方式。

二、行政赔偿的标准

行政赔偿的计算标准，是《国家赔偿法》所确立的根据损害程度确定赔偿金额的准则。没有行政赔偿的计算标准，行政赔偿执法活动就失去了统一的尺度，很难保证行政赔偿工作的公平，行政赔偿制度也就流于形式，行政赔偿制度确立的保护受害人合法权益的价值目标就难以实现。根据《国家赔偿法》的规定，我国确定了人身自由权的赔偿计算标准、侵犯生命健康权的赔偿计算标准和财产损害的赔偿计算标准。

（一）人身自由权的赔偿计算标准。根据《国家赔偿法》的规定，行政主体对公民人身自由权的侵犯有两种情形：一是违法拘留或者违法采取限制公民人身自由的行政强制措施的；二是非法拘禁或者以其他方法非法剥夺公民人身自由的。对人身损害的赔偿方式是金钱赔偿方式，其计算标准是每日赔偿金按照国家上年度职工日平均工资计算。根据相关的司法解释，这里的“上年度”，应为赔偿义务机关、复议机关或者人民法院赔偿委员会作出赔偿决定时的上年度；复议机关或者人民法院赔偿委员会决定维持原赔偿决定的，按作出原赔偿决定时的上年度执行。“国家上年度职工日平均工资”数额，应当以职工年平均工资除以全年法定工作日数的方法计算。年平均工资以国家统计局公布的数字为准。

（二）侵犯生命健康权的赔偿计算标准。行政主体对公民生命健康权的侵犯的情形主要有：以殴打、虐待等行为或者唆使、放纵他人以殴打、虐待等行为造成公民身体伤害或者死亡的；违法使用武器、警械造成公民身体伤害或者死亡的；造成公民身体伤害或者死亡的其他违法行为。行政主体侵犯公民生命健康权，根据《国家赔偿法》第三十四条的规定，赔偿金按照下列规定计算：

(1) 造成身体伤害的，应当支付医疗费、护理费，以及赔偿因误工减少的收入。减少的收入每日的赔偿金按照国家上年度职工日平均工资计算，最高额为国家上年度职工年平均工资的 5 倍。

(2) 造成部分或者全部丧失劳动能力的，应当支付医疗费、护理费、残疾生活辅助具费、康复费等因残疾而增加的必要支出和继续治疗所必需的费用，以及残疾赔偿金。残疾赔偿金根据丧失劳动能力的程度，按照国家规定的伤残等级确定，最高不超过国家上年度职工年平均工资的 20 倍。造成全部丧失劳动能力的，对其扶养的无劳动能力的人，还应当支付生活费。

(3) 造成死亡的，应当支付死亡赔偿金、丧葬费，总额为国家上年度职工年平均工资的 20 倍。对死者生前扶养的无劳动能力的人，还应当支付生活费。

(4) 被扶养的人是未成年人的，生活费给付至 18 周岁止；其他无劳动能力的人，生活费给付至死亡时止。生活费的发放标准，参照当地最低生活保障标准执行。

（三）财产损害的赔偿计算标准。根据《国家赔偿法》第三十六条规定，侵犯公民、法人和其他组织的财产权造成损害的，按照下列规定处理：

(1) 处罚款、罚金、追缴、没收财产或者违法征收、征用财产的，返还财产。

(2) 查封、扣押、冻结财产的，解除对财产的查封、扣押、冻结，造成财产损坏或者灭失的，根据财产的状况恢复原状或给付相应的赔偿金。

(3) 应当返还的财产损坏的，能够恢复原状的恢复原状，不能恢复原状的，按照损害程度给付相应的赔偿金。

(4) 应当返还的财产灭失的，给付相应的赔偿金。

(5) 财产已经拍卖或者变卖的，给付拍卖或者变卖所得的价款；变卖的价款明显低于财产价值的，应当支付相应的赔偿金。

(6) 吊销许可证和执照、责令停产停业的，赔偿停产停业期间必要的经常性费用开支。

(7) 返还执行的罚款或者罚金、追缴或者没收的金钱，解除冻结的存款或者汇款的，应当支付银行同期存款利息。

(8) 对财产权造成其他损害的，按照直接损失给予赔偿。

（四）其他的赔偿规定。根据《国家赔偿法》第三十五条的规定，具有《国家赔偿法》规定的侵犯人身权情形之一，致人精神损害的，应当在侵权行为影响的范围内，为受害人消除影响，恢复名誉，赔礼道歉；造成严重后果的，应当支付相应的精神损害抚慰金。

三、行政赔偿的费用

行政赔偿的费用是指国家承担行政赔偿责任，用于支付行政赔偿金和恢复原状所支出的费用。根据《国家赔偿法》第三十七条的规定，赔偿费用列入各级财政预算。赔偿请求人凭生效的判决书、复议决定书、赔偿决定书或者调解书，向赔偿义务机关申请支付赔偿金。赔偿义务机关应当自收到支付赔偿金申请之日起 7 日内，依照预算管理权限向有关的财政部门提出支付申请。财政部门应当自收到支付申请之日起 15 日内支付赔偿金。赔偿费用预算与支付管理的具体办法由国务院规定。

2010年12月29日国务院第138次常务会议通过的《国家赔偿费用管理条例》[①]对如何支付行政赔偿费用作了明确的规定。

国家赔偿费用由各级人民政府按照财政管理体制分级负担。各级人民政府应当根据实际情况，安排一定数额的国家赔偿费用，列入本级年度财政预算。当年需要支付的国家赔偿费用超过本级年度财政预算安排的，应当按照规定及时安排资金。国家赔偿费用由各级人民政府财政部门统一管理。国家赔偿费用的管理应当依法接受监督。

赔偿义务机关应当自受理赔偿请求人支付申请之日起7日内，依照预算管理权限向有关财政部门提出书面支付申请，并提交下列材料：(1)赔偿请求人请求支付国家赔偿费用的申请；(2)生效的判决书、复议决定书、赔偿决定书或者调解书；(3)赔偿请求人的身份证明。财政部门收到赔偿义务机关申请材料后，应当根据下列情况分别作出处理：(1)申请的国家赔偿费用依照预算管理权限不属于本财政部门支付的，应当在3个工作日内退回申请材料并书面通知赔偿义务机关向有管理权限的财政部门申请；(2)申请材料符合要求的，收到申请即为受理，并书面通知赔偿义务机关；(3)申请材料不符合要求的，应当在3个工作日内一次告知赔偿义务机关需要补正的全部材料。赔偿义务机关应当在5个工作日内按照要求提交全部补正材料，财政部门收到补正材料即为受理。

财政部门应当自受理申请之日起15日内，按照预算和财政国库管理的有关规定支付国家赔偿费用。财政部门发现赔偿项目、计算标准违反国家赔偿法规定的，应当提交作出赔偿决定的机关或者其上级机关依法处理、追究有关人员的责任。财政部门自支付国家赔偿费用之日起3个工作日内告知赔偿义务机关、赔偿请求人。

赔偿义务机关、财政部门及其工作人员有下列行为之一，根据《财政违法行为处罚处分条例》的规定处理、处分；构成犯罪的，依法追究刑事责任：(1)以虚报、冒领等手段骗取国家赔偿费用的；(2)违反国家赔偿法规定的范围和计算标准实施国家赔偿造成财政资金损失的；(3)不依法支付国家赔偿费用的；(4)截留、滞留、挪用、侵占国家赔偿费用的；(5)未依照规定责令有关工作人员、受委托的组织或者个人承担国家赔偿费用或者向有关工作人员追偿国家赔偿费用的；(6)未依照规定将应当承担或者被追偿的国家赔偿费用及时上缴财政的。

① 该条例于2010年12月29日国务院第138次常务会议通过，自公布之日起施行。1995年1月25日国务院发布的《国家赔偿费用管理办法》同时废止。

第五编

部门行政法篇

第一章
水利行政法

第一节　水资源保护行政法

一、水资源的行政保护

随着人口的不断增加和工农业生产的发展，水资源的短缺越来越明显，甚至在地球上许多地方出现了水荒，直接影响了居民的生存和经济的发展。造成水资源短缺的主要原因，一是地球森林等植被的破坏减弱了地表蓄水保土的能力并使降水减少；二是对水资源的不合理开发利用；三是过分发展耗水企业又不采取节水措施；四是污染物对水体的污染。根据《中华人民共和国水法》（以下简称《水法》）规定，水资源是指地表水和地下水。陆地水资源由地表水、土壤水和地下水组成，其中与水资源保护有关的就是地表水和地下水。

我国的水资源虽然绝对数量较大，陆地水资源总量为2.8万亿立方米，居世界第6位。但由于我国人口众多，人均占有量约为世界人均占有量的1/4。再加上这些水资源时空分布不均匀、利用率低、浪费和污染严重，使得我国水资源的供需矛盾十分突出，许多地区的社会和经济发展已经受到水资源短缺的严重困扰，而且水资源的供需矛盾还有日益加剧的趋势。于是，1988年1月21日第六届全国人民代表大会常务委员会第二十四次会议通过了《水法》，并先后于2002、2009、2016年对其进行了修订。

《水法》规定国家有保护水资源的职责，并建立了国家对水资源实行流域管理与行政区域管理相结合的管理体制。国务院水行政主管部门负责全国水资源的统一管理和监督工作。国务院水行政主管部门在国家确定的重要江河、湖泊设立的流域管理机构（以下简称流域管理机构），在所管辖的范围内行使法律、行政法规规定的和国务院水行政主管部门授予的水资源管理和监督职责。县级以上地方人民政府水行政主管部门按照规定的权限，负责本行政区域内水资源的统一管理和监督工作。

二、水资源规划制度

国家制定全国水资源战略规划。开发、利用、节约、保护水资源和防治水害，应当按照流域、区域统一制定规划。规划分为流域规划和区域规划。流域规划包括流域综合规划和流域专业规划；区域规划包括区域综合规划和区域专业规划。综合规划，是指根据经济社会发展需要和水资源开发利用现状编制的开发、利用、节约、保护水资源和防治水害的总体部署。

专业规划，是指防洪、治涝、灌溉、航运、供水、水力发电、竹木流放、渔业、水资源保护、水土保持、防沙治沙、节约用水等规划。

流域范围内的区域规划应当服从流域规划，专业规划应当服从综合规划。流域综合规划和区域综合规划以及与土地利用关系密切的专业规划，应当与国民经济和社会发展规划以及土地利用总体规划、城市总体规划和环境保护规划相协调，兼顾各地区、各行业的需要。

制定规划，必须进行水资源综合科学考察和调查评价。水资源综合科学考察和调查评价，由县级以上人民政府水行政主管部门会同同级有关部门组织进行。县级以上人民政府应当加强水文、水资源信息系统建设。县级以上人民政府水行政主管部门和流域管理机构应当加强对水资源的动态监测。基本水文资料应当按照国家有关规定予以公开。

国家确定的重要江河、湖泊的流域综合规划，由国务院水行政主管部门会同国务院有关部门和有关省、自治区、直辖市人民政府编制，报国务院批准。跨省、自治区、直辖市的其他江河、湖泊的流域综合规划和区域综合规划，由有关流域管理机构会同江河、湖泊所在地的省、自治区、直辖市人民政府水行政主管部门和有关部门编制，分别经有关省、自治区、直辖市人民政府审查提出意见后，报国务院水行政主管部门审核；国务院水行政主管部门征求国务院有关部门意见后，报国务院或者其授权的部门批准。其他江河、湖泊的流域综合规划和区域综合规划，由县级以上地方人民政府水行政主管部门会同同级有关部门和有关地方人民政府编制，报本级人民政府或者其授权的部门批准，并报上一级水行政主管部门备案。专业规划由县级以上人民政府有关部门编制，征求同级其他有关部门意见后，报本级人民政府批准。其中，防洪规划、水土保持规划的编制、批准，依照防洪法、水土保持法的有关规定执行。

规划一经批准，必须严格执行。经批准的规划需要修改时，必须按照规划编制程序经原批准机关批准。

三、水资源开发利用制度

地方各级人民政府应当结合本地区水资源的实际情况，按照地表水与地下水统一调度开发、开源与节流相结合、节流优先和污水处理再利用的原则，合理组织开发、综合利用水资源。国民经济和社会发展规划以及城市总体规划的编制、重大建设项目的布局，应当与当地水资源条件和防洪要求相适应，并进行科学论证；在水资源不足的地区，应当对城市规模和建设耗水量大的工业、农业和服务业项目加以限制。

地方各级人民政府应当加强对灌溉、排涝、水土保持工作的领导，促进农业生产发展；在容易发生盐碱化和渍害的地区，应当采取措施，控制和降低地下水的水位。农村集体经济组织修建水库应当经县级以上地方人民政府水行政主管部门批准。

国家对水工程建设移民实行开发性移民的方针，按照前期补偿、补助与后期扶持相结合的原则，妥善安排移民的生产和生活，保护移民的合法权益。移民安置应当与工程建设同步进行。建设单位应当根据安置地区的环境容量和可持续发展的原则，因地制宜，编制移民安置规划，经依法批准后，由有关地方人民政府组织实施。所需移民经费列入工程建设投资计划。

四、资源、水域和水工程的保护制度

县级以上人民政府水行政主管部门、流域管理机构以及其他有关部门在制定水资源开发、利用规划和调度水资源时，应当注意维持江河的合理流量和湖泊、水库以及地下水的合理水位，维护水体的自然净化能力。

国务院水行政主管部门会同国务院环境保护行政主管部门、有关部门和有关省、自治区、直辖市人民政府，按照流域综合规划、水资源保护规划和经济社会发展要求，拟定国家确定的重要江河、湖泊的水功能区划，报国务院批准。跨省、自治区、直辖市的其他江河、湖泊的水功能区划，由有关流域管理机构会同江河、湖泊所在地的省、自治区、直辖市人民政府水行政主管部门、环境保护行政主管部门和其他有关部门拟定，分别经有关省、自治区、直辖市人民政府审查提出意见后，由国务院水行政主管部门会同国务院环境保护行政主管部门审核，报国务院或者其授权的部门批准。以外的其他江河、湖泊的水功能区划，由县级以上地方人民政府水行政主管部门会同同级人民政府环境保护行政主管部门和有关部门拟定，报同级人民政府或者其授权的部门批准，并报上一级水行政主管部门和环境保护行政主管部门备案。县级以上人民政府水行政主管部门或者流域管理机构应当按照水功能区对水质的要求和水体的自然净化能力，核定该水域的纳污能力，向环境保护行政主管部门提出该水域的限制排污总量意见。县级以上地方人民政府水行政主管部门和流域管理机构应当对水功能区的水质状况进行监测，发现重点污染物排放总量超过控制指标的，或者水功能区的水质未达到水域使用功能对水质的要求的，应当及时报告有关人民政府采取治理措施，并向环境保护行政主管部门通报。

国家建立饮用水水源保护区制度。省、自治区、直辖市人民政府应当划定饮用水水源保护区，并采取措施，防止水源枯竭和水体污染，保证城乡居民饮用水安全。禁止在饮用水水源保护区内设置排污口。在江河、湖泊新建、改建或者扩大排污口，应当经过有管辖权的水行政主管部门或者流域管理机构同意，由环境保护行政主管部门负责对该建设项目的环境影响报告书进行审批。

在地下水超采地区，县级以上地方人民政府应当采取措施，严格控制开采地下水。在地下水严重超采地区，经省、自治区、直辖市人民政府批准，可以划定地下水禁止开采或者限制开采区。在沿海地区开采地下水，应当经过科学论证，并采取措施，防止地面沉降和海水入侵。

国家实行河道采砂许可制度。在河道管理范围内采砂，影响河势稳定或者危及堤防安全的，有关县级以上人民政府水行政主管部门应当划定禁采区和规定禁采期，并予以公告。

县级以上地方人民政府应当采取措施，保障本行政区域内水工程，特别是水坝和堤防的安全，限期消除险情。水行政主管部门应当加强对水工程安全的监督管理。国家对水工程实施保护。国家所有的水工程应当按照国务院的规定划定工程管理和保护范围。国务院水行政主管部门或者流域管理机构管理的水工程，由主管部门或者流域管理机构商有关省、自治区、直辖市人民政府划定工程管理和保护范围。以外的其他水工程，应当按照省、自治区、直辖市人民政府的规定，划定工程保护范围和保护职责。

五、水资源配置和节约使用

国务院发展计划主管部门和国务院水行政主管部门负责全国水资源的宏观调配。全国的和跨省、自治区、直辖市的水中长期供求规划，由国务院水行政主管部门会同有关部门制订，经国务院发展计划主管部门审查批准后执行。地方的水中长期供求规划，由县级以上地方人民政府水行政主管部门会同同级有关部门依据上一级水中长期供求规划和本地区的实际情况制订，经本级人民政府发展计划主管部门审查批准后执行。

跨省、自治区、直辖市的水量分配方案和旱情紧急情况下的水量调度预案，由流域管理机构商有关省、自治区、直辖市人民政府制订，报国务院或者其授权的部门批准后执行；其他跨行政区域的水量分配方案和旱情紧急情况下的水量调度预案，由共同的上一级人民政府水行政主管部门商有关地方人民政府制订，报本级人民政府批准后执行。水量分配方案和旱情紧急情况下的水量调度预案经批准后，有关地方人民政府必须执行。在不同行政区域之间的边界河流上建设水资源开发、利用项目，应当符合该流域经批准的水量分配方案，由有关县级以上地方人民政府报共同的上一级人民政府水行政主管部门或者有关流域管理机构批准。

县级以上地方人民政府水行政主管部门或者流域管理机构应当根据批准的水量分配方案和年度预测来水量，制订年度水量分配方案和调度计划，实施水量统一调度；有关地方人民政府必须服从。

国家对用水实行总量控制和定额管理相结合的制度。省、自治区、直辖市人民政府有关行业主管部门应当制定本行政区域内行业用水定额，报同级水行政主管部门和质量监督检验行政主管部门审核同意后，由省、自治区、直辖市人民政府公布，并报国务院水行政主管部门和国务院质量监督检验行政主管部门备案。县级以上地方人民政府发展计划主管部门会同同级水行政主管部门，根据用水定额、经济技术条件以及水量分配方案确定的可供本行政区域使用的水量，制订年度用水计划，对本行政区域内的年度用水实行总量控制。

直接从江河、湖泊或者地下取用水资源的单位和个人，应当按照国家取水许可制度和水资源有偿使用制度的规定，向水行政主管部门或者流域管理机构申请领取取水许可证，并缴纳水资源费，取得取水权。用水应当计量，并按照批准的用水计划用水。用水实行计量收费和超定额累进加价制度。

各级人民政府应当推行节水灌溉方式和节水技术，对农业蓄水、输水工程采取必要的防渗漏措施，提高农业用水效率。国家逐步淘汰落后的、耗水量高的工艺、设备和产品，具体名录由国务院经济综合主管部门会同国务院水行政主管部门和有关部门制定并公布。生产者、销售者或者生产经营中的使用者应当在规定的时间内停止生产、销售或者使用列入名录的工艺、设备和产品。城市人民政府应当因地制宜采取有效措施，推广节水型生活用水器具，降低城市供水管网漏失率，提高生活用水效率；加强城市污水集中处理，鼓励使用再生水，提高污水再生利用率。

各级人民政府应当积极采取措施，改善城乡居民的饮用水条件。使用水工程供应的水，应当按照国家规定向供水单位缴纳水费。供水价格应当按照补偿成本、合理收益、优质优价、公平负担的原则确定。具体办法由省级以上人民政府价格主管部门会同同级水行政主管部门或者其他供水行政主管部门依据职权制定。

六、水事纠纷处理与执法监督检查

不同行政区域之间发生水事纠纷的，应当协商处理；协商不成的，由上一级人民政府裁决，有关各方必须遵照执行。在水事纠纷解决前，未经各方达成协议或者共同的上一级人民政府批准，在行政区域交界线两侧一定范围内，任何一方不得修建排水、阻水、取水和截（蓄）水工程，不得单方面改变水的现状。

县级以上人民政府或者其授权的部门在处理水事纠纷时，有权采取临时处置措施，有关各方或者当事人必须服从。县级以上人民政府水行政主管部门和流域管理机构应当对违反《水法》的行为加强监督检查并依法进行查处。水政监督检查人员应当忠于职守，秉公执法。

县级以上人民政府水行政主管部门、流域管理机构及其水政监督检查人员履行本法规定的监督检查职责时，有权采取下列措施：(1)要求被检查单位提供有关文件、证照、资料；(2)要求被检查单位就执行本法的有关问题作出说明；(3)进入被检查单位的生产场所进行调查；(4)责令被检查单位停止违反本法的行为，履行法定义务。水政监督检查人员在履行监督检查职责时，应当向被检查单位或者个人出示执法证件。县级以上人民政府或者上级水行政主管部门发现本级或者下级水行政主管部门在监督检查工作中有违法或者失职行为的，应当责令其限期改正。

第二节　水污染防治行政法

一、国家在水污染防治中的职责

水污染，是指水体因某种物质的介入，而导致其化学、物理、生物或者放射性等方面特性的改变，从而影响水的有效利用，危害人体健康或者破坏生态环境，造成水质恶化的现象。由于防治水污染工作与国民经济和社会发展十分密切，因此必然成为各级人民政府的重要管理职责。为了保护和改善环境，防治水污染，保护水生态，保障饮用水安全，维护公众健康，推进生态文明建设，促进经济社会可持续发展，国家要履行如下的职责：(1)县级以上人民政府应当将水环境保护工作纳入国民经济和社会发展规划。地方各级人民政府对本行政区域的水环境质量负责，应当及时采取措施防治水污染。(2)省、市、县、乡建立河长制，分级分段组织领导本行政区域内江河、湖泊的水资源保护、水域岸线管理、水污染防治、水环境治理等工作。(3)国家实行水环境保护目标责任制和考核评价制度，将水环境保护目标完成情况作为对地方人民政府及其负责人考核评价的内容。(4)鼓励、支持水污染防治的科学技术研究和先进适用技术的推广应用，加强水环境保护的宣传教育。(5)通过财政转移支付等方式，建立健全对位于饮用水水源保护区区域和江河、湖泊、水库上游地区的水环境生态保护补偿机制。为了实现前述职责，我国建立了统一监督管理与分管部门监督管理相结合的监督管理体制，即县级以上人民政府环境保护主管部门对水污染防治实施统一监督管理；交通主管部门的海事管理机构对船舶污染水域的防治实施监督管理；县级以上人民政府水行政、国土资源、卫生、建设、农业、渔业等部门以及重要江河、湖泊的流域水资源保护机构，在各自的职责范围内，对有关水污染防治实施监督管理。

二、水污染防治的标准和规划制度

（一）水环境质量标准制度

国务院环境保护主管部门制定国家水环境质量标准。省、自治区、直辖市人民政府可以对国家水环境质量标准中未作规定的项目，制定地方标准，并报国务院环境保护主管部门备案。国务院环境保护主管部门会同国务院水行政主管部门和有关省、自治区、直辖市人民政府，可以根据国家确定的重要江河、湖泊流域水体的使用功能以及有关地区的经济、技术条件，确定该重要江河、湖泊流域的省界水体适用的水环境质量标准，报国务院批准后施行。

（二）水污染物排放标准制度

国务院环境保护主管部门根据国家水环境质量标准和国家经济、技术条件，制定国家水污染物排放标准。省、自治区、直辖市人民政府对国家水污染物排放标准中未作规定的项目，可以制定地方水污染物排放标准；对国家水污染物排放标准中已作规定的项目，可以制定严于国家水污染物排放标准的地方水污染物排放标准。地方水污染物排放标准须报国务院环境保护主管部门备案。向已有地方水污染物排放标准的水体排放污染物的，应当执行地方水污染物排放标准。

国务院环境保护主管部门和省、自治区、直辖市人民政府，应当根据水污染防治的要求和国家或者地方的经济、技术条件，适时修订水环境质量标准和水污染物排放标准。

（三）水污染防治规划

防治水污染应当按流域或者按区域进行统一规划。国家确定的重要江河、湖泊的流域水污染防治规划，由国务院环境保护主管部门会同国务院经济综合宏观调控、水行政等部门和有关省、自治区、直辖市人民政府编制，报国务院批准。以外的其他跨省、自治区、直辖市江河、湖泊的流域水污染防治规划，根据国家确定的重要江河、湖泊的流域水污染防治规划和本地实际情况，由有关省、自治区、直辖市人民政府环境保护主管部门会同同级水行政等部门和有关市、县人民政府编制，经有关省、自治区、直辖市人民政府审核，报国务院批准。省、自治区、直辖市内跨县江河、湖泊的流域水污染防治规划，根据国家确定的重要江河、湖泊的流域水污染防治规划和本地实际情况，由省、自治区、直辖市人民政府环境保护主管部门会同同级水行政等部门编制，报省、自治区、直辖市人民政府批准，并报国务院备案。经批准的水污染防治规划是防治水污染的基本依据，规划的修订须经原批准机关批准。

县级以上地方人民政府应当根据依法批准的江河、湖泊的流域水污染防治规划，组织制定本行政区域的水污染防治规划。有关市、县级人民政府应当按照水污染防治规划确定的水环境质量改善目标的要求，制定限期达标规划，采取措施按期达标。有关市、县级人民政府应当将限期达标规划报上一级人民政府备案，并向社会公开。市、县级人民政府每年在向本级人民代表大会或者其常务委员会报告环境状况和环境保护目标完成情况时，应当报告水环境质量限期达标规划执行情况，并向社会公开。

三、水污染防治的监督管理制度

（一）重点水污染物排放总量控制制度

国家对重点水污染物排放实施总量控制制度。重点水污染物排放总量控制指标，由国务院环境保护主管部门在征求国务院有关部门和各省、自治区、直辖市人民政府意见后，会同国务院经济综合宏观调控部门报国务院批准并下达实施。省、自治区、直辖市人民政府应当按照国务院的规定削减和控制本行政区域的重点水污染物排放总量。具体办法由国务院环境保护主管部门会同国务院有关部门规定。省、自治区、直辖市人民政府可以根据本行政区域水环境质量状况和水污染防治工作的需要，对国家重点水污染物之外的其他水污染物排放实行总量控制。对超过重点水污染物排放总量控制指标或者未完成水环境质量改善目标的地区，省级以上人民政府环境保护主管部门应当会同有关部门约谈该地区人民政府的主要负责人，并暂停审批新增重点水污染物排放总量的建设项目的环境影响评价文件。约谈情况应当向社会公开。

（二）排污许可制度

直接或者间接向水体排放工业废水和医疗污水以及其他按照规定应当取得排污许可证方可排放的废水、污水的企业事业单位和其他生产经营者，应当取得排污许可证；城镇污水集中处理设施的运营单位，也应当取得排污许可证。排污许可证应当明确排放水污染物的种类、浓度、总量和排放去向等要求。向水体排放污染物的企业事业单位和其他生产经营者，应当按照法律、行政法规和国务院环境保护主管部门的规定设置排污口；在江河、湖泊设置排污口的，还应当遵守国务院水行政主管部门的规定。

实行排污许可管理的企业事业单位和其他生产经营者应当对监测数据的真实性和准确性负责。环境保护主管部门发现重点排污单位的水污染物排放自动监测设备传输数据异常，应当及时进行调查。

（三）水环境质量监测和水污染物排放监测制度

国家建立水环境质量监测和水污染物排放监测制度。国务院环境保护主管部门负责制定水环境监测规范，统一发布国家水环境状况信息，会同国务院水行政等部门组织监测网络，统一规划国家水环境质量监测站（点）的设置，建立监测数据共享机制，加强对水环境监测的管理。国家确定的重要江河、湖泊流域的水资源保护工作机构负责监测其所在流域的省界水体的水环境质量状况，并将监测结果及时报国务院环境保护主管部门和国务院水行政主管部门；有经国务院批准成立的流域水资源保护领导机构的，应当将监测结果及时报告流域水资源保护领导机构。

国务院环境保护主管部门应当会同国务院水行政等部门和有关省、自治区、直辖市人民政府，建立重要江河、湖泊的流域水环境保护联合协调机制，实行统一规划、统一标准、统一监测、统一的防治措施。国务院环境保护主管部门和省、自治区、直辖市人民政府环境保护主管部门应当会同同级有关部门根据流域生态环境功能需要，明确流域生态环境保护要求，组织开展流域环境资源承载能力监测、评价，实施流域环境资源承载能力预警。县级以上地方人民政府应当根据流域生态环境功能需要，组织开展江河、湖泊、湿地保护与修复，因地制宜建设人工湿地、水源涵养林、沿河沿湖植被缓冲带和隔离带等生态环境治理与保护工程，整治黑臭水体，提高流域环境资源承载能力。

（四）现场检查与水污染纠纷的解决

环境保护主管部门和其他依照《中华人民共和国水污染防治法》规定行使监督管理权的部门，有权对管辖范围内的排污单位进行现场检查，被检查的单位应当如实反映情况，提供必要的资料。检查机关有义务为被检查的单位保守在检查中获取的商业秘密。

跨行政区域的水污染纠纷，由有关地方人民政府协商解决，或者由其共同的上级人民政府协调解决。

四、水污染防治措施制度

（一）有毒有害水污染物名录制度

国务院环境保护主管部门应当会同国务院卫生主管部门，根据对公众健康和生态环境的危害和影响程度，公布有毒有害水污染物名录，实行风险管理。排放名录中所列有毒有害水污染物的企业事业单位和其他生产经营者，应当对排污口和周边环境进行监测，评估环境风险，排查环境安全隐患，并公开有毒有害水污染物信息，采取有效措施防范环境风险。

（二）工业水污染防治制度

国务院有关部门和县级以上地方人民政府应当合理规划工业布局，要求造成水污染的企业进行技术改造，采取综合防治措施，提高水的重复利用率，减少废水和污染物排放量。

国家对严重污染水环境的落后工艺和设备实行淘汰制度。国务院经济综合宏观调控部门会同国务院有关部门，公布限期禁止采用的严重污染水环境的工艺名录和限期禁止生产、销售、进口、使用的严重污染水环境的设备名录。

国家禁止新建不符合国家产业政策的小型造纸、制革、印染、染料、炼焦、炼硫、炼砷、炼汞、炼油、电镀、农药、石棉、水泥、玻璃、钢铁、火电以及其他严重污染水环境的生产项目。

（三）城镇水污染防治制度

县级以上地方人民政府应当通过财政预算和其他渠道筹集资金，统筹安排建设城镇污水集中处理设施及配套管网，提高本行政区域城镇污水的收集率和处理率。国务院建设主管部门应当会同国务院经济综合宏观调控、环境保护主管部门，根据城乡规划和水污染防治规划，组织编制全国城镇污水处理设施建设规划。县级以上地方人民政府组织建设、经济综合宏观调控、环境保护、水行政等部门编制本行政区域的城镇污水处理设施建设规划。县级以上地方人民政府建设主管部门应当按照城镇污水处理设施建设规划，组织建设城镇污水集中处理设施及配套管网，并加强对城镇污水集中处理设施运营的监督管理。环境保护主管部门应当对城镇污水集中处理设施的出水水质和水量进行监督检查。

（四）农业和农村水污染防治制度

国家支持农村污水、垃圾处理设施的建设，推进农村污水、垃圾集中处理。地方各级人民政府应当统筹规划建设农村污水、垃圾处理设施，并保障其正常运行。

县级以上地方人民政府农业主管部门和其他有关部门，应当采取措施，指导农业生产者科学、合理地施用化肥和农药，推广测土配方施肥技术和高效低毒低残留农药，控制化肥和农药的过量使用，防止造成水污染。

国家支持畜禽养殖场、养殖小区建设畜禽粪便、废水的综合利用或者无害化处理设施。

畜禽散养密集区所在地县、乡级人民政府应当组织对畜禽粪便污水进行分户收集、集中处理利用。

（五）船舶水污染防治

船舶排放含油污水、生活污水，应当符合船舶污染物排放标准。从事海洋航运的船舶进入内河和港口的，应当遵守内河的船舶污染物排放标准。船舶应当按照国家有关规定配置相应的防污设备和器材，并持有合法有效的防止水域环境污染的证书与文书。

港口、码头、装卸站和船舶修造厂所在地市、县级人民政府应当统筹规划建设船舶污染物、废弃物的接收、转运及处理处置设施。海事管理机构、渔业主管部门应当加强对船舶及有关作业活动的监督管理。船舶进行散装液体污染危害性货物的过驳作业，应当编制作业方案，采取有效的安全和污染防治措施，并报作业地海事管理机构批准。

五、饮用水水源和其他特殊水体保护制度

国家建立饮用水水源保护区制度。饮用水水源保护区分为一级保护区和二级保护区；必要时，可以在饮用水水源保护区外围划定一定的区域作为准保护区。饮用水水源保护区的划定，由有关市、县人民政府提出划定方案，报省、自治区、直辖市人民政府批准；跨市、县饮用水水源保护区的划定，由有关市、县人民政府协商提出划定方案，报省、自治区、直辖市人民政府批准；协商不成的，由省、自治区、直辖市人民政府环境保护主管部门会同同级水行政、国土资源、卫生、建设等部门提出划定方案，征求同级有关部门的意见后，报省、自治区、直辖市人民政府批准。跨省、自治区、直辖市的饮用水水源保护区，由有关省、自治区、直辖市人民政府商有关流域管理机构划定；协商不成的，由国务院环境保护主管部门会同同级水行政、国土资源、卫生、建设等部门提出划定方案，征求国务院有关部门的意见后，报国务院批准。国务院和省、自治区、直辖市人民政府可以根据保护饮用水水源的实际需要，调整饮用水水源保护区的范围，确保饮用水安全。有关地方人民政府应当在饮用水水源保护区的边界设立明确的地理界标和明显的警示标志。

县级以上地方人民政府应当根据保护饮用水水源的实际需要，在准保护区内采取工程措施或者建造湿地、水源涵养林等生态保护措施，防止水污染物直接排入饮用水水体，确保饮用水安全。县级以上地方人民政府应当组织环境保护等部门，对饮用水水源保护区、地下水型饮用水源的补给区及供水单位周边区域的环境状况和污染风险进行调查评估，筛查可能存在的污染风险因素，并采取相应的风险防范措施。饮用水水源受到污染可能威胁供水安全的，环境保护主管部门应当责令有关企业事业单位和其他生产经营者采取停止排放水污染物等措施，并通报饮用水供水单位和供水、卫生、水行政等部门；跨行政区域的，还应当通报相关地方人民政府。

县级以上地方人民政府应当合理安排、布局农村饮用水水源，有条件的地区可以采取城镇供水管网延伸或者建设跨村、跨乡镇联片集中供水工程等方式，发展规模集中供水。饮用水供水单位应当做好取水口和出水口的水质检测工作。发现取水口水质不符合饮用水水源水质标准或者出水口水质不符合饮用水卫生标准的，应当及时采取相应措施，并向所在地市、县级人民政府供水主管部门报告。供水主管部门接到报告后，应当通报环境保护、卫生、水行政等部门。

县级以上地方人民政府应当组织有关部门监测、评估本行政区域内饮用水水源、供水单位供水和用户水龙头出水的水质等饮用水安全状况。县级以上地方人民政府有关部门应当至少每季度向社会公开一次饮用水安全状况信息。

国务院和省、自治区、直辖市人民政府根据水环境保护的需要,可以规定在饮用水水源保护区内,采取禁止或者限制使用含磷洗涤剂、化肥、农药以及限制种植养殖等措施。

县级以上人民政府可以对风景名胜区水体、重要渔业水体和其他具有特殊经济文化价值的水体划定保护区,并采取措施,保证保护区的水质符合规定用途的水环境质量标准。

六、水污染事故处置制度

各级人民政府及其有关部门,可能发生水污染事故的企业事业单位,应当依照《中华人民共和国突发事件应对法》的规定,做好突发水污染事故的应急准备、应急处置和事后恢复等工作。

企业事业单位发生事故或者其他突发性事件,造成或者可能造成水污染事故的,应当立即启动本单位的应急方案,采取隔离等应急措施,防止水污染物进入水体,并向事故发生地的县级以上地方人民政府或者环境保护主管部门报告。环境保护主管部门接到报告后,应当及时向本级人民政府报告,并抄送有关部门。造成渔业污染事故或者渔业船舶造成水污染事故的,应当向事故发生地的渔业主管部门报告,接受调查处理。其他船舶造成水污染事故的,应当向事故发生地的海事管理机构报告,接受调查处理;给渔业造成损害的,海事管理机构应当通知渔业主管部门参与调查处理。

市、县级人民政府应当组织编制饮用水安全突发事件应急预案。饮用水水源发生水污染事故,或者发生其他可能影响饮用水安全的突发性事件,饮用水供水单位应当采取应急处理措施,向所在地市、县级人民政府报告,并向社会公开。有关人民政府应当根据情况及时启动应急预案,采取有效措施,保障供水安全。

第三节　水土保持行政法

一、国家在水土保持中的职责

水土保持,是指对自然因素和人为活动造成水土流失所采取的预防和治理措施。为了预防和治理水土流失,保护和合理利用水土资源,减轻水、旱、风沙灾害,改善生态环境,保障经济社会可持续发展,国家应该履行如下的职责:(1)县级以上人民政府应当加强对水土保持工作的统一领导,将水土保持工作纳入本级国民经济和社会发展规划,对水土保持规划确定的任务,安排专项资金,并组织实施。(2)国家在水土流失重点预防区和重点治理区,实行地方各级人民政府水土保持目标责任制和考核奖惩制度。(3)各级人民政府及其有关部门应当加强水土保持宣传和教育工作,普及水土保持科学知识,增强公众的水土保持意识。(4)国家鼓励和支持水土保持科学技术研究,提高水土保持科学技术水平,推广先进的水土保持技术,培养水土保持科学技术人才。(5)国家鼓励和支持社会力量参与水土保持工作。

对水土保持工作中成绩显著的单位和个人，由县级以上人民政府给予表彰和奖励。为了实现前述职责，我国建立了统一监督管理与分管部门监督管理相结合的监督管理体制，即国务院水行政主管部门主管全国的水土保持工作；国务院水行政主管部门在国家确定的重要江河、湖泊设立的流域管理机构（以下简称流域管理机构），在所管辖范围内依法承担水土保持监督管理职责；县级以上地方人民政府水行政主管部门主管本行政区域的水土保持工作；县级以上人民政府林业、农业、国土资源等有关部门按照各自职责，做好有关的水土流失预防和治理工作。

二、规划制度

国务院水行政主管部门应当定期组织全国水土流失调查并公告调查结果。省、自治区、直辖市人民政府水行政主管部门负责本行政区域的水土流失调查并公告调查结果，公告前应当将调查结果报国务院水行政主管部门备案。县级以上人民政府应当依据水土流失调查结果划定并公告水土流失重点预防区和重点治理区。对水土流失潜在危险较大的区域，应当划定为水土流失重点预防区；对水土流失严重的区域，应当划定为水土流失重点治理区。

水土保持规划的内容应当包括水土流失状况、水土流失类型区划分、水土流失防治目标、任务和措施等。水土保持规划包括对流域或者区域预防和治理水土流失、保护和合理利用水土资源作出的整体部署，以及根据整体部署对水土保持专项工作或者特定区域预防和治理水土流失作出的专项部署。水土保持规划应当与土地利用总体规划、水资源规划、城乡规划和环境保护规划等相协调。编制水土保持规划，应当征求专家和公众的意见。

县级以上人民政府水行政主管部门会同同级人民政府有关部门编制水土保持规划，报本级人民政府或者其授权的部门批准后，由水行政主管部门组织实施。水土保持规划一经批准，应当严格执行；经批准的规划根据实际情况需要修改的，应当按照规划编制程序报原批准机关批准。

有关基础设施建设、矿产资源开发、城镇建设、公共服务设施建设等方面的规划，在实施过程中可能造成水土流失的，规划的组织编制机关应当在规划中提出水土流失预防和治理的对策和措施，并在规划报请审批前征求本级人民政府水行政主管部门的意见。

三、预防制度

地方各级人民政府应当按照水土保持规划，采取封育保护、自然修复等措施，组织单位和个人植树种草，扩大林草覆盖面积，涵养水源，预防和减轻水土流失。

地方各级人民政府应当加强对取土、挖砂、采石等活动的管理，预防和减轻水土流失。禁止在崩塌、滑坡危险区和泥石流易发区从事取土、挖砂、采石等可能造成水土流失的活动。崩塌、滑坡危险区和泥石流易发区的范围，由县级以上地方人民政府划定并公告。崩塌、滑坡危险区和泥石流易发区的划定，应当与地质灾害防治规划确定的地质灾害易发区、重点防治区相衔接。

水土流失严重、生态脆弱的地区，应当限制或者禁止可能造成水土流失的生产建设活动，严格保护植物、沙壳、结皮、地衣等。在侵蚀沟的沟坡和沟岸、河流的两岸以及湖泊和水库的周边，土地所有权人、使用权人或者有关管理单位应当营造植物保护带。禁止开垦、开发植物保护带。

国家禁止在二十五度以上陡坡地开垦种植农作物。在二十五度以上陡坡地种植经济林的，应当科学选择树种，合理确定规模，采取水土保持措施，防止造成水土流失。省、自治区、直辖市根据本行政区域的实际情况，可以规定小于二十五度的禁止开垦坡度。禁止开垦的陡坡地的范围由当地县级人民政府划定并公告。

国家禁止毁林、毁草开垦和采集发菜。禁止在水土流失重点预防区和重点治理区铲草皮、挖树兜或者滥挖虫草、甘草、麻黄等。

林木采伐应当采用合理方式，严格控制皆伐；对水源涵养林、水土保持林、防风固沙林等防护林只能进行抚育和更新性质的采伐；对采伐区和集材道应当采取防止水土流失的措施，并在采伐后及时更新造林。在林区采伐林木的，采伐方案中应当有水土保持措施。采伐方案经林业主管部门批准后，由林业主管部门和水行政主管部门监督实施。

县级以上人民政府水行政主管部门、流域管理机构，应当对生产建设项目水土保持方案的实施情况进行跟踪检查，发现问题及时处理。

四、治理制度

国家加强水土流失重点预防区和重点治理区的坡耕地改梯田、淤地坝等水土保持重点工程建设，加大生态修复力度。县级以上人民政府水行政主管部门应当加强对水土保持重点工程的建设管理，建立和完善运行管护制度。

国家加强江河源头区、饮用水水源保护区和水源涵养区水土流失的预防和治理工作，多渠道筹集资金，将水土保持生态效益补偿纳入国家建立的生态效益补偿制度。

在山区、丘陵区、风沙区以及水土保持规划确定的容易发生水土流失的其他区域开办生产建设项目或者从事其他生产建设活动，损坏水土保持设施、地貌植被，不能恢复原有水土保持功能的，应当缴纳水土保持补偿费，专项用于水土流失预防和治理。专项水土流失预防和治理由水行政主管部门负责组织实施。生产建设项目在建设过程中和生产过程中发生的水土保持费用，按照国家统一的财务会计制度处理。

国家鼓励单位和个人按照水土保持规划参与水土流失治理，并在资金、技术、税收等方面予以扶持。国家鼓励和支持承包治理荒山、荒沟、荒丘、荒滩，防治水土流失，保护和改善生态环境，促进土地资源的合理开发和可持续利用，并依法保护土地承包合同当事人的合法权益。

在水力侵蚀地区，地方各级人民政府及其有关部门应当组织单位和个人，以天然沟壑及其两侧山坡地形成的小流域为单元，因地制宜地采取工程措施、植物措施和保护性耕作等措施，进行坡耕地和沟道水土流失综合治理。在风力侵蚀地区，地方各级人民政府及其有关部门应当组织单位和个人，因地制宜地采取轮封轮牧、植树种草、设置人工沙障和网格林带等措施，建立防风固沙防护体系。在重力侵蚀地区，地方各级人民政府及其有关部门应当组织单位和个人，采取监测、径流排导、削坡减载、支挡固坡、修建拦挡工程等措施，建立监测、预报、预警体系。

在饮用水水源保护区，地方各级人民政府及其有关部门应当组织单位和个人，采取预防保护、自然修复和综合治理措施，配套建设植物过滤带，积极推广沼气，开展清洁小流域建设，严格控制化肥和农药的使用，减少水土流失引起的面源污染，保护饮用水水源。

国家鼓励和支持在山区、丘陵区、风沙区以及容易发生水土流失的其他区域，采取下列有利于水土保持的措施：(1)免耕、等高耕作、轮耕轮作、草田轮作、间作套种等；(2)封禁抚育、轮封轮牧、舍饲圈养；(3)发展沼气、节柴灶，利用太阳能、风能和水能，以煤、电、气代替薪柴等；(4)从生态脆弱地区向外移民；(5)其他有利于水土保持的措施。

五、监测和监督制度

县级以上人民政府水行政主管部门应当加强水土保持监测工作，发挥水土保持监测工作在政府决策、经济社会发展和社会公众服务中的作用。县级以上人民政府应当保障水土保持监测工作经费。国务院水行政主管部门应当完善全国水土保持监测网络，对全国水土流失进行动态监测。

国务院水行政主管部门和省、自治区、直辖市人民政府水行政主管部门应当根据水土保持监测情况，定期对下列事项进行公告：(1)水土流失类型、面积、强度、分布状况和变化趋势；(2)水土流失造成的危害；(3)水土流失预防和治理情况。

县级以上人民政府水行政主管部门负责对水土保持情况进行监督检查。流域管理机构在其管辖范围内可以行使国务院水行政主管部门的监督检查职权。水政监督检查人员依法履行监督检查职责时，有权采取下列措施：(1)要求被检查单位或者个人提供有关文件、证照、资料；(2)要求被检查单位或者个人就预防和治理水土流失的有关情况作出说明；(3)进入现场进行调查、取证。被检查单位或者个人拒不停止违法行为，造成严重水土流失的，报经水行政主管部门批准，可以查封、扣押实施违法行为的工具及施工机械、设备等。水政监督检查人员依法履行监督检查职责时，应当出示执法证件。被检查单位或者个人对水土保持监督检查工作应当给予配合，如实报告情况，提供有关文件、证照、资料；不得拒绝或者阻碍水政监督检查人员依法执行公务。

不同行政区域之间发生水土流失纠纷应当协商解决；协商不成的，由共同的上一级人民政府裁决。

第四节　防洪行政法

一、国家在防洪中的职责

为了防治洪水，防御、减轻洪涝灾害，维护人民的生命和财产安全，保障社会主义现代化建设顺利进行，国家应当履行如下的职责：(1)应当将防洪工程设施建设纳入国民经济和社会发展计划。(2)各级人民政府应当加强对防洪工作的统一领导，组织有关部门、单位，动员社会力量，依靠科技进步，有计划地进行江河、湖泊治理，采取措施加强防洪工程设施建设，巩固、提高防洪能力；(3)各级人民政府应当组织有关部门、单位，动员社会力量，做好防汛抗洪和洪涝灾害后的恢复与救济工作；(4)各级人民政府应当对蓄滞洪区予以扶持；蓄滞洪后，应当依照国家规定予以补偿或者救助。为了实现前述职责，我国建立了统一监督管理与分管部门监督管理相结合的监督管理体制,即国务院水行政主管部门在国务院的领导下,负责全国防洪的组织、协调、监督、指导等日常工作。国务院水行政主管部门在国家确定的重要江河、湖泊设立的流域管理机构,在所管辖的范围内行使法律、行政法规规定和国务院水行政主管部门授权的防洪协调和监督管理职责。国务院建设行政主管部门和其他有关部门在国务院的领导下,按照各自的职责,负责有关的防洪工作。县级以上地方人民政府水行政主管部门在本级人民政府的领导下,负责本行政区域内防洪的组织、协调、监督、指导等日常工作。县级以上地方人民政府建设行政主管部门和其他有关部门在本级人民政府的领导下,按照各自的职责,负责有关的防洪工作。

二、防洪规划制度

防洪规划是指为防治某一流域、河段或者区域的洪涝灾害而制定的总体部署,包括国家确定的重要江河、湖泊的流域防洪规划,其他江河、河段、湖泊的防洪规划以及区域防洪规划。防洪规划应当服从所在流域、区域的综合规划;区域防洪规划应当服从所在流域的流域防洪规划。防洪规划是江河、湖泊治理和防洪工程设施建设的基本依据。

国家确定的重要江河、湖泊的防洪规划,由国务院水行政主管部门依据该江河、湖泊的流域综合规划,会同有关部门和有关省、自治区、直辖市人民政府编制,报国务院批准。其他江河、河段、湖泊的防洪规划或者区域防洪规划,由县级以上地方人民政府水行政主管部门分别依据流域综合规划、区域综合规划,会同有关部门和有关地区编制,报本级人民政府批准,并报上一级人民政府水行政主管部门备案;跨省、自治区、直辖市的江河、河段、湖泊的防洪规划由有关流域管理机构会同江河、河段、湖泊所在地的省、自治区、直辖市人民政府水行政主管部门、有关主管部门拟定,分别经有关省、自治区、直辖市人民政府审查提出意见后,报国务院水行政主管部门批准。城市防洪规划,由城市人民政府组织水行政主管部门、建设行政主管部门和其他有关部门依据流域防洪规划、上一级人民政府区域防洪规划编制,按照国务院规定的审批程序批准后纳入城市总体规划。修改防洪规划,应当报经原批准机关批准。

编制防洪规划,应当遵循确保重点、兼顾一般,以及防汛和抗旱相结合、工程措施和非工程措施相结合的原则,充分考虑洪涝规律和上下游、左右岸的关系以及国民经济对防洪的要求,并与国土规划和土地利用总体规划相协调。防洪规划应当确定防护对象、治理目标和任务、防洪措施和实施方案,划定洪泛区、蓄滞洪区和防洪保护区的范围,规定蓄滞洪区的使用原则。

受风暴潮威胁的沿海地区的县级以上地方人民政府,应当把防御风暴潮纳入本地区的防洪规划,加强海堤(海塘)、挡潮闸和沿海防护林等防御风暴潮工程体系建设,监督建筑物、构筑物的设计和施工符合防御风暴潮的需要。山洪可能诱发山体滑坡、崩塌和泥石流的地区以及其他山洪多发地区的县级以上地方人民政府,应当组织负责地质矿产管理工作的部门、水行政主管部门和其他有关部门对山体滑坡、崩塌和泥石流隐患进行全面调查,划定重点防治区,采取防治措施。平原、洼地、水网圩区、山谷、盆地等易涝地区的有关地方人民政府,应当制定除涝治涝规划,组织有关部门、单位采取相应的治理措施,完善排水系统,发展耐涝农作物种类和品种,开展洪涝、干旱、盐碱综合治理。城市人民政府应当加强对城区排涝管网、泵站的建设和管理。

国务院水行政主管部门应当会同有关部门和省、自治区、直辖市人民政府制定长江、黄河、珠江、辽河、淮河、海河入海河口的整治规划。

防洪规划确定的河道整治计划用地和规划建设的堤防用地范围内的土地，经土地管理部门和水行政主管部门会同有关地区核定，报经县级以上人民政府按照国务院规定的权限批准后，可以划定为规划保留区；该规划保留区范围内的土地涉及其他项目用地的，有关土地管理部门和水行政主管部门核定时，应当征求有关部门的意见。在特殊情况下，国家工矿建设项目确需占用不得建设与防洪无关的工矿工程设施的规划保留区内的土地的，应当按照国家规定的基本建设程序报请批准，并征求有关水行政主管部门的意见。防洪规划确定的扩大或者开辟的人工排洪道用地范围内的土地，经省级以上人民政府土地管理部门和水行政主管部门会同有关部门、有关地区核定，报省级以上人民政府按照国务院规定的权限批准后，可以划定为规划保留区。

三、治理与防护制度

防治江河洪水，应当蓄泄兼施，充分发挥河道行洪能力和水库、洼淀、湖泊调蓄洪水的功能，加强河道防护，因地制宜地采取定期清淤疏浚等措施，保持行洪畅通。防治江河洪水，应当保护、扩大流域林草植被，涵养水源，加强流域水土保持综合治理。

整治河道和修建控制引导河水流向、保护堤岸等工程，应当兼顾上下游、左右岸的关系，按照规划治导线实施，不得任意改变河水流向。国家确定的重要江河的规划治导线由流域管理机构拟定，报国务院水行政主管部门批准。其他江河、河段的规划治导线由县级以上地方人民政府水行政主管部门拟定，报本级人民政府批准；跨省、自治区、直辖市的江河、河段和省、自治区、直辖市之间的省界河道的规划治导线由有关流域管理机构组织江河、河段所在地的省、自治区、直辖市人民政府水行政主管部门拟定，经有关省、自治区、直辖市人民政府审查提出意见后，报国务院水行政主管部门批准。

整治河道、湖泊，涉及航道的，应当兼顾航运需要，并事先征求交通主管部门的意见。整治航道，应当符合江河、湖泊防洪安全要求，并事先征求水行政主管部门的意见。在竹木流放的河流和渔业水域整治河道的，应当兼顾竹木水运和渔业发展的需要，并事先征求林业、渔业行政主管部门的意见。在河道中流放竹木，不得影响行洪和防洪工程设施的安全。

河道、湖泊管理实行按水系统一管理和分级管理相结合的原则，加强防护，确保畅通。国家确定的重要江河、湖泊的主要河段，跨省、自治区、直辖市的重要河段、湖泊，省、自治区、直辖市之间的省界河道、湖泊以及国（边）界河道、湖泊，由流域管理机构和江河、湖泊所在地的省、自治区、直辖市人民政府水行政主管部门按照国务院水行政主管部门的划定依法实施管理。其他河道、湖泊，由县级以上地方人民政府水行政主管部门按照国务院水行政主管部门或者国务院水行政主管部门授权的机构的划定依法实施管理。

有堤防的河道、湖泊，其管理范围为两岸堤防之间的水域、沙洲、滩地、行洪区和堤防及护堤地；无堤防的河道、湖泊，其管理范围为历史最高洪水位或者设计洪水位之间的水域、沙洲、滩地和行洪区。流域管理机构直接管理的河道、湖泊管理范围与其他河道、湖泊管理范围分别由流域管理机构会同有关县级以上地方人民政府和有关县级以上地方人民政府依照前述规定界定。

国家禁止围湖造地。已经围垦的，应当按照国家规定的防洪标准进行治理，有计划地退地还湖。国家禁止围垦河道。确需围垦的，应当进行科学论证，经水行政主管部门确认不妨碍行洪、输水后，报省级以上人民政府批准。对壅水、阻水严重的桥梁、引道、码头和其他跨河工程设施，根据防洪标准，有关水行政主管部门可以报请县级以上人民政府按照国务院规定的权限责令建设单位限期改建或者拆除。

对于河道、湖泊管理范围内依照本法规定建设的工程设施，水行政主管部门有权依法检查；水行政主管部门检查时，被检查者应当如实提供有关的情况和资料。前述工程设施竣工验收时，应当有水行政主管部门参加。

四、防洪区和防洪工程设施的管理制度

防洪区是指洪水泛滥可能淹及的地区，分为洪泛区、蓄滞洪区和防洪保护区。其中，洪泛区是指尚无工程设施保护的洪水泛滥所及的地区。蓄滞洪区是指包括分洪口在内的河堤背水面以外临时贮存洪水的低洼地区及湖泊等。防洪保护区是指在防洪标准内受防洪工程设施保护的地区。

各级人民政府应当按照防洪规划对防洪区内的土地利用实行分区管理。地方各级人民政府应当加强对防洪区安全建设工作的领导，组织有关部门、单位对防洪区内的单位和居民进行防洪教育，普及防洪知识，提高水患意识；按照防洪规划和防御洪水方案建立并完善防洪体系和水文、气象、通信、预警以及洪涝灾害监测系统，提高防御洪水能力；组织防洪区内的单位和居民积极参加防洪工作，因地制宜地采取防洪避洪措施。洪泛区、蓄滞洪区所在地的省、自治区、直辖市人民政府应当组织有关地区和部门，按照防洪规划的要求，制订洪泛区、蓄滞洪区安全建设计划，控制蓄滞洪区人口增长，对居住在经常使用的蓄滞洪区的居民，有计划地组织外迁，并采取其他必要的安全保护措施。因蓄滞洪区而直接受益的地区和单位，应当对蓄滞洪区承担国家规定的补偿、救助义务。国务院和有关的省、自治区、直辖市人民政府应当建立对蓄滞洪区的扶持和补偿、救助制度。国务院和有关的省、自治区、直辖市人民政府可以制定洪泛区、蓄滞洪区安全建设管理办法以及对蓄滞洪区的扶持和补偿、救助办法。

在洪泛区、蓄滞洪区内建设非防洪建设项目，应当就洪水对建设项目可能产生的影响和建设项目对防洪可能产生的影响作出评价，编制洪水影响评价报告，提出防御措施。洪水影响评价报告未经有关水行政主管部门审查批准的，建设单位不得开工建设。在蓄滞洪区内建设的油田、铁路、公路、矿山、电厂、电信设施和管道，其洪水影响评价报告应当包括建设单位自行安排的防洪避洪方案。建设项目投入生产或者使用时，其防洪工程设施应当经水行政主管部门验收。

属于国家所有的防洪工程设施，应当按照经批准的设计，在竣工验收前由县级以上人民政府按照国家规定，划定管理和保护范围。属于集体所有的防洪工程设施，应当按照省、自治区、直辖市人民政府的规定，划定保护范围。

各级人民政府应当组织有关部门加强对水库大坝的定期检查和监督管理。对未达到设计洪水标准、抗震设防要求或者有严重质量缺陷的险坝，大坝主管部门应当组织有关单位采

取除险加固措施，限期消除危险或者重建，有关人民政府应当优先安排所需资金。对可能出现垮坝的水库，应当事先制定应急抢险和居民临时撤离方案。各级人民政府和有关主管部门应当加强对尾矿坝的监督管理，采取措施，避免因洪水导致垮坝。

五、防汛抗洪制度

防汛抗洪工作实行各级人民政府行政首长负责制，统一指挥、分级分部门负责。国务院设立国家防汛指挥机构，负责领导、组织全国的防汛抗洪工作，其办事机构设在国务院水行政主管部门。在国家确定的重要江河、湖泊可以设立由有关省、自治区、直辖市人民政府和该江河、湖泊的流域管理机构负责人等组成的防汛指挥机构，指挥所管辖范围内的防汛抗洪工作，其办事机构设在流域管理机构。有防汛抗洪任务的县级以上地方人民政府设立由有关部门、当地驻军、人民武装部负责人等组成的防汛指挥机构，在上级防汛指挥机构和本级人民政府的领导下，指挥本地区的防汛抗洪工作，其办事机构设在同级水行政主管部门；必要时，经城市人民政府决定，防汛指挥机构也可以在建设行政主管部门设城市市区办事机构，在防汛指挥机构的统一领导下，负责城市市区的防汛抗洪日常工作。

有防汛抗洪任务的县级以上地方人民政府根据流域综合规划、防洪工程实际状况和国家规定的防洪标准，制订防御洪水方案（包括对特大洪水的处置措施）。长江、黄河、淮河、海河的防御洪水方案，由国家防汛指挥机构制订，报国务院批准；跨省、自治区、直辖市的其他江河的防御洪水方案，由有关流域管理机构会同有关省、自治区、直辖市人民政府制订，报国务院或者国务院授权的有关部门批准。防御洪水方案经批准后，有关地方人民政府必须执行。各级防汛指挥机构和承担防汛抗洪任务的部门和单位，必须根据防御洪水方案做好防汛抗洪准备工作。

省、自治区、直辖市人民政府防汛指挥机构根据当地的洪水规律，规定汛期起止日期。当江河、湖泊的水情接近保证水位或者安全流量，水库水位接近设计洪水位，或者防洪工程设施发生重大险情时，有关县级以上人民政府防汛指挥机构可以宣布进入紧急防汛期。

对河道、湖泊范围内阻碍行洪的障碍物，按照谁设障、谁清除的原则，由防汛指挥机构责令限期清除；逾期不清除的，由防汛指挥机构组织强行清除，所需费用由设障者承担。在紧急防汛期，国家防汛指挥机构或者其授权的流域、省、自治区、直辖市防汛指挥机构有权对壅水、阻水严重的桥梁、引道、码头和其他跨河工程设施作出紧急处置。在汛期，气象、水文、海洋等有关部门应当按照各自的职责，及时向有关防汛指挥机构提供天气、水文等实时信息和风暴潮预报；电信部门应当优先提供防汛抗洪通信的服务；运输、电力、物资材料供应等有关部门应当优先为防汛抗洪服务。在汛期，水库、闸坝和其他水工程设施的运用，必须服从有关的防汛指挥机构的调度指挥和监督。在汛期，水库不得擅自在汛期限制水位以上蓄水，其汛期限制水位以上的防洪库容的运用，必须服从防汛指挥机构的调度指挥和监督。在凌汛期，有防凌汛任务的江河的上游水库的下泄水量必须征得有关的防汛指挥机构的同意，并接受其监督。

在紧急防汛期，防汛指挥机构根据防汛抗洪的需要，有权在其管辖范围内调用物资、设备、交通运输工具和人力，决定采取取土占地、砍伐林木、清除阻水障碍物和其他必要的紧急措施；必要时，公安、交通等有关部门按照防汛指挥机构的决定，依法实施陆地和水面交通管制。调用的物资、设备、交通运输工具等，在汛期结束后应当及时归还；造成损坏或者无法归还的，按照国务院有关规定给予适当补偿或者作其他处理。取土占地、砍伐林木的，在汛期结束后依法向有关部门补办手续；有关地方人民政府对取土后的土地组织复垦，对砍伐的林木组织补种。

江河、湖泊水位或者流量达到国家规定的分洪标准，需要启用蓄滞洪区时，国务院，国家防汛指挥机构，流域防汛指挥机构，省、自治区、直辖市人民政府，省、自治区、直辖市防汛指挥机构，按照依法经批准的防御洪水方案中规定的启用条件和批准程序，决定启用蓄滞洪区。依法启用蓄滞洪区，任何单位和个人不得阻拦、拖延；遇到阻拦、拖延时，由有关县级以上地方人民政府强制实施。发生洪涝灾害后，有关人民政府应当组织有关部门、单位做好灾区的生活供给、卫生防疫、救灾物资供应、治安管理、学校复课、恢复生产和重建家园等救灾工作以及所管辖地区的各项水毁工程设施修复工作。水毁防洪工程设施的修复，应当优先列入有关部门的年度建设计划。国家鼓励、扶持开展洪水保险。

六、保障措施制度

各级人民政府应当采取措施，提高防洪投入的总体水平。江河、湖泊的治理和防洪工程设施的建设和维护所需投资，按照事权和财权相统一的原则，分级负责，由中央和地方财政承担。城市防洪工程设施的建设和维护所需投资，由城市人民政府承担。中央财政应当安排资金，用于国家确定的重要江河、湖泊的堤坝遭受特大洪涝灾害时的抗洪抢险和水毁防洪工程修复。省、自治区、直辖市人民政府应当在本级财政预算中安排资金，用于本行政区域内遭受特大洪涝灾害地区的抗洪抢险和水毁防洪工程修复。

国家设立水利建设基金，用于防洪工程和水利工程的维护和建设。受洪水威胁的省、自治区、直辖市为加强本行政区域内防洪工程设施建设，提高防御洪水能力，按照国务院的有关规定，可以规定在防洪保护区范围内征收河道工程修建维护管理费。

各级人民政府审计机关应当加强对防洪、救灾资金使用情况的审计监督。

第二章 环境资源行政法

第一节　环境资源行政法概述

一、环境资源行政法的释义

“环境”与“资源”是环境与资源保护法中两个既有联系又有区别的概念。所谓的环境指的是自然环境，即影响人类生存和发展的各种天然的和经过人工改造的自然因素的总体，包括大气、水、海洋、土地、矿藏、森林、草原、湿地、野生生物、自然遗迹、人文遗迹、自然保护区、风景名胜区、城市和乡村等。而资源指的是自然资源，即“在一定时间、地点的条件下能够产生经济价值的、以提高人类当前和将来福利的自然环境因素和条件的总称”。① 无论是环境还是资源都是人类生存与发展不可或缺的条件。出于生存与(或)发展的目的，人类自古以来就利用自然环境提供的各种条件主动地改造自然。此种改造活动，从其效果看有良性与恶性之分，其中恶性的造成了生态平衡的破坏，由此产生了诸多的环境问题。

“我们不要过分陶醉于我们人类对自然界的胜利。对于每一次的胜利，自然界都对我们进行报复。每一次胜利，起初确实取得了我们预期的结果，但是往后和再往后却发生完全不同的、出乎预料的影响，常常把最初的结果又消除了。美索不达米亚、希腊、小亚细亚以及其他各地的居民，为了得到耕地，毁灭了森林，但是他们做梦也想不到，这些地方今天竟因此而成为不毛之地，因为他们使这些地方失去了森林，也就失去了水分的积聚中心和贮藏库。阿尔卑斯山的意大利人，当他们在山南坡把在山北坡得到精心保护的那同一种枞树林砍光用尽时，没有预料到，这样一来，他们就把本地区的高山畜牧业的根基毁掉了；他们更没有预料到，他们这样做，竟使山泉在一年中的大部分时间内枯竭了，同时在雨季又使更加凶猛的洪水倾泻到平原上。在欧洲传播栽种马铃薯的人，并不知道他们随同这种含粉的块茎一起把瘰疬症也传播进来了”，在这些可怕的环境问题迫使下，人类逐渐意识并认识到“我们每走一步都要记住：我们统治自然界，决不像征服者统治异族人那样，决不是像站在自然界之外的人似的，——相反地，我们连同我们的肉、血和头脑都是属于自然界和存在于自然之中的”。② 在这种认识的指引下，人类应该拥有内容可表述为“人人有权在一种能够过尊严和

① 刘成武、杨志荣、方中权：《自然资源概论》，科学出版社1999年版，第24页。

② 中共中央马克思恩格斯列宁斯大林著作编译局：《马克思恩格斯选集》(第4卷)，人民出版社1995年版，第383-384页。

福利的生活环境中，享有自由、平等和充足的生活条件的基本权利，并且负有为这一代和将来的世世代代保护和改善环境的庄严责任”的环境权。环境权基本要义之一是国家在享有适宜环境权利的同时还有保护环境的义务。国家承担保护环境义务表现为环境行政管理，而环境行政管理就是依法行政。[①] 由此，自然而然地会产生环境资源行政法。

环境资源行政法指的是规范国家为了实现对环境资源的管理采用行政手段，行使对影响资源和环境的活动进行指挥、组织、规范、监督的职能，以合理开发利用自然资源，防治环境污染和破坏，维护生态平衡活动的法律规范总和。

二、环境资源行政法律关系

环境资源行政法律关系是指受环境资源行政法律规范调控国家环境资源管理活动而形成（或引发）的环境资源行政管理机关与其他法律主体之间的权利义务关系。

（一）环境资源行政法律关系的主体

《中华人民共和国环境保护法》第六条规定：“一切单位和个人都有保护环境的义务。地方各级人民政府应当对本行政区域的环境质量负责。企业事业单位和其他生产经营者应当防止、减少环境污染和生态破坏，对所造成的损害依法承担责任。公民应当增强环境保护意识，采取低碳、节俭的生活方式，自觉履行环境保护义务。”由此可知，环境资源行政法律关系主体包括各级人民政府、自然人、法人和其他社会组织等。

法人是指具有权利能力和行为能力，依法独立享有民事权利和承担民事义务的组织。它包括机关法人、事业法人、企业法人和社会团体法人四种，不管哪种法人都可以成为环境与资源保护法律关系的主体。非法人组织，又称其他组织，是指不具备法人资格、不能独立承担民事责任的社会组织。它包括独资企业、合伙企业、法人分支机关、非法人联营组织等。它们也是环境与资源保护法律关系的主体。自然人是因出生而取得民事主体资格的人，是相对于法人的民事主体

（二）环境资源行政法律关系的客体

环境资源行政法法律关系的客体是指主体的权利和义务所指向的对象，又称权利客体或义务客体，能反映环境与资源保护法律关系特点的主要客体是环境资源管理主体的监督管理行为和管理相对人的防治污染和生态破坏、保护和改善环境的行为。

监督管理是指环境资源行政监督管理部门对各种影响环境资源的行为进行监督管理的活动。在这一活动中行使行政权以实现环境资源监管目的的行为便是环境资源管理主体的监督管理行为。根据行政管理监督机构的设置，我国环境资源行政监督管理主要分为国务院、地方各级人民政府以及国务院与地方各级人民政府的有关行政管理部门的环境资源管理。与之对应，环境资源管理主体的监督管理行为包括国务院、地方各级人民政府以及国务院与地方各级人民政府的有关行政管理部门的环境资源管理行为。

（三）环境资源行政法律关系的内容

环境资源行政管理主体的权利又可称为权力，是指法律赋予的，为实现国家环境资源行政管理职能所必需的，运用各种国家机器及物质设施使全社会服从自己意志的各种强制力

---

① 蔡守秋：《环境资源法教程》（第二版），高等教育出版社 2010 年版，第 48-49 页。

量的总称。环境资源行政管理主体的权利有环境资源行政处理权、行政处罚强制权、对特定物的管理权等。环境资源行政管理主体的义务分为管理性义务与服务性义务。管理性义务是指为建立和保持正常生产和生活所必需的环境与资源行政保护法律秩序的总和；服务性义务是指为保护和改善环境创造各种条件的行政义务的总和。

环境资源行政管理的管理相对人的权利有参加环境资源管理权、环境资源使用权、保障权、受益权以及申诉和控诉权等。环境资源行政管理的管理相对人的义务主要有遵守和维护环境与资源保护行政法律秩序的义务、服从国家环境资源行政管理的义务与服从行政制裁的义务。

第二节　国家环境资源管理体制

一、环境资源管理体制概念

环境资源管理体制，是指一个国家环境资源管理系统的结构和组成方式，即采用什么样的组织形式以及如何将这些组织形式运行起来，并以何种手段和方法来实现环境资源管理任务的合理的有机系统。具体说来，环境资源管理的体制是规定中央、地方、部门、企业在环境资源保护方面的管理范围、权责职限、利益以及相互关系的准则。其核心是环境资源管理机构的设置、职权的划分与协调及管理活动规范运行的方式。《中华人民共和国环境保护法》（以下简称《环境保护法》）第十条规定："国务院环境保护主管部门，对全国环境保护工作实施统一监督管理；县级以上地方人民政府环境保护主管部门，对本行政区域环境保护工作实施统一监督管理。县级以上人民政府有关部门和军队环境保护部门，依照有关法律的规定对资源保护和污染防治等环境保护工作实施监督管理。"据此，我国环境资源管理体制是统一监督管理与分部门监督管理相结合。此种管理体制在环境保护的特别法也得到了体现，如《中华人民共和国水污染防治法》第九条规定："县级以上人民政府环境保护主管部门对水污染防治实施统一监督管理。交通主管部门的海事管理机构对船舶污染水域的防治实施监督管理。县级以上人民政府水行政、国土资源、卫生、建设、农业、渔业等部门以及重要江河、湖泊的流域水资源保护机构，在各自的职责范围内，对有关水污染防治实施监督管理。"《中华人民共和国自然保护区条例》第八条规定："国家对自然保护区实行综合管理与分部门管理相结合的管理体制。国务院环境保护行政主管部门负责全国自然保护区的综合管理。国务院林业、农业、地质矿产、水利、海洋等有关行政主管部门在各自的职责范围内，主管有关的自然保护区。县级以上地方人民政府负责自然保护区管理的部门的设置和职责，由省、自治区、直辖市人民政府根据当地具体情况确定。"

二、我国环境资源行政管理机构及其职能

为了对全国环境保护工作实施统一监督管理，我国成立了生态环境部，其主要职责是：

1. 负责建立健全生态环境基本制度。会同有关部门拟订国家生态环境政策、规划并组织实施，起草法律法规草案，制定部门规章。会同有关部门编制并监督实施重点区域、流域、

海域、饮用水水源地生态环境规划和水功能区划，组织拟订生态环境标准，制定生态环境基准和技术规范。

2. 负责重大生态环境问题的统筹协调和监督管理。牵头协调重特大环境污染事故和生态破坏事件的调查处理，指导协调地方政府对重特大突发生态环境事件的应急、预警工作，牵头指导实施生态环境损害赔偿制度，协调解决有关跨区域环境污染纠纷，统筹协调国家重点区域、流域、海域生态环境保护工作。

3. 负责监督管理国家减排目标的落实。组织制定陆地和海洋各类污染物排放总量控制、排污许可证制度并监督实施，确定大气、水、海洋等纳污能力，提出实施总量控制的污染物名称和控制指标，监督检查各地污染物减排任务完成情况，实施生态环境保护目标责任制。

4. 负责提出生态环境领域固定资产投资规模和方向、国家财政性资金安排的意见，按国务院规定权限审批、核准国家规划内和年度计划规模内固定资产投资项目，配合有关部门做好组织实施和监督工作。参与指导推动循环经济和生态环保产业发展。

5. 负责环境污染防治的监督管理。制定大气、水、海洋、土壤、噪声、光、恶臭、固体废物、化学品、机动车等的污染防治管理制度并监督实施。会同有关部门监督管理饮用水水源地生态环境保护工作，组织指导城乡生态环境综合整治工作，监督指导农业面源污染治理工作。监督指导区域大气环境保护工作，组织实施区域大气污染联防联控协作机制。

6. 指导协调和监督生态保护修复工作。组织编制生态保护规划，监督对生态环境有影响的自然资源开发利用活动、重要生态环境建设和生态破坏恢复工作。组织制定各类自然保护地生态环境监管制度并监督执法。监督野生动植物保护、湿地生态环境保护、荒漠化防治等工作。指导协调和监督农村生态环境保护，监督生物技术环境安全，牵头生物物种（含遗传资源）工作，组织协调生物多样性保护工作，参与生态保护补偿工作。

7. 负责核与辐射安全的监督管理。拟订有关政策、规划、标准，牵头负责核安全工作协调机制有关工作，参与核事故应急处理，负责辐射环境事故应急处理工作。监督管理核设施和放射源安全，监督管理核设施、核技术应用、电磁辐射、伴有放射性矿产资源开发利用中的污染防治。对核材料管制和民用核安全设备设计、制造、安装及无损检验活动实施监督管理。

8. 负责生态环境准入的监督管理。受国务院委托对重大经济和技术政策、发展规划以及重大经济开发计划进行环境影响评价。按国家规定审批或审查重大开发建设区域、规划、项目环境影响评价文件。拟订并组织实施生态环境准入清单。

9. 负责生态环境监测工作。制定生态环境监测制度和规范、拟订相关标准并监督实施。会同有关部门统一规划生态环境质量监测站点设置，组织实施生态环境质量监测、污染源监督性监测、温室气体减排监测、应急监测。组织对生态环境质量状况进行调查评价、预警预测，组织建设和管理国家生态环境监测网和全国生态环境信息网。建立和实行生态环境质量公告制度，统一发布国家生态环境综合性报告和重大生态环境信息。

10. 负责应对气候变化工作。组织拟订应对气候变化及温室气体减排重大战略、规划和政策。与有关部门共同牵头组织参加气候变化国际谈判。负责国家履行联合国气候变化框架公约相关工作。

11. 组织开展中央生态环境保护督察。建立健全生态环境保护督察制度，组织协调中央生态环境保护督察工作，根据授权对各地区各有关部门贯彻落实中央生态环境保护决策部署情况进行督察问责。指导地方开展生态环境保护督察工作。

12. 统一负责生态环境监督执法。组织开展全国生态环境保护执法检查活动。查处重大生态环境违法问题。指导全国生态环境保护综合执法队伍建设和业务工作。

13. 组织指导和协调生态环境宣传教育工作，制定并组织实施生态环境保护宣传教育纲要，推动社会组织和公众参与生态环境保护。开展生态环境科技工作，组织生态环境重大科学研究和技术工程示范，推动生态环境技术管理体系建设。

14. 开展生态环境国际合作交流，研究提出国际生态环境合作中有关问题的建议，组织协调有关生态环境国际条约的履约工作，参与处理涉外生态环境事务，参与全球陆地和海洋生态环境治理相关工作。

15. 完成党中央、国务院交办的其他任务。

16. 职能转变。生态环境部要统一行使生态和城乡各类污染排放监管与行政执法职责，切实履行监管责任，全面落实大气、水、土壤污染防治行动计划，大幅减少进口固体废物种类和数量直至全面禁止洋垃圾入境。构建政府为主导、企业为主体、社会组织和公众共同参与的生态环境治理体系，实行最严格的生态环境保护制度，严守生态保护红线和环境质量底线，坚决打好污染防治攻坚战，保障国家生态安全，建设美丽中国。

在地方各级人民政府也设立了相应的环境行政管理机构，其职责与中央一级环境行政管理机构的职责大致相同，只是其职权范围仅限于行政管辖区域内。

第三节　环境资源管理权的行使

一、国家环境资源管理权的概念

（一）国家环境资源管理

国家环境资源管理是指环境行政执法主体依法对环境管理相对人采取的直接影响其具体权利义务的行为，或对相对人是否正当行使权利和履行义务的情况进行监督检查的行为。国家环境资源管理的基本特点是：(1)环境资源管理主体是中央和地方各级人民政府及其环境管理部门；(2)环境资源管理的对象是具有环境保护义务或责任的相对人；(3)环境资源管理一般以执法主体的单方意思表示而成立。

（二）国家环境资源管理权

国家环境资源管理权是指负有环境资源管理职能的环境保护职能部门在具体环境资源监督管理活动中所享有的权力范围和依法可以采取的法定执法形式。国家环境资源管理权具有以下一些特点：(1)法定性。有法律的依据或授权。(2)行政性。即环境保护职能部门所拥有的环境行政执法权力。(3)特定性。环境资源管理权有特定的权力范围。

二、环境资源管理行为生效、撤销、废止、变更与终止

（一）环境资源管理行为的生效

环境资源管理权的具体行使是借助于环境保护职能部门的具体监督管理行为来实现

的。环境资源管理行为的生效要件是：

(1) 主体资格合法。即环境资源管理主体必须是依法享有环境资源监督管理权的行政机关。

(2) 环境资源管理活动必须有合法的依据。

(3) 环境管理相对人必须是负有环境保护义务的单位或个人，管理对象不可任意扩大。

(4) 环境资源管理行为必须符合法定程序，依法定程序和形式进行。

(二) 环境资源管理行为的撤销、废止、变更与终止

(1) 撤销。对已发生法律效力的环境监督管理行为，有权机关在发现其确属违法或者处理不当时可以宣布其无效。

(2) 废止。对已发生法律效力的环境监督管理行为，有权机关在发现其与新的环境法律规定相冲突或者不适应目前情况时可以宣布其废止。

(3) 变更。指有权机关依照法定权限与程序对环境监督管理行为的内容作出部分改动，使该部分的效力或者内容发生变化。

(3) 终止。指环境监督管理行为因某种现实的出现而不再具有法律效力。如执行完毕、执行对象不存在、期限届满等。

三、环境资源管理权的行使形式

(一) 环境行政监督检查

环境行政监督检查指环境监督检查主体对相对人遵守环境法律法规、履行环境行政监督管理行为所判定的义务的情况进行的监督检查。环境行政监督检查形式有：(1)一般检查与特定检查；(2)依职权的监督检查与依授权的监督检查；(3)事前监督检查与事后监督检查等。

(二) 环境行政许可

环境行政许可是指环境管理主体根据管理相对人的申请，经审查依法赋予其从事某种环境法律所禁止的事项的权利和资格的行为。环境行政许可证的种类有：(1)土地使用许可证；(2)农药生产、销售、使用许可证；(3)森林采伐许可证；(4)海洋倾倒许可证；(5)渔业养殖许可证；(6)渔业捕捞许可证；(7)采矿许可证；(8)排污许可证；(9)狩猎许可证。

(三) 环境行政处罚

环境行政处罚是指环境监督管理机关对违反环境法律、法规的相对人给予的一种惩戒或制裁。环境行政处罚的种类有：(1)行政拘留与劳动教养；(2)没收违法器具与非法所得；(3)限制或者剥夺许可证；(4)罚款、支付治理费、恢复原状、缴纳排污滞纳金、消除危害等义务承担；(5)谴责与警诫。

(四) 环境行政强制执行

环境行政强制执行指环境行政相对人不履行环境法律、法规所规定的义务时，环境监督管理主体以强制方式促使其履行的行为。环境行政强制执行的方式包括：(1)强制划拨和扣缴，运用于排污费缴纳与罚款给付；(2)强行退还，适用于土地违法案件；(3)强行拆除；(4)强制履行，如责令停业、关闭吊销、扣压许可证等；(5)交纳滞纳金；(6)强行拘留。

第四节 环境行政法律责任

一、环境行政法律责任概述

（一）环境行政违法行为

环境行政违法行为是指环境行政法律关系的主体违反行政法律规范，侵害法律所保护的环境行政关系，对社会造成一定程度的危害，但尚未构成犯罪的行为。环境行政违法有如下特征：

（1）环境行政违法的主体是环境行政法律关系主体。

（2）环境行政违法是违反环境行政法律规范，侵害法律保护的环境行政关系的行为。

（3）环境行政违法是一种尚未构成犯罪的行为。

（4）环境行政违法的后果是承担环境行政法律责任。

（二）环境行政法律责任的特征、构成要件和追究原则

环境行政责任，是指违反环境法，实施了破坏或者污染环境行为的单位或者个人所应承担的行政方面的法律责任。环境行政责任的特征是：

（1）主体方面的特征。即环境行政责任的主体是环境行政法律关系主体。它包括环境行政主体和环境行政相对人。

（2）客体方面的特征。即环境行政责任是针对环境行政违法行为而发生的。

（3）内容方面的特征。即环境行政责任是一种法律责任，具有强制性，由有权的国家机关来追究。

环境行政责任构成要件是指承担环境行政责任者所必须具备的法定条件。就是指依法追究环境行政责任时，违法者所必须具备的主、客观条件，这些条件是由环境保护法所规定的。根据环境法的规定，环境行政责任的构成要件包括行为违法、行为有危害后果、违法行为与危害后果之间有因果关系和行为者有过错等四个要件。其中，行为违法是指行为人实施了破坏或者污染环境的行为因而违反了环境法；行为有危害后果是指违法行为造成了破坏或者污染环境的后果；行为者有过错是指行为者实施破坏或者污染环境违法行为时的心理状态，分为故意与过失两种。行政法律责任中过错的概念，一般参照刑法的规定。

我国现行环境保护法，对故意实施破坏或者污染环境行为，一般都规定应当追究其环境行政责任，对过失行为，在一定条件下不予追究。由此，行为违法和有过错，是承担环境行政责任的必备条件；危害后果和违法行为与危害后果的因果关系，则只有在法律明文规定的场合才成为行为者承担环境行政责任的必要条件。

环境行政责任的追究原则主要有：

（1）责任法定原则。该原则包含追究环境行政责任必须有法定的依据、必须严格依照环境行政法律规范规定的形式与幅度追究环境行政责任和必须依照法定程序来予以追究环境行政责任等内容。

（2）责任与违法程度相一致的原则，即必须根据破坏或者污染环境行为的事实、性质、

情节以及社会危害程度决定运用适当的责任形式，选择适当的强度和方式。

(3) 补救、惩戒和教育相结合的原则，即对环境违法行为的追究科处补救性义务或予以惩戒，其本身是以此为教育手段，达到教育目的，以抑制与预防将来对环境行政管理秩序的侵害。

二、环境行政法律责任的种类

环境行政责任主要分为环境行政处罚和环境行政处分两大类。

(一) 环境行政处罚的种类

环境行政处罚的种类是指环境保护监督管理部门对破坏或者污染环境者实施环境行政处罚的类别或者形式，是环境行政处罚的外在表现，并且是由环境法明文规定的。

对应着破坏或者污染环境的两类违法行为，环境法规定了两类环境行政处罚形式，即对破坏环境者与对污染环境者的行政处罚形式。《环境保护法》规定的行政处罚形式有警告、罚款、限制生产、停产整治等。由于《环境保护法》是属于环境保护综合性基本法地位的法律，前述处罚形式实际上是我国对污染环境者实施行政处罚的基本处罚形式，从《环境保护法》第六十三条的规定可知，对破坏环境者的行政处罚形式，必须分别根据《中华人民共和国水污染防治法》《中华人民共和国土地管理法》《中华人民共和国森林法》《中华人民共和国草原法》《中华人民共和国矿产资源法》《中华人民共和国渔业法》《中华人民共和国野生动物保护法》《中华人民共和国水土保持法》《中华人民共和国防沙治沙法》和《中华人民共和国野生植物保护条例》等法律法规的规定。

环境行政处罚按其性质和作用可以分为声誉罚、行为罚、财产罚和人身自由罚四类。

(二) 环境行政处分的种类

环境行政处分是指国家机关、企业事业单位按照行政隶属关系，依法对在保护和改善生活环境和生态环境、防治污染和其他公害中违法失职，但又不够刑事惩罚的所属人员的一种行政惩罚措施。环境保护领域中，环境行政处分的对象有二：

一是单位实施了破坏或者污染环境的行为，情节较重但又不够刑事惩罚的有关责任人员。《环境保护法》第六十三条规定，企业事业单位和其他生产经营者有下列行为之一，尚不构成犯罪的，除依照有关法律法规规定予以处罚外，由县级以上人民政府环境保护主管部门或者其他有关部门将案件移送公安机关，对其直接负责的主管人员和其他直接责任人员，处十日以上十五日以下拘留；情节较轻的，处五日以上十日以下拘留：(1)建设项目未依法进行环境影响评价，被责令停止建设，拒不执行的；(2)违反法律规定，未取得排污许可证排放污染物，被责令停止排污，拒不执行的；(3)通过暗管、渗井、渗坑、灌注或者篡改、伪造监测数据，或者不正常运行防治污染设施等逃避监管的方式违法排放污染物的；(4)生产、使用国家明令禁止生产、使用的农药，被责令改正，拒不改正的。

二是环境保护监督管理部门的工作人员在执法活动中滥用职权、玩忽职守、徇私舞弊但又不够刑事惩罚的违法行为。《环境保护法》第六十八条规定，地方各级人民政府、县级以上人民政府环境保护主管部门和其他负有环境保护监督管理职责的部门有下列行为之一的，对直接负责的主管人员和其他直接责任人员给予记过、记大过或者降级处分；造成严重后果的，给予撤职或者开除处分，其主要负责人应当引咎辞职：(1)不符合行政许可条件准予行政许可的；(2)对环境违法行为进行包庇的；(3)依法应当作出责令停业、关闭的决定而未作出的；(4)对超标排放污染物、采用逃避监管的方式排放污染物、造成环境事故以及不落实生态保护措施造成生态破坏等行为，发现或者接到举报未及时查处的；(5)违反本法规定，查封、扣押企业事业单位和其他生产经营者的设施、设备的；(6)篡改、伪造或者指使篡改、伪造监测数据的；(7)应当依法公开环境信息而未公开的；(8)将征收的排污费截留、挤占或者挪作他用的；(9)法律法规规定的其他违法行为。

根据《企业职工奖惩条例》第十二条规定，对企业职工的行政处分分为：警告、记过、记大过、降级、降职、留用察看和开除七类。根据《公务员法》对国家公务员的行政处分分为警告、记过、记大过、降级、撤职、开除六类。

三、环境行政责任的追究程序

环境行政处罚是环境管理主体依法追究环境管理相对人的环境行政责任通常运用的一种方式。环境行政处罚程序是指有权实施环境行政处罚的环境管理部门，依法对破坏或者污染环境而应承担行政责任者，提起、认定并给予行政处罚的步骤的总称。行政处罚程序根据环节繁简程度分为一般程序和简易程序。

（一）一般程序

一般程序的内容大致是：

1. 调查取证。即环境保护行政监督管理主体对行政处罚案件依法收集证据并对其进行审查核实的活动。

2. 申辩与听证。即环境保护监督管理主体在作出处罚决定之前，必须充分听取相对人的陈述和申辩；对符合法定条件的，还应组织听证会，对调查的证据与事实予以核定。听证依照以下程序组织：(1)当事人要求听证的，应当在行政机关告知后三日内提出。(2)行政机关应当在听证的七日前，通知当事人举行听证的时间、地点。(3)除涉及国家秘密、商业秘密或者个人隐私外，听证公开举行。(4)听证由行政机关指定的非本案调查人员主持；当事人认为主持人与本案有直接利害关系的，有权申请回避。(5)当事人可以亲自参加听证，也可以委托一至两人代理。(6)举行听证时，调查人员提出当事人违法的事实、证据和行政处罚建议；当事人进行申辩和质证。(7)听证应当制作笔录；笔录应当交当事人审核无误后签字或者盖章。

3. 作出行政处罚。即环境保护监督管理主体在事实和法律的基础上，依法对环境管理相对人作出处罚的决定。根据不同情况，分别作出如下决定：确有应受行政处罚的违法行为的，根据情节轻重及具体情况，作出行政处罚决定；违法行为轻微，依法可以不予行政处罚的，不予行政处罚；违法事实不能成立，不得给予行政处罚；违法行为已构成犯罪的，移送司法机关。

4. 执行。当事人对处罚决定不服，可在法定期限内申请行政复议或者提起行政诉讼。在行政复议或者行政诉讼期间，不停止行政处罚的执行。当事人逾期不履行的，对不缴纳罚款者每日按罚款金额3‰加收滞纳金，同时可依法申请人民法院强制执行。

（二）简易程序

简易程序的内容主要包括：

(1) 表明身份，即环境行政执法人员应向相对人出示必要的证件。

(2) 说明理由和告知权利。环境行政执法机关在作出行政处罚决定之前，应当告知当事人作出行政处罚决定的事实、理由及依据，并告知当事人依法享有的权利。

（3）制作处罚决定书以及备案。行政处罚决定书应当载明当事人的违法行为、行政处罚依据、罚款数额、时间、地点以及行政机关名称，并由执法人员签名或者盖章。执法人员当场作出的行政处罚决定，必须报所属行政机关备案。

第三章 网络行政法

第一节 网络安全行政法主要制度

一、网络行政法概述

习近平总书记曾指出："从社会发展史看，人类经历了农业革命、工业革命，正在经历信息革命。农业革命增强了人类生存能力，使人类从采食捕猎走向栽种畜养，从野蛮时代走向文明社会。工业革命拓展了人类体力，以机器取代了人力，以大规模工厂化生产取代了个体工场手工生产。而信息革命则增强了人类脑力，带来生产力又一次质的飞跃，对国际政治、经济、文化、社会、生态、军事等领域发展产生了深刻影响。"①信息革命是由计算机以及由计算机相互串联而成的网络所带来的。

根据《网络安全法》的规定，网络是指由计算机或者其他信息终端及相关设备组成的按照一定的规则和程序对信息进行收集、存储、传输、交换、处理的系统。在现实生活中，网络往往是互联网(Internet)的简称。联网又称网际网路，指的是网络与网络之间以一组通用的协定相互串联而成的单一巨大国际网络。互联网滥觞于1969年的美军在阿帕网(ARPA)制定的协定(该协定由剑桥大学的BBN和MA执行)下将美国西南部的加利福尼亚的洛杉矶分校、加利福尼亚大学圣塔芭芭拉分校、斯坦福大学研究学院与犹他州大学的四台计算机连接起来。1978年贝尔实验室提出UUCP，在此基础上，1979年新闻组网络系统发展起来。1989年，在1991年被称为World Wide Web的分类互联网信息的协议被提出来。1991年Minnesota大学开发出第一个连接互联网的友好接口。至此，互联网已定型。

互联网的出现，实现了地理位置不同且功能相互独立的计算机及其外部设备之间资源共享与信息传递，从而突破了交流的时空限制。作为互联网基本元素的计算机在理论上由运算逻辑单元、控制器、输入与输出设备、记忆单元五大单元组成，从而保证了数据能够被记忆。这一特性也就决定了互联网具有"记忆成为常态，遗忘成为例外"的特点。随着互联网逐渐成为人们生活、工作不可或缺的工具，大量反映个人在真实世界活动的数据在互联网上被记忆。被记忆的数据随着时间的推移在当前已是海量的，为通过对这些数据的交换、分析、整合与挖掘发现新知识、创造新价值进而实现大利润等奠定基础。前述网络这些特性已

① http://www.cac.gov.cn/2016-04/25/c_1118731366.htm，2019年3月27日访问。

经改变了或者正在深刻地改变着人类社会——交流不受时空限制的特性催生了电子签名、网络社交等,记忆的特性则诞生了以电子商务为代表的数字经济。

虽然网络的诞生与发展给人类带来了诸多的益处,但是也不可避免地带来了诸如电脑病毒、黑客、个人信息和隐私泄露这样的网络问题。这些问题的存在对网络安全造成了威胁。所谓的网络安全是指通过采取必要措施,防范对网络的攻击、侵入、干扰、破坏和非法使用以及意外事故,使网络处于稳定可靠运行的状态,以及保障网络数据的完整性、保密性、可用性的能力。没有网络安全就没有国家安全。习近平总书记曾指出:"当今的网络安全,有几个主要特点。一是网络安全是整体的而不是割裂的。在信息时代,网络安全对国家安全牵一发而动全身,同许多其他方面的安全都有着密切关系。二是网络安全是动态的而不是静态的。信息技术变化越来越快,过去分散独立的网络变得高度关联、相互依赖,网络安全的威胁来源和攻击手段不断变化,那种依靠装几个安全设备和安全软件就想永保安全的想法已不合时宜,需要树立动态、综合的防护理念。三是网络安全是开放的而不是封闭的。只有立足于开放环境,加强对外交流、合作、互动、博弈,吸收先进技术,网络安全水平才会不断提高。四是网络安全是相对的而不是绝对的。没有绝对安全,要立足基本国情保安全,避免不计成本追求绝对安全,那样不仅会背上沉重负担,甚至可能顾此失彼。五是网络安全是共同的而不是孤立的。网络安全为人民,网络安全靠人民,维护网络安全是全社会共同责任,需要政府、企业、社会组织、广大网民共同参与,共筑网络安全防线。"①

无论是发挥表征为数字经济等的网络积极功能还是抑制表征为网络安全等的网络消极功能都离不开国家对网络的监督管理。这也就决定了伴随着网络监督管理的发展势必会导致网络行政法的产生。

为了维护我国网络安全,建设数字经济强国,我国先后制定了《中华人民共和国电子签名法》《中华人民共和国网络安全法》《中华人民共和国电子商务法》《信息网络传播权保护条例》《互联网上网服务营业场所管理条例》《计算机软件保护条例》《外商投资电信企业管理规定》《互联网信息服务管理办法》《中华人民共和国电信条例》与《计算机信息网络国际联网安全保护管理办法》等法律、法规。这些法律法规初步建立起了我国网络行政法的基本制度。

二、网络安全支持与促进制度

(一) 建立和完善网络安全标准体系

国家建立和完善网络安全标准体系。国务院标准化行政主管部门和国务院其他有关部门根据各自的职责,组织制定并适时修订有关网络安全管理以及网络产品、服务和运行安全的国家标准、行业标准。国家支持企业、研究机构、高等学校、网络相关行业组织参与网络安全国家标准、行业标准的制定。国务院和省、自治区、直辖市人民政府应当统筹规划,加大投入,扶持重点网络安全技术产业和项目,支持网络安全技术的研究开发和应用,推广安全可信的网络产品和服务,保护网络技术知识产权,支持企业、研究机构和高等学校等参与国家网络安全技术创新项目。

① http://www.cac.gov.cn/2016—04/25/c_1118731366.htm,2019 年 3 月 27 日访问。

（二）推进网络安全社会化服务体系建设

国家推进网络安全社会化服务体系建设，鼓励有关企业、机构开展网络安全认证、检测和风险评估等安全服务。国家鼓励开发网络数据安全保护和利用技术，促进公共数据资源开放，推动技术创新和经济社会发展。国家支持创新网络安全管理方式，运用网络新技术，提升网络安全保护水平。

（三）组织开展网络安全宣传教育

各级人民政府及其有关部门应当组织开展经常性的网络安全宣传教育，并指导、督促有关单位做好网络安全宣传教育工作。国家支持企业和高等学校、职业学校等教育培训机构开展网络安全相关教育与培训，采取多种方式培养网络安全人才，促进网络安全人才交流。

三、网络运行安全与网络信息安全制度

（一）网络运行安全制度

国家实行网络安全等级保护制度。网络运营者应当按照网络安全等级保护制度的要求，履行下列安全保护义务，保障网络免受干扰、破坏或者未经授权的访问，防止网络数据泄露或者被窃取、篡改：(1)制定内部安全管理制度和操作规程，确定网络安全负责人，落实网络安全保护责任；(2)采取防范计算机病毒和网络攻击、网络侵入等危害网络安全行为的技术措施；(3)采取监测、记录网络运行状态、网络安全事件的技术措施，并按照规定留存相关的网络日志不少于六个月；(4)采取数据分类、重要数据备份和加密等措施；(5)法律、行政法规规定的其他义务。

网络关键设备和网络安全专用产品应当按照相关国家标准的强制性要求，由具备资格的机构安全认证合格或者安全检测符合要求后，方可销售或者提供。国家网信部门会同国务院有关部门制定、公布网络关键设备和网络安全专用产品目录，并推动安全认证和安全检测结果互认，避免重复认证、检测。国家实施网络可信身份战略，支持研究开发安全、方便的电子身份认证技术，推动不同电子身份认证之间的互认。国家支持网络运营者之间在网络安全信息收集、分析、通报和应急处置等方面进行合作，提高网络运营者的安全保障能力。

国家对公共通信和信息服务、能源、交通、水利、金融、公共服务、电子政务等重要行业和领域，以及其他一旦遭到破坏、丧失功能或者数据泄露，可能严重危害国家安全、国计民生、公共利益的关键信息基础设施，在网络安全等级保护制度的基础上，实行重点保护。关键信息基础设施的具体范围和安全保护办法由国务院制定。国家鼓励关键信息基础设施以外的网络运营者自愿参与关键信息基础设施保护体系。

按照国务院规定的职责分工，负责关键信息基础设施安全保护工作的部门分别编制并组织实施本行业、本领域的关键信息基础设施安全规划，指导和监督关键信息基础设施运行安全保护工作。

关键信息基础设施的运营者采购网络产品和服务，可能影响国家安全的，应当通过国家网信部门会同国务院有关部门组织的国家安全审查。国家网信部门应当统筹协调有关部门对关键信息基础设施的安全保护采取下列措施：(1)对关键信息基础设施的安全风险进行抽查检测，提出改进措施，必要时可以委托网络安全服务机构对网络存在的安全风险进行检测评估；(2)定期组织关键信息基础设施的运营者进行网络安全应急演练，提高应对网络安全

事件的水平和协同配合能力;(3)促进有关部门、关键信息基础设施的运营者以及有关研究机构、网络安全服务机构等之间的网络安全信息共享;(4)对网络安全事件的应急处置与网络功能的恢复等,提供技术支持和协助。

(二) 网络信息安全制度

国家网信部门和有关部门有权对网络运营者就网络信息安全进行依法实施的监督检查。国家网信部门和有关部门依法履行网络信息安全监督管理职责,发现法律、行政法规禁止发布或者传输的信息的,应当要求网络运营者停止传输,采取消除等处置措施,保存有关记录;对来源于中华人民共和国境外的上述信息,应当通知有关机构采取技术措施和其他必要措施阻断传播。

有关主管部门应当在各自职权范围内依法履行职责,采取技术措施和其他必要措施,防范、制止和查处窃取或者以其他非法方式获取、出售或者非法向他人提供公民个人电子信息的违法犯罪行为以及其他网络信息违法犯罪行为。有关主管部门依法履行职责时,网络服务提供者应当予以配合,提供技术支持。国家机关及其工作人员对在履行职责中知悉的公民个人电子信息应当予以保密,不得泄露、篡改、毁损,不得出售或者非法向他人提供。

四、监测预警与应急处置制度

国家建立网络安全监测预警和信息通报制度。国家网信部门应当统筹协调有关部门加强网络安全信息收集、分析和通报工作,按照规定统一发布网络安全监测预警信息。负责关键信息基础设施安全保护工作的部门,应当建立健全本行业、本领域的网络安全监测预警和信息通报制度,并按照规定报送网络安全监测预警信息。国家网信部门协调有关部门建立健全网络安全风险评估和应急工作机制,制订网络安全事件应急预案,并定期组织演练。负责关键信息基础设施安全保护工作的部门应当制订本行业、本领域的网络安全事件应急预案,并定期组织演练。网络安全事件应急预案应当按照事件发生后的危害程度、影响范围等因素对网络安全事件进行分级,并规定相应的应急处置措施。

网络安全事件发生的风险增大时,省级以上人民政府有关部门应当按照规定的权限和程序,并根据网络安全风险的特点和可能造成的危害,采取下列措施:(1)要求有关部门、机构和人员及时收集、报告有关信息,加强对网络安全风险的监测;(2)组织有关部门、机构和专业人员,对网络安全风险信息进行分析评估,预测事件发生的可能性、影响范围和危害程度;(3)向社会发布网络安全风险预警,发布避免、减轻危害的措施。发生网络安全事件,应当立即启动网络安全事件应急预案,对网络安全事件进行调查和评估,要求网络运营者采取技术措施和其他必要措施,消除安全隐患,防止危害扩大,并及时向社会发布与公众有关的警示信息。

省级以上人民政府有关部门在履行网络安全监督管理职责中,发现网络存在较大安全风险或者发生安全事件的,可以按照规定的权限和程序对该网络的运营者的法定代表人或者主要负责人进行约谈。网络运营者应当按照要求采取措施,进行整改,消除隐患。因网络安全事件,发生突发事件或者生产安全事故的,应当依照《中华人民共和国突发事件应对法》《中华人民共和国安全生产法》等有关法律、行政法规的规定处置。因维护国家安全和社会公共秩序,处置重大突发社会安全事件的需要,经国务院决定或者批准,可以在特定区域对网络通信采取限制等临时措施。

五、国际联网的安全保护管理制度

省、自治区、直辖市公安厅(局),地(市)、县(市)公安局,应当有相应机构负责国际联网的安全保护管理工作。

公安机关计算机管理监察机构应当掌握互联单位、接入单位和用户的备案情况,建立备案档案,进行备案统计,并按照国家有关规定逐级上报。公安机关计算机管理监察机构应当督促互联单位、接入单位及有关用户建立健全安全保护管理制度。监督、检查网络安全保护管理以及技术措施的落实情况。公安机关计算机管理监察机构在组织安全检查时,有关单位应当派人参加。公安机关计算机管理监察机构对安全检查发现的问题,应当提出改进意见,做出详细记录,存档备查。公安机关计算机管理监察机构发现含有本办法第五条所列内容的地址、目录或者服务器时,应当通知有关单位关闭或者删除。公安机关计算机管理监察机构应当负责追踪和查处通过计算机信息网络的违法行为和针对计算机信息网络的犯罪案件,对违反本办法第四条、第七条规定的违法犯罪行为,应当按照国家有关规定移送有关部门或者司法机关处理。

第二节 数字经济行政法主要制度

一、电子商务促进制度

国务院和省、自治区、直辖市人民政府应当将电子商务发展纳入国民经济和社会发展规划,制定科学合理的产业政策,促进电子商务创新发展。国务院和县级以上地方人民政府及其有关部门应当采取措施,支持、推动绿色包装、仓储、运输,促进电子商务绿色发展。国家推动电子商务基础设施和物流网络建设,完善电子商务统计制度,加强电子商务标准体系建设。国家推动电子商务在国民经济各个领域的应用,支持电子商务与各产业融合发展。国家促进农业生产、加工、流通等环节的互联网技术应用,鼓励各类社会资源加强合作,促进农村电子商务发展,发挥电子商务在精准扶贫中的作用。

国家维护电子商务交易安全,保护电子商务用户信息,鼓励电子商务数据开发应用,保障电子商务数据依法有序自由流动。国家采取措施推动建立公共数据共享机制,促进电子商务经营者依法利用公共数据。国家支持依法设立的信用评价机构开展电子商务信用评价,向社会提供电子商务信用评价服务。

国家促进跨境电子商务发展,建立健全适应跨境电子商务特点的海关、税收、进出境检验检疫、支付结算等管理制度,提高跨境电子商务各环节便利化水平,支持跨境电子商务平台经营者等为跨境电子商务提供仓储物流、报关、报检等服务。国家支持小型微型企业从事跨境电子商务。国家进出口管理部门应当推进跨境电子商务海关申报、纳税、检验检疫等环节的综合服务和监管体系建设,优化监管流程,推动实现信息共享、监管互认、执法互助,提高跨境电子商务服务和监管效率。跨境电子商务经营者可以凭电子单证向国家进出口管理部门办理有关手续。

国家推动建立与不同国家、地区之间跨境电子商务的交流合作，参与电子商务国际规则的制定，促进电子签名、电子身份等国际互认。国家推动建立与不同国家、地区之间的跨境电子商务争议解决机制。

二、电子签名与认证制度

从事电子认证服务，应当向国务院信息产业主管部门提出申请，并提交符合《中华人民共和国电子签名法》（以下简称《电子签名法》）第十七条规定条件的相关材料。国务院信息产业主管部门接到申请后经依法审查，征求国务院商务主管部门等有关部门的意见后，自接到申请之日起四十五日内作出许可或者不予许可的决定。予以许可的，颁发电子认证许可证书；不予许可的，应当书面通知申请人并告知理由。申请人应当持电子认证许可证书依法向工商行政管理部门办理企业登记手续。取得认证资格的电子认证服务提供者，应当按照国务院信息产业主管部门的规定在互联网上公布其名称、许可证号等信息。

国务院信息产业主管部门依照《电子签名法》制定电子认证服务业的具体管理办法，对电子认证服务提供者依法实施监督管理。

三、互联网上网服务营业场所设立管理制度

互联网上网服务营业场所，是指通过计算机等装置向公众提供互联网上网服务的网吧、电脑休闲室等营业性场所。

国家对互联网上网服务营业场所经营单位的经营活动实行许可制度。未经许可，任何组织和个人不得从事互联网上网服务经营活动。互联网上网服务营业场所经营单位从事互联网上网服务经营活动，应当具备下列条件：(1)有企业的名称、住所、组织机构和章程；(2)有与其经营活动相适应的资金；(3)有与其经营活动相适应并符合国家规定的消防安全条件的营业场所；(4)有健全、完善的信息网络安全管理制度和安全技术措施；(5)有固定的网络地址和与其经营活动相适应的计算机等装置及附属设备；(6)有与其经营活动相适应并取得从业资格的安全管理人员、经营管理人员、专业技术人员；(7)法律、行政法规和国务院有关部门规定的其他条件。互联网上网服务营业场所的最低营业面积、计算机等装置及附属设备数量、单机面积的标准，由国务院文化行政部门规定。审批从事互联网上网服务经营活动，还应当符合国务院文化行政部门和省、自治区、直辖市人民政府文化行政部门规定的互联网上网服务营业场所经营单位的总量和布局要求。

互联网上网服务营业场所经营单位申请从事互联网上网服务经营活动，应当向县级以上地方人民政府文化行政部门提出申请，并提交下列文件：(1)企业营业执照和章程；(2)法定代表人或者主要负责人的身份证明材料；(3)资金信用证明；(4)营业场所产权证明或者租赁意向书；(5)依法需要提交的其他文件。文化行政部门应当自收到申请之日起 20 个工作日内作出决定；经审查，符合条件的，发给同意筹建的批准文件。申请人完成筹建后，持同意筹建的批准文件到同级公安机关申请信息网络安全和消防安全审核。公安机关应当自收到申请之日起 20 个工作日内作出决定；经实地检查并审核合格的，发给批准文件。申请人持公安机关批准文件向文化行政部门申请最终审核。文化行政部门应当自收到申请之日起

15个工作日内依据互联网上网服务营业场所管理条例第八条的规定作出决定；经实地检查并审核合格的，发给网络文化经营许可证。对申请人的申请，文化行政部门经审查不符合条件的，或者公安机关经审核不合格的，应当分别向申请人书面说明理由。

四、电信管理制度

（一）电信业务许可

国家对电信业务经营按照电信业务分类，实行许可制度。经营电信业务，必须依照《中华人民共和国电信条例》（以下简称《电信条例》）的规定取得国务院信息产业主管部门或者省、自治区、直辖市电信管理机构颁发的电信业务经营许可证。未取得电信业务经营许可证，任何组织或者个人不得从事电信业务经营活动。

电信业务分为基础电信业务和增值电信业务。基础电信业务，是指提供公共网络基础设施、公共数据传送和基本话音通信服务的业务。增值电信业务，是指利用公共网络基础设施提供的电信与信息服务的业务。电信业务分类的具体划分在本条例所附的"电信业务分类目录"中列出。国务院信息产业主管部门根据实际情况，可以对目录所列电信业务分类项目作局部调整，重新公布。

经营基础电信业务，须经国务院信息产业主管部门审查批准，取得基础电信业务经营许可证。经营增值电信业务，业务覆盖范围在两个以上省、自治区、直辖市的，须经国务院信息产业主管部门审查批准，取得跨地区增值电信业务经营许可证；业务覆盖范围在一个省、自治区、直辖市行政区域内的，须经省、自治区、直辖市电信管理机构审查批准，取得增值电信业务经营许可证。运用新技术试办"电信业务分类目录"中未列出的新型电信业务的，应当向省、自治区、直辖市电信管理机构备案。申请经营基础电信业务，应当向国务院信息产业主管部门提出申请，并提交本条例第十条规定的相关文件。国务院信息产业主管部门应当自受理申请之日起180日内审查完毕，作出批准或者不予批准的决定。予以批准的，颁发基础电信业务经营许可证；不予批准的，应当书面通知申请人并说明理由。

国务院信息产业主管部门审查经营基础电信业务的申请时，应当考虑国家安全、电信网络安全、电信资源可持续利用、环境保护和电信市场的竞争状况等因素。颁发基础电信业务经营许可证，应当按照国家有关规定采用招标方式。

申请经营增值电信业务，应当根据《电信条例》规定，向国务院信息产业主管部门或者省、自治区、直辖市电信管理机构提出申请，并提交相关文件。申请经营的增值电信业务，按照国家有关规定须经有关主管部门审批的，还应当提交有关主管部门审核同意的文件。国务院信息产业主管部门或者省、自治区、直辖市电信管理机构应当自收到申请之日起60日内审查完毕，作出批准或者不予批准的决定。予以批准的，颁发跨地区增值电信业务经营许可证或者增值电信业务经营许可证；不予批准的，应当书面通知申请人并说明理由。

（二）电信网间互联制度

主导的电信业务经营者不得拒绝其他电信业务经营者和专用网运营单位提出的互联互通要求。

主导的电信业务经营者由国务院信息产业主管部门确定。主导的电信业务经营者，是指控制必要的基础电信设施并且在电信业务市场中占有较大份额，能够对其他电信业务经营者进入电信业务市场构成实质性影响的经营者。主导的电信业务经营者应当按照非歧视和透明化的原则,制定包括网间互联的程序、时限、非捆绑网络元素目录等内容的互联规程。互联规程应当报国务院信息产业主管部门审查同意。该互联规程对主导的电信业务经营者的互联互通活动具有约束力。

公用电信网之间、公用电信网与专用电信网之间的网间互联,由网间互联双方按照国务院信息产业主管部门的网间互联管理规定进行互联协商,并订立网间互联协议。

网间互联双方经协商未能达成网间互联协议的,自一方提出互联要求之日起 60 日内,任何一方均可以按照网间互联覆盖范围向国务院信息产业主管部门或者省、自治区、直辖市电信管理机构申请协调;收到申请的机关应当依照本条例第十七条第一款规定的原则进行协调,促使网间互联双方达成协议;自网间互联一方或者双方申请协调之日起 45 日内经协调仍不能达成协议的,由协调机关随机邀请电信技术专家和其他有关方面专家进行公开论证并提出网间互联方案。协调机关应当根据专家论证结论和提出的网间互联方案作出决定,强制实现互联互通。网间互联的通信质量应当符合国家有关标准。主导的电信业务经营者向其他电信业务经营者提供网间互联,服务质量不得低于本网内的同类业务及向其子公司或者分支机构提供的同类业务质量。

网间互联的费用结算与分摊应当执行国家有关规定,不得在规定标准之外加收费用。

(三)电信资费与电信资源制度

国家依法加强对电信业务经营者资费行为的监管,建立健全监管规则,维护消费者合法权益。电信业务经营者应当根据国务院信息产业主管部门和省、自治区、直辖市电信管理机构的要求,提供准确、完备的业务成本数据及其他有关资料。

国家对电信资源统一规划、集中管理、合理分配,实行有偿使用制度。电信资源,是指无线电频率、卫星轨道位置、电信网码号等用于实现电信功能且有限的资源。未经国务院信息产业主管部门或者省、自治区、直辖市电信管理机构批准,不得擅自使用、转让、出租电信资源或者改变电信资源的用途。

(四)电信服务制度

国务院信息产业主管部门或者省、自治区、直辖市电信管理机构应当依据职权对电信业务经营者的电信服务质量和经营活动进行监督检查,并向社会公布监督抽查结果。电信业务经营者必须按照国家有关规定履行相应的电信普遍服务义务。国务院信息产业主管部门可以采取指定的或者招标的方式确定电信业务经营者具体承担电信普遍服务的义务。

电信普遍服务成本补偿管理办法,由国务院信息产业主管部门会同国务院财政部门、价格主管部门制定,报国务院批准后公布施行。

(五)电信建设制度

公用电信网、专用电信网、广播电视传输网的建设应当接受国务院信息产业主管部门的统筹规划和行业管理。属于全国性信息网络工程或者国家规定限额以上建设项目的公用电信网、专用电信网、广播电视传输网建设,在按照国家基本建设项目审批程序报批前,应当征得国务院信息产业主管部门同意。基础电信建设项目应当纳入地方各级人民政府城市建设总体规划和村镇、集镇建设总体规划。

基础电信业务经营者建设海底电信缆线,应当征得国务院信息产业主管部门同意,并征求有关部门意见后，依法办理有关手续。海底电信缆线由国务院有关部门在海图上标出。

从事电信线路建设，应当与已建的电信线路保持必要的安全距离；难以避开或者必须穿越，或者需要使用已建电信管道的，应当与已建电信线路的产权人协商，并签订协议；经协商不能达成协议的，根据不同情况，由国务院信息产业主管部门或者省、自治区、直辖市电信管理机构协调解决。

（六）电信设备进网制度

国家对电信终端设备、无线电通信设备和涉及网间互联的设备实行进网许可制度。接入公用电信网的电信终端设备、无线电通信设备和涉及网间互联的设备，必须符合国家规定的标准并取得进网许可证。实行进网许可制度的电信设备目录，由国务院信息产业主管部门会同国务院产品质量监督部门制定并公布施行。

办理电信设备进网许可证的，应当向国务院信息产业主管部门提出申请，并附送经国务院产品质量监督部门认可的电信设备检测机构出具的检测报告或者认证机构出具的产品质量认证证书。国务院信息产业主管部门应当自收到电信设备进网许可申请之日起60日内，对申请及电信设备检测报告或者产品质量认证证书审查完毕。经审查合格的，颁发进网许可证；经审查不合格的，应当书面答复并说明理由。

（七）通信安全制度

在发生重大自然灾害等紧急情况下，经国务院批准，国务院信息产业主管部门可以调用各种电信设施，确保重要通信畅通。

因国家安全或者追查刑事犯罪的需要，公安机关、国家安全机关或者人民检察院可以依照法律规定的程序可以对电信内容进行检查。

五、互联网信息服务管理制度

互联网信息服务，是指通过互联网向上网用户提供信息的服务活动。互联网信息服务分为经营性和非经营性两类。经营性互联网信息服务，是指通过互联网向上网用户有偿提供信息或者网页制作等服务活动。非经营性互联网信息服务，是指通过互联网向上网用户无偿提供具有公开性、共享性信息的服务活动。

国家对经营性互联网信息服务实行许可制度；对非经营性互联网信息服务实行备案制度。未取得许可或者未履行备案手续的，不得从事互联网信息服务。从事新闻、出版、教育、医疗保健、药品和医疗器械等互联网信息服务，依照法律、行政法规以及国家有关规定须经有关主管部门审核同意的，在申请经营许可或者履行备案手续前，应当依法经有关主管部门审核同意。

从事经营性互联网信息服务，应当向省、自治区、直辖市电信管理机构或者国务院信息产业主管部门申请办理互联网信息服务增值电信业务经营许可证（以下简称经营许可证）。省、自治区、直辖市电信管理机构或者国务院信息产业主管部门应当自收到申请之日起60日内审查完毕，作出批准或者不予批准的决定。予以批准的，颁发经营许可证；不予批准的，应当书面通知申请人并说明理由。申请人取得经营许可证后，应当持经营许可证向企业登记机关办理登记手续。

从事非经营性互联网信息服务，应当向省、自治区、直辖市电信管理机构或者国务院信息产业主管部门办理备案手续。办理备案时，应当提交下列材料：(1)主办单位和网站负责人的基本情况；(2)网站网址和服务项目；(3)服务项目属于《互联网信息服务管理办法》第五条规定范围的，已取得有关主管部门的同意文件。省、自治区、直辖市电信管理机构对备案材料齐全的，应当予以备案并编号。

从事互联网信息服务，拟开办电子公告服务的，应当在申请经营性互联网信息服务许可或者办理非经营性互联网信息服务备案时，按照国家有关规定提出专项申请或者专项备案。

省、自治区、直辖市电信管理机构和国务院信息产业主管部门应当公布取得经营许可证或者已履行备案手续的互联网信息服务提供者名单。

经营性互联网信息服务提供者申请在境内境外上市或者同外商合资、合作，应当事先经国务院信息产业主管部门审查同意。其中，外商投资的比例应当符合有关法律、行政法规的规定。

国务院信息产业主管部门和省、自治区、直辖市电信管理机构，依法对互联网信息服务实施监督管理。新闻、出版、教育、卫生、药品监督管理、工商行政管理和公安、国家安全等有关主管部门，在各自职责范围内依法对互联网信息内容实施监督管理。

第四章
食品安全行政法

第一节　食品安全行政法概述

一、食品安全

民以食为天，任何人的生存与发展都要消耗一定量的食品。根据《中华人民共和国食品安全法》的规定，食品，指各种供人食用或者饮用的成品和原料以及按照传统既是食品又是中药材的物品，但是不包括以治疗为目的的物品。无论是食用还是饮用的食品，大多都是通过对相应原料等进行加工制作而形成的。如果原料或者加工制作存在问题则可能会导致生产的食品是不安全的。不安全的食品对人体健康会产生危害，于是，食品安全问题历来都得到了人们的关注与关心。所谓的食品安全，是指食品无毒、无害，符合应当有的营养要求，对人体健康不造成任何急性、亚急性或者慢性危害。据此，食品安全包含如下几方面的内容：

(1) 食品无毒、无害。食品无毒、无害首要的内容是食品不含有毒有害的物质。有毒有害物质是指具有爆炸性、易燃性、放射性、毒害性或腐蚀性的物质。具体到食品，有毒有害物质主要指的是具有毒害性的物质。无毒无害也不是绝对的，允许少量含有有毒有害物质，但不得超过国家规定的限量标准。

(2) 符合应当有的营养要求。人类消耗一定量的食品主要是从食品中获取能够维持身体机能正常运转所需的营养。因此，如果某一食品并不能提供身体机能正常运转所需的营养也是不安全的。营养要求包含食品要有人体代谢所需要的蛋白质、脂肪、碳水化合物、维生素、矿物质等营养元素与能够维持人体正常的生理功能这两方面的内容。

(3) 对人体健康不造成任何急性、亚急性或者慢性危害。安全的食品由于其本身不含有有毒有害物质且能够提供身体机能正常运转所需的营养，因而也就不会给人体健康造成危害。

二、食品安全行政法

食品必须具备的基本要素是安全性。然而，食品不安全问题或者因食品不安全引发的事件常常见诸报端。这些问题或事件的发生一方面引发了人们对食品安全性问题的担忧与恐慌，另一方面也引发了迫切要求国家切实承担起保障食品安全的责任。在此背景下，我国于2009年2月28日第十一届全国人民代表大会常务委员会第七次会议通过了《中华人民共和国食品安全法》(以下简称《食品安全法》),此后,分别于2015年、2018年和2021年对该法进行了修订。

为了强化行政机关等领导的食品安全管理责任,中共中央办公厅、国务院办公厅于2019年2月24日印发了《地方党政领导干部食品安全责任制规定》(以下简称《规定》)。该《规定》对地方各级政府主要负责人与地方各级政府分管食品安全工作负责人要履行的职责做了明确的规定。地方各级政府主要负责人履行的职责主要包括:(1)领导本地区食品安全工作,组织推动地方政府落实食品安全属地管理责任;(2)坚持新发展理念,正确处理发展和安全的关系,将食品安全工作纳入本地区国民经济和社会发展规划、政府工作重点,并接受人大、政协的监督;(3)建立健全本地区食品安全监管责任体系,明确本级政府领导班子成员食品安全工作责任和政府相关部门食品安全工作职责,指导督促政府领导班子成员和相关部门落实工作责任;(4)加强食品安全监管能力、执法能力建设,整合监管力量,优化监管机制,提高监管、执法队伍专业化水平,建立健全食品安全财政投入保障机制,保障监管、执法部门依法履职必需的经费和装备;(5)开展食品安全工作专题调研,组织召开政府常务会议、办公会议或者专题会议,听取本地区食品安全工作汇报,及时研究解决食品安全工作突出问题;(6)落实高质量发展要求,推进食品及食品相关产业转型升级,不断提高产业发展水平。地方各级政府分管食品安全工作负责人履行的职责主要包括:(1)协助党委和政府主要负责人落实食品安全属地管理责任,组织制定贯彻落实党中央、国务院关于食品安全工作的方针政策、决策部署和指示精神,上级以及本级党委和政府的决定和相关法律法规的具体措施;(2)组织开展食品安全工作专题调研,研究制定本地区食品安全专项规划、年度重点工作计划,统筹推进本地区食品安全工作;(3)组织协调食品安全监管部门和相关部门,及时分析食品安全形势,研究解决食品安全领域相关问题,推动完善“从农田到餐桌”全链条全过程食品安全监管机制;(4)组织推动食品安全监管部门和相关部门建立信息共享机制,推进“互联网+”食品安全监管,不断提升食品安全监管效能和治理能力现代化水平;(5)组织实施食品安全风险防控、隐患排查和专项治理,坚决防范系统性、区域性食品安全风险;(6)组织制订食品安全事故应急预案,及时组织开展本地区食品安全突发事件应对处置和调查处理;(7)组织开展食品安全工作评议考核,督促本级政府相关部门和下级政府落实食品安全工作责任;(8)组织开展食品安全普法和科普宣传、安全教育、诚信体系建设等工作,推动食品安全社会共治。由此可见,食品安全问题的治理离不开行政权的行使。

食品安全问题的治理需要行政权的行使,意味着食品安全行政法有其存在的空间。所谓的食品安全行政法指的是规范食品安全问题治理中的行政权行使的法律规范总和。纵观《食品安全法》,为了实现保证食品安全、保障公众身体健康和生命安全的目的,从食品安全风险监测和评估、食品安全标准、食品生产经营、食品检验、食品进出口、食品安全事故处置、监督管理等方面作了详细的规定。细致阅读《食品安全法》的具体法律条文,不难发现这些方面规定含有大量涉及行政权行使的内容。由此,在某种意义上,食品安全行政法至少会包含前述那些方面。

第二节　食品安全行政法的主要制度

一、食品安全风险监测和评估制度

（一）食品安全风险监测制度

国家建立食品安全风险监测制度，对食源性疾病、食品污染以及食品中的有害因素进行监测。国务院卫生行政部门会同国务院食品安全监督管理等部门如国家食品药品监督管理总局，制订、实施国家食品安全风险监测计划。国务院食品安全监督管理部门和其他有关部门获知有关食品安全风险信息后，应当立即核实并向国务院卫生行政部门通报。对有关部门通报的食品安全风险信息以及医疗机构报告的食源性疾病等有关疾病信息，国务院卫生行政部门应当会同国务院有关部门分析研究，认为必要的，及时调整国家食品安全风险监测计划。省、自治区、直辖市人民政府卫生行政部门会同同级食品安全监督管理等部门，根据国家食品安全风险监测计划，结合本行政区域的具体情况，制订、调整本行政区域的食品安全风险监测方案，报国务院卫生行政部门备案并实施。食品安全风险监测结果表明可能存在食品安全隐患的，县级以上人民政府卫生行政部门应当及时将相关信息通报同级食品安全监督管理等部门，并报告本级人民政府和上级人民政府卫生行政部门。食品安全监督管理等部门应当组织开展进一步调查。

（二）食品安全风险评估制度

国家建立食品安全风险评估制度，运用科学方法，根据食品安全风险监测信息、科学数据以及有关信息，对食品、食品添加剂、食品相关产品中生物性、化学性和物理性危害因素进行风险评估。国务院卫生行政部门负责组织食品安全风险评估工作，成立由医学、农业、食品、营养、生物、环境等方面的专家组成的食品安全风险评估专家委员会进行食品安全风险评估。食品安全风险评估结果由国务院卫生行政部门公布。对农药、肥料、兽药、饲料和饲料添加剂等的安全性评估，应当有食品安全风险评估专家委员会的专家参加。有下列情形之一的，应当进行食品安全风险评估：(1)通过食品安全风险监测或者接到举报发现食品、食品添加剂、食品相关产品可能存在安全隐患的；(2)为制定或者修订食品安全国家标准提供科学依据需要进行风险评估的；(3)为确定监督管理的重点领域、重点品种需要进行风险评估的；(4)发现新的可能危害食品安全因素的；(5)需要判断某一因素是否构成食品安全隐患的；(6)国务院卫生行政部门认为需要进行风险评估的其他情形。

国务院食品安全监督管理、农业行政等部门在监督管理工作中发现需要进行食品安全风险评估的，应当向国务院卫生行政部门提出食品安全风险评估的建议，并提供风险来源、相关检验数据和结论等信息、资料。属于应当进行食品安全风险评估情形的，国务院卫生行政部门应当及时进行食品安全风险评估，并向国务院有关部门通报评估结果。省级以上人民政府卫生行政、农业行政部门应当及时相互通报食品、食用农产品安全风险监测信息。国务院卫生行政、农业行政部门应当及时相互通报食品、食用农产品安全风险评估结果等信息。经食品安全风险评估，得出食品、食品添加剂、食品相关产品不安全结论的，国务院食品安全监督管理等部门应当依据各自职责立即向社会公告，告知消费者停止食用或者使用，并采取相应措施，确保该食品、食品添加剂、食品相关产品停止生产经营；需要制定、修订相关食品安全国家标准的，国务院卫生行政部门应当会同国务院食品安全监督管理部门立即制定、修订。

国务院食品安全监督管理部门应当会同国务院有关部门，根据食品安全风险评估结果、食品安全监督管理信息，对食品安全状况进行综合分析。对经综合分析表明可能具有较高程度安全风险的食品，国务院食品安全监督管理部门应当及时提出食品安全风险警示，并向社会公布。县级以上人民政府食品安全监督管理部门和其他有关部门、食品安全风险评估专家委员会及其技术机构，应当按照科学、客观、及时、公开的原则，组织食品生产经营者、食品检验机构、认证机构、食品行业协会、消费者协会以及新闻媒体等，就食品安全风险评估信息和食品安全监督管理信息进行交流沟通。

二、食品安全标准制度

国家以保障公众身体健康为宗旨，以做到科学合理、安全可靠为原则，建立食品安全标准。食品安全标准是强制执行的标准。除食品安全标准外，不得制定其他食品强制性标准。食品安全标准应当包括下列内容：(1)食品、食品添加剂、食品相关产品中的致病性微生物，农药残留、兽药残留、生物毒素、重金属等污染物质以及其他危害人体健康物质的限量规定；(2)食品添加剂的品种、使用范围、用量；(3)专供婴幼儿和其他特定人群的主辅食品的营养成分要求；(4)对与卫生、营养等食品安全要求有关的标签、标志、说明书的要求；(5)食品生产经营过程的卫生要求；(6)与食品安全有关的质量要求；(7)与食品安全有关的食品检验方法与规程；(8)其他需要制定为食品安全标准的内容。

食品安全国家标准由国务院卫生行政部门会同国务院食品安全监督管理部门制定、公布，国务院标准化行政部门提供国家标准编号。食品中农药残留、兽药残留的限量规定及其检验方法与规程由国务院卫生行政部门、国务院农业行政部门会同国务院食品安全监督管理部门制定。屠宰畜、禽的检验规程由国务院农业行政部门会同国务院卫生行政部门制定。制定食品安全国家标准，应当依据食品安全风险评估结果并充分考虑食用农产品安全风险评估结果，参照相关的国际标准和国际食品安全风险评估结果，并将食品安全国家标准草案向社会公布，广泛听取食品生产经营者、消费者、有关部门等方面的意见。食品安全国家标准应当经国务院卫生行政部门组织的食品安全国家标准审评委员会审查通过。食品安全国家标准审评委员会由医学、农业、食品、营养、生物、环境等方面的专家以及国务院有关部门、食品行业协会、消费者协会的代表组成，对食品安全国家标准草案的科学性和实用性等进行审查。

对食品安全标准执行过程中的问题，县级以上人民政府卫生行政部门应当会同有关部门及时给予指导、解答。省级以上人民政府卫生行政部门应当会同同级食品安全监督管理、农业行政等部门，分别对食品安全国家标准和地方标准的执行情况进行跟踪评价，并根据评价结果及时修订食品安全标准。省级以上人民政府食品安全监督管理、农业行政等部门应当对食品安全标准执行中存在的问题进行收集、汇总，并及时向同级卫生行政部门通报。

三、生产经营制度

（一）食品生产经营许可制度

国家对食品生产经营实行许可制度。从事食品生产、食品销售、餐饮服务，应当依法取得许可。但是，销售食用农产品，不需要取得许可。县级以上地方人民政府食品安全监督管理部门应当依照《中华人民共和国行政许可法》的规定，审核申请人提交的相关资料，必要时对申请人的生产经营场所进行现场核查；对符合规定条件的，准予许可；对不符合规定条件的，不予许可并书面说明理由。

利用新的食品原料生产食品，或者生产食品添加剂新品种、食品相关产品新品种，应当向国务院卫生行政部门提交相关产品的安全性评估材料。国务院卫生行政部门应当自收到申请之日起六十日内组织审查；对符合食品安全要求的，准予许可并公布；对不符合食品安全要求的，不予许可并书面说明理由。

国家对食品添加剂生产实行许可制度。从事食品添加剂生产，应当具有与所生产食品添加剂品种相适应的场所、生产设备或者设施、专业技术人员和管理制度，并依照规定的程序，取得食品添加剂生产许可。

（二）食品安全全程追溯制度

国家建立食品安全全程追溯制度。国务院食品安全监督管理部门会同国务院农业行政等有关部门建立食品安全全程追溯协作机制。地方各级人民政府应当采取措施鼓励食品规模化生产和连锁经营、配送。国家鼓励食品生产经营企业参加食品安全责任保险。

（三）特殊食品的监督管理制度

国家对保健食品、特殊医学用途配方食品和婴幼儿配方食品等特殊食品实行严格监督管理。

保健食品原料目录和允许保健食品声称的保健功能目录，由国务院食品安全监督管理部门会同国务院卫生行政部门、国家中医药管理部门制定、调整并公布。使用保健食品原料目录以外原料的保健食品和首次进口的保健食品应当经国务院食品安全监督管理部门注册。但是，首次进口的保健食品中属于补充维生素、矿物质等营养物质的，应当报国务院食品安全监督管理部门备案。其他保健食品应当报省、自治区、直辖市人民政府食品安全监督管理部门备案。进口的保健食品应当是出口国（地区）主管部门准许上市销售的产品。依法应当注册的保健食品，注册时应当提交保健食品的研发报告、产品配方、生产工艺、安全性和保健功能评价、标签、说明书等材料及样品，并提供相关证明文件。国务院食品安全监督管理部门经组织技术审评，对符合安全和功能声称要求的，准予注册；对不符合要求的，不予注册并书面说明理由。对使用保健食品原料目录以外原料的保健食品作出准予注册决定的，应当及时将该原料纳入保健食品原料目录。依法应当备案的保健食品，备案时应当提交产品配方、生产工艺、标签、说明书以及表明产品安全性和保健功能的材料。保健食品广告内容应当经生产企业所在地省、自治区、直辖市人民政府食品安全监督管理部门审查批准，取得保健食品广告批准文件。省、自治区、直辖市人民政府食品安全监督管理部门应当公布并及时更新已经批准的保健食品广告目录以及批准的广告内容。

特殊医学用途配方食品应当经国务院食品安全监督管理部门注册。注册时，应当提交产品配方、生产工艺、标签、说明书以及表明产品安全性、营养充足性和特殊医学用途临床效果的材料。特殊医学用途配方食品广告适用《中华人民共和国广告法》和其他法律、行政法规关于药品广告管理的规定。

婴幼儿配方食品生产企业应当将食品原料、食品添加剂、产品配方及标签等事项向省、自治区、直辖市人民政府食品安全监督管理部门备案。婴幼儿配方乳粉的产品配方应当经国务院食品安全监督管理部门注册。注册时，应当提交配方研发报告和其他表明配方科学性、安全性的材料。

省级以上人民政府食品安全监督管理部门应当及时公布注册或者备案的保健食品、特殊医学用途配方食品、婴幼儿配方乳粉目录，并对注册或者备案中获知的企业商业秘密予以保密。

四、食品检验、进口制度

（一）食品检验制度

县级以上人民政府食品安全监督管理部门应当对食品进行定期或者不定期的抽样检验，并依据有关规定公布检验结果，不得免检。进行抽样检验，应当购买抽取的样品，委托符合本法规定的食品检验机构进行检验，并支付相关费用；不得向食品生产经营者收取检验费和其他费用。对依照《食品安全法》规定实施的检验结论有异议的，食品生产经营者可以自收到检验结论之日起七个工作日内向实施抽样检验的食品安全监督管理部门或者其上一级食品安全监督管理部门提出复检申请，由受理复检申请的食品安全监督管理部门在公布的复检机构名录中随机确定复检机构进行复检。复检机构出具的复检结论为最终检验结论。复检机构与初检机构不得为同一机构。复检机构名录由国务院认证认可监督管理、食品安全监督管理、卫生行政、农业行政等部门共同公布。

（二）食品进口制度

国家出入境检验检疫部门对进出口食品安全实施监督管理。进口尚无食品安全国家标准的食品，由境外出口商、境外生产企业或者其委托的进口商向国务院卫生行政部门提交所执行的相关国家（地区）标准或者国际标准。国务院卫生行政部门对相关标准进行审查，认为符合食品安全要求的，决定暂予适用，并及时制定相应的食品安全国家标准。进口利用新的食品原料生产的食品或者进口食品添加剂新品种、食品相关产品新品种，应当向国务院卫生行政部门提交相关产品的安全性评估材料。国务院卫生行政部门应当自收到申请之日起六十日内组织审查；对符合食品安全要求的，准予许可并公布；对不符合食品安全要求的，不予许可并书面说明理由。

境外发生的食品安全事件可能对我国境内造成影响，或者在进口食品、食品添加剂、食品相关产品中发现严重食品安全问题的，国家出入境检验检疫部门应当及时采取风险预警或者控制措施，并向国务院食品安全监督管理、卫生行政、农业行政部门通报。接到通报的部门应当及时采取相应措施。县级以上人民政府食品安全监督管理部门对国内市场上销售的进口食品、食品添加剂实施监督管理。发现存在严重食品安全问题的，国务院食品安全监督管理部门应当及时向国家出入境检验检疫部门通报。国家出入境检验检疫部门应当及时采取相应措施。

向我国境内出口食品的境外出口商或者代理商、进口食品的进口商应当向国家出入境检验检疫部门备案。向我国境内出口食品的境外食品生产企业应当经国家出入境检验检疫部门注册。已经注册的境外食品生产企业提供虚假材料，或者因其自身的原因致使进口食品发生重大食品安全事故的，国家出入境检验检疫部门应当撤销注册并公告。国家出入境检验检疫部门应当定期公布已经备案的境外出口商、代理商、进口商和已经注册的境外食品生产企业名单。

国家出入境检验检疫部门应当收集、汇总下列进出口食品安全信息，并及时通报相关部门、机构和企业：(1)出入境检验检疫机构对进出口食品实施检验检疫发现的食品安全信息；(2)食品行业协会和消费者协会等组织、消费者反映的进口食品安全信息；(3)国际组织、境外政府机构发布的风险预警信息及其他食品安全信息，以及境外食品行业协会等组织、消费者反映的食品安全信息；(4)其他食品安全信息。国家出入境检验检疫部门应当对进出口食品的进口商、出口商和出口食品生产企业实施信用管理，建立信用记录，并依法向社会公布。对有不良记录的进口商、出口商和出口食品生产企业，应当加强对其进出口食品的检验检疫。国家出入境检验检疫部门可以对向我国境内出口食品的国家(地区)的食品安全管理体系和食品安全状况进行评估和审查，并根据评估和审查结果，确定相应检验检疫要求。

五、食品安全事故处置制度

国务院组织制订国家食品安全事故应急预案。县级以上地方人民政府应当根据有关法律、法规的规定和上级人民政府的食品安全事故应急预案以及本行政区域的实际情况，制订本行政区域的食品安全事故应急预案，并报上一级人民政府备案。

县级以上人民政府农业行政等部门在日常监督管理中发现食品安全事故或者接到事故举报，应当立即向同级食品安全监督管理部门通报。发生食品安全事故，接到报告的县级人民政府食品安全监督管理部门应当按照应急预案的规定向本级人民政府和上级人民政府食品安全监督管理部门报告。县级人民政府和上级人民政府食品安全监督管理部门应当按照应急预案的规定上报。

医疗机构发现其接收的病人属于食源性疾病病人或者疑似病人的，应当按照规定及时将相关信息向所在地县级人民政府卫生行政部门报告。县级人民政府卫生行政部门认为与食品安全有关的，应当及时通报同级食品安全监督管理部门。县级以上人民政府卫生行政部门在调查处理传染病或者其他突发公共卫生事件中发现与食品安全相关的信息，应当及时通报同级食品安全监督管理部门。

县级以上人民政府食品安全监督管理部门接到食品安全事故的报告后，应当立即会同同级卫生行政、农业行政等部门进行调查处理，并采取下列措施，防止或者减轻社会危害：(1)开展应急救援工作，组织救治因食品安全事故导致人身伤害的人员。(2)封存可能导致食品安全事故的食品及其原料，并立即进行检验；对确认属于被污染的食品及其原料，责令食品生产经营者依照规定召回或者停止经营。(3)封存被污染的食品相关产品，并责令进行清洗消毒。(4)做好信息发布工作，依法对食品安全事故及其处理情况进行发布，并对可能产生的危害加以解释、说明。

发生食品安全事故需要启动应急预案的，县级以上人民政府应当立即成立事故处置指挥机构，启动应急预案，依照《食品安全法》规定和应急预案的规定进行处置。发生食品安全事故，县级以上疾病预防控制机构应当对事故现场进行卫生处理，并对与事故有关的因素开展流行病学调查，有关部门应当予以协助。县级以上疾病预防控制机构应当向同级食品安全监督管理、卫生行政部门提交流行病学调查报告。发生食品安全事故，设区的市级以上人民政府食品安全监督管理部门应当立即会同有关部门进行事故责任调查，督促有关部门履行职责，向本级人民政府和上一级人民政府食品安全监督管理部门提出事故责任调查处理报告。涉及两个以上省、自治区、直辖市的重大食品安全事故由国务院食品安全监督管理部门依照前款规定组织事故责任调查。

食品安全事故调查部门有权向有关单位和个人了解与事故有关的情况，并要求提供相关资料和样品。有关单位和个人应当予以配合，按照要求提供相关资料和样品，不得拒绝。任何单位和个人不得阻挠、干涉食品安全事故的调查处理。

六、监督管理

（一）食品安全监督管理部门监督管理职责

县级以上人民政府食品安全监督管理部门根据食品安全风险监测、风险评估结果和食品安全状况等，确定监督管理的重点、方式和频次，实施风险分级管理。县级以上地方人民政府组织本级食品安全监督管理、农业行政等部门制订本行政区域的食品安全年度监督管理计划，向社会公布并组织实施。食品安全年度监督管理计划应当将下列事项作为监督管理的重点：(1)专供婴幼儿和其他特定人群的主辅食品；(2)保健食品生产过程中的添加行为和按照注册或者备案的技术要求组织生产的情况，保健食品标签、说明书以及宣传材料中有关功能宣传的情况；(3)发生食品安全事故风险较高的食品生产经营者；(4)食品安全风险监测结果表明可能存在食品安全隐患的事项。

县级以上人民政府食品安全监督管理部门履行食品安全监督管理职责，有权采取下列措施，对生产经营者遵守本法的情况进行监督检查：(1)进入生产经营场所实施现场检查；(2)对生产经营的食品、食品添加剂、食品相关产品进行抽样检验；(3)查阅、复制有关合同、票据、账簿以及其他有关资料；(4)查封、扣押有证据证明不符合食品安全标准或者有证据证明存在安全隐患以及用于违法生产经营的食品、食品添加剂、食品相关产品；(5)查封违法从事生产经营活动的场所。

对食品安全风险评估结果证明食品存在安全隐患，需要制定、修订食品安全标准的，在制定、修订食品安全标准前，国务院卫生行政部门应当及时会同国务院有关部门规定食品中有害物质的临时限量值和临时检验方法，作为生产经营和监督管理的依据。

县级以上人民政府食品安全监督管理部门在食品安全监督管理工作中可以采用国家规定的快速检测方法对食品进行抽查检测。对抽查检测结果表明可能不符合食品安全标准的食品，应当依照《食品安全法》的规定进行检验。抽查检测结果确定有关食品不符合食品安全标准的，可以作为行政处罚的依据。

县级以上人民政府食品安全监督管理部门应当建立食品生产经营者食品安全信用档案，记录许可颁发、日常监督检查结果、违法行为查处等情况，依法向社会公布并实时更新；对有不良信用记录的食品生产经营者增加监督检查频次，对违法行为情节严重的食品生产经营者，可以通报投资主管部门、证券监督管理机构和有关的金融机构。

食品生产经营过程中存在食品安全隐患，未及时采取措施消除的，县级以上人民政府食品安全监督管理部门可以对食品生产经营者的法定代表人或者主要负责人进行责任约谈。食品生产经营者应当立即采取措施，进行整改，消除隐患。责任约谈情况和整改情况应当纳入食品生产经营者食品安全信用档案。

县级以上人民政府食品安全监督管理等部门应当公布本部门的电子邮件地址或者电话，接受咨询、投诉、举报。接到咨询、投诉、举报，对属于本部门职责的，应当受理并在法定期限内及时答复、核实、处理；对不属于本部门职责的，应当移交有权处理的部门并书面通知咨询、投诉、举报人。有权处理的部门应当在法定期限内及时处理，不得推诿。对查证属实的举报，给予举报人奖励。有关部门应当对举报人的信息予以保密，保护举报人的合法权益。

县级以上人民政府食品安全监督管理等部门应当加强对执法人员食品安全法律、法规、标准和专业知识与执法能力等的培训，并组织考核。不具备相应知识和能力的，不得从事食品安全执法工作。食品生产经营者、食品行业协会、消费者协会等发现食品安全执法人员在执法过程中有违反法律、法规规定的行为以及不规范执法行为的，可以向本级或者上级人民政府食品安全监督管理等部门或者监察机关投诉、举报。接到投诉、举报的部门或者机关应当进行核实，并将经核实的情况向食品安全执法人员所在部门通报；涉嫌违法违纪的，按照本法和有关规定处理。

县级以上人民政府食品安全监督管理等部门未及时发现食品安全系统性风险，未及时消除监督管理区域内的食品安全隐患的，本级人民政府可以对其主要负责人进行责任约谈。地方人民政府未履行食品安全职责，未及时消除区域性重大食品安全隐患的，上级人民政府可以对其主要负责人进行责任约谈。被约谈的食品安全监督管理等部门、地方人民政府应当立即采取措施，对食品安全监督管理工作进行整改。责任约谈情况和整改情况应当纳入地方人民政府和有关部门食品安全监督管理工作评议、考核记录。

（二）食品安全信息统一公布制度

国家建立统一的食品安全信息平台，实行食品安全信息统一公布制度。国家食品安全总体情况、食品安全风险警示信息、重大食品安全事故及其调查处理信息和国务院确定需要统一公布的其他信息由国务院食品安全监督管理部门统一公布。食品安全风险警示信息和重大食品安全事故及其调查处理信息的影响限于特定区域的，也可以由有关省、自治区、直辖市人民政府食品安全监督管理部门公布。未经授权不得发布上述信息。县级以上人民政府食品安全监督管理、农业行政部门依据各自职责公布食品安全日常监督管理信息。县级以上地方人民政府食品安全监督管理、卫生行政、农业行政部门获知《食品安全法》规定需要统一公布的信息，应当向上级主管部门报告，由上级主管部门立即报告国务院食品安全监督管理部门；必要时，可以直接向国务院食品安全监督管理部门报告。县级以上人民政府食品安全监督管理、卫生行政、农业行政部门应当相互通报获知的食品安全信息。

（三）公安机关等部门监督

县级以上人民政府食品安全监督管理部门发现可能误导消费者和社会舆论的食品安全信息，应当立即组织有关部门、专业机构、相关食品生产经营者等进行核实、分析，并及时公布结果。县级以上人民政府食品安全监督管理等部门发现涉嫌食品安全犯罪的，应当按照有关规定及时将案件移送公安机关。对移送的案件，公安机关应当及时审查；认为有犯罪事实需要追究刑事责任的，应当立案侦查。公安机关在食品安全犯罪案件侦查过程中认为没有犯罪事实，或者犯罪事实显著轻微，不需要追究刑事责任，但依法应当追究行政责任的，应当及时将案件移送食品安全监督管理等部门和监察机关，有关部门应当依法处理。公安机关商请食品安全监督管理、生态环境等部门提供检验结论、认定意见以及对涉案物品进行无害化处理等协助的，有关部门应当及时提供，予以协助。

第五章
人工智能行政法

第一节　正义标准复杂性范式语境中的人工智能

自 2013 年人类进入大数据时代以来，大数据技术所带来的飞速提高的数据处理的能力使得人工智能（Artificial Intelligence，简称 AI）领域呈现出方兴未艾之势，甚至成了国家建设现代经济体系的重要内容①。由此，学者们普遍认为，在二十一世纪第二个十年下半段，人类即将进入人工智能时代。然而，让人颇感意外的是，对于即将到来的人工智能时代，很多人感到的并不是欣喜而是忧虑：著名物理学家霍金在 2014 年警告说，人工智能的全面发展可能导致人类的灭绝②；2017 年在北京举办的“2017′人工智能：技术、伦理与法律”研讨会上，中国科学院科技战略咨询研究院院长潘教峰也指出：“人工智能不断模糊着物理世界和个人的界限，延伸出复杂的伦理、法律和安全问题……要防止技术的滥用和异化，避免损害生命、环境和人的尊严。”③此种忧虑是否危言耸听或者言过其实，目前还难以判断，但可以肯定的是，人工智能在给人类带来福祉的同时必然会带来相应的风险。“风险概念表明人们创造了一种文明，以便使自己的决定将会造成的不可预见的后果具备可预见性，从而控制不可控制的事情，通过有意采取的预防性行动以及相应的制度化的措施战胜种种副作用。”④从制度的角度看，“由于法治迄今为止被证明是保护弱者权益、使人避免落入弱肉强食的丛林法则支配的最有效机制，所以，当人工智能所带来的新风险被许多人感知到的时候，人们自然希望法律能够因应这种风险提供新的保障”⑤，从而法律无疑是一项重要的战胜人工智能所产生的副作用的制度化措施。法律同其他制度相比，它的一个显著特点是以正义作为永恒的价值追求。因此，通过法律这种制度化的措施战胜人工智能所产生的副作用，必然要以实现正义为目标或者说是在正义价值的指引下进行相应的法律制度安排。

故而，“正义”无论是从内涵还是外延来看都是一个难以确定的，有着一张“普洛透斯似的脸（a protean face）”。尽管我们无法准确地将正义的内涵表达出来，但由于其从来都是人类所珍视的最重要的价值，从而在实际生活之中很容易判断出某一行为等是正义的还是非

---

① 十九大报告提出推动互联网、大数据、人工智能和实体经济深度融合。

② 载中国新闻网，http://www.chinanews.com/cul/2014/12—04/6844070.shtml，最后访问时间：2017 年 10 月 19 日访问。

③ 齐昆鹏：《“2017′人工智能：技术、伦理与法律”研讨会在京召开》，载《科学与社会》2017 年第 2 期。

④ ［德］乌尔里希·贝克、约翰内斯·威尔姆斯：《自由与资本主义——与著名社会学家乌尔里希·贝克对话》，路国林译，浙江人民出版社 2001 年版，第 121 页。

⑤ 郑戈：《人工智能与法律的未来》，载《探索与争鸣》2017 年第 10 期。

正义的。只要我们对现实中人们作出正义或者非正义的判断进行哪怕是较为仔细的推敲，不难发现判断的标准不尽相同。判断的标准是由同一性标准、效率标准与差别性标准组成的链环式系统①。相应地，在该链环式系统中，不同的法律以不同的正义标准追求正义。由于该链环式“通过一个自我构建的、自我组织的和自我产生的圆环又回到了产生它们的东西身上”②这一复杂范式的特性，从而被命名为正义标准复杂性范式③。既然通过法律这种制度化的措施战胜人工智能所产生的副作用要以实现正义为目标，那么从正义标准复杂性范式这一进路进行分析是自然而言的。

在世界万物之中，人是唯一拥有智能的。于是，数千年以来，人类一直在试图理解“一小堆东西怎么就能感知、理解、预测和应对一个远比自身庞大和复杂得多的世界”④。这一思考随着神经科学、数学、心理学、计算机工程、语言学等学科的发展⑤，其中的奥秘逐渐地显现出来。人工智能则是该奥秘的最清晰的显现。何为人工智能？就目前关于人工智能的研究文献看，有的界定为“像人一样思考的系统”“像人一样行动的系统”，还有的界定为“理性地思考的系统”“理性地行动的系统”，但是斯图尔特·罗素与彼得·诺维格对这些定义分析后，认为将人工智能界定为理性智能体(agent)的设计过程比较恰当。⑥ 智能体就是某种能够行动的东西，而理性智能体则是“通过自己的行动获得最佳结果，或者在不确定的情况下，获得最佳期望结果”⑦。也就是说，一直为人类所独有的理性，人工智能也能拥有，从而具有了在某种程度上能够取代人的功能。

在还未进入人工智能时代，预测人工智能能够在多大程度上取代人无疑是困难的。但是，可以确定，人工智能具有人所无法比拟的功能。具体而言，人工智能在速度、容量、可复制性与感觉系统方面超越了人脑⑧。据研究表明，人脑中的神经元工作的速度比较低(工作速度是千分之一秒)、人脑皮层的容量是有限的，人脑耗费比较长的时间学习才能在人脑皮层中建立可复制的模型，根植于基因、身体与大脑皮层下面的神经网络里的感知世界的方式是无法改变的。而人工智能中的硅工作速度至少是神经元的100万倍，容量随着技术的进步可以无限制扩容。此外，人工智能中的芯片以及其他存储器可以不断地复制，不需要长时间学习，感知方式可以改变，即可以通过由人全新设计的感知方式来感知世界。这些超越决定了人工智能被用来完成人脑所要完成的同样任务具有更快、更高效、更经济的特点。⑨ 这也就决定了在人工智能技术广泛应用的时代，效率相比现在而言会有大幅度的提升。

效率大幅度的提升意味着能够以较少的投入获得更多的社会财富。而社会财富的丰富一直都是人类孜孜以求的目标。由此，人工智能时代的到来按理说应该是一件值得欢呼的

① 聂佳龙：《跨越正义与效率的冲突：法律经济学的他种尝试性想象》，载《第十五届(2017年度)中国法经济学论坛论文集》。
② [法]埃德加·莫兰：《复杂性思想导论》，陈一壮译，华东师范大学出版社2008年版，第76页。
③ 聂佳龙：《跨越效率与正义的冲突：法律经济学的他种想象》，中国政法大学出版社2017年版，第128-138页。
④ [美]斯图尔特·罗素、彼得·诺维格：《人工智能——一种现代方法》(第二版)，姜哲等译，人民邮电出版社2010年版，第3页。
⑤ 国外有学者认为，哲学、数学、经济学、神经科学、心理学、计算机工程、控制论、语言学是人工智能的基础。参见[美]斯图尔特·罗素、彼得·诺维格：《人工智能：一种现代方法》(第二版)，姜哲等译，人民邮电出版社2010年版，第6-14页。
⑥ [美]斯图尔特·罗素、彼得·诺维格：《人工智能——一种现代方法》(第二版)，姜哲等译，人民邮电出版社2010年版，第4-6页。
⑦ [美]斯图尔特·罗素、彼得·诺维格：《人工智能——一种现代方法》(第二版)，姜哲等译，人民邮电出版社2010年版，第5页。
⑧ [美]杰夫·霍金斯、桑德拉·布拉克斯莉：《人工智能的未来》，贺俊杰、李若子、杨倩译，陕西科学技术出版社2006年版，第213页。
⑨ [美]杰夫·霍金斯、桑德拉·布拉克斯莉：《人工智能的未来》，贺俊杰、李若子、杨倩译，陕西科学技术出版社2006年版，第213页。

事情。但是不要忘记,“所有技术进步都有代价,技术引起的问题比解决的问题多,有害和有利的后果不可分离,所有技术都隐含着不可预见的后果。”①尽管历史已经无数次证明了人们在新技术出现之初想象出的可怕情形并未成为现实,但是,目前人工智能使人们感到恐慌并非是杞人忧天。以往新技术的出现并最终取代旧技术,在某种意义上讲是技术的升级,技术操作者依然是人类,从而并没有出现很多人失业的后果。于是,从这一角度看,人工智能所具有的取代人的功能,意味着其能够取代人类所从事的某些工作,从而在人工智能时代很多人失业是自然而然的。这一判断,不免有人提出这样的质疑:一项新技术的出现都会创造出与之相对应的行业、岗位等,同样地,人工智能在未来的普遍运用,定会有相应的行业、岗位出现。当前,人工智能的发展是难以阻止的,而且就未来发展趋势而言,人工智能有可能超越人类智能,从而人类智能能够胜任的工作,人工智能绝对有能力应对,从而“以前可以自认为比蓝领工人社会等级更高的白领脑力劳动者,如今也变成了新的随时可能被机器所替代的劳工”②。也就是说,因人工智能的普遍运用而创造出的新行业、岗位等并不会像以往技术革命那样完全是给人类预留的。至此,可以有理由这样认为,尽管现在我们还难以知晓人工智能将会带来哪些有害的后果或者说是副作用,但至少可以肯定地说,人工智能带来生产力提高的同时也产生了至少如失业这样的副作用。

从本质上讲,人工智能带来的有害后果或副作用,如前已述及的失业,意味着只有当个人能力超越了人工智能时才能得到发挥到最大化的机会。但就人工智能发展趋势而言,显然这是不现实的。就目前而言,人工智能普及率不高除了技术原因外,另一个重要的原因是人力成本低于使用人工智能的成本。随着技术的进步,使用人工智能的成本终究会下降,从而现在的人力成本低的优势也将会消失。在我们目前还不能摆脱基于“劳力—工资”的经济模式情况下,不能排除有的社会成员出于生存的目的被迫自我降低人力成本来获得与人工智能竞争优势的可能。从目前的标准看,这种竞争将会导致有些社会成员的所付与所获并不能相适或相称。

如前所述,社会以效率为目标是实现社会成员所付与所获相适或相称的目标,而这一目标的实现方式是个体利用社会认可的一切手段、方法等将其个体能力发挥到了最大化。当这一目标无法实现时,则需要考虑对同一性标准进行矫正。从逻辑上讲,此种考虑有两个层面:一个层面是在既定的基本权利分配法的约束下,对社会目标以效率为目标所产生的副作用进行矫正;另一个层面是改变既定基本权利分配法的基本结构,局部或全部重新分配基本权利。“法律规则的存在比它的正义性与合目的性更重要;正义和合目的性是法律的第二大任务,而第一大任务是所有人共同认可的法的安定性,也就是秩序与安宁。”③基本权利分配法由于同一国最根本的制度相关,其稳定性或安定性关乎到一国的政治、经济、文化等秩序的顺利造就,以及生效后有个“陈旧化的过程”④。于是,如果为了现实发展需要的目的动辄就改变既定基本权利分配法的基本结构势必会破坏基本权利分配法的安定性。也就是说,社会制度矫正法对同一性标准进行矫正必须要坚持前述第一个层面优先于第二个层面的

---

① 吴国盛:《技术哲学经典读本》,上海交通大学出版社2008年版本,第134页。
② 郑戈:《人工智能与法律的未来》,载《探索与争鸣》2017年第10期。
③ [德]G·拉德布鲁赫:《法哲学》,王朴译,法律出版社2005年版,第74页。
④ [德]伯恩·魏德士:《法理学》,丁晓春、吴越译,法律出版社2005年版,第311页。

原则。

"什么是副作用？副作用就是行为人在行为前视其为目标的主作用以外的可以容忍的作用。"①行为人之所以能够容忍副作用的存在，主要的原因是副作用可以通过制度等方式予以矫正。从正义标准复杂性范式看，在人工智能时代，社会制度矫正法首先要在既定的基本权利分配法的约束下矫正人工智能所产生的副作用。虽然人工智能所产生的副作用目前难以预测，但由于失业是一个显见的副作用，于是我们可以以失业为例达到"窥一斑而见全豹"的效果。失业是公民劳动权没有得到实现的一种直接表现。由于"形成一个竞争性的经济需要依赖市场的力量，而要形成一个相互关怀的社会，需要政府的领导"②，从而国家有义务协助公民实现公民劳动权。就目前国家协助公民实现劳动权的制度来看，主要有表征为劳动就业法为代表的促进型制度安排与以社会保障法为代表的防御型制度安排。前已述及，人工智能具有取代人的功能，于是通过促进型制度安排来消除人工智能所带来的副作用至少在逻辑上是不可取的。这样可以说，在人工智能时代，正义标准复杂性范式中的社会制度矫正法应当有社会保障法。

社会保障是依靠"国家和政府为主体，通过法定方式给公民提供防范各种风险和促进社会福利目标的制度"③，从而国家有义务在公民因失业而发生暂时中断生活来源的情况后向公民提供物质帮助。建立失业保险为内容的失业保险法是国家履行该义务的主要方式。为了防止"逆向选择"出现养"懒汉"情形的出现，失业保险待遇的给付具有期限性④。然而，在人工智能时代，公民失业尽管是非自愿性失业，但这种失业却可能是永久性的，于是依靠现有领取失业保险金最长为二十四个月期限的失业保险制度⑤来解决公民失业问题无疑不现实。由于在人工智能时代公民失业是永久性的，从逻辑上讲解决公民失业问题最自然而然的办法是延长领取失业保险金的期限。但这一做法又将导致养"懒汉"这一副作用的发生。

至此不难明白，在既定的基本权利分配法的约束下，对社会目标以效率为目标所产生的副作用进行矫正是不现实的。既然如此，那么只能通过改变既定基本权利分配法的基本结构方式来消除人工智能所带来的副作用。研究人工智能是出于这样一个单纯的目的："把它们制造出来以服务于社会，并作为完成社会经济任务的工具"⑥，促进每个人与人类社会的发展。人类无发展则不能生存⑦，有发展才能让每个人过上能体现人的价值与人的尊严的生活。于是，发展权自二战后成为了一项人权⑧。对于公民而言，劳动权的实现是能让其过上体现人的价值与人的尊严的生活，以及获得发展的根本。基于此，人工智能所产生的失业

---

① [德]彼得·科斯洛夫斯基：《伦理经济学原理》，孙瑜译，中国社会科学出版社 1997 年版，第 6 页。

② 李炳安：《公民劳动权初论》载《湖北师范学院学报（哲学社会科学版）》2004 年第 1 期。

③ 孙光德、董克用：《社会保障概论》（第三版），中国人民大学出版社 2000 年版，第 4 页。

④ 林嘉：《劳动法和社会保障法》（第四版），中国人民大学出版社 2016 年版，第 389 页。

⑤ 《社会保险法》第 46 条规定，失业人员失业前用人单位和本人累计缴费满一年不足五年的，领取失业保险金的期限最长为十二个月；累计缴费满五年不足十年的，领取失业保险金的期限最长为十八个月；累计缴费十年以上的，领取失业保险金的期限最长为二十四个月。重新就业后，再次失业的，缴费时间重新计算，领取失业保险金的期限与前次失业应当领取而尚未领取的失业保险金的期限合并计算，最长不超过二十四个月。

⑥ [英]玛格丽特·博登：《人工智能哲学》，刘西瑞、王汉琦译，上海译文出版社 2001 年版，第 143 页。

⑦ 参见[南斯拉夫]米兰·布拉伊奇：《国际发展法原则：有关国际经济新秩序的国际法原则的逐渐发展》，陶德海等译，中国对外翻译出版公司 1989 年版，第 365 页。

⑧ 所谓的发展权，简言之，指的是参与和享有发展进程及其结果的权利。参见姜素红：《论发展权的实现途径》，载《河北法学》，2006 年第 3 期。

这一副作用，从表面看侵害的是公民劳动权，但在本质上侵害的则是发展权。因此，改变既定基本权利分配法的基本结构必然要以实现发展权为宗旨。

第二节　人工智能时代的行政法任务

综上所述，改变既定基本权利分配法的基本结构要以实现发展权为宗旨。“概念、问题和方法，是过去的继承人。显然，为了在作出任何决定之前达到一种彻底的自身理解，必须进行深入的历史的和批判的反思”①。于是，如何在实现发展这一目标的前提下，对现有基本权利分配法的基本结构予以改变，首先有必要对发展权进行深入的历史的和批判的反思。

发展权，作为概念最早见于阿尔及利亚的正义与和平委员会于 1969 年发表的《不发达国家发展权利》报告；被定义为一项人权始于塞内加尔首任最高法院院长凯巴·姆巴耶于 1972 年在斯特拉斯堡人权国际协会开幕会上所作的题为《作为一项人权的发展权》的演说；成为一项法定人权标志则是 1979 年联合国大会第 34/36 号决议通过的《关于发展权的决议》。发展权从概念到法定人权始终强调了发展机会均等是每一个国家的权利。由于该观念同西方传统人权观念相冲突，从而西方国家在很长时间内对发展权持抵制态度。随着 20 世纪 80 年代对发展权内涵(发展机会均等是国家和组成国家的个人一项特有的权利，每个人和各国人民均有权参与、促进并享受经济、社会、文化和政治发展，在这种发展中，所有人权和基本自由都能够得以充分实现，人是发展的中心主体，应当是发展权的积极参与者和受益者)的明确界定，于 1993 年得到了包括西方发达在内广泛的认可。

从上述关于发展权的历史可以知道，发展权因发达国家与发展中国家发展极不平衡而兴起，其从遭受西方发达国家抵制到得到包括西方发达国家在内广泛的认可之根本原因在于发展的中心主体是什么。个人是发展的中心主体意味着国家负有促进个人发展权实现的责任。《宪法》第三十三条第三款规定的“国家尊重和保障人权”无疑表明了我国有承担促进个人发展权实现的责任之态度。但由于“只有当法律权利和其他较低的权利要求失败时，人权才是适用的”②，于是“为了使基本权的功能能够得以发挥，因此，绝大部分基本权所应保障的生活领域与生活关系，都需要法律上的形成。这种形成主要是立法的任务”③。根据前面分析，需要承担立法任务的首先是基本权利分配法。因此，国家为促进个人发展权的实现首先要在基本权利分配法中确认该种权利。

在人工智能时代，社会群体可以大致分为掌控人工智能群体和未掌控人工智能群体这两类。因为科学技术是第一生产力的原因，前面两类群体将转化成社会优势群体与社会弱势群体这两类不平等的群体。由于“不平等是冲突的最终根源”④，为了抑制与消弭冲突，法律一方面要对社会弱势群体予以特别照顾，另一方面要对社会优势群体进行合理限制。具体到发展权就是：国家在承认每一个人以及各群体有参与与享有经济、社会、文化和政治发

① [德]胡塞尔：《欧洲科学的危机与超越论的现象学》，王炳文译，商务印书馆 2001 年版，第 29 页。
② [美]杰克·唐纳利：《普遍人权的理论与实践》，王浦劬等译，中国社会科学出版社 2001 年版，第 11 页。
③ [德]康拉德·黑塞：《联邦德国宪法纲要》，李辉译，商务印书馆 2007 年版，第 247 页。
④ [美]乔纳森·H·特纳：《社会学理论的结构》，吴曲辉，等译，浙江人民出版社 1987 年版，第 216 页。

展及其结果的权利这一前提下，对社会弱势群体在适用这一权利时应予以特别的照顾以实现公平之目的，而对社会优势群体则要进行合理的限制以促进发展成果共享之目的。前述目标的实现首先有赖于宪法规定的基本权力，因为在当今是一个"不得不面临寻求宪法保障之时代"①。这样，改变既定基本权利分配法的基本结构以实现发展权的问题便转化成了如何在宪法中设立发展权的内容。

发展权虽然是一项重要的人权，但从权利属性角度看，也是一种在本质上属于社会权的普遍性公民基本权利②。有鉴于此，发展权的设立可以置于第三十三条第三款之后，具体内容可以是："国家尊重和保护所有人以及各民族、群体的发展权，负有确保人人平等地享受公共资源、教育、医疗服务、就业、基础设施、生态环境和数据的机会的责任，并依此责任将其保障妇女、儿童及残疾人等社会弱势群体在适用这一权利时尤其应予以特别照顾的政策正当化。"公共资源、教育、医疗服务、就业、基础设施和生态环境由于对每个人或群体的发展权实现有着至关重要的作用，从而成为公共财产不难理解，较难理解的是数据成为公共财产。"人工智能显然不成比例地强化了一部分人的能力，即那些站在人工智能发展前沿的'大数据掌控者'和人工智能开发企业的能力，同时使越来越多的人变成难以保护自己的隐私和自由并面临失业风险的弱者。……当强弱悬殊越来越大，而且强者对弱者的剥削和控制越来越以'物理法则'而不是赤裸裸的暴力面目出现时，'强者为所能为，弱者受所必受'"③。也就是说，在人工智能时代，无论是社会群体分化为强者与弱者还是强弱悬殊过大出现"强者为所能为，弱者受所必受"局面，究其根源都与数据有关。从计算机科学的角度看，人工智能是由算法、网络与大数据合成的④。"大数据指的是那些大小超出了一般数据库软件的采集、储存、管理和分析等能力的，人类通过交换、整合和分析相应数据后能够得到的具有巨大社会价值的数据集。"⑤这些具有巨大社会价值的数据集是通过利用大数据技术对海量数据分析、挖掘等得到的，而那些海量数据则是社会全体成员贡献的。从这一角度看，数据无疑具有公共性，是公共财产。

前述资源被界定为公共财产意味着任何人或群体不得褫夺或者变相褫夺其他人或群体的使用机会，否则就要承担相应的法律责任。在人工智能时代，社会优势群体由于是社会发展的主要推动者，从而比起社会弱势群体更能利用其掌握的话语权优势让国家作出有利于该群体的公共性资源分配方案。因此，人人有平等地享受公共性资源的机会实际上是对人工智能时代优势群体的合理限制。

无论是社会发展还是个人发展都是消耗一定社会财富而获得的。而社会财富创造的表征为生产要素参与了使用价值的创造。当今人们普遍认为信息、技术、管理、教育资源等都是生产要素⑥。因而，即便是在人工智能时代，扮演了社会发展主要推动者角色的社会优势群体也必然会利用前面所列举的公共性资源获得自身发展乃至推动社会发展。由于"'公

① 葛克昌：《税法基本问题（财政宪法篇）》，北京大学出版社 2004 年版，第 49 页。
② 梁洪霞：《发展权权利属性的宪法解读——以宪法文本为视角》，载《人权》，2015 年第 4 期。
③ 郑戈：《人工智能与法律的未来》，载《探索与争鸣》，2017 年第 10 期。
④ 郑戈：《人工智能与法律的未来》，载《探索与争鸣》，2017 年第 10 期。
⑤ 熊春泉、聂佳龙：《大数据时代的中国法治建设——一种立法视角的分析》，中国政法大学出版社 2017 年版，第 100-101 页。
⑥ 参见徐斌、李燕芳：《生产要素理论的主要学派与最新发展》，载《北京交通大学学报（社会科学版）》，2006 年第 3 期。

共'表达了某一事物属于每个社会成员或与每个社会成员都相关这样一个概念",[①]从而公共性资源不得被任何人占有、支配与损害。人工智能时代的社会优势群体利用公共性资源实现自身的发展必然意味着公共资源被占有、支配。于是,根据人人有平等地享受公共性资源的机会的要求,国家可以基于公共性资源参与了社会财富的创造获得社会财富分配权。因此,市场经济促进法按照生产要素贡献分配的原则来予以建构。

"按贡献分配是社会主义社会融各种分配形式为一体的统一的分配原则"[②],十九大报告更是指出建立社会主义社会现代经济体系必须推动全要素生产率[③]的提高。于是,在人工智能时代按照生产要素贡献分配构建市场促进法不仅契合了时代的要求,也符合了社会主义社会的本质要求。从本质上讲,"生产要素的所有权仅仅是生产要素参与分配的法律依据,至于各种生产要素参与分配的尺度,则是各种生产要素在价值创造中所作的贡献。在完善的(竞争的)市场经济中,价值的创造与价值的分配是统一的。"[④]由此,按照生产要素贡献分配原则构建的市场经济促进法要以追求建立完善的竞争的市场经济为目标。竞争的对立面是垄断,因此人工智能时代的市场经济促进法的构建必然涉及反垄断法律制度完善的问题。就我国立法现状看,反垄断法律制度主要集中在《中华人民共和国反垄断法》(以下简称《反垄断法》)之中。然而,早在2007年8月《反垄断法》出台后不久,就有很多的学者就指出了该法存在着诸多的不足之处。事实上,《反垄断法》自施行后经历一个很长的休眠期[⑤]就印证了学者们的看法。由此,可以说,当前不完善的《反垄断法》是不可能在人工智能时代担负起建立完善的竞争的市场经济的任务。

按照生产要素贡献分配首先要区分不同性质的生产要素:公共性资源与私人性资源。公共性资源可以基于其公共性由国家专营或专卖,或者是转让给个人使用。对于后者情形,出于保障社会弱势群体的目的,必然是有偿的。这样看来,至少《反垄断法》第七条[⑥]将要修改为:"国有经济占控制地位的关系国民经济命脉和国家安全的行业以及依法实行专营专卖的行业,国家对其经营者的合法经营活动予以保护,并对经营者的经营行为及其商品和服务的价格依法实施监管和调控,维护消费者利益,促进技术进步。其他依法有偿使用公共性资源的行业,国家对其经营者的合法经营活动予以保护,并对经营者的经营行为依法实施监督。前款规定的经营者应当依法经营,诚实守信,严格自律,不得损害国家、社会与消费者的权益。"

按照生产要素贡献分配必然会导致不同要素所有者之间的收入存在着差别。但此种分配方式能够做到人尽其才、物尽其用,从一般而言,不同要素所有者之间的收入差别可以被人们

---

① 王春业、聂佳龙:《从"三公"消费公开谈人大预算权的落实》,载《云南大学学报(法学版)》,2013年第1期。

② 蔡继明:《按生产要素贡献分配的理论基础和政策含义》,载《学习论坛》,2004年第7期。

③ 全要素生产率指的是全部生产要素的投入量都不变时,生产量仍能增加的部分,最早由美国经济学家罗伯特·索罗(Robert M. Solow)提出。

④ 蔡继明:《按生产要素贡献分配的理论基础和政策含义》,载《学习论坛》,2004年第7期。

⑤ 休眠意指《反垄断法》颁布实施的早期,因被执法机关或法院束之高阁而没有很好地发挥其规制市场经济活动的作用。参见李艳玲:《反垄断法"休眠"现象研究》,中南大学2013年硕士学位论文。

⑥ 《反垄断法》第7条规定:国有经济占控制地位的关系国民经济命脉和国家安全的行业以及依法实行专营专卖的行业,国家对其经营者的合法经营活动予以保护,并对经营者的经营行为及其商品和服务的价格依法实施监管和调控,维护消费者利益,促进技术进步。前款规定行业的经营者应当依法经营,诚实守信,严格自律,接受社会公众的监督,不得利用其控制地位或者专营专卖地位损害消费者利益。

所接受。但同时应清楚:即便如此,“收入差别也不能扩大到贫富悬殊甚至两极分化的地步,否则会造成社会的有效需求不足,以及消费结构乃至产业结构畸形发展,从而导致效率下降,严重的话,还会导致社会的动乱。”①当前述问题出现后,社会制度矫正法要发挥作用。

在人工智能时代,无论是促进市场经济发展还是对市场经济副作用的矫正都离不开国家管理。在法治社会的今天,国家管理表征为行政法的规范。于是,在人工智能时代必然会产生人工智能行政法这一新型的部门法。从前面所述中不难看出,人工智能行政法所要承担的任务至少有二:一是发展人工智能促进市场经济的发展;二是矫正收入差别过大问题。

第三节　人工智能行政法的主要制度

一、发展人工智能的制度

《新一代人工智能发展规划》(以下简称《规划》)指出,人工智能已经成为国际竞争新焦点、经济发展新引擎,而且给社会建设带来了新机遇,因而面对新形势新需求,必须主动求变应变,牢牢把握人工智能发展的重大历史机遇,紧扣发展、研判大势、主动谋划、把握方向、抢占先机,引领世界人工智能发展新潮流,服务经济社会发展和支撑国家安全,带动国家竞争力整体跃升和跨越式发展。根据《规划》的规定,行政法促进人工智能发展至少应该建立如下制度:

(一) 建立财政引导、市场主导的资金支持机制

统筹政府和市场多渠道资金投入,加大财政资金支持力度,盘活现有资源,对人工智能基础前沿研究、关键共性技术攻关、成果转移转化、基地平台建设、创新应用示范等提供支持。利用现有政府投资基金支持符合条件的人工智能项目,鼓励龙头骨干企业、产业创新联盟牵头成立市场化的人工智能发展基金。利用天使投资、风险投资、创业投资基金及资本市场融资等多种渠道,引导社会资本支持人工智能发展。积极运用政府和社会资本合作等模式,引导社会资本参与人工智能重大项目实施和科技成果转化应用。

(二) 优化布局建设人工智能创新基地

按照国家级科技创新基地布局和框架,统筹推进人工智能领域建设若干国际领先的创新基地。引导现有与人工智能相关的国家重点实验室、企业国家重点实验室、国家工程实验室等基地,聚焦新一代人工智能的前沿方向开展研究。按规定程序,以企业为主体、产学研合作组建人工智能领域的相关技术和产业创新基地,发挥龙头骨干企业技术创新示范带动作用。发展人工智能领域的专业化众创空间,促进最新技术成果和资源、服务的精准对接。充分发挥各类创新基地聚集人才、资金等创新资源的作用,突破人工智能基础前沿理论和关键共性技术,开展应用示范。

(三) 统筹国际国内创新资源

支持国内人工智能企业与国际人工智能领先高校、科研院所、团队合作。鼓励国内人工

① 蔡继明:《按生产要素贡献分配的理论基础和政策含义》,载《学习论坛》,2004年第7期。

智能企业"走出去",为有实力的人工智能企业开展海外并购、股权投资、创业投资和建立海外研发中心等提供便利和服务。鼓励国外人工智能企业、科研机构在华设立研发中心。依托"一带一路"战略,推动建设人工智能国际科技合作基地、联合研究中心等,加快人工智能技术在"一带一路"沿线国家推广应用。推动成立人工智能国际组织,共同制定相关国际标准。支持相关行业协会、联盟及服务机构搭建面向人工智能企业的全球化服务平台。

(四)完善支持人工智能发展的重点政策

落实对人工智能中小企业和初创企业的财税优惠政策,通过高新技术企业税收优惠和研发费用加计扣除等政策支持人工智能企业发展。完善落实数据开放与保护相关政策,开展公共数据开放利用改革试点,支持公众和企业充分挖掘公共数据的商业价值,促进人工智能应用创新。研究完善适应人工智能的教育、医疗、保险、社会救助等政策体系,有效应对人工智能带来的社会问题。

(五)建立人工智能技术标准和知识产权体系

加强人工智能标准框架体系研究。坚持安全性、可用性、互操作性、可追溯性原则,逐步建立并完善人工智能基础共性、互联互通、行业应用、网络安全、隐私保护等技术标准。加快推动无人驾驶、服务机器人等细分应用领域的行业协会和联盟制定相关标准。鼓励人工智能企业参与或主导制定国际标准,以技术标准"走出去"带动人工智能产品和服务在海外推广应用。加强人工智能领域的知识产权保护,健全人工智能领域技术创新、专利保护与标准化互动支撑机制,促进人工智能创新成果的知识产权化。建立人工智能公共专利池,促进人工智能新技术的利用与扩散。

(六)建立人工智能安全监管和评估体系

加强人工智能对国家安全和保密领域影响的研究与评估,完善人、技、物、管配套的安全防护体系,构建人工智能安全监测预警机制。加强对人工智能技术发展的预测、研判和跟踪研究,坚持问题导向,准确把握技术和产业发展趋势。增强风险意识,重视风险评估和防控,强化前瞻预防和约束引导,近期重点关注对就业的影响,远期重点考虑对社会伦理的影响,确保把人工智能发展规制在安全可控范围内。建立健全公开透明的人工智能监管体系,实行设计问责和应用监督并重的双层监管结构,实现对人工智能算法设计、产品开发和成果应用等的全流程监管。促进人工智能行业和企业自律,切实加强管理,加大对数据滥用、侵犯个人隐私、违背道德伦理等行为的惩戒力度。加强人工智能网络安全技术研发,强化人工智能产品和系统网络安全防护。构建动态的人工智能研发应用评估评价机制,围绕人工智能设计、产品和系统的复杂性、风险性、不确定性、可解释性、潜在经济影响等问题,开发系统性的测试方法和指标体系,建设跨领域的人工智能测试平台,推动人工智能安全认证,评估人工智能产品和系统的关键性能。

(七)大力加强人工智能劳动力培训

加快研究人工智能带来的就业结构、就业方式转变以及新型职业和工作岗位的技能需求,建立适应智能经济和智能社会需要的终身学习和就业培训体系,支持高等院校、职业学校和社会化培训机构等开展人工智能技能培训,大幅提升就业人员专业技能,满足我国人工智能发展带来的高技能高质量就业岗位需要。鼓励企业和各类机构为员工提供人工智能技能培训。加强职工再就业培训和指导,确保从事简单重复性工作的劳动力和因人工智能失业的人员顺利转岗。

（八）广泛开展人工智能科普活动

支持开展形式多样的人工智能科普活动，鼓励广大科技工作者投身人工智能的科普与推广，全面提高全社会对人工智能的整体认知和应用水平。实施全民智能教育项目，在中小学阶段设置人工智能相关课程，逐步推广编程教育，鼓励社会力量参与寓教于乐的编程教学软件、游戏的开发和推广。建设和完善人工智能科普基础设施，充分发挥各类人工智能创新基地平台等的科普作用，鼓励人工智能企业、科研机构搭建开源平台，面向公众开放人工智能研发平台、生产设施或展馆等。支持开展人工智能竞赛，鼓励进行形式多样的人工智能科普创作。鼓励科学家参与人工智能科普。

二、矫正收入差别过大的制度

当收入过大带来社会有效需求不足、消费结构和产业机构畸形等诸多问题的时候，“社会制度矫正法要发挥作用：一方面通过对市场经济法的矫正，避免不同要素所有者之间的收入差别过大；另一方面对社会弱势群体在社会保障方面予以倾斜保护。前者实现的手段可以是税收、财政等，后者则是社会保险等。”①由此，行政法矫正收入差别过大的制度至少是：

（一）税收制度

1. 税务管理制度

税务管理制度是指税务机关依照税收法律、法规行使征税权力、指导和监督纳税人正确履行纳税义务，从而科学、规范征收管理的制度。税务管理制度主要包括税务登记制度、账簿管理制度、票证管理制度和纳税申报制度。税务登记又称为纳税登记，是指税务机关对纳税人的开业、变动、歇业以及生产经营范围实行法定登记的制度。税务登记的种类有设立登记制度、变更登记制度、停业或复业登记制度、注销登记制度和外出经营报验登记制度。账簿凭证管理制度主要有账簿设置制度、税控装置制度、财务或会计制度的报送备案制度、涉税资料的使用和管理制度。纳税申报是指纳税人在税法规定的期限内，就有关纳税事项向税务机关进行书面报告的制度。

2. 税款征收制度

税款征收是指税务机关依法将纳税人、扣缴义务人应当缴纳或解缴的税款依照一定的程序和方式征集入库的活动。这一制度主要包括纳税期限制度、税款补缴、追缴制度、退税制度、税收减免制度和税款征收保障制度。纳税期限是指在纳税义务发生之后，纳税人依法缴纳税款的期限。纳税人、扣缴义务人按照法律、行政法规规定或者税务机关依照法律、行政法规的规定确定的期限，缴纳或者解缴税款。退税制度是指在超纳、误纳的情况下，征税机关依职权或纳税人申请，将超纳、误纳的税款退还给纳税人的制度。税收减免制度是指国家在一定的时期内，根据政治、经济、社会政策的要求对某些纳税人予以免除纳税义务的制度。纳税人可以依照法律、行政法规的规定书面申请减税、免税。税款征收保障制度是指当国家的税款因为纳税人的某些行为致使税收目的无法实现或存在无法实现的危险时，税务机关采取相应的措施来保证税款征收制度完满实现的制度。该制度包括纳税担保措施、税

① 聂佳龙：《基于正义标准复杂性范式分析的人工智能时代法律构建》，《湘江青年法学》，2018年第1期。

收保全措施、强制执行措施、出境清税措施。

3. 税务检查制度

税务检查又称纳税检查，是指税务机关按照税法和财务会计制度的规定，对纳税人、扣缴义务人在一定时期内履行纳税义务或者扣缴义务以及其他有关税务事项进行审查、核实、监督的制度。税务机关的税务检查权限范围是：(1)检查纳税人的账簿、记账凭证、报表和有关资料，检查扣缴义务人代扣代缴、代收代缴税款账簿、记账凭证和有关资料；(2)到纳税人的生产、经营场所和货物存放地检查纳税人应纳税的商品、货物或者其他财产，检查扣缴义务人与代扣代缴、代收代缴税款有关的经营情况；(3)责成纳税人、扣缴义务人提供与纳税或者代扣代缴、代收代缴税款有关的文件、证明材料和有关资料；(4)询问纳税人、扣缴义务人与纳税或者代扣代缴、代收代缴税款有关的问题和情况；(5)到车站、码头、机场、邮政企业及其分支机构检查纳税人托运、邮寄应纳税商品、货物或者其他财产的有关单据、凭证和有关资料；(6)经县以上税务局(分局)局长批准，凭全国统一格式的检查存款账户许可证明，查询从事生产、经营的纳税人、扣缴义务人在银行或者其他金融机构的存款账户。税务机关在调查税收违法案件时，经设区的市、自治州以上税务局(分局)局长批准，可以查询案件涉嫌人员的储蓄存款。

（二）社会保险行政管理制度

社会保险是指社会成员在因年老、疾病、伤残、生育、死亡、失业等风险事故发生的情况下依法从国家和社会获得物质帮助的制度。根据《社会保险法》规定，我国社会保险制度由养老保险制度、医疗保险制度、工伤保险制度、失业保险制度与生育保险制度构成。为了规范社会保险关系，维护公民参加社会保险和享受社会保险待遇的合法权益，使公民共享发展成果，促进社会和谐稳定，我国主要建立了如下的社会保险行政管理制度：

1. 社会保险事业纳入国民经济和社会发展规划制度：

县级以上人民政府将社会保险事业纳入国民经济和社会发展规划。国家多渠道筹集社会保险资金。县级以上人民政府对社会保险事业给予必要的经费支持。国家通过税收优惠政策支持社会保险事业。

2. 对社会保险基金实行严格监管制度

社会保险基金包括基本养老保险基金、基本医疗保险基金、工伤保险基金、失业保险基金和生育保险基金。国务院和省、自治区、直辖市人民政府建立健全社会保险基金监督管理制度，保障社会保险基金安全、有效运行。县级以上人民政府采取措施，鼓励和支持社会各方面参与社会保险基金的监督。除基本医疗保险基金与生育保险基金合并建账及核算外，其他各项社会保险基金按照社会保险险种分别建账，分账核算。社会保险基金执行国家统一的会计制度。社会保险基金按照统筹层次设立预算。除基本医疗保险基金与生育保险基金预算合并编制外，其他社会保险基金预算按照社会保险项目分别编制。社会保险基金预算、决算草案的编制、审核和批准，依照法律和国务院规定执行。

3. 设立社会保险经办机构

国家统筹地区设立社会保险经办机构。社会保险经办机构根据工作需要，经所在地的社会保险行政部门和机构编制管理机关批准，可以在本统筹地区设立分支机构和服务网点。社会保险经办机构的人员经费和经办社会保险发生的基本运行费用、管理费用，由同级财政按照国家规定予以保障。社会保险经办机构应当建立健全业务、财务、安全和风险管理制度。

4. 社会保险行政监督

县级以上人民政府社会保险行政部门应当加强对用人单位和个人遵守社会保险法律、法规情况的监督检查。财政部门、审计机关按照各自职责,对社会保险基金的收支、管理和投资运营情况实施监督。社会保险行政部门对社会保险基金实施监督检查,有权采取下列措施:(1)查阅、记录、复制与社会保险基金收支、管理和投资运营相关的资料,对可能被转移、隐匿或者灭失的资料予以封存;(2)询问与调查事项有关的单位和个人,要求其对与调查事项有关的问题作出说明、提供有关证明材料;(3)对隐匿、转移、侵占、挪用社会保险基金的行为予以制止并责令改正。

5. 及时依法处理举报、投诉

社会保险行政部门、卫生行政部门、社会保险经办机构、社会保险费征收机构和财政部门、审计机关对属于本部门、本机构职责范围的举报、投诉,应当依法处理;对不属于本部门、本机构职责范围的,应当书面通知并移交有权处理的部门、机构处理。有权处理的部门、机构应当及时处理,不得推诿。

6. 社会保险争议的解决

用人单位或者个人认为社会保险费征收机构的行为侵害自己合法权益的,可以依法申请行政复议或者提起行政诉讼。用人单位或者个人对社会保险经办机构不依法办理社会保险登记、核定社会保险费、支付社会保险待遇、办理社会保险转移接续手续或者侵害其他社会保险权益的行为,可以依法申请行政复议或者提起行政诉讼。用人单位侵害个人社会保险权益的,个人也可以要求社会保险行政部门或者社会保险费征收机构依法处理。